zeitreise 3

Sven Christoffer
Eckhard Hanke
Helmut Heimbach
Arno Höfer
Uli Jungbluth
Klaus Leinen
Peter Offergeld
Antonius Wollschläger

Ernst Klett Verlag
Stuttgart · Leipzig

1. Auflage   1 ⁷ ⁶ ⁵ | 2014 2013 2012 2011

Alle Drucke dieser Auflage sind unverändert und können im Unterricht nebeneinander verwendet werden. Die letzten Zahlen bezeichnen jeweils die Auflage und das Jahr des Druckes.

Das Werk und seine Teile sind urheberrechtlich geschützt. Jede Nutzung in anderen als den gesetzlich zugelassenen Fällen bedarf der vorherigen schriftlichen Einwilligung des Verlages. Hinweis zu § 52 a UrhG: Weder das Werk noch seine Teile dürfen ohne eine solche Einwilligung eingescannt und in ein Netzwerk eingestellt werden. Dies gilt auch für Intranets von Schulen und sonstigen Bildungseinrichtungen.

Fotomechanische Wiedergabe nur mit Genehmigung des Verlages.

© Ernst Klett Verlag GmbH, Stuttgart 2008.
Alle Rechte vorbehalten.
Internetadresse: www.klett.de

Autoren: Sven Christoffer, Eckhard Hanke, Helmut Heimbach, Arno Höfer, Dr. Uli Jungbluth, Klaus Leinen, Dr. Peter Offergeld, Dr. Antonius Wollschläger
Redaktion: Dr. Antonius Wollschläger, Langenleuba-Niederhain (bei Leipzig)

Gesamtgestaltung: Kassler-Design, Leipzig
Piktogramme: Erhard Müller (†), Leipzig und Kassler-Design, Leipzig
Kartographien: Kartographisches Büro Borleis & Weis, Leipzig
Grafiken: Rudolf Hungreder, Leinfelden; Kassler-Design, Leipzig; Sandy Schygulla, Leipzig
Herstellung: Karena Klepel
Reproduktionen: Meyle + Müller, Medien-Management, Pforzheim
Druck: Himmer AG, Augsburg

Printed in Germany
ISBN-13: 978-3-12-425030-8

Inhalt

Die Weimarer Republik – die erste deutsche Demokratie   8

1 Deutschlands Weg in die Republik   10
2 Lasten und Legenden – die junge Republik unter Druck   14
3 Das Krisenjahr 1923   16
4 Goldene Zwanziger?   18
5 Projekt: Eine Fotoausstellung zum Alltag in der Weimarer Republik   20
6 Republik im Untergang   22
7 Methode: Politische Plakate analysieren   26
8 Wer wählte die NSDAP?   28
9 Der Todesstoß für die Demokratie   30
10 Warum scheiterte die erste deutsche Demokratie?   32
11 Faschistische Diktaturen in Italien und Spanien   34
12 Abschluss: Die Zwischenkriegszeit im Spiegel von Karikaturen   38

Der Nationalsozialismus   40

1 Auf dem Weg in den Führerstaat   42
2 Adolf Hitler – Führerkult und Propaganda   44
3 Ziele und Ideen der Nationalsozialisten – wie reagierten die Deutschen?   46
4 NS-Wirtschaftspolititk – den Krieg im Visier   50
5 Jugend unter dem Hakenkreuz   52
6 Frauen im NS-Staat   56
7 Ausgegrenzt, verfolgt, ermordet   58
8 Der Weg in den Krieg   62
9 Der Krieg in Europa – Völkervernichtung   64
10 Holocaust – Shoa   66
11 Sinti und Roma – eine verfolgte Minderheit   70
12 Vertrieben und verschleppt   72
13 Vom totalen Krieg zur Kapitulation   74
14 Methode: Historische Reden untersuchen   76
15 Widerstand, Protest, Verweigerung   78
16 Erinnern an die Vergangenheit   82
17 Projekt: Auf den Spuren jüdischer Mitbürger   86
18 Abschluss: Die Zeit des Nationalsozialismus   88

Deutschland nach 1945 – besetzt, geteilt und wieder vereint 90

1 Der 8. Mai – Katastrophe oder Befreiung?	92
2 Flucht und Vertreibung	94
3 Trümmerfrauen	96
4 Der schwere Weg zur Demokratie	98
5 Rheinland Pfalz – ein neues Bundesland	100
6 „Es muss demokratisch aussehen"	102
7 Eine Nation – aber zwei Staaten	104
8 Markt- und Planwirtschaft	106
9 Die Wiedervereinigung rückt in weite Ferne	108
10 Schüsse und Stacheldraht	110
11 Die Einheit der Nation erhalten	114
12 Freundschaft und Aussöhnung	116
13 Die Gesellschaft verändern – Protest in West und Ost	118
14 Frauen in einer Männergesellschaft	122
15 „Wir sind das Volk"	124
16 Methode: Zeitzeugen befragen	126
17 Aus Zwei mach Eins	128
18 „Aufbau Ost"	130
19 Projekt: Eine Zeitleiste gestalten	132
20 Abschluss: Wer hat hier das Sagen?	134

Die Entstehung einer bipolaren Welt 136

1 Hiroshima – Mahnung zum Frieden	138
2 Der Kalte Krieg – aus Verbündeten werden Feinde	140
3 „Die Guten" und „die Bösen" – Feindbilder im Kalten Krieg	144
4 Krisen im sozialistischen Lager	146
5 Konfrontation und Annäherung	148
6 Methode: Fish-Bowl: Diskutieren wie Profis	152
7 Abschluss: Die Entstehung einer bipolaren Welt	154

Europa – ein Kontinent wächst zusammen 156

1 Wir in Europa 158
2 Europäische Spuren an Rhein, Mosel und Saar 160
3 Die Spaltung Europas 162
4 Auf dem Weg zur Einigung Westeuropas 164
5 Die neue Rolle der NATO 168
6 Das Ende des Sozialismus in Europa 170
7 „Osterweiterung" Europas 172
8 Natürlich gibt es auch Probleme 174
9 Hochgesteckte Ziele – sind sie erreichbar? 176
10 Methode: Meinungsumfragen deuten 178
11 Projekt: Die EU, (k)eine wichtige Sache – ein Eurobarometer erstellen 180
12 Abschluss: Europas Einigung nachgespürt 182

Auf der Suche nach einer besseren Welt 184

1 Die UNO – Weltkonflikte regeln, den Frieden erhalten 186
2 Die Blauhelme – Friedenstruppe der UNO 188
3 Der Nahostkonflikt 190
4 Der Streit um Palästina – Ursachen eines Konflikts 192
5 Vom Regional- zum Weltkonflikt 194
6 Brücken zum Frieden bauen – Lösungsversuche eines Konflikts 196
7 Der Nord-Süd-Konflikt 200
8 Konfliktpotenzial „Bevölkerungsentwicklung" 202
9 Gewinner und Verlierer der Globalisierung 204
10 Internationaler Terrorismus 206
11 Projekt: Über den Frieden nachdenken – für den Frieden arbeiten 208
12 Abschluss: Konflikte … und das Streben nach Frieden 210

Methodenglossar 212
Verzeichnis der Namen, Sachen und Begriffe 219
Verzeichnis der Textquellen 224
Verzeichnis der Bildquellen 228

So arbeitest du mit diesem Buch

Dieses Buch hat sechs Themeneinheiten. Jede Themeneinheit beginnt mit einer Auftaktdoppelseite. Ein Bild und ein kurzer Text führen in das Thema ein. Die große Karte hilft bei der Orientierung in jenen Staaten und Kontinenten, um die es in der Einheit geht. Die Zeitleiste zeigt dir, durch wie viele Jahre oder Jahrhunderte die „Reise" auf den nächsten Seiten geht.

Außerdem erhältst du verschiedene Materialien zum Thema: Zeichnungen oder Fotos, Karten, Statistiken, historische Bilder, dazu originale Texte oder auch Berichte von heutigen Wissenschaftlern. Fragen und Anregungen helfen dir, die Texte und Materialien zu erschließen.

Jede Themeneinheit ist in mehrere Kapitel unterteilt. Jedes Kapitel steht auf einer Doppelseite. Auf diesen Doppelseiten findest du links die Verfassertexte (VT), die unsere Autoren für das Buch geschrieben haben.

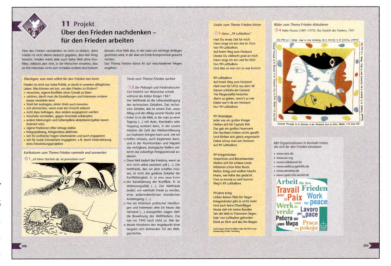

Projektseiten geben dir und deiner Klasse Anregungen, ein bestimmtes Thema zu vertiefen oder zu erkunden. Genaue Anleitungen helfen dabei, das Projekt auszuprobieren.

Auf solchen farbigen Seiten mit der Überschrift „Methode" werden Methoden vorgestellt, die dir beim Lernen in Geschichte helfen. Auf diesen Seiten übst du beispielsweise politische Plakate zu interpretieren oder die Befragung eines Zeitzeugen vorzubereiten.

In dem Kasten mit dem roten Rahmen stehen die methodischen Arbeitsschritte, auf die es bei dieser Methode ankommt. Du findest alle Methoden noch einmal gesammelt am Ende des Buches im Methodenglossar.

Auf der letzten Doppelseite einer Themeneinheit gibt es ein Spiel, ein Rätsel oder eine abschließende Aufgabe, wo es noch einmal um die wichtigsten Dinge aus den Kapiteln geht. Die Lösungen sollten kein Problem sein. Bist du nicht sicher, kannst du in den Kapiteln nachschlagen.

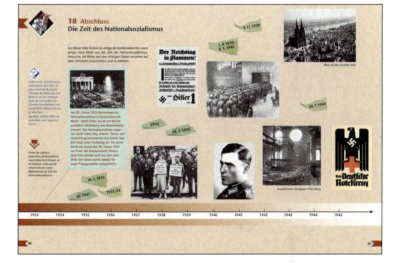

Kleine Symbole helfen dir, dich in den Kapiteln zurechtzufinden:

Jede Themeneinheit hat ihr eigenes Bild. Du findest es auf jeder Doppelseite links oben in der Ecke.

 Hier findest du Vorschläge für Projekte, Lesetipps und Adressen von Informationsstellen.

 Dieses Symbol nennt interessante Internet-Adressen oder verweist auf die Software „Zeitreise multimedial".

 Wichtige geschichtliche Begriffe oder auch schwierige Wörter werden an dieser Stelle kurz und knapp erklärt.

Standpunkte

Über geschichtliche Ereignisse wird oft gestritten. In den Standpunkte-Kästen findest du unterschiedliche Meinungen zu einem Thema.

Staatsformen in Europa 1919–1937
- Demokratie
- autoritäres Regime oder Militärdiktatur
- kommunistische Diktatur
- faschistische Diktatur

1923 Jahr der Errichtung einer Diktatur oder eines autoritären Regimes

1918

Nach der Novemberrevolution wird in Deutschland die Republik ausgerufen.

1919

Die Siegermächte aus dem Ersten Weltkrieg legen im Versailler Vertrag die Friedensbedingungen fest.

1922

In Italien errichtet Benito Mussolini eine faschistische Diktatur.

Die Weimarer Republik – die erste deutsche Demokratie

11. November 1918: In Paris und London läuten die Siegesglocken. Der Erste Weltkrieg ist zu Ende, aber der Friede hat keineswegs begonnen. Vielmehr bricht in Europa eine Zeit der Spannungen und Konflikte an. Revolutionen und Bürgerkriege, Wirtschaftskrisen und die verzweifelte Suche nach Ordnung und Orientierung prägen das Gesicht des Kontinents. Heute wissen wir, dass die Nachkriegszeit zugleich eine Vorkriegszeit war. Bis 1939 zerfiel Europa in zwei Lager: Während die Demokratien im Westen und Norden Bestand hatten, beschritten Deutschland und das übrige Europa nach und nach den Weg in die Diktatur. Was trieb diese Staaten zur „Flucht in die Unfreiheit"? Und war der Niedergang der Demokratie zwangsläufig oder gab es bis zuletzt nicht auch die Chance des Erfolges?

Wahlen zum Reichstag am 31. Juli 1932: Der damalige Reichskanzler der Weimarer Republik Franz von Papen verlässt ein Wahllokal. Die Bandbreite der politischen Parteien reichte damals von den rechtsextremen Nationalsozialisten bis zu den linksradikalen Kommunisten.

1923
Französische Truppen besetzen das Ruhrgebiet. In Deutschland erreicht die Inflation ihren Höhepunkt.

1929
Dramatische Kurseinbrüche an der New Yorker Börse lösen eine Weltwirtschaftskrise aus.

1933
In Deutschland beendet die Diktatur der Nationalsozialisten die Weimarer Republik.

1 Deutschlands Weg in die Republik

Q1 *Mitglieder des Arbeiter- und Soldatenrates* besetzen am 9. November 1918 in Berlin eine Militärkaserne.

Räte
Von Arbeitern und Soldaten gewählte Vertreter. Ihr Vorbild waren die erstmals in Russland von Arbeitern, Soldaten und Bauern gewählten „Sowjets".

Weimarer Nationalversammlung
Sie arbeitete vom 6. Februar bis zum 31. Juli 1919 in Weimar die Verfassung der neuen Republik aus (daher der Name „Weimarer Republik"). Ihre Mitglieder waren in den ersten demokratischen Wahlen vom Volk gewählt worden.

Von der Rebellion zur Revolution
Das Ende des Ersten Weltkrieges brachte in Deutschland eine Revolution und damit dramatische Veränderungen: Innerhalb kürzester Zeit trat an die Stelle des Kaiserreiches eine demokratische Republik. Auslöser dieser Entwicklung waren die Geschehnisse in den letzten Kriegstagen: Obwohl das Ende der Kämpfe bereits abzusehen war, wollten fanatische Offiziere die Flotte im Oktober 1918 zu einem letzten Gefecht in die Schlacht schicken. Doch die Schiffsbesatzungen wollten sich nicht sinnlos opfern lassen. Sie widersetzten sich dem Befehl, es kam zur Rebellion. Werftarbeiter und aus dem Krieg zurückkehrende Soldaten verbündeten sich mit den Matrosen. Sie riefen zum Generalstreik auf und besetzten die Rathäuser der Küstenstädte. Deren Kontrolle übernahmen gewählte Vertreter aus den eigenen Reihen: die Arbeiter- und Soldatenräte. In den folgenden Tagen weitete sich der Aufstand zur Revolution aus. In fast allen Städten übernahmen rasch gebildete Arbeiter- und Soldatenräte die Macht.

Das Ende der Monarchie
Am 9. November 1918 erreichte die Revolution Berlin. Riesige Demonstrationszüge bewegten sich auf das Schloss und den Reichstag zu. Streikende Arbeiter forderten die sofortige Beendigung des Krieges und die Abdankung des Kaisers. Nun überschlugen sich die Ereignisse: Unter dem Druck der Massen verkündete der Reichskanzler der kaiserlichen Regierung eigenmächtig den Rücktritt des Monarchen. Er ernannte den Vorsitzenden der SPD, Friedrich Ebert, zum neuen Reichskanzler. Fast zeitgleich riefen Philipp Scheidemann (SPD) und Karl Liebknecht (Spartakusbund) am Nachmittag des 9. November die Republik aus – allerdings mit unterschiedlichen Zielen.

Die Aufgaben der neuen Regierung
Ebert bildete eine provisorische Regierung, die sich „Rat der Volksbeauftragten" nannte. Ihr gehörten je drei Politiker der SPD und der USPD an. Die Übergangsregierung stand vor großen Problemen: Wie sollten die Soldaten von der Front zurückgeführt und wieder in den Arbeitsprozess eingegliedert werden? Was war gegen Arbeitslosigkeit und Hungersnot zu tun? Aufgrund der Notlage waren insbesondere die SPD-Mitglieder im Rat der Volksbeauftragten dazu bereit, mit den führenden Kräften des alten Kaiserreiches – der Obersten Heeresleitung, den Beamten und den Unternehmern – zusammenzuarbeiten. Selbst offene Gegner der Republik blieben dadurch im Amt.

Parlament oder Räte?
Wie aber sollte die künftige Republik aussehen? Die SPD unter Friedrich Ebert strebte eine parlamentarische Demokratie an. Eine von den Deutschen gewählte Nationalversammlung sollte eine Verfassung ausarbeiten. Der linke Flügel der USPD und der kommunistische Spartakusbund dagegen woll-

ten eine Räterepublik nach russischem Vorbild: Die Wirtschaft sollte verstaatlicht und die Macht in die Hände von Arbeiter- und Soldatenräten gelegt werden. Die Entscheidung fiel im Dezember auf einem Kongress der Arbeiter- und Soldatenräte in Berlin. Die große Mehrheit stimmte dort für die Wahl zur Nationalversammlung und somit für die parlamentarische Demokratie.

„Berliner Blutwoche"

Der Spartakusbund war jedoch nicht bereit, die Vorstellung von der Räterepublik kampflos aufzugeben. Am 1. Januar gründeten die Spartakisten zusammen mit anderen linksradikalen Gruppierungen die Kommunistische Partei Deutschlands. Um die Wahl zu verhindern und die Revolution voranzutreiben, organisierte die KPD am 5. Januar in Berlin einen bewaffneten Aufstand. Die Regierung rief Einheiten der Reichswehr und Freiwilligenverbände zu Hilfe. Diese so genannten Freikorps bestanden meist aus entlassenen Berufssoldaten. Sie lehnten zwar die Demokratie ab, ihr Hass auf die „Roten" war aber noch größer. Innerhalb einer Woche wurde die Revolte mit großer Härte niedergeworfen. Dabei wurden auch die bekannten KPD-Führer Rosa Luxemburg und Karl Liebknecht von Freikorpssoldaten ermordet.

Wahl zur Nationalversammlung

Bei den ersten freien, geheimen und gleichen Wahlen auf deutschem Boden entschied sich die große Mehrheit für demokratische Parteien. Erstmals durften auch Frauen als gleichberechtigte Bürgerinnen an den Wahlen teilnehmen. Die SPD wurde stärkste Partei, erreichte aber nur 39 Prozent der Stimmen. Viele Arbeiter hatten der Arbeiterpartei das Bündnis mit den Militärs nicht verziehen. Weil man weitere Unruhen in Berlin befürchtete, trat die Nationalversammlung am 6. Februar in Weimar zusammen. Diese wählte Friedrich Ebert zum Reichspräsidenten. Die SPD bildete mit der Zentrumspartei und der DDP die Regierung. Ebert ernannte den SPD-Politiker Scheidemann zum Reichskanzler.

Die Weimarer Verfassung

Am 11. August 1919 trat die von der Nationalversammlung ausgearbeitete neue Verfassung in Kraft. Sie sicherte allen Deutschen die Menschenrechte als Grundrechte zu. Gewählt wurde künftig nach dem Verhältniswahlrecht: Alle Parteien schickten genau im Verhältnis ihres erreichten Stimmenanteils Abgeordnete in den Reichstag. Das Volk sollte aber auch durch Volksbegehren und Volksentscheide direkt über Gesetze abstimmen können.

Der Reichspräsident als „Ersatzkaiser"?

Staatsoberhaupt war der Reichspräsident, der alle sieben Jahre direkt vom Volk gewählt wurde. Die Verfassung sprach ihm eine große Machtfülle zu. In Krisenzeiten konnte er Notverordnungen erlassen und so ohne den Reichstag regieren. Der Reichspräsident sollte als eine Art „Ersatzkaiser" die Anhänger der Monarchie mit der Republik versöhnen und ein Gegengewicht zum Parlament bilden.

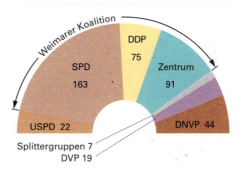

2 *Der Rat der Volksbeauftragten, Postkarte aus den 1920er-Jahren*
links: Mitglieder aus den Reihen der USPD
rechts: Mitglieder aus den Reihen der SPD
Mitte: Ausrufung der Republik durch Philipp Scheidemann. Die Szene wurde 1927 nachgestellt, da es von diesem Moment kein Foto gibt.

1 *Ergebnis der Wahlen zur Nationalversammlung:* Die Deutsche Demokratische Partei (DDP) vertrat bürgerliche Schichten, das Zentrum den katholischen Bevölkerungsteil. Als Vertreterin der Industrie verstand sich die Deutsche Volkspartei (DVP). Die Deutschnationale Volkspartei (DNVP) wurde vor allem von Anhängern der Monarchie gewählt. Die KPD hatte die Wahl boykottiert.

Q 3 Zweimal Ausrufung der Republik am 9. November 1918 in Berlin.

a) Philipp Scheidemann gegen 14 Uhr vom Balkon des Reichstagsgebäudes:
Arbeiter und Soldaten! Das deutsche Volk hat auf der ganzen Linie gesiegt. Das alte Morsche ist zusammengebrochen. (…) Die Hohenzollern haben abgedankt! Es lebe die
5 deutsche Republik! Der Abgeordnete Ebert ist zum Reichskanzler ausgerufen worden. (…) Jetzt besteht unsere Aufgabe darin, diesen glänzenden Sieg (…) nicht beschmutzen zu lassen, und deshalb bitte ich Sie,
10 sorgen Sie dafür, dass keine Störung der Sicherheit eintrete. (…) Ruhe, Ordnung und Sicherheit ist das, was wir jetzt brauchen.

b) Karl Liebknecht gegen 16 Uhr vor dem Berliner Schloss:
Der Tag der Revolution ist gekommen. Wir haben den Frieden erzwungen. (…) Parteigenossen, ich proklamiere die freie sozialistische Republik Deutschland. (…) Die
5 Herrschaft des Kapitalismus, der Europa in ein Leichenfeld verwandelt hat, ist gebrochen. (…) Wenn auch das Alte niedergerissen ist, dürfen wir doch nicht glauben, dass unsere Aufgabe getan ist. Wir müssen alle
10 Kräfte anspannen, um eine Regierung der Arbeiter und Soldaten aufzubauen und eine neue staatliche Ordnung des Proletariats zu schaffen.

Q 4 Auszüge aus der Weimarer Verfassung:
Art. 1: Das Deutsche Reich ist eine Republik. Die Staatsgewalt geht vom Volke aus. (…)
Art. 25: Der Reichspräsident kann den Reichstag auflösen, jedoch nur einmal aus
5 dem gleichen Anlass. (…)
Art. 48: Der Reichspräsident kann, wenn im Deutschen Reiche die öffentliche Sicherheit und Ordnung erheblich gestört oder gefährdet wird, die zur Wiederherstellung der
10 öffentlichen Sicherheit und Ordnung nötigen Maßnahmen treffen, erforderlichenfalls mit Hilfe der bewaffneten Macht einschreiten. Zu diesem Zwecke darf er vorübergehend die (…) Grundrechte ganz oder zum
15 Teil außer Kraft setzen.
Art. 54: Der Reichskanzler und die Reichsminister bedürfen zu ihrer Amtsführung des Vertrauens des Reichstags. Jeder von ihnen muss zurücktreten, wenn ihm der Reichs-
20 tag durch ausdrücklichen Beschluss sein Vertrauen entzieht.
Art. 109: Alle Deutschen sind vor dem Gesetze gleich. Männer und Frauen haben grundsätzlich dieselben staatsbürgerlichen
25 Rechte und Pflichten.

Q 5 Extraausgabe des „Vorwärts" vom 9. November 1918
Der „Vorwärts" war die offizielle Parteizeitung der SPD. Am 9. November wurden insgesamt sechs Extraausgaben gedruckt.

Q 6 *Frauen als Wahlkämpferinnen:* Erstmals durften Frauen an deutschen Parlamentswahlen teilnehmen. – Erkläre, wie sich die politische Stellung der Frau in der Weimarer Republik veränderte (vgl. Q4).

1 Halte Deutschlands Weg vom Kaiserreich zur Republik auf einem Zeitstrahl fest.
2 Untersuche, welche Ziele Scheidemann (SPD) und Liebknecht (Spartakusbund) verfolgten (VT, Q3).
3 Auf welchen Wegen versuchten SPD und Spartakusbund (später KPD) ihre politischen Ziele zu erreichen (VT, Q5)?
4 Erkläre das schlechte Abschneiden der SPD bei den Wahlen zur Nationalversammlung (VT, D1).
5 Beschreibe die Grundzüge der Weimarer Verfassung (VT, D2). Vergleiche dabei auch die Stellung des Reichspräsidenten mit der des Reichskanzlers (Q4).

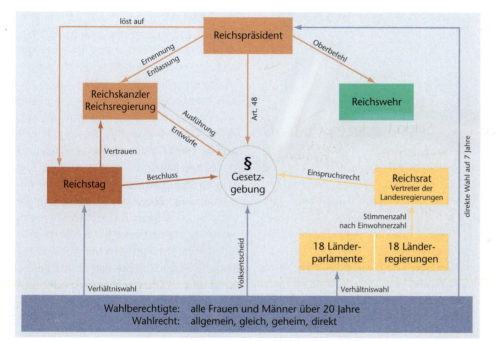

D 2 *Die Weimarer Verfassung.* Im Reichstag war jede Partei ihrem Stimmenanteil entsprechend vertreten. Eine Fünfprozentklausel gab es nicht. Das begünstigte Splitterparteien und erschwerte die Bildung von kompromissfähigen Regierungsmehrheiten.

D 3 *Politische Grundeinstellung der wichtigsten Parteien der Weimarer Republik*

	linksradikale Parteien	sozialistische Parteien	christliche Parteien	liberale Parteien		konservative Parteien	rechtsradikale Parteien
Partei	Kommunistische Partei Deutschlands (KPD)	Sozialdemokratische Partei Deutschlands (SPD)	Zentrum (Z) (katholisch)	Deutsche Demokratische Partei (DDP)	Deutsche Volkspartei (DVP)	Deutschnationale Volkspartei (DNVP)	Nationalsozialistische Deutsche Arbeiterpartei (NSDAP)
		Unabhängige Sozialdemokratische Partei Deutschlands (USPD)					
angestrebte Staatsform	Rätedemokratie bzw. Diktatur des Proletariats	parlamentarische Demokratie Republik	parlamentarische Demokratie Republik	parlam. Demokr. Republik	parlam. Monarchie	parlamentarische Mitwirkung in der Monarchie	antiparlamentarische autoritäre Diktatur

2 Lasten und Legenden – die junge Republik unter Druck

1 *Ausschnitt aus einem Wahlplakat der Deutschnationalen Volkspartei 1924*

Die „Dolchstoßlegende"

Oktober 1918: Der Krieg ist verloren. Die Oberste Heeresleitung (OHL) fordert den Abschluss eines Waffenstillstandes. Wer aber soll die Verhandlungen führen? Generalfeldmarschall Ludendorff vor seinen Offizieren: „Ich habe aber seine Majestät gebeten, jetzt auch diejenigen Kreise an die Regierung zu bringen, denen wir es in der Hauptsache zu verdanken haben, dass wir so weit gekommen sind. (…) Die sollen nun den Frieden schließen, der jetzt geschlossen werden muss. Sie sollen die Suppe jetzt essen, die sie uns eingebrockt haben." Gemeint waren Politiker der SPD und der Zentrumspartei, denen Ludendorff mit diesem Schachzug die Verantwortung für die Niederlage aufbürden wollte.

November 1918: Der Zentrumspolitiker Matthias Erzberger unterzeichnet als Leiter der deutschen Delegation auf Drängen der OHL trotz größter Bedenken ein Waffenstillstandsabkommen. Nur wenige Monate später verbreiteten die Generäle von Hindenburg und Ludendorff jedoch in der Öffentlichkeit, das Heer sei „im Felde unbesiegt", man habe es „von hinten erdolcht". Für die Niederlage machten sie die Novemberrevolution und demokratische Politiker verantwortlich, die hinterrücks den Waffenstillstand ausgehandelt hätten.

Der Versailler Vertrag

Bösen Beschimpfungen im eigenen Lande sahen sich auch diejenigen Politiker ausgesetzt, die sich für die Unterzeichnung eines Friedensvertrages einsetzten. Im Januar 1919 kamen im Pariser Vorort Versailles die Vertreter der Kriegsgegner Deutschlands zusammen, um über Friedensbedingungen zu beraten. Die Siegermächte verlangten sehr hohe Reparationsleistungen. Deutschland musste zudem umfangreiche Gebiete an andere Länder abtreten. Doch besonders schwer wog: Dem Deutschen Reich wurde die Alleinschuld am Krieg angelastet. Das empfanden viele Deutsche als Kränkung ihrer nationalen Ehre. Um eine Wiederaufnahme der Kriegshandlungen zu verhindern, unterschrieben die Vertreter der jungen deutschen Republik das „Friedensdiktat" im Juni 1919 notgedrungen.

Anfeindungen von rechts und links

Die „Dolchstoßlegende" und der „Schandvertrag von Versailles" vergifteten das politische Klima in Deutschland. Die Ablehnung der Demokratie kam im Hass auf die Politiker von Weimar zum Ausdruck. Für die Anhänger des alten Kaiserreichs waren sie „Novemberverbrecher" und „Vaterlandsverräter", für die Kommunisten „Arbeiterschlächter" und „Spartakusmörder". Die Hetzkampagnen hatten schwerwiegende Folgen: Demokratische Politiker, die in der militärischen Niederlage die Verantwortung auf sich genommen hatten, wurden von rechtsgerichteten Fanatikern ermordet – so etwa 1921 Matthias Erzberger, der Unterzeichner des Waffenstillstandes, und 1922 Walter Rathenau, der Reichsaußenminister.

Reparationen
(von lat. reparare = wiederherstellen, erneuern)
Den Besiegten eines Krieges auferlegte Leistungen zum Ausgleich der Kriegsschäden der Sieger. Dies können Geldzahlungen oder Sachlieferungen sein.

Q 2 Der Journalist Kurt Tucholsky schreibt 1919 unter dem Titel „Das erdolchte Heer":
Die Generale habens gesagt
und haben die Heimat angeklagt.
Die Heimat – heißt es – erdolchte das Heer.
Aber die Heimat litt viel zu sehr!
5 Sie schrie und ächzte unter der Faust.
Es würgt der Hunger, der Winterwind saust.
Ihr habt der Heimat erst alles genommen
und seid noch besiegt zurückgekommen.
Besiegt hat euch euer eigener Wahn.
10 Dreimal kräht jetzt der biblische Hahn.
Und nach so vielen Fehlern und falschen Taten
habt ihr nun auch die Heimat verraten.
Die Heimat, die Frauen, die Schwachen,
15 die Kranken –
Wir danken, Generale, wir danken!

Q 3 Der Schriftsteller Stefan Zweig kommentiert am 5. Dezember 1918 in einem Zeitschriftenbeitrag die Lage der jungen deutschen Republik:
Ich will versuchen, etwas deutlich zu sagen, was man vorerst nicht gerne wird wissen wollen, obwohl es jeder weiß. Dass nämlich in Deutschland die Republik noch nicht da 5 ist, sondern nur ihre Form. (…) Die Republik ist da, aber noch kein republikanisches Bewusstsein. (…) Dieses – das republikanische Bewusstsein – muss erst geschaffen werden; nichts tut mehr Not für die nächsten Stun-10 den, nächsten Wochen, nächsten Jahre. (…) Es [das Volk] hat die Republik als eine Hoffnung auf Rettung in dem ungeheuren Elend genommen wie eine Arznei. Betrügen wir uns nicht: Es war nicht der Geist, der 15 Glaube, die Überzeugung, die jene Wandlung bewirkten, sondern die Not, der Hass, die Erbitterung.

Politische Morde begangen von:	Linksstehenden	Rechtsstehenden
Anzahl der Morde	22	354
ungesühnte Morde	4	326
teilweise gesühnte Morde	1	27
gesühnte Morde	17	1
verurteilte Mörder	38	24
freigesprochene Täter	—	23
hingerichtete Mörder	10	—
Freiheitsstrafe je Mord	15 Jahre	4 Monate

D 2 *Gerechte Richter?* Rechtsprechung in den Jahren 1918–1922

D 1 *Die Bestimmungen des Versailler Vertrages für das Deutsche Reich*

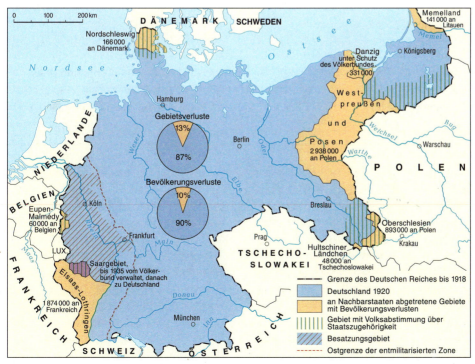

1 Vergleiche Q1 und Q2 miteinander. Wem wird hier die Schuld an der Kriegsniederlage zugeschrieben?

2 Erläutere, warum die „Dolchstoßlegende" und der Versailler Vertrag enorme Belastungen für die erste deutsche Republik darstellten (VT, D1).

3 Diskutiert anhand von D2 die Behauptung, die Justiz der Weimarer Republik sei „auf dem rechten Auge blind" gewesen.

4 Zweig unterscheidet in seinem Artikel (Q3) republikanische Form und republikanisches Bewusstsein. Was meint er damit?

3 Das Krisenjahr 1923

Q 1 Plakat der Reichsregierung aus dem Jahr 1923

Inflation
Das Wort meint den Wertverlust des Geldes durch Vermehrung der Geldmenge. Der Staat lässt Geld drucken, die Warenmenge wird aber nicht vermehrt. Dies führt zu steigenden Preisen. Sachwerte, wie Grundstücke oder Schmuck, behalten ihren Wert. Wer Schulden hat, kann sie nun leichter zurückbezahlen.

Am Abgrund
Der britische Botschafter in Berlin notierte Silvester 1923 in sein Tagebuch: „Nun geht das Krisenjahr zu Ende. Die inneren und äußeren Gefahren waren so groß, dass sie Deutschlands ganze Zukunft bedrohten. Wenn man zurückblickt, sieht man klarer, wie nah dieses Land am Abgrund stand." Was war in Deutschland geschehen?

Ruhrbesetzung
Im Januar 1923 marschierten französische Truppen ins Ruhrgebiet ein, weil Deutschland mit Reparationslieferungen im Rückstand war. Soldaten sollten den Transport von Kohle nach Frankreich überwachen. Eine Welle der Empörung einte ausnahmsweise alle politischen Lager in Deutschland. Die Regierung rief zum „passiven Widerstand" auf: Zechen wurden stillgelegt, Fabriken bestreikt. Beamte verweigerten die Zusammenarbeit mit den Besatzern. Radikale Kräfte sprengten sogar Gleise und überfielen Wachposten.

Inflation – das Geld verliert an Wert
Der Staat unterstützte die Streikenden finanziell. Jeder Tag des „Ruhrkampfes" kostete die Staatskasse rund 40 Millionen Goldmark. Um das bezahlen zu können, ließ die Regierung Geld drucken. Das heizte die Inflation an: Der Wert des Geldes verfiel in rasender Geschwindigkeit.
Ausgelöst wurde die Inflation bereits im Kaiserreich: Um den Krieg zu finanzieren, hatte die damalige Regierung Kredite aufgenommen und die Papiergeldmenge drastisch erhöht. Durch Kriegsniederlage und Reparationsleistungen entstanden zusätzliche Kosten, die der Staat wiederum mit neuen Banknoten beglich. Die junge Republik war also im Jahr 1923 bereits hoch verschuldet, durch Streik und Produktionsausfall lag die Wirtschaft im September des Jahres nun völlig am Boden. Der Ruhrkampf musste abgebrochen werden. Die Inflation wurde durch eine Währungsreform gestoppt: 1 Billion Papiermark entsprachen ab dem 15. November einer Rentenmark. Der Zusammenbruch der Währung traf vor allem diejenigen, die ihre Ersparnisse auf Konten angelegt hatten. Sie fühlten sich von der Republik belogen und betrogen, ihr Vertrauen in die Demokratie war schwer erschüttert.

Hitler-Putsch
Im Spätherbst 1923 versuchte Adolf Hitler, der „Führer" der rechtsradikalen NSDAP (Nationalsozialistische Deutsche Arbeiterpartei), die Krise der Republik für sich zu nutzen. Sein Ziel war es, die Regierung mit Waffengewalt zu stürzen. Gemeinsam mit dem ehemaligen General Ludendorff rief er die „Nationale Revolution" aus und marschierte am 9. November mit etwa 2000 Anhängern durch München. Vor der Feldherrnhalle ging die bayerische Polizei jedoch gegen die Putschisten vor. Hitler wurde verhaftet, die NSDAP verboten.

Q 2 *Der Schriftsteller Max Krell erinnert sich an die Zeit der Inflation:*

Die Mark rutschte, fiel, überstürzte sich, verlor sich im Bodenlosen. Städte, Fabriken, Handelsunternehmungen druckten Assignaten [Papiergeld] nach eigenem Belieben, ließen Milliardenflocken auf die Straße schneien. Keiner wollte die bunten Zettel wirklich haben. Wer wusste denn, ob sie gedeckt waren? Die Inflation machte aus dem Geld einen Unsinn. Wer etwas davon in die Tasche bekam, stopfte es am Vormittag in irgendeine Geschäftskasse, um etwas zu erstehen, das er nicht brauchte, der Kaufmann stürzte mit dem Papier in ein anderes Geschäft, nur fort damit, es war, als ob die Geldzettel giftig oder feucht wären; ein Mann kaufte zwanzig Badewannen, das Wort „Sachwerte" wurde Trumpf.

Q 3 *Inflationsgeld,* überdruckter 20-Mark-Schein

Q 4 *Ein französischer Soldat bewacht einen Güterzug, der Steinkohle aus dem besetzten Ruhrgebiet nach Frankreich transportiert.*

Q 5 *Kinder bauen aus wertlos gewordenen Papiergeldscheinen ein Kartenhaus.*

Die Preise der neuen Woche.
In Milliarden Mark.

Brot, grau (77 Pf.)	770 Mark
Brot, weiß (84 Pf.)	840 „
Schrippe (3 Pf.)	30 „
Vollmilch, 1 Liter	280 „
Magermilch, 1 Liter	95 „
Gas, 1 Kubikmeter	210 „
Elektr. Strom, 1 Kilowattstunde	420 „
Wasser, 1 Kubikmeter	210 „
Briketts, Zentner frei Keller	1981 „
Straßenbahn	150 „
Hochbahn, 3. Klasse	100 u. 150 „
Hochbahn, 2. Klasse	150 u. 200 „
Stadtbahn, 3. Klasse (15 Pf.)	150 „
Stadtbahn, 2. Klasse (25 Pf.)	250 „
Omnibus	150 u. 200 „
Brief, Berlin	40 „
Brief, außerhalb	80 „
Postkarte, Berlin	15 „
Postkarte, außerhalb	40 „
Telephongespräch (10 Pf.)	100 „

Proklamation an das deutsche Volk!

Die Regierung der Novemberverbrecher in Berlin ist heute für **abgesetzt erklärt worden.**

Eine **provisorische deutsche Nationalregierung** ist gebildet worden, diese besteht aus

Gen. Ludendorff
Ad. Hitler, Gen. v. Lossow
Obst. v. Seisser

---

1. Stelle die einzelnen Aspekte, die das Jahr 1923 zu einem Krisenjahr der Republik machten, in einer Mindmap dar.
2. Ordne die Quellen dieser Doppelseite den Krisenfeldern „Wirtschaft", „Außenpolitik" und „Innenpolitik" zu.
3. Erläutere, welche Ursachen die Inflation hatte und wie sie das Leben der Menschen veränderte (VT, Q2, Q6).
4. Viele Menschen gaben der Republik die Schuld an der Inflationskrise. Nimm dazu Stellung und begründe deine Meinung.
5. Überlege, warum Parteien wie die NSDAP von solchen Krisenzeiten oftmals profitieren.

Q 6 *Preise der letzten Inflationswoche (November 1923)*

Q 7 *Plakat zum Hitler-Putsch am 8./9. November 1923*

4 Goldene Zwanziger?

Q 1 „Großstadt", ein berühmtes Gemälde der „Neuen Sachlichkeit" von Otto Dix, 1927/28. Viele Maler und Schriftsteller machten die Metropole Berlin zum Thema ihrer Werke.

Neue Sachlichkeit
Eine in den 1920er-Jahren in Deutschland aufgekommene Kunstrichtung, die die Wirklichkeit realistisch erfasste und sich kritisch mit der Gesellschaft auseinandersetzte. Der Begriff geht auf eine Ausstellung moderner Malerei in Mannheim 1925 zurück.

„Hoppla, wir leben!"

So heißt ein Theaterstück von Ernst Toller, das 1927 in Hamburg uraufgeführt wurde. Der Titel spiegelt den vorsichtigen Optimismus, der sich in Deutschland infolge der leichten wirtschaftlichen und politischen Erholung nach dem Krisenjahr 1923 ausbreitete. Es schien, als ginge es nun endlich aufwärts. Eine schillernde Zeit voller Lebenshunger und Modernität brach an, aber auch eine unruhige Zeit voller Extreme und Ungewissheiten. Schon den Zeitgenossen erschienen die „Goldenen Zwanziger Jahre" deshalb als „Tanz auf dem Vulkan".

Weltstadt Berlin

Vor allem die Metropole Berlin mit ihren 4 Millionen Einwohnern verkörperte die neue, moderne Welt. Mitte der 1920er-Jahre existierten in der Hauptstadt 49 Theater, 3 Opernhäuser sowie 75 Kabarett- und Varietébühnen. Das Nachtleben blühte: In Tanzhallen und Bars war Jazz- und Swingmusik aus den USA zu hören, zu der neue Tänze wie der Charleston ausprobiert wurden. Zwar konnte sich dieses aufregende Leben nur ein kleiner Kreis von Wohlhabenden leisten, doch auch für die breite Masse der Bevölkerung nahm das Freizeitangebot zu. Etliche Tageszeitungen, „Groschenromane" und die neuartigen Illustrierten warben um Leser. Hinzu kamen die ersten Radioprogramme und Tonfilme im Kino. Eine Massenkultur war entstanden.

Kulturelle Blütezeit

Viele Künstler ließen sich von der großstädtischen Atmosphäre inspirieren und experimentierten mit neuen Stilen und Formen. Dabei schockierten sie oftmals die Öffentlichkeit. Einige Kritiker beklagten deshalb lautstark die „Verrottung der Kunst".
Die „Neue Sachlichkeit" wurde zur dominierenden Kunstrichtung, die Großstadt zum zentralen Thema. So fingen Maler wie Otto Dix und George Grosz das Leben in den modernen Metropolen in ihren Bildern ein. Alfred Döblin schilderte in seinem Roman „Berlin Alexanderplatz" den Alltag des „kleinen Mannes", während Regisseur Fritz Lang im Science-Fiction-Film „Metropolis" seine Vision von einer Zukunftsstadt offenbarte.

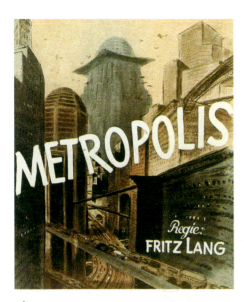

Q **2** *Filmplakat zu „Metropolis". Der Stummfilm hatte am 10. Januar 1927 im Ufa-Palast am Berliner Zoo Premiere.*

Q **4** *Titelblatt einer Mode- und Frauenzeitschrift vom Mai 1922.* Das Bild eines neuen Frauentyps wurde in den 1920er-Jahren durch Werbung, Filme und Zeitschriften verbreitet.

Q **3** *Ein junger Mann aus einem Berliner Arbeiterviertel schreibt über die 1920er-Jahre:*
Von der kulturellen Metropole Europas merkten wir im Norden Berlins wenig. Die „goldenen zwanziger Jahre" fanden in den Theaterzentren, Galerien und feinen Restaurants statt, waren eine Angelegenheit sensationeller Bälle und Galas der Neureichen, der Nachtlokale und Künstler-Cafés (…). Den Kulturbedarf der breiten Massen befriedigten das Radio, der neue Unterhaltungsfilm, die Trivialliteratur sowie Revuen und Tanzlokale. Die Schlager (…) halfen Luftschlösser bauen, erleichterten die Flucht aus dem grauen Alltag.

D **1** *Über die Entstehung der modernen Massenkultur schreibt die Historikerin Ursula Becher:*
Erst in der Weimarer Republik wurde mit Arbeitszeitverkürzung und Urlaubsregelung die Voraussetzung für die moderne Freizeit geschaffen. Erst jetzt war es einer breiten Bevölkerung möglich, die nach ihrer Berufstätigkeit verbleibende Zeit nach eigenen Wünschen zu gestalten und an Vergnügungen teilzunehmen, die bisher vorwiegend dem Bürgertum vorbehalten waren. Außer den traditionellen und erweiterten Bildungsangeboten wie Theater, Bibliotheken, Museen, Konzerte, Veranstaltungen der Volkshochschulen wurde Massenspektakel populär: Boxkämpfe und Sechstagerennen zogen Zuschauermengen an. Die neuen Kinopaläste, Varietés, Tanzsäle, Sportarenen waren Hochburgen der neuen Freizeitwelt. (…) Massenkultur ist nicht zu denken ohne Massenkonsum. Die Versorgung der Bevölkerung mit neuen Produkten verbesserte sich stetig. Im Jahr 1932 kamen in Deutschland auf je 1000 Einwohner 66 Rundfunkgeräte, 52 Fernsprechanschlüsse und 8 Personenautos. Das entsprach dem europäischen Durchschnittswert.

Q **5** *Blechdose für Zigaretten, 1925–1930*

Bild- und Tondokumente zur Kultur der Weimarer Republik findest du unter www.dhm.de/lemo/home.html

1 Beschreibe Q1 genau. Wie ist das Großstadtleben dargestellt?
2 Erläutere den Begriff „Massenkultur". Zeige auf, wie und in welchen Bereichen sich diese Kultur entwickelt hat (VT, D1, Q3).
3 Lies den Abschnitt „Frauen in der Weimarer Zeit" auf S. 56 und untersuche, welche Botschaft Zeitschrift (Q4) und Werbung (Q5) von der „neuen Frau" vermitteln wollen.
4 Informiert euch unter der oben angegebenen Webadresse über die Bereiche Literatur, Theater, Kino, Architektur („Bauhaus") und den Alltag der „neuen Frau". Stellt eure Ergebnisse in Kurzreferaten vor.

5 Projekt
Eine Fotoausstellung zum Alltag in der Weimarer Republik

Die Weimarer Republik auf Fotos

Durch die Erfindung der Fotografie zu Beginn des 20. Jahrhunderts haben wir heute die Möglichkeit, uns buchstäblich ein Bild von der Vergangenheit zu machen. Fotos erlauben sehr detaillierte Einblicke in das Alltagsleben einer bestimmten Epoche. Sie zeigen, wie die Menschen gewohnt und gearbeitet haben, was für Kleidung sie trugen und womit sie sich in ihrer Freizeit beschäftigten. Gestellte Aufnahmen wie z.B. Familienporträts oder Hochzeitsbilder sagen zudem viel darüber aus, wie die Menschen sich selber sehen wollten.

Auch aus den Zwanziger Jahren sind zahlreiche Fotografien erhalten geblieben. Wenn ihr euch dieser Zeit nähern wollt, bietet es sich an, Fotoaufnahmen aus unterschiedlichen Bereichen des Alltagslebens zusammenzutragen und auszustellen.

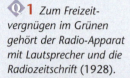

Q 1 *Zum Freizeitvergnügen im Grünen gehört der Radio-Apparat mit Lautsprecher und die Radiozeitschrift* (1928).

Q 3 *Eine Berliner Kleinbürgerfamilie* (1928)

Q 2 *Ankerwickelei der AEG in Berlin* (Betriebsfoto, 1928)

Eine Ausstellung vorbereiten

1 Legt das Hauptthema sowie die Unterthemen der Ausstellung fest. Für das Alltagsleben in der Weimarer Republik könnten diese beispielsweise lauten:
- Wohnen und Haushalt
- Arbeitswelt und Freizeitgestaltung
- Technik und Verkehr
- Mode und Frisuren

2 Sammelt zielgerichtet. Benutzt bei eurer Bildrecherche die örtlichen Bibliotheken und das Internet. Vielleicht entdeckt ihr ja sogar in Fotoalben eurer Familien Originalaufnahmen.

3 Entscheidet gemeinsam, welche Fotografien sich für welches Unterthema eignen.

4 Versieht jedes Foto mit einer möglichst vollständigen Legende: Was ist zu sehen? Wer hat fotografiert? Wo und wann ist die Aufnahme entstanden?

5 Präsentiert das Bildmaterial auf Stellwänden und Büchertischen z.B. im Forum eurer Schule.

Q 4 *Motorrad „NSU 251 R"* (Neckarsulm, 1927)

Q 7 *Stielstaubsauger „AEG Vampyr"* (Berlin, 1929)

Q 5 *Kleinstwohnung eines Arbeitslosen* (1932)   Q 6 *Modenschau in Berlin* (um 1925)

1 Ordne die Fotografien auf dieser Doppelseite jeweils einem der vier im VT aufgelisteten Unterthemen zum Weimarer Alltagsleben zu.

2 Überprüfe, ob die Legenden zu den Fotografien auf dieser Doppelseite vollständig sind.

3 Betrachte Q3. Was möchte die Familie mit diesem Porträt über sich zum Ausdruck bringen?

6 Republik im Untergang

1 *Auf verzweifelter Suche nach Arbeit* waren während der Wirtschaftskrise Millionen Menschen in den Industrieländern.

Weltwirtschaftskrise bezeichnet die große Wirtschaftskrise, die ab 1929 alle großen Industrieländer erfasste. Sie begann mit dem „Schwarzen Freitag" am 24. Oktober 1929 in New York. An der dortigen Börse brachen die Kurse ein, weil Aktien zuvor weit über Wert gehandelt worden waren.

Der New Yorker Börsencrash

Nachdem es Ende 1923 gelungen war, die Inflation zu stoppen, blühte die deutsche Wirtschaft in den Folgejahren auf. Allerdings war der Wohlstand auf Pump finanziert. Vor allem aus den USA flossen Anleihen und Kredite in Milliardenhöhe. Deshalb wurde Deutschland von der amerikanischen Wirtschaftskrise, die im Herbst 1929 schlagartig mit dramatischen Kurseinbrüchen an der New Yorker Börse einsetzte, besonders hart getroffen. Die Krise der USA griff aber auch auf andere Länder über und weitete sich schnell zur Weltwirtschaftskrise aus.

Die Wirtschaftskrise …

Deutschland bekam die Folgen des amerikanischen Niedergangs doppelt zu spüren. Zum einen ging der deutsche Export stark zurück. In den Überseehäfen stauten sich Schiffe, die ihre Güter nicht entladen konnten, weil die Empfänger nicht in der Lage waren, die Waren zu bezahlen. Zum anderen forderten amerikanische Banken wegen des Geldmangels in den USA Kredite zurück, die sie nach Deutschland vergeben hatten. Einige deutsche Banken wurden dadurch zahlungsunfähig. Eine verhängnisvolle Spirale setzte nun ein: Der Zusammenbruch der Banken zog den Konkurs von Betrieben nach sich, die auf die Kredite angewiesen waren. Andere Firmen mussten wegen mangelnder Aufträge ihre Produktion herunterfahren und Arbeitnehmer entlassen. Dadurch wurden weniger Waren gekauft und auch die Steuereinnahmen des Staates gingen zurück. Dieser sah sich zu Sparmaßnahmen gezwungen und konnte weniger Aufträge an die Wirtschaft vergeben.

… und ihre Folgen

Die Zahl der Arbeitslosen, die auch in den wenigen Jahren des wirtschaftlichen Aufschwungs recht hoch war, stieg nun dramatisch an. Seit 1927 gab es zwar eine Arbeitslosenversicherung, aber deren Leistungen garantierten kaum das Existenzminimum. 1932 bekamen von mehr als sechs Millionen Arbeitslosen rund 800 000 Familien überhaupt keine Unterstützung mehr. Viele dieser Menschen hungerten und mussten ihre Wohnung aufgeben. Nackte Existenzangst machte sich breit – auch unter denjenigen, die noch Arbeit besaßen.

Regierung zerbricht an den Problemen

Seit den Reichstagswahlen von 1928 regierte eine Große Koalition der gemäßigten demokratischen Parteien. Die Interessengegensätze in ihr waren groß und Kompromissbereitschaft wie so oft in jenen Jahren kaum vorhanden. Ausgangspunkt des Konflikts, an dem die Koalition schließlich zerbrechen sollte, war die verzweifelte finanzielle Lage der Arbeitslosenversicherung.

Während die DVP als Vertreterin der Großindustrie eine Senkung der Leistungen forderte, beharrte die SPD auf einer Erhöhung der Beiträge. Daraufhin verließ die DVP 1930 die Koalition und die Regierung trat zurück. Danach sollte es nie mehr gelingen, eine demokratische Mehrheit im Reichstag zu finden.

Die Zeit der Notverordnungen

Fortan schlug die Stunde der Präsidialkabinette, die mit der Unterstützung des Reichspräsidenten Hindenburg regierten. Dieser war 1925 zum Staatsoberhaupt gewählt worden. Der überzeugte Monarchist und Urheber der „Dolchstoßlegende" im höchsten Staatsamt von Weimar – das war ein schwerer Schlag für die Republik. Nach dem Ende der Großen Koalition ernannte Hindenburg den Zentrumspolitiker Heinrich Brüning zum neuen Reichskanzler. Die Regierung Brüning war die erste von vier so genannten Präsidialregierungen. Sie hatten keine Mehrheit im Parlament, waren allein vom Vertrauen des Reichspräsidenten abhängig und regierten vor allem mit Hilfe von Notverordnungen nach Art. 48 der Verfassung. Als die Abgeordneten im Juli 1930 versuchten, eine Notverordnung Brünings wieder aufzuheben, löste Hindenburg den Reichstag auf und schrieb Neuwahlen aus. Dieses Vorgehen wurde zur gängigen Praxis der nächsten 2 1/2 Jahre.

Die Stunde der Gegner

Brüning glaubte, die Wirtschaftskrise mit einer drastischen Sparpolitik überwinden zu können. Doch Not und Arbeitslosigkeit nahmen immer weiter zu. Insbesondere diejenigen, die durch Krieg, Inflation und Wirtschaftskrise alles verloren hatten, waren zunehmend anfällig für die radikalen Parolen der Republikfeinde. So versprach die KPD das Ende aller Not, sobald der Kapitalismus vernichtet sei. Die NSDAP machte die demokratischen Politiker für die schlimme Lage verantwortlich und forderte einen autoritären „Führerstaat". Die Hetzkampagnen verfehlten ihre Wirkung nicht. Nach den Neuwahlen im September 1930 gehörten etwa 40 % der Reichstagsabgeordneten antidemokratischen Parteien an. Gleichzeitig schürten Kommunisten und Nationalsozialisten mit gewalttätigen Demonstrationen und Straßenschlachten bewusst die Furcht vor einem Bürgerkrieg. Viele riefen deshalb nach einem „starken Mann", der wieder für Ruhe und Ordnung sorgen sollte.

Das Ende der Weimarer Republik

Als bei den Reichstagswahlen im Juli 1932 NSDAP und KPD die Stimmenmehrheit im Reichstag erhielten, hatten die Demokraten den Kampf endgültig verloren. Vorher war schon Reichskanzler Brüning durch Intrigen von Beratern Hindenburgs, der so genannten Kamarilla, gestürzt worden. Führende konservative Politiker, Industrielle, Adelige und Angehörige der Reichswehr gehörten zu diesem engsten Beraterkreis des Reichspräsidenten. Sie lehnten die demokratische Republik ab und hatten maßgeblichen Einfluss auf die Politik der Präsidialkabinette seit 1930. Teile dieser Kamarilla sprachen sich Ende 1932 für Adolf Hitler als Reichskanzler aus. Sie glaubten, den Führer der NSDAP für ihre Ziele einspannen zu können. Hindenburg hatte zwar große Zweifel gegenüber Hitler, aber den Beratern gelang es, diese Bedenken zu zerstreuen. Am 30. Januar 1933 wurde Adolf Hitler zum deutschen Reichskanzler ernannt.

2 *Das Hakenkreuz, Symbol der Nationalsozialisten, Karikatur aus „Der wahre Jacob" von Anfang 1933 – Wie sah der Zeichner die NSDAP?*

3 *Menschenansammlung vor den geschlossenen Toren einer Berliner Bank. In der Wirtschaftskrise gehörten Bankenzusammenbrüche zum alltäglichen Geschehen, viele Menschen verloren ihre gesamten Ersparnisse, Foto, Juli 1931.*

Q 4 *Auswirkungen der Weltwirtschaftskrise auf die Bevölkerung. Der 24-jährige Günther Prien war damals immer wieder vergeblich auf Arbeitssuche:*

Ich ging auf die Straße hinaus. Nun war ich also wieder unten, ganz unten. (…) Warum? Jeder, den man fragte, zuckte die Achseln: „Ja es gibt eben keine Arbeit, das sind
5 die Verhältnisse, mein Lieber!" Ja, verflucht noch mal, waren denn die da oben, die Minister, die Parteibonzen, (…) nicht dazu da, die Verhältnisse zu ändern? Wie konnten sie ruhig schlafen, solange es noch Menschen
10 gab, kräftig und gesund, willig zur Arbeit (…) und nun verrottend wie faules Stroh? Die paar elenden Pimperlinge, die sie uns hinwarfen, schützten gerade vor dem Hungertode. Sie gaben sie widerwillig her, weil
15 sie Angst hatten vor unserer Verzweiflung, und sie wickelten uns das Lumpengeld in das Papier ihrer Zeitungen, die von schönen Redensarten (…) trieften. Ein wütender Zorn (…) packte mich. In diesen Tagen wur-
20 de ich Mitglied der nationalsozialistischen Bewegung.

Bild- und Tondokumente zur Weltwirtschaftskrise auf Zeitreise multimedial „Das 20. Jahrhundert"

Q 5 *„Notverordnung:* Nach den Erfahrungen der letzten Tage ist verfügt worden, dass jeder Demonstrationszug seinen eigenen Leichenwagen mitzuführen hat.", Karikatur aus der Zeitschrift „Simplicissimus", 1931.

Q 6 *In einer Schulchronik aus dem Jahre 1932 findet sich folgende Eintragung:*
Immer häufiger erscheinen morgens Mütter oder Väter in der Schule mit dem Bescheid: „Ich kann meine Kinder nicht schicken; wir haben kein Stück Brot im Haus. Wir haben
5 die Kinder im Bett gelassen, da merken sie den Hunger nicht so." – Oder es heißt: „Die Schuhe sind ganz durch. Gestern ging's noch, da war's trocken, aber heute ist die Straße nass." Am 10. November er-
10 öffnete die Schule (…) eine Frühspeisung für zunächst 25 Kinder. Ihr Appell an die noch erwerbstätigen Eltern und Freunde der Schule setzte sie in die Lage, die Zahl auf 40 bis 50 zu erhöhen (von 430 Kindern
15 hatten noch rund 170 erwerbstätige Väter und Mütter).

Q 7 *Petition (politische Bittschrift) an den Reichspräsidenten von Vertretern der Wirtschaft, der Banken und des Großgrundbesitzes im November 1932:*
Gegen das bisherige parlamentarische Parteiregime sind nicht nur die Deutschnationale Volkspartei und die ihr nahe stehenden kleinen Gruppen, sondern auch die Natio-
5 nalsozialistische Deutsche Arbeiterpartei grundsätzlich eingestellt (…).
Wir erkennen in der nationalen Bewegung, die durch unser Volk geht, den verheißungsvollen Beginn einer Zeit, die durch
10 Überwindung des Klassengegensatzes die unerlässliche Grundlage für einen Wiederaufstieg der deutschen Wirtschaft erst schafft. Wir wissen, dass dieser Aufstieg noch viele Opfer erfordert. Wir glauben,
15 dass diese Opfer nur dann willig gebracht werden können, wenn die größte Gruppe dieser nationalen Bewegung führend an der Regierung beteiligt wird.
Die Übertragung der verantwortlichen Lei-
20 tung eines mit den besten sachlichen und persönlichen Kräften ausgestatteten Präsidialkabinetts an den Führer der größten nationalen Gruppe wird die Schwächen und Fehler, die jeder Massenbewegung notge-
25 drungen anhaften, ausmerzen und Millionen Menschen (…) zu bejahender Kraft mitreißen.

D 1 *Die Funktionsweise der Präsidialregierungen (1930–1933).* Die Präsidialregierungen beruhten auf der Kombination der Artikel 48 und 25 der Weimarer Verfassung. Durch Androhung und Anwendung beider Artikel konnte der Reichspräsident das Parlament ausschalten.

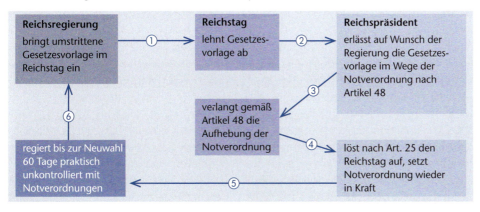

1 Versuche, den „Teufelskreislauf", in den die deutsche Wirtschaft ab 1929 geriet, zu verdeutlichen, indem du den VT zu diesem Thema in eine Skizze umwandelst.
2 Beschreibe die Not der Menschen während der Krise (VT, D3, Q1, Q3, Q6).
3 Erkläre, welcher Zusammenhang sich zwischen Wirtschaftskrise und politischen Veränderungen erkennen lässt (Q4, Q8).
4 Erläutere mit Hilfe des Schaubildes (D1) und der Statistik (D4) das System der Präsidialregierungen. Inwiefern trugen sie zur Zerstörung der parlamentarischen Demokratie bei?
5 Beschreibe die Methoden, die die NSDAP einsetzte, um an die Regierung zu gelangen (Q2, Q5). Welche Rolle spielte dabei die Kamarilla (VT, Q7)?

D 2 *Ergebnisse der Reichstagswahlen vom 31. Juli 1932 in Prozent*

	KPD	SPD	Zentrum	DVP	DNVP	NSDAP	Sonstige
Deutsches Reich	14,5	21,6	12,5	1,2	5,9	37,4	6,9
Bochum	20,8	19,2	21,8	1,2	3,9	29,4	3,7
Dortmund	27,9	23,7	18,6	1,4	4,9	19,6	3,9
Duisburg	26,9	13,6	22,4	1,2	5,8	27,5	2,6
Essen	25,1	12,7	30,7	0,7	4,0	24,0	2,8
Gelsenkirchen	29,8	13,1	24,9	1,9	4,3	23,0	3,0

D 3 *Arbeitslosigkeit in Deutschland* (Jahresdurchschnitt)

Jahr	Arbeitslose	Arbeitslosenquote
1929	1 899 000	8,5 Prozent
1930	3 076 000	14,0 Prozent
1931	4 520 000	21,9 Prozent
1932	5 603 000	29,9 Prozent

D 4 *Reguläre Gesetzgebung und Notverordnungspraxis 1930–1932*

	Gesetze	Notverordnungen	Reichstagssitzungen
1930	98	5	94
1931	34	44	41
1932	5	60	13

Q 8 Die Bewohner der Hinterhofwohnungen in der Berliner Köpenicker Straße treten 1932 in den Mieterstreik. – Welche Rückschlüsse auf die politischen Einstellungen der Bewohner lassen sich aus dem Foto ziehen?

7 Methode
Politische Plakate analysieren

Bei der Reichstagswahl am 31. Juli 1932 hatten sich rund 30 Parteien zur Wahl gestellt. Sie alle warben mit Wahlplakaten, die sie an Litfaßsäulen, Häuserfassaden und Bäumen anbrachten, massiv um die Gunst der Wählerstimmen. In keiner anderen Epoche hatten Plakate eine so große Bedeutung wie in der Weimarer Republik. Sie waren ein wichtiges Mittel der politischen Auseinandersetzung, denn nur gedruckte Medien boten damals die Möglichkeit, viele Menschen in Wort und Bild anzusprechen.

Für den heutigen Betrachter stellen Wahlplakate eine wertvolle Geschichtsquelle dar. Zum einen geben sie Auskunft über den politischen Standpunkt einer Partei. Zum anderen greifen die Parteien in ihren Plakaten oftmals soziale oder wirtschaftliche Probleme der Zeit auf und bieten Lösungen an. So erfährt man, was die Menschen damals bewegte, welche Ängste und Hoffnungen sie hatten.

Q 1 *Wahlplakat der NSDAP von 1932*

Q 2 *Wahlplakat der KPD aus dem Jahr 1932*

Q 3 *Wahlplakat der SPD von 1932*

Q 4 *Wahlplakat des Zentrums aus dem Jahr 1932*

Methodische Arbeitsschritte

Um Botschaft und Absicht eines politischen Plakates zu ergründen, ist es sinnvoll, dessen Wort- und Bildsprache zu analysieren:
1. Kläre die Hintergründe:
   – Von wem stammt das Plakat, an wen richtet es sich?
   – Wann und aus welchem Anlass ist es entstanden?
2. Beschreibe das Plakat genau:
   – Welche Personen, Gegenstände, Situationen sind abgebildet?
   – Wie lautet der Text des Plakates?
3. Untersuche die Gestaltungsmittel:
   – Wie sind die Personen dargestellt (Aussehen, Gesichtszüge, Körpersprache)?
   – Welche Symbole werden eingesetzt? Wofür stehen sie?
   – Welche Farben und Schriftzüge werden verwendet? Welche Wirkung wird damit erzielt?
   – Arbeitet das Plakat mit Argumenten, Gefühlen, Feindbildern?
4. Bewerte das Plakat:
   – In welcher Beziehung steht das Plakat zur damaligen politischen Situation?
   – Was will die Partei mit dem Plakat erreichen?
   – Was erfährt man durch das Plakat über die Partei und ihre Politik?

1 Analysiere die politischen Plakate mit Hilfe der methodischen Arbeitsschritte.
2 Vergleiche die Wahlplakate aus der Endphase der Weimarer Republik mit aktuellen Wahlplakaten. Worauf sind die Unterschiede zurückzuführen?
3 Liste auf, welche anderen Werbemittel Parteien heute einsetzen, um Wählerstimmen zu gewinnen.

8 Wer wählte die NSDAP?

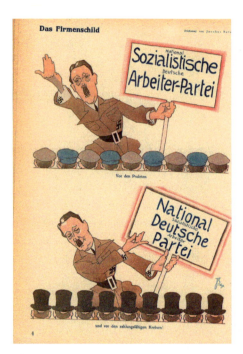

Q 1 „Das Firmenschild. Vor den Proleten und vor den zahlungskräftigen Kreisen", Karikatur aus dem „Wahren Jacob", 1931

Aufstieg der NSDAP zur Massenpartei
Bei der Reichstagswahl 1928 entschieden sich nur 2,6 % der Wähler für die NSDAP. Vier Jahre später konnte die Hitlerbewegung 37,4 % der Stimmen auf sich vereinigen. 13,8 Millionen Menschen hatten im Juli 1932 die NSDAP gewählt, die damit zur weitaus stärksten politischen Kraft aufstieg. Keine andere Partei in der deutschen Geschichte hat in so kurzer Zeit einen derartigen Sprung in der Wählergunst geschafft. Wie lässt sich dieser Aufstieg von einer kleinen, relativ erfolglosen Splitterpartei zur stärksten Fraktion des Reichstags erklären?

Volkspartei des Protestes
Nach dem gescheiterten Putschversuch von 1923 änderte die NSDAP ihre Taktik. Die revolutionären Bestrebungen wurden zurückgestellt, die Republik sollte von innen ausgehöhlt werden. Ziel war es, die Herrschaft im Parlament und auf der Straße zu erlangen. Dabei bemühte sich die NSDAP darum, als Partei für das ganze Volk aufzutreten und möglichst alle gesellschaftlichen Gruppen zu umwerben. Dies kam allein schon in der Namensgebung der Partei zum Ausdruck: Während das „N" Konservative aus dem bürgerlichen Lager ansprechen sollte, zielte das „S" darauf ab, traditionelle Wähler der Arbeiterparteien zu gewinnen. Mit Hilfe einer Propaganda, die für jede Sozialschicht spezielle „Heilsbotschaften" bereithielt, gelang es der NSDAP, Menschen ganz unterschiedlicher Herkunft zu einen: Den Arbeitslosen versprach die NSDAP Arbeit und Brot, dem Mittelstand nahm sie die Furcht vor dem sozialen Abstieg, der Oberschicht versicherte sie Schutz vor der kommunistischen Gefahr, dem Militär gab sie die Hoffnung auf eine neue große Armee. Beharrlich schürte die NSDAP in der Bevölkerung das Feuer aus Angst und Unzufriedenheit. Hitler wurde zum Heilsbringer aufgebaut, seine Bewegung zur Sammelpartei des sozialen und wirtschaftlichen Protestes.

Zwischen Attraktivität und Immunität
Insbesondere junge Menschen fühlten sich von der NSDAP angezogen. Für sie stellte die Partei, die sich besonders dynamisch und aggressiv gab, eine Art Aufbruchsbewegung in eine bessere Zukunft dar. 1933 war fast jedes zweite Parteimitglied zwischen 18 und 30 Jahre alt. Als einigermaßen immun gegenüber den nationalsozialistischen Versprechungen erwiesen sich hingegen Katholiken und Kommunisten, die ihren angestammten Parteien zumeist die Treue hielten. Offensichtlich verfügten das katholische Zentrum und die KPD über eine stärkere Bindekraft zu ihren Wählern als die übrigen Parteien.

Unter dem Stichwort „Reichstagswahlen" findest du auf der Internetseite www.dhm.de/lemo/suche/index.html Statistiken und Diagramme zur Entwicklung der einzelnen Parteien zwischen 1919 und 1933.

Q 2 Der Journalist Helmut von Gerlach kommentiert in einem Zeitungsartikel vom 6. Oktober 1930 den Erfolg der NSDAP bei den Septemberwahlen:

Die Welt zerbricht sich den Kopf darüber, worauf die Verneunfachung der Hitlerstimmen zurückzuführen ist. (...) „Deutschland hat drei Millionen Arbeitslose, sie haben
5 fast sämtlich nationalsozialistisch gewählt. Ergo." So konnte man wörtlich in Paris und anderswo lesen.
Irrtum! Von den drei Millionen Erwerbslosen hat nur ein verschwindend geringer
10 Prozentsatz Hitler seine Stimme gegeben. Diese drei Millionen stellen vielmehr das Gros der kommunistischen Wähler dar. (...) Die Arbeitslosen waren also nicht die Hauptwähler Hitlers. Wohl aber ist richtig, dass
15 die Wirtschaftskrisis, deren äußeres Symptom die riesenhafte Arbeitslosigkeit ist, die Grundlage des hitlerischen Sieges war.

Die Hitlerwähler setzen sich aus zwei Kategorien zusammen: einer kleinen Minderheit
20 von Nationalsozialisten, die auf das Hakenkreuz eingeschworen sind, und einer riesigen Mehrheit von Mitläufern.

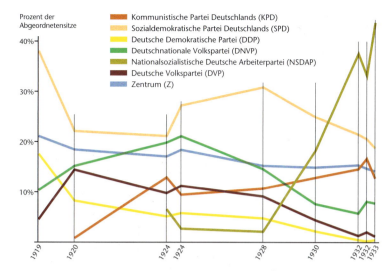

D 1 Entwicklung der Parteien bei den Reichstagswahlen

D 2 Die soziale Zusammensetzung der NSDAP-Wählerschaft nach Berufsgruppen.
1932J = Juli; 1932N = November; Alle = Anteil der Berufsgruppe an allen Wahlberechtigten;
Berufslose = davon ca. 90% Rentner und Pensionäre (1933);
Lesebeispiel: 26% der NSDAP-Wähler im Jahre 1928 gehörten zur Berufsgruppe der Selbstständigen und mithelfenden Familienangehörigen, 1933 waren es 31%. Der Anteil dieser Berufsgruppe an allen Wahlberechtigten lag in diesem Zeitraum bei 24%.

	1928	1930	1932J	1932N	1933	Alle
Selbstständige/Mithelfende	26	27	31	30	31	24
Angestellte/Beamte	12	13	11	12	12	15
Arbeiter	30	26	25	26	26	32
Berufslose	13	17	17	17	16	13
Hausfrauen usw.	17	17	16	16	16	17

D 3 Der Wahlerfolg von NSDAP und KPD in Gebieten mit extrem hoher und extrem niedriger Arbeitslosigkeit

Kreis/Bezirksamt	Arbeitslose	NSDAP 1930	NSDAP 1932J	NSDAP 1933	KPD 1932N
Neustadt b. Coburg	30	37	45	48	13
Berlin-Wedding	26	8	16	23	39
Berlin-Friedrichshain	26	9	18	25	35
Bochum (Stadt)	25	16	26	33	20
Nördlingen (Land)	2	10	43	55	1
Königshofen/Grabfeld	2	18	37	52	1
Gerabronn	2	12	46	64	2
Rothenburg/T. (Land)	2	29	76	79	0

1 Worauf führt der Karikaturist (Q1) den Wahlerfolg der Nationalsozialisten zurück?

2 Historiker haben den Aufstieg der NSDAP in der Weimarer Republik unterschiedlich erklärt. Überprüfe mit Hilfe der Materialien folgende Theorien:

- Die NSDAP ist fast ausschließlich von Angehörigen der Mittelschicht gewählt worden (VT, D2).
- Die Wirtschaftskrise hat die Arbeitslosen in die Arme der NSDAP getrieben (D1, D3, Q2).
- Durch den Niedergang der Wirtschaft und die Massenarbeitslosigkeit verloren viele Menschen das Vertrauen in das Weimarer System und wählten aus Protest die NSDAP (VT, D1, Q2).

9 Der Todesstoß für die Demokratie

Q 1 „Der 30. Januar 1933", Gemälde von Arthur Kampf (1938); Fackelzug durch das Brandenburger Tor anlässlich der Machtübernahme Hitlers.
– Welchen Eindruck vom Geschehen will der Maler beim Betrachter erzeugen?

SA
(Abkürzung für Sturm-Abteilung)
Die SA war die Parteiarmee der NSDAP. Sie zählte 1932 rund 400 000 braun uniformierte Mitglieder – meist arbeitslose, unzufriedene junge Männer, die bereit waren, jederzeit Gewalt anzuwenden.

Reichskanzler Hitler

Am Abend des 30. Januar 1933 fand in Berlin ein gewaltiger Fackelzug statt: Die Nationalsozialisten feierten die Ernennung Hitlers zum Reichskanzler. Einflussreiche Personen aus Politik, Wirtschaft, Adel und Reichswehr hatten Reichspräsident Hindenburg so zugesetzt, dass dieser zustimmte und Hitler zum Reichskanzler ernannte. Diese konservativen Kreise glaubten, Hitler kontrollieren, ja sogar „zähmen" zu können. Hitler war zwar der Führer der stärksten Partei im Reichstag (Novemberwahl 1932: 33,1 % für die NSDAP), doch in der neuen Regierung gab es neben ihm nur zwei weitere Nationalsozialisten als Minister. Hitler aber wollte die ganze Macht. Er setzte für den 5. März Neuwahlen an. Dort wollte er die absolute Mehrheit für die NSDAP erreichen.

Der Reichstagsbrand und seine Folgen

In der Nacht vom 27. auf den 28. Februar 1933 brannte das Reichstagsgebäude in Berlin. Die Nationalsozialisten machten die Kommunisten dafür verantwortlich und schürten die Furcht vor einem kommunistischen Aufstand. Mit Zustimmung des Reichspräsidenten wurde eine von den Nationalsozialisten vorbereitete Notverordnung erlassen. Diese setzte wichtige Grundrechte der Weimarer Verfassung außer Kraft. Die so genannte „Reichstagsbrandverordnung" blieb bis 1945 in Kraft. Sie war die Grundlage des NS-Terrors: Unliebsame politische Gegner wurden nun verhaftet, Zeitungen verboten, die Versammlungs- und Meinungsfreiheit eingeschränkt. Die SA konnte ungestört den Wahlkampf anderer Parteien behindern. Trotzdem verfehlte die NSDAP bei den Wahlen mit 43,9 % die absolute Mehrheit.

Entmachtetes Parlament

Noch war Hitlers Macht nicht unbeschränkt. Die Nationalsozialisten wollten deshalb den Reichstag ausschalten. Am 23. März legte Hitler dem Parlament ein „Gesetz zur Behebung der Not von Volk und Staat" vor. Dieses so genannte „Ermächtigungsgesetz" sah für die Regierung Hitler das Recht vor, Gesetze ohne Zustimmung des Parlaments zu erlassen. Allerdings war dazu eine Zweidrittelmehrheit im Reichstag notwendig. Schon Tage vor der Abstimmung warben die Nationalsozialisten mit Terror und Drohungen für das Gesetz. SA-Männer verhafteten in der Funktion von Hilfspolizisten willkürlich politische Gegner.
Am Tag der Abstimmung selbst war das Parlamentsgebäude von SA-Leuten umstellt. Die Drohkulisse verfehlte ihre Wirkung nicht: Zwei Drittel der Abgeordneten sprachen sich für das Gesetz aus. Nur die SPD stimmte dagegen. Die Abgeordneten der KPD konnten an der Sitzung nicht teilnehmen, da sie bereits verhaftet oder auf der Flucht vor den Nazis waren. Das Parlament war damit entmachtet: Gesetze konnten künftig ohne Zustimmung des Reichstags beschlossen werden.

2 *Aus der „Verordnung des Reichspräsidenten zum Schutz von Volk und Staat" vom 28. Februar 1933:*
§1 Es sind daher Beschränkungen der persönlichen Freiheit, des Rechts der freien Meinungsäußerung, einschließlich der Pressefreiheit, des Vereins- und Versammlungsrechts, Eingriffe in das Brief-, Post- und Fernsprechgeheimnis, Anordnungen von Hausdurchsuchungen und von Beschlagnahme sowie Beschränkungen des Eigentums auch außerhalb der sonst hierfür bestimmten gesetzlichen Grenzen zulässig.

3 *Die Abstimmung über das „Ermächtigungsgesetz".*
a) *Otto Wels spricht für die SPD:*
Freiheit und Leben kann man uns nehmen, die Ehre nicht. Nach den Verfolgungen, die die Sozialdemokratische Partei in der letzten Zeit erfahren hat, wird billigerweise niemand von ihr verlangen oder erwarten können, dass sie für das hier eingebrachte Ermächtigungsgesetz stimmt. Die Wahlen vom 5. März haben den Regierungsparteien die Mehrheit gebracht und damit die Möglichkeit gegeben, streng nach Wortlaut und Sinn der Verfassung zu regieren. Wo diese Möglichkeit besteht, besteht auch die Pflicht. Kritik ist heilsam und notwendig. Noch niemals, seit es einen Deutschen Reichstag gibt, ist die Kontrolle der öffentlichen Angelegenheiten durch die gewählten Vertreter des Volkes in solchem Maße ausgeschaltet worden, wie es jetzt geschieht, und wie es durch das neue Ermächtigungsgesetz noch mehr geschehen soll.

b) *Aus der Regierungserklärung Hitlers vor der Abstimmung zum „Ermächtigungsgesetz":*
Es würde dem Sinn der nationalen Erhebung widersprechen, (…) wollte die Regierung sich für ihre Maßnahmen von Fall zu Fall die Genehmigung des Reichstages erhandeln oder erbitten. Die Regierung wird dabei nicht von der Absicht getrieben, den Reichstag als solchen aufzuheben, im Gegenteil, sie behält sich auch in Zukunft vor, ihn von Zeit zu Zeit über ihre Maßnahmen zu unterrichten oder aus bestimmten Gründen, wenn zweckmäßig, auch seine Zustimmung einzuholen (…). [Die Regierung] bietet den Parteien des Reichstags die Möglichkeit einer ruhigen Entwicklung (…). Mögen Sie, meine Herren, nunmehr selbst die Entscheidung treffen über Frieden oder Krieg.

4 *Aus dem Ermächtigungsgesetz vom 23. März 1933:*
Artikel 1 Reichsgesetze können (…) auch durch die Reichsregierung beschlossen werden.
Artikel 2 Die von der Reichsregierung beschlossenen Reichsgesetze können von der Reichsverfassung abweichen.
Artikel 3 Die von der Reichsregierung beschlossenen Reichsgesetze werden vom Reichskanzler ausgefertigt und im Reichsgesetzblatt verkündet.

5 *Joseph Goebbels, Reichsminister für Volksaufklärung und Propaganda, erklärt in seinem Buch 1934:*
Wir Nationalsozialisten haben niemals behauptet, dass wir Vertreter eines demokratischen Standpunktes seien, sondern wir haben offen erklärt, dass wir uns demokratischer Mittel nur bedienen, um die Macht zu gewinnen.

1 Erkläre, welche Folgen der Reichstagsbrand für den Wahlkampf und die Abschaffung der Demokratie hatte (VT, Q2).

2 Fasse die Aussagen von Wels und Hitler (Q3a, Q3b) in eigenen Worten zusammen und vergleiche sie. Was stellst du fest?

3 Erläutere die Auswirkungen des Ermächtigungsgesetzes für die Regierung und für die Opposition (VT, Q4).

4 Diskutiert, welcher der Begriffe für Hitlers Regierungsantritt am besten passt:
– Machtergreifung
– Machterschleichung
– Machtübertragung

5 Kam Hitler legal an die Macht? Nimm Stellung zur Überschrift dieser Doppelseite.

6 *Wer den Brand gelegt hat, weiß man bis heute nicht genau.*
– Welche Wirkung sollte das Plakat vom 29. Februar 1933 erzielen?

10 Warum scheiterte die erste deutsche Demokratie?

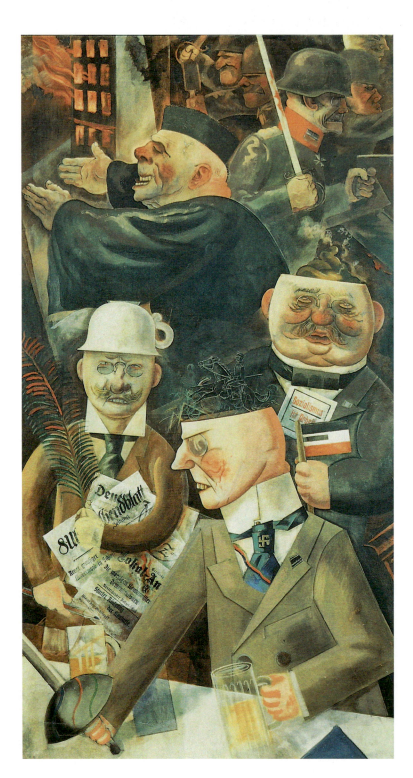

Auf der Suche nach Gründen

Mit der nationalsozialistischen Machtübernahme am 30. Januar 1933 und der nachfolgenden Entmachtung des Parlaments war die Weimarer Republik gescheitert. Vorausgegangen waren ihr Kaiserreich und Monarchie, abgelöst wurde sie nun von einer faschistischen Diktatur. Nicht einmal 15 Jahre hatte die erste deutsche Demokratie Bestand gehabt. In dieser kurzen Zeit verschliss die Republik 20 Regierungen. 4 von ihnen überstanden nicht einmal die ersten 100 Tage. 12 Reichskanzler versuchten, die Geschicke der Republik zu lenken. Allein diese Zahlen lassen erahnen, wie instabil und zerrüttet das politische Leben in den Weimarer Jahren war. Nicht zuletzt deshalb konnte die NS-Diktatur errichtet werden, durch die Millionen Menschen auf der Welt Krieg und Massenmord erlitten. Was waren die Gründe für das Scheitern, welche Fehler wurden gemacht? Das fragten sich Zeitgenossen und Historiker immer wieder und führten dabei bis heute verschiedene Ursachen an. Aus der Vielzahl von Büchern zu diesem Thema findest du im Standpunkte-Teil zwei unterschiedliche Positionen.

Q 1 „Stützen der Gesellschaft"?:
Viele Historiker sehen in der Ablehnung der republikanischen Staatsform durch breite Teile der Bevölkerung eine der Hauptursachen für das Scheitern der Weimarer Republik. Sie prägten deshalb das Schlagwort von der „Republik ohne Republikaner". Der Künstler George Grosz porträtierte in seinem Gemälde „Stützen der Gesellschaft" aus dem Jahr 1926 die gesellschaftlichen Kräfte, die in der Weimarer Republik einen großen Einfluss hatten. – Ordne die abgebildeten Figuren der Gesellschaft den Bereichen Kirche, Presse, Parlament, Justiz und Militär zu. Welche Grundhaltung der Gruppen zur Republik kommt auf dem Bild zum Ausdruck?

Standpunkte: Wie kam es zum Untergang der Weimarer Republik?

1 *Karl Dietrich Erdmann (1973):*
Durch den Bruch der Großen Koalition am 27. März 1930 schaltete der deutsche Reichstag sich selber aus. Damals waren von 491 Abgeordneten nur 12 Nationalsozialisten und 54 Kommunisten. Der Parlamentarismus der Weimarer Republik ist nicht von außen zu Fall gebracht worden. Er ging an sich selber zugrunde, als die Flügelparteien der Großen Koalition nicht mehr die Kraft und den Willen aufbrachten, über den widerstreitenden Interessen der hinter ihnen stehenden Gruppen eine zum Kompromiss fähige (…) Staatsgesinnung zur Geltung zu bringen. (…)
Erst in dem Machtvakuum, das durch das Versagen der Parteien der Großen Koalition geschaffen wurde, konnte sich die Präsidialgewalt, gestützt auf die Reichswehr, entwickeln. Die Geschichte der Präsidialregierungen zeigte, dass es zum Parteienstaat schließlich nur die Alternative der Diktatur einer Partei gab. Es war eine Illusion zu glauben, dass sich in der Person des Staatsoberhauptes ein überparteilicher Staatswille verkörpere. Unter den Bedingungen des Parteienstaates konnte der Staatswille sich nicht anders artikulieren [äußern] als dadurch, dass die (…) Interessengruppen sich zum Interessenausgleich bereit und fähig zeigten. Das Versagen der demokratischen Parteien vor dieser Aufgabe machte den Weg frei für Hitler.

2 *„Der Reichstag wird eingesargt",* Collage von John Heartfield, 1932.

2 *Eberhard Kolb (2002):*
Gewiss war die erste deutsche Republik im Ergebnis der Gründungsphase mit einer fundamentalen Schwäche behaftet. In ihrer 1919 konstituierten konkreten Gestalt wurde die parlamentarische Demokratie nur von einer Minderheit der Bevölkerung wirklich akzeptiert und mit kämpferischem Elan verteidigt, breite Bevölkerungsschichten verharrten in Distanz, Skepsis und offener Ablehnung, bereits im Verlauf der Gründungsphase organisierten sich auf der politischen Rechten und der äußersten politischen Linken die antidemokratischen Kräfte zum Kampf gegen die Republik. Unter diesen Umständen muss es als ein kleines Wunder – und als eine beachtliche Leistung – gelten, dass es den republikanischen Politikern gelang, die Weimarer Demokratie durch die von komplexen innen- und außenpolitischen Gefährdungen erfüllten Anfangsjahre hindurchzuretten und schließlich einen bemerkenswerten Grad von politischer und wirtschaftlicher „Normalisierung" zu erreichen. (…)
Mit dem Übergang zum Präsidialsystem wurde eine Abwendung von der parlamentarischen Regierungsweise vollzogen und die Position gerade der republiktreuen und staatsbejahenden Kräfte empfindlich geschwächt, (…) sodass die extrem nationalistische und demokratiefeindliche NSDAP jenen Auftrieb erhielt, der sie zur Massenbewegung machte. Aber trotz aller Erfolge bei der Massenmobilisierung und an den Wahlurnen war die NSDAP nur deshalb schließlich siegreich, weil die alten Eliten in Großlandwirtschaft und Industrie, Militäraristokratie und Großbürgertum zur autoritären Abkehr von Weimar entschlossen waren und glaubten, die nationalsozialistische Massenbewegung für sich benutzen zu können.

1. Stelle die in den beiden Texten genannten Gründe für den Untergang von Weimar tabellarisch gegenüber.
2. Nimm Stellung zu den Aussagen der Historiker. Welche Position erscheint dir überzeugender?
3. Sammelt in der Klasse weitere Punkte, die zum Scheitern der ersten deutschen Demokratie beigetragen haben könnten.

11 Faschistische Diktaturen in Italien und Spanien

Q 1 *Simulierter Staatsstreich:* Erst am Tag nach der Machtübernahme zog Mussolini (in Anzug und Krawatte) mit seinen Kampfverbänden in die Hauptstadt ein. Die faschistische Propaganda behauptete später, ein triumphaler „Marsch auf Rom" habe Mussolini an die Macht gebracht.

Faschistische Bewegungen in Europa

Nicht nur in Deutschland, sondern in ganz Europa kam es nach dem Ersten Weltkrieg zu antidemokratischen Bewegungen. Die Ursachen hiefür ähnelten sich in vielen Staaten: Nach dem Kriegsende rangen die unterschiedlichen sozialen Gruppen um ihren Platz in der Gesellschaft. Ruhe, Ordnung, ein gesichertes Leben – das strebten viele Menschen an. Vor allem im Bürgertum wuchs wegen der Machtübernahme durch die Bolschewiki in Russland die Angst vor einer kommunistischen Revolution. Für viele waren die noch jungen Demokratien zu schwach, um die Probleme der Nachkriegszeit zu lösen. Die in dieser Zeit entstehenden faschistischen Bewegungen machten sich diese Stimmung zu Nutze. Sie schürten die Angstgefühle in der Bevölkerung, verurteilten Demokratie und Kommunismus und versprachen den Menschen gleichzeitig Sicherheit.

Merkmale des Faschismus

Obwohl die faschistischen Bewegungen im Nachkriegseuropa immer auch nationale Eigenarten und unterschiedliche Erscheinungsbilder aufwiesen, sind gemeinsame Merkmale unverkennbar. Sie alle waren nationalistisch und militaristisch, sie betonten also den Vorrang der eigenen Nation und verfügten über bewaffnete Kampfgruppen, um ihre politischen Ziele gewaltsam durchzusetzen. Die Faschisten versuchten, Staat und Partei nach dem „Führerprinzip" aufzubauen. Dies beinhaltete die Beseitigung aller demokratischen Rechte und die bedingungslose Unterwerfung aller unter den „Führerwillen". Mit Propaganda und Terror sollten Zustimmung und Gehorsam der Bevölkerung gesichert werden. In Italien gelang es den Faschisten auf diese Weise schon früh, die Regierungsmacht zu erobern.

Die „Fascisti" in Italien

Das Ende des Krieges bedeutete für Italien den Beginn einer schweren Krise: Die Nationalisten waren über die Siegermächte empört, weil diese dem verbündeten Italien vorher zugesicherte Gebietsgewinne verweigerten. Streiks und Bauernunruhen lähmten die Wirtschaft, im Parlament kamen keine dauerhaften Mehrheiten zustande.

Im März 1919 gründete der ehemalige Sozialist Benito Mussolini faschistische „Kampfbünde" – ein Sammelbecken für Enttäuschte und Verbitterte, die Gewalt als Mittel der Politik befürworteten. Bei den Wahlen hatten die „Fascisti" (Faschisten) allerdings wenig Erfolg. Deshalb verschärfte Mussolini den Terror der Straße. Seine Stoßtrupps zerstörten Gewerkschaftshäuser und sprengten Arbeiterversammlungen. Während einer Regierungskrise im Oktober 1922 versammelte Mussolini etwa 25 000 „Schwarzhemden" in Neapel und befahl ihnen den „Marsch auf Rom". Um einen Bürgerkrieg zu vermeiden, beauftragte der italienische König den „Duce", wie sich Mussolini nannte, mit der Regierungsbildung.

Der Weg in die Diktatur

Nach und nach höhlte Mussolini die Demokratie aus. Das Parlament wurde entmachtet, oppositionelle Parteien wurden verboten und verfolgt. Es gab nur noch die faschistische Partei, die 1926 auch noch das Streikrecht abschaffte. Dennoch bemühte sich die Regierung auch um die Zustimmung unterschiedlicher Bevölkerungsgruppen – etwa durch Gesetze, mit denen die Lebensverhältnisse der Arbeiter und Bauern verbessert wurden. Zudem halfen staatliche Bauaufträge die Arbeitslosigkeit zu senken. Gezielte Machtdemonstrationen und der propagandistische Einsatz moderner Massenmedien (Radio, Kino) stützten den Ausbau der Diktatur.

Faschistische „Falange" in Spanien

Auch Spanien hatte in den 1920er- und 1930er-Jahren mit schwerwiegenden sozialen Problemen zu kämpfen: Ein großer Teil des Landes gehörte dem Adel und der Kirche. Dagegen lebten auf dem Land wie in den Städten viele Fabrikarbeiter, Bauern und Landarbeiter in elenden Verhältnissen. Die krasse Ungerechtigkeit zwischen den sozialen Schichten führte zu blutigen Unruhen, die auch eine vorübergehende Militärdiktatur nicht eindämmen konnte. In dieser angespannten Situation schlossen sich vorwiegend junge Leute zur faschistischen „Falange" (Kampfschar) zusammen. Sie wollten den Landbesitz neu aufteilen, lehnten den Kapitalismus ab und wollten die Banken und Industriebetriebe verstaatlichen.

Von der Republik zur Diktatur

1931 fanden Wahlen zur Nationalversammlung statt, die eine republikanisch-sozialistische Mehrheit brachten und zur Abdankung des Monarchen führten. Spanien wurde Republik. Nur fünf Jahre später stand die junge Demokratie jedoch vor einer Zerreißprobe. Zur Wahl traten zwei sich erbittert bekämpfende Lager an: die antidemokratische Nationale Front unter Beteiligung der „Falange" und die Volksfront, ein Zusammenschluss aus Sozialisten, Republikanern und Kommunisten. Die linke Volksfront siegte, während die „Falange" nicht über 4 % hinauskam. Daraufhin schürten die Faschisten durch Straßenterror ein Klima der Angst und Gewalt. Die Regierung handelte: Sie verbot die „Falange" und ließ ihre Führer verhaften. Doch nun putschte das Militär unter General Franco gegen die Volksfrontregierung. Er begriff sein Vorgehen als „Kreuzzug gegen den Kommunismus". Es entbrannte ein blutiger Bürgerkrieg, der 1939 mit dem Sieg der „Franquisten" endete. Während die linke Regierung von der Sowjetunion und von Freiwilligen aus ganz Europa unterstützt wurde, lieferten das faschistische Italien und das nationalsozialistische Deutschland General Franco Waffen und Truppen. Im April 1937 legten Flugzeuge der deutschen Luftwaffe die kleine baskische Stadt Guernica in Schutt und Asche. Dabei wurden etliche Einwohner getötet.

Nach seiner Machtübernahme formte Franco die „Falange" zu einer rechtsgerichteten Einheitspartei. Ihr mussten alle Beamten und Offiziere angehören. Auf der Basis dieser Staatspartei baute der „Generalissimus", der Spanien bis zu seinem Tod 1975 regierte, ein diktatorisches Regime auf, in dem keine Opposition geduldet wurde.

Q 2 *Ehemaliges Reiterstandbild Francos in Madrid.* Das Denkmal wurde im Jahr 2005 abgebaut. – Überlege, warum die Statue wohl entfernt wurde.

Q 3 „Der Duce" (Führer) entrichtet bei einer Versammlung der faschistischen „Schwarzhemden" im Jahr 1935 den antiken Gladiatorengruß.

Q 4 Kinder und Jugendliche, hier in der Uniform der Faschisten, sollten nach Mussolinis Grundsatz erzogen werden: „Glauben, gehorchen, kämpfen".

Q 5 „Glaubensbekenntnis" des Faschismus:
1. Der Faschist, besonders der Milizsoldat, darf nicht an den ewigen Frieden glauben.
2. Strafen sind immer verdient.
3. Auch der Wachtposten vor dem Benzinfass dient dem Vaterland.
4. Der Kamerad ist dein Bruder: 1. weil er mit dir lebt, 2. weil er denkt und fühlt wie du.
5. Gewehr und Patronentasche sollen nicht während der Ruhezeit vernachlässigt, sondern für den Krieg bereitgehalten werden.
6. Sage niemals: Die Regierung zahlt's, denn du selbst bist es, der zahlt, und die Regierung hast du selbst gewollt, und du trägst ihre Uniform.
7. Gehorsam ist der Gott der Heere, ohne ihn ist kein Soldat denkbar, wohl aber Unordnung und Niederlagen.
8. Mussolini hat immer Recht.
9. Der Freiwillige hat keine Vorrechte, wenn er nicht gehorcht.
10. Eines muss dir über allem stehen: das Leben des Duce.

Q 6 Der führende italienische Sozialist Giacomo Matteotti schilderte 1921 in einer Rede vor dem Parlament das Muster faschistischer Terroraktionen (1924 wurde Matteotti von Faschisten ermordet):
Mitten in der Nacht, während die Bevölkerung schläft, kommen die Lastwagen mit Faschisten in den kleinen Dörfern an, natürlich von den Häuptern der lokalen Agrarier [Grundbesitzer] begleitet, immer von ihnen geführt, denn sonst wäre es nicht möglich, in der Dunkelheit, inmitten der weiten Landschaft, das Häuschen des Ligenführers [Gewerkschaftsführer] oder das kleine erbärmliche Arbeitsvermittlungsbüro auszumachen. (…) Es sind zwanzig oder auch hundert Personen, mit Gewehren und Revolvern bewaffnet. Man ruft nach dem Ligenführer und befiehlt ihm herauszukommen. Wenn er keine Folge leistet, sagt man ihm: „Wenn du nicht herunterkommst, verbrennen wir das Haus, deine Frau und deine Kinder." Der Ligenführer kommt herunter, wenn er die Tür öffnet, packt man ihn, bindet ihn, schleppt ihn auf den Lastwagen, man lässt ihn die unaussprechlichsten Martern erleiden, indem man so tut, als wolle man ihn totschlagen oder ertränken, dann lässt man ihn irgendwo im Felde liegen, nackt, an einen Baum gebunden. Wenn der Ligenführer (…) die Tür nicht öffnet und Waffen zu seiner Verteidigung gebraucht, dann wird er sofort ermordet, im Kampf von hundert gegen einen.

Q 7 Bericht eines jungen deutschen Soldaten vor der Abreise. Er gehörte zu den Freiwilligen der „Legion Condor", die Deutschland 1936 den spanischen Putschisten zu Hilfe schickte:
Die Männer wussten, dass sie großen Ereignissen entgegenfuhren. Sie hatten alle das gleiche Ziel und ließen sich nur von einem Gedanken beseelen: Wir sind die ersten

deutschen Freiwilligen, die nach Spanien ziehen, um für den Sieg und die gerechte Sache dieses Landes zu kämpfen (...). Rote Mordbrenner hatten über Nacht die Brandfackel entzündet und dem unglücklichen Land den Krieg gebracht. Sie wollten hier an den schönen Ufern des Mittelmeeres einen kommunistischen Staat schaffen, um von hier aus das westliche Europa für ihre wahnsinnigen Pläne zu erobern. Endlose Reihen unschuldiger Menschen wurden in roher Weise ermordet und unsägliches Elend über Spanien gebracht. Das ganze Land sollte ein einziger Trümmerhaufen werden (...).
Jetzt, da sie [die Freiwilligen] mit jeder Stunde der Erfüllung ihrer Wünsche näher kamen, bewegte sie Freude und Begeisterung. Sie fühlten sich glücklich wie selten im Leben (...). So klangen denn ihre alten Soldatenweisen hinaus in Nacht und Meer: Die Kampflieder der Freiwilligen von Spanien.

Q8 *Die Bombardierung von Guernica durch deutsche Kampfflieger der „Legion Condor" am 26. April 1937 erlebte der junge Padre Alberto de Onaindía:*
Es war ein wunderbar klarer Tag, der Himmel war weich und klar. Wir kamen in den Vororten von Guernica gegen 5 Uhr an. In den Straßen war viel Betrieb, denn es war Markttag. Plötzlich hörten wir die Sirene, und wir bekamen Angst.
(...) Von unserem Versteck konnten wir sehen, was geschah, ohne selbst gesehen zu werden. Die Flugzeuge kamen ganz tief angeflogen (...). Unterdessen stürzten Frauen und Kinder und alte Männer getroffen nieder, wie Fliegen, überall sahen wir große Pfützen von Blut.
Ich sah einen alten Bauern, der allein auf dem Feld stand: Eine Maschinengewehrgarbe tötete ihn. Mehr als eine Stunde blieben die achtzehn Maschinen in einer Höhe von wenigen hundert Metern über Guernica, und sie warfen Bombe auf Bombe.
Von dem Lärm der Explosionen und dem Geräusch der einstürzenden Häuser macht man sich keinen Begriff (...). Das zweite Bombardement dauerte fünfunddreißig Minuten, aber es reichte hin, um den ganzen Ort in einen gewaltigen Feuerofen zu verwandeln (...). Die Angriffe und die Zerstörung der Stadt hielten noch weitere zwei Stunden und fünfundvierzig Minuten an (...). Bei Sonnenuntergang konnte man immer noch nicht weiter als fünfhundert Meter sehen. Überall wüteten die Flammen, und dicker schwarzer Rauch stieg auf. Um mich herum beteten die Leute und streckten die Arme in Kreuzform gegen den Himmel, um Gnade zu erbitten.

1 Betrachte Q1 und Q3. Welchen Eindruck wollte Mussolini von sich und seiner Bewegung vermitteln?
2 Beschreibe mit Hilfe von Q4 und Q5 die Rolle des Menschen im faschistischen Staat.
3 Trage die Gemeinsamkeiten und Unterschiede der faschistischen Bewegungen in Italien und Spanien in eine Tabelle ein.
4 Schildere anhand von Q6 und Q8, mit welchen Terrorinstrumenten die Faschisten ihre Gegner bekämpften.
5 Vergleiche den Bericht Q8 mit dem Bild von Picasso (Q9). Welche Darstellung findest du eindringlicher? Begründe deine Ansicht.

Q9 *So stellte der Maler Picasso (1881–1973) den Bombenangriff auf die baskische Stadt Guernica dar.*

12 Abschluss
Die Zwischenkriegszeit im Spiegel von Karikaturen

In den 1920er- und 1930er-Jahren hatten politische Karikaturen in aller Welt Hochkonjunktur. Mit spitzer Feder kommentierten die Zeichner wichtige Ereignisse der Zwischenkriegszeit und spiegelten so den Zeitgeist der Epoche. Wenn du die einzelnen Karikaturen auf diesen Seiten analysierst, entsteht ein Gesamtbild jener Jahre.

❶

Geschichtlicher Zusammenhang:

③ *Der Versailler Vertrag stellte eine schwere Bürde für die junge Republik dar. Staatsfeindliche Parteien gewannen mit ihrem Versprechen, den „Schandfrieden" aufzuheben, viele Sympathien.*

④ *In vielen Ländern Europas entstanden nach dem Ersten Weltkrieg faschistische Bewegungen. So auch in Italien, das ab dem Jahre 1922 von dem Faschisten Mussolini mit den Mitteln des Terrors und der Unterdrückung regiert wurde.*

① *In der Endphase der Republik folgten immer mehr Menschen den Versprechungen der Nationalsozialisten. Der Weg in die Diktatur war der Weg in die Katastrophe.*

② *Ungeliebte Republik: Die Mehrheit der Weimarer Gesellschaft empfand die parlamentarische Demokratie als ein von den Siegermächten des Ersten Weltkrieges aufgezwungenes Übel.*

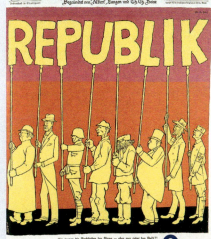

Texte:

② „Sie tragen die Buchstaben der Firma – wer aber trägt den Geist?"
Karikatur von Th. Th. Heine, 1927

③ „Versailles – Auch Sie haben noch ein Selbstbestimmungsrecht: Wünschen Sie, dass Ihnen die Taschen vor oder nach dem Tode ausgeleert werden?"
Karikatur von Th. Th. Heine, 1919. Dargestellt sind die Staatschefs David Lloyd George (Großbritannien), Georges Clemenceau (Frankreich) und Woodrow Wilson (USA).

① „Das Verhängnis"
Zeichnung von A. Paul Weber, 1932

④ „Der Duce"
Karikatur einer sowjetischen Künstlergruppe, 1937

1 Füge zunächst Zeichnungen und Texte zusammen, sodass die Originalkarikaturen entstehen.
2 Ordne dann die Karikaturen in den jeweiligen geschichtlichen Zusammenhang ein.
3 Analysiere anschließend die einzelnen Karikaturen. (Tipp: Im Methodenglossar auf S. 215 findest du hierzu Hilfestellungen.) Nutze dein Wissen über die Zwischenkriegszeit für deine Analyse.

Machtausdehnung des Deutschen Reiches vom Regierungsantritt Hitlers bis Kriegsbeginn (1933–31.8.1939)

- Deutsches Reich 1933–1937
- Januar 1935: Wiedereingliederung des Saarlandes nach Abstimmung der Bevölkerung
- 1935: Besetzung der entmilitarisierten Rheinlandzone
- März 1938: Eingliederung Österreichs
- Grenze der Tschechoslowakei bis März 1938
- Oktober 1938: Eingliederung des Sudetenlandes
- März 1939: Besetzung und Annexion Böhmens und Mährens
- März 1939: Annexion des Memellandes
- Grenze der Slowakei seit November 1938 bzw. März 1939
- Grenze des Deutschen Reiches am 31.8.1939

1933

Die Nationalsozialisten übernehmen die Macht.

1935

Die „Nürnberger Gesetze" grenzen Juden aus der Gesellschaft aus.

1938

In der Pogromnacht werden jüdische Bürger misshandelt, terrorisiert und ermordet.

Der Nationalsozialismus

Zwölf Jahre dauerte die nationalsozialistische Diktatur in Deutschland. Jahre, die geprägt waren von Krieg, Terror und Völkermord. Von Anfang an strebten die Nationalsozialisten nach Machtausdehnung (siehe Karte). Dies führte zum Weltkrieg, in dem Millionen Menschen ihr Leben ließen. Juden und andere Minderheiten wurden von den Nationalsozialisten systematisch ausgegrenzt, verfolgt und schließlich vernichtet. Wie konnte es zu dieser Schreckensherrschaft in Deutschland kommen? Wie gelang es den Nationalsozialisten, so viele Anhänger unter den Deutschen zu gewinnen? Und warum wehrten sich so wenige Menschen gegen die nationalsozialistischen Verbrechen?

Deportation einer jüdischen Familie in ein Vernichtungslager, 1942

1939
Mit dem Einmarsch in Polen löst Deutschland den Zweiten Weltkrieg aus.

ab 1941
Beginn des Völkermords, Deportationen von Juden in Vernichtungslager

1944
Stauffenbergs Attentat auf Hitler scheitert.

1945
Kapitulation: Ende des Zweiten Weltkrieges und der NS-Herrschaft

1 Auf dem Weg in den Führerstaat

Q1 *Die SA marschiert.* Die Aufmärsche sollten Stärke und Entschlossenheit zeigen und politischen Gegnern Furcht einflößen. Nach der „Gleichschaltung" wurde die SA von Hitler entmachtet.

SS
(Abkürzung für Schutzstaffel) Sie stand als Leibwache und Elitetruppe zur persönlichen Verfügung Hitlers. Nach der Entmachtung der SA beherrschte sie unter Führung Heinrich Himmlers die gesamte Polizei.

Ausschaltung der Opposition

Das Ermächtigungsgesetz gab Hitler beim Aufbau seiner Diktatur freie Hand. Ohne Kontrolle des Parlaments schufen die Nationalsozialisten einen Staat, in dem sich alles dem „Willen des Führers" unterzuordnen hatte. Für anderes Denken oder gar eine Opposition sollte im künftigen „Führerstaat" kein Platz mehr sein. In diesem Sinne wurden wichtige Bereiche des Staates und der Gesellschaft „gleichgeschaltet". Einer der ersten Schritte auf diesem Weg war das „Gesetz zur Wiederherstellung des Berufsbeamtentums" vom April 1933. Es erlaubte die Entlassung missliebiger Beamter. Im gleichen Monat beseitigte das „Gesetz zur Gleichschaltung der Länder mit dem Reich" die bisherige Eigenständigkeit der Länder. Auch die Arbeiterbewegung blieb nicht verschont. Anfang Mai wurden sämtliche freien Gewerkschaften zerschlagen. Leichtes Spiel hatten die Nationalsozialisten mit den politischen Parteien: Die meisten lösten sich selbst auf oder traten gar der NSDAP bei, die SPD wurde im Juni 1933 verboten. Im Gesetz gegen die Neubildung von Parteien vom 14. Juli wurde die NSDAP schließlich zur einzigen politischen Partei in Deutschland erklärt.

Morde vollenden die Diktatur

Nach der Ausschaltung jeglicher Opposition drohte der NSDAP nun lediglich Gefahr aus den eigenen Reihen. Grund dafür war ein Konflikt zwischen SA und Reichswehr. Der Führer der SA, Ernst Röhm, wollte die Reichswehr mit der bewaffneten Parteiarmee unter seiner Führung „gleichschalten". Dies lehnte die Reichswehrführung strikt ab. Hitler brauchte aber die Reichswehr für seine Aufrüstungspläne. So schlug er sich in diesem Streit auf die Seite der Generale und ließ im Morgengrauen des 30. Juni 1934 Röhm und andere wichtige SA-Führer verhaften und ohne Gerichtsurteil ermorden. Dabei schaltete Hitler auch andere politische Gegner aus.

Führer und Reichskanzler

Als am 2. August 1934 Reichspräsident Hindenburg starb, ernannte Hitler sich selbst als „Führer und Reichskanzler" zum Staatsoberhaupt. Mit diesem Amt übernahm er auch den Oberbefehl über die Wehrmacht, die auf seine Person vereidigt wurde. Innerhalb weniger Monate hatten die Nationalsozialisten in Deutschland eine Diktatur errichtet und jegliche Opposition ausgeschaltet.

Q2 *„Gleichschaltung" auf allen Gebieten,* Schild bzw. Schmuckblatt des Deutschen Roten Kreuzes. Das Hakenkreuz wurde zum Symbol des NS-Staates.

Q3 *Ernst Niekisch, ein sozialistisch orientierter Schriftsteller, der 1937 verhaftet und zu lebenslänglichem Zuchthaus verurteilt wurde, schrieb 1935:*

Der Punkt, an dem der Hebel ansetzt, welcher den Menschen gleichschaltet, ist die Existenzfrage. Wenn der Mann nicht richtig liegt, bekommt er kein Futter mehr. Unverhüllter wurde noch niemals auf den Magen gedrückt, um die richtige Gesinnung herauszupressen. Der Beamte zittert um Gehalt und Versorgung. (…) Angestellten und Arbeitern erging es nicht besser; sie verloren die Arbeitsplätze, wenn ihr Eifer der Gleichschaltung enttäuschte. Entzog sich ein Arbeiter dem anbefohlenen Aufmarsch, wurde er fristlos entlassen: Er war als Staatsfeind nicht würdig, wirtschaftlich geborgen zu sein. (…) Wurden sie [die freien Berufe wie Architekten, Ärzte, Rechtsanwälte; Gewerbetreibende, Handwerker und Kaufleute] aus ihrer Berufskammer entfernt, war ihnen das Recht auf Berufsausübung genommen; sie waren brotlos und ins wirtschaftliche Nichts verstoßen. Die nationalsozialistische Weltanschauung zog ihre überzeugende Kraft aus der Sorge um den Futterplatz; weil der nationalsozialistische Herr den Brotkorb monopolisiert hatte [weil er alleiniger Arbeitgeber war], sang jedermann sein Lied.

Q4 *In einem Bericht des Regierungspräsidenten von Schwaben vom August 1933 heißt es:*

Ein größerer Teil der Bevölkerung hat allzu schnell und offenkundig die Farbe gewechselt, um mit Sicherheit sagen zu können, dass sie aus innerster Überzeugung hinter der nationalen Regierung steht. Da Denunziantentum und Schutzhaft [Verhaftung politisch Andersdenkender] gefürchtet werden, ist es oft sehr schwierig, die wahre Einstellung kennen zu lernen.

Q5 *Eine an den Ortsverband der SPD gerichtete Erklärung vom 29. März 1933:*

Die Machtverhältnisse haben sich in ungeahnter Weise überschlagen. Deshalb komme ich dem Verbot – der SPD als Mitglied noch weiter anzugehören – zuvor und erkläre hiermit meinen Austritt aus der Partei.

1. Liste auf, welche demokratischen Grundlagen der Weimarer Republik von den Nationalsozialisten zerstört wurden. Berücksichtige auch die Seiten 30/31.
2. Erläutere den Begriff „Gleichschaltung" mit Hilfe von VT, Q2 und Q3.
3. Beschreibe die Auswirkungen der „Gleichschaltung" auf die Menschen. Beachte insbesondere D1, Q3 und Q5.
4. Nenne Gründe, warum sich die Bevölkerung ohne große Gegenwehr „gleichschalten" ließ (Q3–Q5).

D1 *Das Herrschaftssystem der Nationalsozialisten*
Die Doppelung von Ämtern in Staat und Partei führte zwar zu einer oft unübersichtlichen Überschneidung der Aufgaben und Machtbereiche, die Beibehaltung der alten Instanzen wirkte aber beruhigend auf die Bevölkerung.

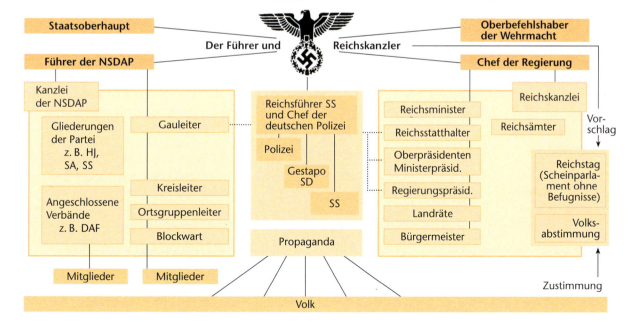

2 Adolf Hitler – Führerkult und Propaganda

Q 1 *Führerkult* – die NS-Propaganda nutzte jede Möglichkeit, Hitler werbewirksam zu präsentieren, Foto aus einem Sammelbildalbum, 1933.

Propaganda
(von lat. propagare = weiter ausdehnen, ausbreiten)
Versuch, mit Werbemethoden die Meinung anderer zu beeinflussen. Die Nationalsozialisten errichteten nach der Machtübernahme das „Reichsministerium für Volksaufklärung und Propaganda", das Joseph Goebbels leitete.

Führerkult
Hitlers öffentliche Auftritte lösten in den ersten Regierungsjahren häufig Jubel und Begeisterung aus. Oft warteten die Menschen stundenlang, um den „Führer" einmal „live" zu sehen. Hinter den Kulissen war die Wirkung seiner Auftritte zwar geschickt geplant. Doch bei aller Steuerung durch die NS-Propaganda war die Begeisterung der Bevölkerung meist echt. Mit seinem Talent als Redner verstand er es, große Menschenmassen zu faszinieren. Hitler sprach aus, was viele damals dachten oder hören wollten. Oft redete er über die Sehnsucht des deutschen Volkes nach Ordnung, Arbeit und Frieden oder hetzte gegen die Demokratie.

Wer war dieser Hitler?
Adolf Hitler wurde 1889 in Braunau am Inn in Österreich geboren. Ohne Abschluss verließ er die Realschule und bewarb sich vergeblich an der Wiener Kunstakademie. Später zog er nach München und meldete sich 1914 freiwillig für den Ersten Weltkrieg. Als Gefreiter wurde er mehrfach verwundet, erhielt zwei Auszeichnungen. Den Politikern der Weimarer Republik gab er die Schuld an der Kriegsniederlage. 1919 trat er in die Deutsche Arbeiterpartei (DAP) ein und übernahm 1921 deren Führung. Am 9. November 1923 versuchte er einen Putsch in München, der jedoch niedergeschlagen wurde. Hitler wurde verhaftet, des Hochverrats angeklagt und verurteilt. Im Gefängnis schrieb er das Buch „Mein Kampf", ein Bekenntnis seiner politischen Überzeugungen. Bereits nach neun Monaten wurde er vorzeitig entlassen. Hitler übernahm die Führung der neu gegründeten NSDAP. 1930 konnte er mit der Partei einen ersten großen Wahlerfolg feiern. Drei Jahre später wurde er zum Reichskanzler ernannt. Am 30. April 1945 beging er kurz vor dem Ende des Zweiten Weltkrieges Selbstmord.

Propaganda für den „Führer"
Die Nationalsozialisten verstanden es geschickt, Hitler und seine öffentlichen Auftritte zu inszenieren. Jede Rede, jede Veranstaltung wurde bis ins kleinste Detail vorbereitet. Auf Plakaten, Fotos und in Filmen wurde der Eindruck erzeugt, Hitler werde von allen geliebt, insbesondere von den Frauen. Verantwortlich für die NS-Propaganda war Joseph Goebbels. Er war der Leiter des Ministeriums für Volksaufklärung und Propaganda. Goebbels galt als ähnlich talentierter Redner wie Hitler. Für seine Ansprachen nutzte er häufig das für die Menschen damals noch neue Radio. Der „Volksempfänger", ein preiswertes Radiogerät, wurde bald zum Verkaufsschlager. Goebbels gelangte dadurch in etliche Wohnstuben Deutschlands und bestimmte so die öffentliche Meinung. Auch die Zeitungen wurden von ihm kontrolliert. Presse- und Meinungsfreiheit gab es im NS-Staat nicht. Wer öffentlich widersprach, riskierte Freiheit und Leben.

Q2 *Faszination Hitler?*
a) Emil Kolb, Jahrgang 1917:
Ich bin 1933 aus meiner Heimatstadt Graslitz im Sudetenland mit dem Zug nach Zwickau gefahren, um Hitlers Rede zu hören. Als ich um neun Uhr morgens im Stadion ankam, waren bereits 50 000 Menschen da. Seine Rede war für halb elf Uhr angekündigt, aber er kam erst um vier Uhr an und kein Mensch ist weggegangen. Die Musik spielte, und es herrschte ein unglaublicher Jubel, eine tolle Stimmung. Dann kam Hitler mit dem Flugzeug, wurde begeistert begrüßt und hielt seine Rede. Sie handelte vom Versailler Vertrag, von der Arbeitslosigkeit, von Reparationszahlungen und von der Rheinlandbesetzung. Ich war von diesem Mann beeindruckt und von dem, was er sagte. Als junger Mensch war ich begeistert und viele andere auch, ob Arbeiter, Bauern, Handwerker oder Intellektuelle.

b) Sybill Gräfin Schönfeld, Jahrgang 1927:
Hitlers Gegenwart löste eine unglaubliche Begeisterung aus. Das wirkte wie eine ansteckende Krankheit. Besonders bei älteren Mädchen, die gerade in die „Schwärm"-Phase kamen, konnte man das beobachten. Schon die Tatsache, Hitler gesehen zu haben oder gar vom ihm berührt zu werden, galt so viel wie ein Besuch beim Heiligen Vater in Rom. Wie beim Papst fühlten die Leute sich schon durch die Berührung gesegnet. Mir ist es heute nicht mehr erklärlich, wie es den Nationalsozialisten gelungen ist, Hitler zu einem solchen Idol zu machen.

Q3 *Der Historiker Hans-Ulrich Thamer schreibt über die Faszination Hitlers:*
Wann immer Zweifel an Hitlers Politik entstanden und in der Bevölkerung Klage über die immer wieder auftretenden Engpässe in der Versorgung mit Lebensmitteln geführt wurden (…), wurden diese Unmutsäußerungen durch die Wirkungsmacht des Hitler-Mythos oder durch die (…) Überredungsgabe Hitlers aufgefangen. Das bewirkte weniger die vielzitierte Ausstrahlungskraft Hitlers als die (…) Anpassungsbereitschaft und Selbsttäuschung. Sie sahen in Reichskanzler Adolf Hitler den Retter und sozialen Wohltäter, den sie nach Jahren der [Krise] erwartet hatten, und machten die vermeintlich radikaleren und unfähigen Unterführer für die Unzuträglichkeiten und Zumutungen im Herrschaftsalltag verantwortlich. „Wenn das der Führer wüsste", war ein geflügeltes Wort, das diese Ablenkung und Selbsttäuschung zum Ausdruck brachte.

Q4 *Werbeplakat für den Volksempfänger*

Q5 *So wurde 1936 der Reichsparteitag in Nürnberg inszeniert:* Das Gelände wurde nachts durch Scheinwerfer wirkungsvoll beleuchtet; Fackel- und Fahnenträger zogen auf; Trommelwirbel und Fanfarenstöße ertönten; uniformierte Parteimitglieder bildeten geschlossene Blocks, andere ein Spalier, durch das Hitler zum Podium schritt.

1. Überlege, welchen Eindruck von Hitler die Bilder Q1 und Q5 bei der Bevölkerung vermitteln sollten.
2. Stelle zusammen, welche Mittel die NS-Propaganda einsetzte, um die Bevölkerung zu beeinflussen (VT, Q1, Q2, Q4, Q5).
3. Erläutere in deinen eigenen Worten, wie der Historiker Thamer die Führerbegeisterung erklärt (Q3).

3 Ziele und Ideen der Nationalsozialisten – wie reagierten die Deutschen?

Q1 *Empfang Hitlers auf dem Berliner Wilhelmplatz* nach dem Waffenstillstand mit Frankreich 1940

Ideologie
(griech. = Lehre von den Ideen)
Man versteht darunter die Weltanschauung gesellschaftlicher oder politischer Gruppen. Zu einer Art Religionsersatz gesteigert, soll sie alle Vorgänge in der Welt erklären.

Verführung durch soziale Verlockungen
Unterstützung der Bevölkerung erhoffte sich die NS-Regierung auch durch sozialpolitische Maßnahmen: So bot die 1933 gegründete Organisation „Kraft durch Freude" (KdF) allen, die sich zur Volksgemeinschaft bekannten, ein kulturelles und touristisches Freizeitprogramm. Besonders begehrt waren die zu günstigen Preisen angebotenen Ausflüge und Auslandsreisen, die auch für weniger wohlhabende Bevölkerungsteile erschwinglich sein sollten. Dies sollte den Eindruck erwecken, alle seien Teil einer großen Volksgemeinschaft. Die Aktionen des Winterhilfswerks (WHW) verfolgten ein ähnliches Ziel. Die Organisation sammelte Geld für Arme und Arbeitslose. An den einmal im Monat stattfindenden „Eintopf-Sonntagen" sollten die Deutschen auf Fleisch verzichten. Das eingesparte Geld wurde dem WHW gespendet.

Volksgemeinschaft: das Versprechen
Mit viel Propaganda verkündeten die Nationalsozialisten ihre Idee der Volksgemeinschaft, in der alle gesellschaftlichen Gruppen verschmelzen sollten. Das klang für viele Deutsche verlockend. Egal ob arm oder reich, Mann oder Frau, Arbeiter oder Unternehmer – die Nationalsozialisten versprachen anscheinend eine Gesellschaft ohne Klassenunterschiede. Standesgegensätze und Parteienstreit sollte es nicht mehr geben. Gemäß der Parole „Du bist nichts, dein Volk ist alles" sollten sich Einzelinteressen dem Gemeinwohl unterordnen. Mit solchen Vorstellungen wollten die Nationalsozialisten die Deutschen für ihre Politik gewinnen.

Volksgemeinschaft: die Wirklichkeit
Die Nationalsozialisten strebten mit der Volksgemeinschaft jedoch nicht tatsächlich die Gleichheit aller Deutschen an. Im Gegenteil: Volksgemeinschaft bedeutete verstärkte Kontrolle und „Gleichschaltung". Sowohl im Beruf als auch im Privatleben sollte sich der „Volksgenosse" nur nach den Vorstellungen der Nationalsozialisten richten. Tat er das nicht, machte er sich verdächtig. Er drohte ebenso aus der Volksgemeinschaft ausgeschlossen zu werden wie all jene, die den nationalsozialistischen Rassevorstellungen nicht entsprachen.

Rassenlehre
Die Rassenlehre war das Kernstück der NS-Ideologie. Danach gehörten alle Menschen unterschiedlich wertvollen Rassen an. Als hochwertigste Rasse galten die Arier. Zu ihnen wurden die germanischen Völker und somit auch die Deutschen gezählt. Arier

waren angeblich groß, blond, blauäugig und besonders klug und mutig. Als Gegenstück dazu galten die Juden. Sie waren in den Augen der Nationalsozialisten eine wertlose Rasse. Den Juden gab man die Schuld an allem Übel der Welt.

Als „rassisch minderwertig" galten außerdem Behinderte sowie Sinti und Roma. Sie waren ebenso wie die Juden von Anfang an Ziel der menschenverachtenden, grausamen Hetze der Nationalsozialisten.

„Lebensraum"

Die Nationalsozialisten predigten das Recht des Stärkeren. Sie waren überzeugt, dass sich die in ihren Augen höherwertigen Rassen im so genannten Lebenskampf durchsetzen würden. Sich selbst sahen sie als „Herrenrasse", die über andere Völker herrschen werde. Aus diesen Ideen entstand die Vorstellung, mehr „Lebensraum" für das deutsche Volk zu erobern. Dieser müsse durch Kriege im Osten erkämpft werden, denn die im Osten lebenden Völker galten als minderwertig. Diese ideologischen Grundgedanken der Nationalsozialisten hatte Hitler bereits 1924 in seinem Buch „Mein Kampf" niedergeschrieben.

Terror gegen Andersdenkende

Wer dem Rasseideal der Nazis nicht entsprach, wer es wagte, Kritik zu üben, oder wer eine andere Meinung vertrat, bekam den Terror der Nationalsozialisten zu spüren. Viele Schriftsteller, Künstler, Wissenschaftler und politisch Andersdenkende verließen Deutschland nach 1933. Sie sahen sich in ihrer Meinungsfreiheit beschränkt oder fürchteten gar um ihr Leben.

Schon in den ersten Tagen nach dem Regierungsantritt Hitlers konnten Menschen ohne gerichtliche Anordnung verhaftet werden. Diese so genannte Schutzhaft stützte sich auf die Reichstagsbrandverordnung. Da die Verhafteten kein Recht auf richterliche Anhörung oder einen Anwalt hatten, waren sie völlig der Willkür und der Gewalt der als Hilfs-Polizei agierenden SA-Schlägertrupps ausgesetzt. In dieser Zeit entstanden die ersten Konzentrationslager.

Die Deutschen – überzeugte Nazis?

Die Mehrheit der Bevölkerung nahm den Terror widerspruchslos hin. Die ersten Gewalttaten gegen politische Gegner und Andersdenkende wurden als notwendige Maßnahmen auf dem Weg zur nationalen Erneuerung akzeptiert. Die Hetze gegen die Juden fiel bei vielen Deutschen auf fruchtbaren Boden. Die Juden waren als Sündenböcke für alles in den letzten Jahren Erlittene hochwillkommen. Und auch die Forderung nach mehr „Lebensraum" war populär. Sie kam all jenen entgegen, die sich nach dem verlorenen Weltkrieg nach mehr nationaler Größe sehnten.

Waren also alle Deutschen begeisterte Nationalsozialisten? Eine große Anzahl war anfangs wohl vom Nationalsozialismus überzeugt. Viele ließen sich dabei von den sozialen Versprechungen blenden, glaubten an die Volksgemeinschaft. Groß war auch die Zahl derjenigen, die den Staat unterstützten, weil sie sich davon persönliche Vorteile versprachen. Manche profitierten von der Ausgrenzung anderer, etwa im Beruf. Aus diesem Grund akzeptierten sie die verbrecherische NS-Politik.

Natürlich gab es auch Menschen, die Terror und NS-Ideologie vollständig ablehnten. Viele unternahmen jedoch nichts, weil sie fürchteten, sich selbst in Gefahr zu bringen. Jeder, selbst in der eigenen Familie, konnte ein Denunziant sein und von der NS-Gesinnung abweichendes Verhalten anzeigen.

Q2 *Kommunisten und Sozialdemokraten werden von Worms ins KZ Osthofen überführt.*

Arier
(altindisch = der Edle) Nach der NS-Rassenideologie stellten die Arier durch ihre körperlichen (groß, blond, blauäugig) und geistig-seelischen (tapfer, heldisch, opferbereit) Eigenschaften die höchste Rasse dar. Den Kern der arischen Rasse bildeten nach dieser „Lehre" die germanischen Völker und hier vor allem die meisten Deutschen.

Konzentrationslager (KZ)
In KZ werden vor allem politische Gegner eines Regimes ohne rechtliche Grundlage inhaftiert. Im Nationalsozialismus entstanden die ersten KZ 1933 als Arbeitslager. Seit 1942 wurden die KZ durch Vernichtungslager ergänzt zum Massenmord an Juden und anderen Gruppen.

Q 5 *Hitler in „Mein Kampf" über Rasse:*
Die völkische Weltanschauung (…) glaubt somit keineswegs an eine Gleichheit der Rassen, sondern erkennt mit ihrer Verschiedenheit auch ihren höheren oder minderen
5 Wert und fühlt sich (…) verpflichtet, (…) den Sieg des Besseren, Stärkeren zu fördern, die Unterordnung des Schlechteren und Schwächeren zu verlangen. (…) Sie sieht nicht nur den verschiedenen Wert der
10 Rassen, sondern auch den verschiedenen Wert der Einzelmenschen. (…)
Was nicht gute Rasse ist auf dieser Welt, ist Spreu. Alles weltgeschichtliche Geschehen ist aber nur die Äußerung des Selbsterhal-
15 tungstriebs der Rassen im guten oder schlechten Sinne. (…) Menschliche Kultur und Zivilisation sind auf diesem Erdteil unzertrennlich gebunden an das Vorhandensein des Ariers. Sein Aussterben oder Untergehen
20 wird auf diesen Erdball wieder die dunklen Schleier einer kulturlosen Zeit senken.

Q 6 *Hitlers Menschenbild:*
Was für ein Glück für die Regierenden, dass die Menschen nicht denken! Denken gibt es nur in der Erteilung oder im Vollzug eines Befehls. Wäre es anders, so könnte die
5 menschliche Gesellschaft nicht bestehen. (…) Der Mensch ist von Geburt aus schlecht. Man bändigt ihn nur mit Gewalt. Um ihn zu leiten, sind alle Mittel zulässig. Man muss auch lügen, verraten, ja sogar morden kön-
10 nen, wenn es die Politik erfordert.

Q 3 *Titelblatt eines Werbeprospekts für den KdF-Wagen von 1938.* Die KdF warb für den Kauf eines preisgünstigen Autos. Wöchentlich konnten Interessenten Sparmarken erwerben, bis der Kaufpreis von 990 Reichsmark erreicht war. Zwar zahlten viele Deutsche ein, einen Wagen bekamen sie aber nicht. Für den Zweiten Weltkrieg wurde die Produktion nämlich auf Militärfahrzeuge umgestellt.

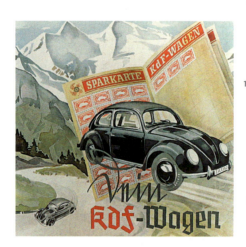

Q 7 *Hitler über seine „Lebensraum"-Politik:*
Wir Nationalsozialisten [müssen] unverrückbar an unserem außenpolitischen Ziel festhalten, nämlich dem deutschen Volk den ihm gebührenden Grund und Boden
5 auf dieser Erde zu sichern. Und diese Aktion ist die einzige, die vor Gott und unserer deutschen Nachwelt einen Bluteinsatz gerechtfertigt erscheinen lässt. (…)
Wir (…) weisen den Blick nach dem Land im
10 Osten. Wir (…) gehen über zur Bodenpolitik der Zukunft. Wenn wir aber heute in Europa von neuem Grund und Boden reden, können wir in erster Linie nur an Russland und die ihm untertanen Randstaaten denken.

Q 4 *Anzeige in einer Hildesheimer Zeitung,* März 1936. Unter dem Druck der Ausgrenzungspolitik sahen sich die jüdischen Inhaber der Firma Gebrüder Alsberg gezwungen, ihr Geschäft weit unter Wert zu verkaufen.
– Wie beurteilst du das Verhalten Wilhelm Fiedlers?

Neues deutsches Geschäft!

Dadurch, daß ich Ende Februar die weit über Hildesheims Grenzen hinaus bekannte Firma Gebrüder Alsberg käuflich erworben habe, ist dieses Unternehmen deutsch geworden.

Sie können in diesem Hause wieder angenehm und vorteilhaft kaufen. Meine Leistungsfähigkeit findet den stärksten Ausdruck in der Mittelpreislage. Ich führe Ware, die allen Anforderungen an Qualität, Verarbeitung und der neuesten Moderichtung entspricht.

Bitte besuchen Sie mich. Ich verspreche Ihnen im voraus, daß ich mir jede erdenkliche Mühe geben werde, um Sie zufriedenstellend zu bedienen.

Modehaus Wilhelm Fiedler Hildesheim

Q 8 *Denunziationsschreiben vom 22. Juni 1935 (Auszug):*
Wir hatten geschäftlich in Wiesbaden zu tun und begaben uns (…) in das Lokal des Hauser. (…) Kurze Zeit darauf betrat ein Jude das Lokal und bestellte sich ein Glas Wein.
5 Einige Minuten später kam aus einem Raum hinter dem Büffet ein Mädchen (…). Das Mädchen nahm bei dem Juden am Tisch Platz. Selbiger unterhielt sich mit dem Mädchen in freundschaftlicher Form. Nach un-
10 gefähr einer halben Stunde verließ der Jude das Lokal, das Mädchen verschwand hinter

dem Büffet. Daraufhin baten wir die Wirtin mit ruhigen Worten um Auskunft, ob das Mädel ihre Tochter sei und ob der Herr ein Jude. Die Wirtin tat entrüstet und erwiderte: „Das ist kein Jude, der ist längst vor dem Krieg getauft." Wir erwiderten: „Ob getauft, Jude bleibt Jude." Die Wirtin erwiderte daraufhin: „Gestatten Sie, wir sind schon lange mit dem Herrn befreundet, und er verkehrt sehr oft bei uns." In diesem Augenblick betrat der Wirt das Lokal und mischte sich sofort erregt in das Gespräch (…). Ich verbat mir die Äußerungen des Wirtes mit den Worten: „Ich bin SA-Mann, Parteigenosse und Amtsverwalter." Daraufhin erwiderte der Wirt: „Ich bin auch Untergruppenführer im Luftschutz." Mein Kamerad erwiderte. „Es ist eine große Zumutung für uns als Gäste, dass Sie in Ihrem Lokal Juden bewirten." (…)

Q 10 *Im Mai 1933 organisierte das Propagandaministerium eine großangelegte Bücherverbrennung (im Bild eine Szene aus Hamburg). In ganz Deutschland wurden Bücher von berühmten deutschen Schriftstellern und Denkern verbrannt (z.B. von Ernst Bloch, Bertolt Brecht, Thomas Mann, Heinrich Mann, Stefan Zweig, Erich Kästner, Anna Seghers und vielen anderen).*

Q 9 *Nationalsozialistische Lager, Gefängnisse, Zuchthäuser und „Heil- und Pflegeanstalten" auf dem Gebiet des heutigen Rheinland-Pfalz. In den „Heil- und Pflegeanstalten" wurden Behinderte umgebracht.*

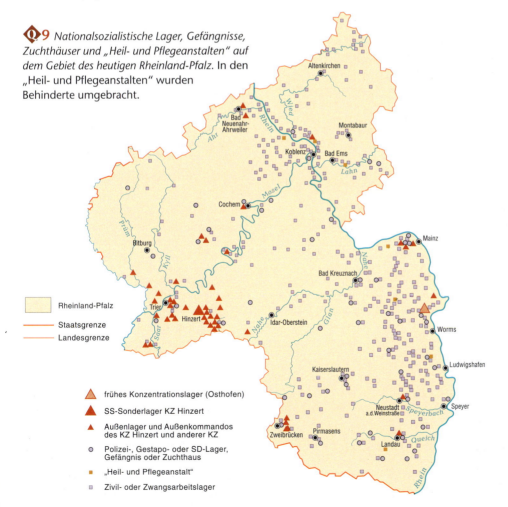

1 In seinem Buch „Mein Kampf" erläutert Hitler seine Ideologie. Fasse sie mit Hilfe von Q5–Q7 zusammen und nimm kritisch Stellung dazu.

2 Stelle zusammen, wie die Nationalsozialisten die Bevölkerung für ihre Politik gewinnen wollten (VT, Q3, Q4).

3 Liste auf, wer zur Volksgemeinschaft gehörte und wer nicht (VT, Q2, Q5, Q9, Q10).

4 Schildere, wie die Nazis mit Andersdenkenden umgingen. Beachte dabei VT, Q2, Q9, Q10.

5 Überlege, welche Motive hinter Anzeigen wie Q8 wohl standen.

6 Nenne nationalsozialistische Terror- und Mordstätten in deiner Gegend (Q9).

4 NS-Wirtschaftspolitik – den Krieg im Visier

Q 1 *Autobahnbau in Handarbeit,* Foto von 1936

Ein Wirtschaftswunder?
Die von der Weltwirtschaftskrise ausgelöste hohe Arbeitslosigkeit war ein Grund, warum die Nationalsozialisten in Deutschland an die Macht gekommen waren. Wie würde die Regierung Hitler nun mit dem Problem von sechs Millionen Arbeitslosen fertig werden?
Tatsächlich sank die Zahl der Arbeitslosen in den ersten drei Jahren der NS-Herrschaft stark: Im Herbst 1936 waren in Deutschland nur noch rund eine Million Menschen ohne Arbeit. Wie war das möglich?

Arbeitsbeschaffung …
Die NS-Regierung vergab als Sofortprogramm gegen die Arbeitslosigkeit große Staatsaufträge: Autobahnen, öffentliche Gebäude, Kasernen und Flugplätze wurden gebaut. Dabei griffen die Nationalsozialisten meist auf bereits vorliegende Pläne aus der Weimarer Zeit zurück. Die Bauten fanden zum Großteil ohne Maschinen statt und erforderten den Einsatz von vielen Menschen. Das schuf Arbeitsplätze und kurbelte die Wirtschaft an.

… und geschönte Statistiken
1935 trat das „Reichsarbeitsdienstgesetz" in Kraft. Alle 18–25-jährigen Jugendlichen mussten für ein halbes Jahr gemeinnützige Arbeit, etwa in der Landwirtschaft oder beim Straßenbau leisten. Rund 200 000 bis 300 000 junge Männer und Frauen befanden sich ständig in den Lagern des Reichsarbeitsdienstes und verschwanden aus der Statistik der Arbeitslosen. Auch die Wiedereinführung der Wehrpflicht im März 1935 ließ die Zahl der Arbeitslosen sinken. Schließlich sorgte auch das so genannte Ehestandsdarlehen für eine geschönte Statistik. Frisch verheiratete Paare bekamen ein günstiges Darlehen vom Staat unter der Bedingung, dass die Frau ihren Arbeitsplatz aufgab. Bis 1935 wurden so rund 370 000 Frauen aus dem Berufsleben gedrängt.

Aufrüstung für den Krieg
Zahlreiche neue Arbeitsplätze gab es zudem durch die seit 1934 voll anlaufende Aufrüstung des Staates in den Betrieben der Rüstungsindustrie.
Den meisten Deutschen erschien die Wirtschaftspolitik Hitlers in diesen Jahren erfolgreich, sank doch die Zahl der Arbeitslosen. Nur wenige erkannten die Schattenseiten: Um die staatlichen Großaufträge, die Maßnahmen zur Senkung der Arbeitslosigkeit und die Ankurbelung der Rüstungsindustrie zu finanzieren, machte der Staat enorme Schulden, die er unter normalen Umständen gar nicht zurückzahlen konnte. Doch längst hatten die führenden Nationalsozialisten beschlossen, dieses Problem durch Krieg und Eroberung zu lösen.

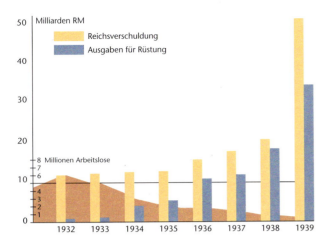
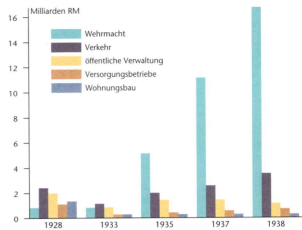

Q2 Im August 1936 legte Hitler eine geheime Schrift zur Wirtschaftspolitik vor. Darin heißt es unter anderem:

Es hat eine Mobilmachung der Wirtschaft zu erfolgen, und zwar mit Tempo, mit Entschlossenheit und wenn nötig auch mit Rücksichtslosigkeit. (…)
5 In diesem Sinne ist die deutsche Brennstofferzeugung im schnellsten Tempo vorwärts zu treiben. Diese Aufgabe ist mit derselben Entschlossenheit wie die Führung eines Krieges anzufassen und durchzuführen;
10 denn von ihrer Lösung hängt die kommende Kriegsführung ab. (…)

Ich stelle damit folgende Aufgabe:
1. Die deutsche Armee muss in vier Jahren einsatzfähig sein.
15 2. Die deutsche Wirtschaft muss in vier Jahren kriegsfähig sein.

D3 Statistiken
links: Arbeitslosigkeit, Rüstung, Staatsschulden
rechts: Öffentliche Investitionen in Deutschland

	1928	1937
Fleisch (kg)	146,5	118,5
Eier (Stück)	472	258
Milch (l)	481	358
Kartoffel (kg)	507,8	530,3
Gemüse (kg)	127,3	117,8
Obst (kg)	96,2	64,9

D4 Lebensmittelverbrauch im Vergleich, durchschnittlicher Jahreskonsum in einem Vier-Personen-Haushalt

Standpunkte: Die NS-Wirtschaftspolitik

D1 Der Historiker Sebastian Haffner emigrierte 1938 von Deutschland nach England. Er kehrte 1954 nach Deutschland zurück. In seinem Buch „Anmerkungen zu Hitler", das 1978 erschien, schreibt er:
Unter den positiven Leistungen Hitlers muss an erster Stelle, alles andere in den Schatten stellend, sein Wirtschaftswunder genannt werden. Den Ausdruck gab es damals noch
5 nicht; er ist erst für die überraschend schnelle Wiederaufbauleistung nach dem Zweiten Weltkrieg geprägt worden. Aber er passt noch viel besser auf das, was im Deutschland der mittleren dreißiger Jahre unter Hit-
10 ler vor sich ging. Im Januar 1933, als Hitler Reichskanzler wurde, gab es in Deutschland sechs Millionen Arbeitslose. Drei kurze Jahre später, 1936, herrschte Vollbeschäftigung.

D2 Der Historiker Werner Bührer schreibt in einem Aufsatz über die Wirtschaftspolitik Hitlers:
Die wirtschaftliche Entwicklung Deutschlands unter dem Nationalsozialismus (…) war gekennzeichnet durch einen raschen,
5 kontinuierlichen und lang anhaltenden Aufschwung, der sich vor allem in den Investitions- und Produktionsgüterindustrien bemerkbar machte, verbunden mit einem deutlichen Rückgang der Arbeitslosigkeit bis zum Erreichen der Vollbeschäf-
10 tigung im Jahr 1936. Ohne die spätestens seit 1935 unübersehbare einseitige Ausrichtung der staatlichen Wirtschaftspolitik auf die Aufrüstung wären diese Erfolge freilich kaum möglich gewesen.

1 Erkläre mit eigenen Worten die Ziele der nationalsozialistischen Wirtschaftspolitik (VT, Q1, Q2).
2 Stelle fest, inwieweit sich die Kosten für die Aufrüstung auf den Lebensstandard der Bevölkerung ausgewirkt haben (D3, D4).
3 War Hitlers Wirtschaftspolitik erfolgreich? Nimm Stellung.
4 Zwei deutsche Historiker bewerten die Wirtschaftspolitik (D1, D2). Vergleiche die Aussagen. Was stellst du fest?

5 Jugend unter dem Hakenkreuz

Q1 *Plakat, um 1940 – Wie sollen hier die Jugendlichen angesprochen werden?*

Die Hitler-Jugend
Von Anfang an schenkten die Nationalsozialisten der Jugend und deren Erziehung große Aufmerksamkeit. Nach dem Grundsatz „Wer die Jugend besitzt, hat die Zukunft" sollten Jungen und Mädchen schon früh auf die Ideologie des Staates eingeschworen werden.

Das sollte vor allem mit der Hitler-Jugend (HJ) erreicht werden. 1926 als nationalsozialistische Jugendorganisation gegründet, zählte die HJ Anfang 1933 rund 100 000 Mitglieder. Nach der Machtübernahme wurden andere Jugendgruppen zwangsweise „gleichgeschaltet", also aufgelöst oder in die HJ übernommen. Ende 1934 war die Hitler-Jugend dadurch mit 3,5 Millionen Jugendlichen zu einer regelrechten Massenorganisation angewachsen. Ab Dezember 1936 wurde die HJ zur Pflichtorganisation für alle Jungen und Mädchen zwischen 10 und 18 Jahren.

Erziehungsziel: Krieg
Die Nationalsozialisten wollten umfassende Kontrolle über die Jugend. Mädchen und Jungen sollten zu treuen Gefolgsleuten erzogen werden. Zugleich sollten sie auf die Aufgabe vorbereitet werden, die Hitler für Deutschland und „sein Volk" vorgesehen hatte: den Krieg. Die körperliche und militärische Ausbildung stand daher gleichberechtigt neben der ideologischen Schulung. Die Nationalsozialisten wollten mutige, vor allem aber anpassungsfähige und gehorsame Menschen.

Anziehungskraft …
Viele Jugendliche waren in den ersten Jahren mit Begeisterung bei der HJ, denn sie bot durch Zeltlager, Geländespiele, Lagerfeuer und Ausflüge abenteuerliche Erlebnisse mit Freunden und eine Abwechslung vom Alltag. Auch der Gemeinschaftsgedanke, die Gruppenabende oder das Tragen der Uniform faszinierte einige Jugendliche.

Die Veranstaltungen der HJ, die oft die Wochenenden belegten, entfremdeten Kinder und Jugendliche von den Eltern. Tatsächlich hat es Fälle gegeben, in denen Kinder ihre eigenen Eltern wegen negativer Äußerungen über die NSDAP angezeigt haben.

… und Abneigung
Doch nicht alle Jugendlichen ließen sich von der HJ vereinnahmen. Manche störte die politische oder militärische Gesinnung, andere fühlten sich durch den Zwangscharakter der HJ schlicht in ihrer Freiheit eingeschränkt. Doch nur wenige wagten es, diesen Protest auch offen zu zeigen. Sie schlossen sich in eigenen Cliquen zusammen, die unter Namen wie „Edelweißpiraten", „Meuten" oder „Swing-Jugend" bekannt wurden. Diese Jugendlichen distanzierten sich von der HJ und beteiligten sich teilweise sogar an Widerstandsaktionen.

Jungvolk
Unterabteilung der Hitler-Jugend (HJ). Das Jungvolk war die Jugendorganisation für die 10- bis 14-jährigen Jungen. Die 14- bis 18-Jährigen waren in der eigentlichen HJ zusammengefasst.

BDM
(Abkürzung für „Bund Deutscher Mädel") Jugendorganisation für die 14- bis 18-jährigen Mädchen innerhalb der Hitler-Jugend. Die 10- bis 14-Jährigen waren im Jungmädelbund organisiert.

Q 2 *In einer Rede vom 2. Dezember 1938 hat Hitler die Erziehungsziele der Nationalsozialisten dargelegt:*

Diese Jugend, die lernt ja nichts anderes als deutsch denken, deutsch handeln, und wenn diese Knaben mit 10 Jahren in unsere Organisation hineinkommen und dort oft
5 zum ersten Mal überhaupt eine frische Luft bekommen und fühlen, dann kommen sie vier Jahre später vom Jungvolk in die Hitlerjugend, und dort behalten wir sie wieder vier Jahre. Und dann (…) nehmen
10 wir sie sofort in die Partei, in die Arbeitsfront, in die SA oder SS, in das NSKK und so weiter. Und wenn sie dort zwei Jahre oder anderthalb Jahre sind und noch nicht ganz Nationalsozialisten geworden sein sollten,
15 dann kommen sie in den Arbeitsdienst und werden dort wieder sechs Monate geschliffen, alle mit einem Symbol, dem deutschen Spaten. Und was dann nach sechs oder sieben Monaten noch an Klassen- oder
20 Standesdünkel (…) vorhanden sein sollte, das übernimmt die Wehrmacht. (…) Und wenn sie (…) zurückkehren, dann nehmen wir sie, damit sie auf keinen Fall rückfällig werden, sofort wieder in die SA, SS und so
25 weiter, und sie werden nicht mehr frei ihr ganzes Leben.

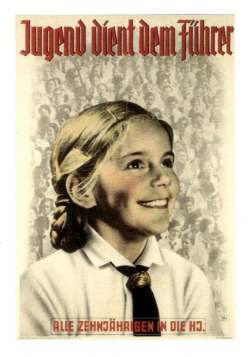

Q 4 *Plakat, um 1940*

Q 3 *Erika Martin, eine ehemalige Jungmädelführerin, berichtet:*

Wir machten eine Fahrt, wir wanderten, wir machten eine Schnitzeljagd, wir veranstalteten eine Fuchsjagd. Das waren so Wald- und Feldspiele, wie man sie vielleicht heute
5 gar nicht mehr so spielt, aber die massig Spaß machten. Und hinterher wurde dann

Bild- und Tondokumente über Jugendliche im Nationalsozialismus auf Zeitreise multimedial „Das 20. Jahrhundert"

Q 5 *Das Frauenideal der NS-Ideologie* wurde im Bund Deutscher Mädel (BDM) propagiert.

auch irgendwo ein Lagerfeuer entfacht und ein ordentlicher Kessel Erbsensuppe aufgesetzt. Und dieses alles, dieses Neue, dieses freie In-der-Natur-sich-bewegen-Dürfen ohne Zwang, ohne den strengen Blick des Vaters oder die Sorge der Mutter hinter sich zu spüren, dieses freie Selbstgestalten, das war es eigentlich, was sehr glücklich machte.

Q7 *Werner Brölsch aus Mülheim erinnert sich 2003 an die Erlebnisse seines Bruders bei der HJ:*

Mein jüngerer Bruder wurde eines Tages zu einem Pimpfenabend geladen. Ihm gefiel die Gemeinschaft und er wurde Mitglied des Jungvolks. Er machte schon nach einigen Jahren Karriere und wurde Fähnleinführer. Er, der fünfzehnjährige Junge, durfte den anderen Befehle erteilen. Ich weiß genau, wie begeistert er anfangs zu den Übungen ging, besonders dann, wenn Sport oder Schießen auf dem Plan stand. Auch das Exerzieren, mit den Kommandos wie „Stillgestanden", „Rührt euch", „Rechts um", „Marsch Marsch", wurde von den Jungen hingenommen. Neben den Oster- und Pfingstfahrten veranstaltete die HJ auch Fahrten ins Ausland. Erst nach und nach wurde mein jüngerer Bruder nachdenklicher. Die zunehmende Militarisierung der Veranstaltungen und die offene Vorbereitung auf den Krieg wurden ihm immer bewusster.

Q8 *Karl-Heinz Schnibbe (geb. 1924) wurde 1942 vom Volksgerichtshof wegen „Hochverrats" zu Gefängnis verurteilt. Er hat seine Lebensgeschichte aufgeschrieben. Hier Auszüge:*

Als ich in die Hitler-Jugend überschrieben wurde, hatte ich keine Lust mehr, und jetzt gefiel mir der Druck und der Zwang nicht mehr so. Zuerst ging es vielleicht noch, aber dann passte mir die Schreierei und das Kommandieren nicht mehr. (…)
Ich habe auch keine HJ-Uniform gehabt, weil meine Eltern mir keine gekauft haben. Sie haben immer gesagt: „Wenn die euch drin haben wollen, dann sollen die euch auch eine Uniform kaufen." Die HJ-Führung hat das zwar dann für mich gemacht, aber trotzdem habe ich die Uniform nicht angezogen. (…) Einmal tauchte ich wieder hübsch in Zivil beim Dienst in unserm Hitler-Jugendheim auf. Alle waren in Uniform und mit blank geputzten Stiefeln da, und unserm Scharführer passte es nicht. (…) Ein Wort gab das andere, und schließlich habe ich ihm eine geschoben. (…) Am Ende habe ich ihn vor all den anderen verprügelt. Ein paar Wochen später kriegte ich ein Schreiben vom Gebietsführer und musste zu einer Ehrenverhandlung. Man legte keinen Wert mehr auf meine Mitgliedschaft. Ich wurde wegen Befehlsverweigerung aus der Hitlerjugend ausgeschlossen. Was ich natürlich nicht ahnte, war, dass die Gestapo mir später diese Episode übel nehmen und vorhalten würde.

Q9 *Ein ehemaliger Edelweißpirat aus Düsseldorf berichtet:*

In dem Jahr, in welchem der Krieg begann, beendete ich die allgemeine Volksschule und begann eine Dreherlehre bei der Firma Losenhausen. Trotz der verschiedenen Formen des Drucks und Schikanen, denen ich ausgesetzt war, weigerte ich mich, der HJ beizutreten. Es war keine politisch motivierte Weigerung: Ich hasste nur den militärischen Drill und die Erziehung zum Krieg, die in der HJ betrieben wurde. Sicher hat dabei die Erziehung durch meine Eltern, die Sozialdemokraten und bewusste

Q6 *„Jungvolk" bei Schießübungen*

Antimilitaristen waren, eine große Rolle gespielt. In Gerresheim, wo ich aufgewachsen bin, fand sich bald ein Kreis gleichgesinnter Jugendlicher zusammen. Bald wurden der Ostpark und der Floragarten beliebte Treffpunkte. Dorthin fuhren wir an den Wochenenden, wenn wir keine Wanderungen unternahmen.

Q 10 *Für Jugendliche, die sich von der HJ nicht vereinnahmen ließen, gab es spezielle Konzentrationslager. Mädchen und Jungen im Alter von 10 bis 25 Jahren wurden in diese „Jugendschutzlager" eingeliefert. Die 14-jährige B. mit der Lagernummer 26 berichtete über ihr Schicksal:*

Ich weiß noch, als ich eingeliefert wurde, kam ich zuerst ins KZ Ravensbrück. Da mussten wir uns ausziehen und dann unter die eiskalte Dusche. Anschließend mussten wir vor zwei oder drei SS-Ärzten aufmarschieren, die uns ganz oberflächlich anschauten. Der eine schaute nur mal kurz auf meine langen schönen Haare und sagte: Läuse! Ich hatte bestimmt keine Läuse. Aber die haben erst alles abgeschnitten und den Rest mit dem Rasierapparat. Eine totale Glatze. Da stand ich nun splitternackt vor diesen SS-Leuten mit einer Glatze. Bisher hatte mich noch niemand außer meinen Eltern nackt gesehen. Das war grauenhaft.

Q 11 *Aus einem Schreiben des Reichsführers der SS Heinrich Himmler an den Leiter der Gestapo Reinhard Heydrich vom Januar 1942 zu Maßnahmen gegen die „Swing-Jugend", die durch lässige Haltung und Kleidung sowie ihre Vorliebe für Jazz und Swing auffiel:*

Anliegend übersende ich Ihnen einen Bericht, den mir der Reichsjugendführer Axmann über die „Swing-Jugend" in Hamburg zugesandt hat.
Ich weiß, dass die Geheime Staatspolizei schon einmal eingegriffen hat. Meines Erachtens muss jetzt das ganze Übel radikal ausgerottet werden. Ich bin dagegen, dass wir hier nur halbe Maßnahmen treffen. Alle Rädelsführer, und zwar die Rädelsführer männlicher und weiblicher Art, unter den Lehrern diejenigen, die feindlich eingestellt sind und die Swing-Jugend unterstützen, sind in ein Konzentrationslager einzuweisen. Dort muss die Jugend zunächst einmal Prügel bekommen und dann in schärfster Form exerziert und zur Arbeit angehalten werden, irgendein Arbeitslager oder Jugendlager halte ich bei diesen Burschen und diesen nichtsnutzigen Mädchen für verfehlt. Die Mädchen sind zur Arbeit im Weben und im Sommer zur Landarbeit anzuhalten. Der Aufenthalt im Konzentrationslager für diese Jugend muss ein längerer, 2–3 Jahre, sein. Es muss klar sein, dass sie nie wieder studieren dürfen. Bei den Eltern ist nachzuforschen, wie weit sie das unterstützt haben. Haben sie es unterstützt, sind sie ebenfalls in ein KL. zu verbringen und das Vermögen ist einzuziehen.
Nur, wenn wir brutal durchgreifen, werden wir ein gefährliches Umsichgreifen dieser anglophylen (sic!) Tendenz in einer Zeit, in der Deutschland um seine Existenz kämpft, vermeiden können.

1. Liste die Ziele der Jugenderziehung im NS-Staat auf (VT, Q1, Q2, Q4–Q6). Diskutiert, ob sie erreicht wurden.
2. Nenne Gründe, warum viele Mädchen und Jungen Gefallen an der HJ und dem BDM fanden (VT, Q3, Q5–Q7).
3. Überlege: Was hätte dich an der HJ fasziniert, was hätte dir nicht gefallen?
4. „Und sie werden nicht mehr frei ihr ganzes Leben." Erläutere, was Hitler damit meint (Q2).
5. Überlege, warum die Nationalsozialisten gegenüber Jugendlichen, die sich nicht vereinnahmen ließen, so brutal reagierten (Q10, Q11).

Q 12 *„Edelweißpiraten", Anfang der 1940er-Jahre. Sie verweigerten sich der HJ.*
– Vergleiche das Bild mit Q5 und Q6.

6 Frauen im NS-Staat

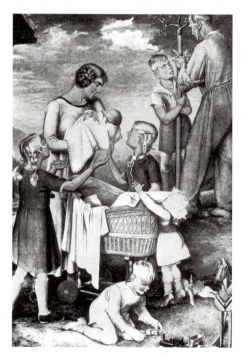

Q1 *Unterschiedliche Frauenbilder*
links: Werbeplakat aus den 1920er-Jahren
rechts: Nationalsozialistisches Idealbild einer Familie von Paul Hermann Schoedder aus dem Jahre 1938

Frauen in der Weimarer Zeit
Während der Weimarer Republik fielen überall in größeren Städten die „neuen Frauen" auf: Sie hatten einen „Bubikopf", trugen kurze Röcke und rauchten in der Öffentlichkeit – Zeichen für das gestiegene Selbstbewusstsein und den eigenständigen Lebensstil von meist jungen, unverheirateten Frauen. Neue Frauenberufe wie Stenotypistin, Telefonistin oder Sekretärin ermöglichten ihnen ein eigenes Einkommen.
Zwar galt der Typ der neuen Frau als Leitbild – etwa in der Werbung, auf Illustrierten, in Kinofilmen und Romanen. Für die Konservativen jedoch kam dieses Frauenbild einem Kulturverfall gleich.

NS-Idealbild der Frau ...
Die Nationalsozialisten hatten andere Vorstellungen von der Rolle der Frau: Sie sollte eine treue Gattin und eine fürsorgliche Mutter sein, die sich ganz dem Haushalt und der Kindererziehung widmet. Die NS-Propaganda bemühte sich, die Frauen von diesem Idealbild zu überzeugen und sie zum Verzicht auf Beruf oder Studium zu bewegen. Frauen sollten ihre Arbeit aufgeben und somit die Arbeitslosigkeit senken.

... und die Wirklichkeit
Allenfalls als Kindergärtnerinnen, in Pflegediensten oder in landwirtschaftlichen Berufen wurden Frauen noch geduldet. Im Schulwesen wurden sie aus Leitungsposten verdrängt, ab 1936 durften Frauen weder Richterinnen noch Staats- oder Rechtsanwältinnen werden. Kinderreiche Mütter wurden dagegen mit Orden und Auszeichnungen belohnt.
Als in der Rüstungsindustrie zunehmend Arbeitskräfte gebraucht wurden, klafften das Idealbild der Frau und die Wirklichkeit jedoch weit auseinander: Um die Produktion während der Kriegsjahre aufrechterhalten zu können, sollten die Frauen nun auch in den „Männerberufen" arbeiten.

Q2 *Hitler zur Rolle der Frau:*
Analog der Erziehung des Knaben kann der völkische Staat auch die Erziehung des Mädchens von den gleichen Gesichtspunkten aus leiten. Auch dort ist das Hauptgewicht
5 vor allem auf die körperliche Ausbildung zu legen, erst dann auch die Förderung der seelischen und zuletzt der geistigen Werte. Das Ziel der weiblichen Erziehung hat unverrückbar die kommende Mutter zu sein.

Q3 *Gerda Zorn erzählte 1980 zum Thema „Frauen unter dem Hakenkreuz":*
Nach ihrer Heirat musste meine Mutter ihre Sekretärinnenstelle aufgeben, weil es so genannte Doppelverdiener nicht geben durfte. (…) Die Nazis machten eine Religion
5 daraus, den Frauen die Rolle als Hausfrau und Mutter zuzuweisen. Meine Mutter hasste die „Drei-K-Rolle" [Kinder–Küche–Kirche]. Als geselliger Mensch sehnte sie sich nach Kontakten mit anderen Men-
10 schen. Da sie sich weder mit der Nazi-Ideologie noch mit der Nachbarschaft, die dieser Ideologie mehr oder weniger verfallen war, anfreunden konnte, blieben ihr nur Haushalt und Garten.

Q4 *Eine emigrierte Deutsche schrieb 1939 aus Paris:*
Jahrelang haben die Nazis sich als Retter der deutschen Familie ausgegeben und Märchen darüber verbreitet, dass andere Ideologien die Familien zerstören. Während in
5 anderen Ländern der Wohlstand der Familien gesichert wird, werden in Hitlers Reich durch die Kriegspolitik die Familien gewaltsam auseinandergerissen und zerstört. (…) Die Ehe ist für die Nazis keine Gemeinschaft
10 zweier Menschen, die das Glück ihrer Familie und ihre Zukunft gestalten und darum gerne Kinder haben wollen. Im Dritten Reich wird die Ehe als Zuchtanstalt und die Frau als Gebärmaschine betrachtet.

Q5 *Mann sucht Frau. Inserat aus den „Münchener Neuesten Nachrichten":*
Zweiundfünfzig Jahre alter, rein arischer Arzt, Teilnehmer an der Schlacht bei Tannenberg, der auf dem Lande zu siedeln beabsichtigt,

wünscht sich männlichen Nachwuchs durch
5 eine standesamtliche Heirat mit einer gesunden Arierin, jungfräulich, jung, bescheiden, sparsame Hausfrau, gewöhnt an schwere Arbeit, breithüftig, flache Absätze, keine Ohrringe, möglichst ohne Eigentum.

Q6 *Frau sucht Mann. Heiratsannonce aus dem „Völkischen Beobachter":*
Deutsche Minne, BDM-Mädel, gottgläubig, aus bäuerlicher Sippe, artbewusst, kinderlieb, mit starken Hüften, möchte einem deutschen Jungmann Frohwalterin seines
5 Stammhalters sein (niedere Absätze – kein Lippenstift). Nur Neigungsehe mit zackigem Uniformträger.

Q7 *NS-Plakat von 1944* – Was sagt das Plakat darüber aus, welche Tätigkeiten Frauen in den Augen der Nationalsozialisten ausüben sollten? Beachte auch die Jahreszahl.

1 *Erläutere mit Hilfe der Quellen und des VT das nationalsozialistische Frauenbild.*
2 *Nenne Gründe dafür, warum die Nationalsozialisten dem Muttertag, den es schon in der Weimarer Republik gab, so große Beachtung schenkten.*
3 *Erkläre, inwiefern Q5 und Q6 das NS-Frauenbild widerspiegeln.*
4 *Begründe, warum die Nationalsozialisten heimlich, still und leise von ihrer ursprünglichen Frauenpolitik abrückten (VT, Q7).*

Q8 *Das Mutterkreuz* wurde Frauen ab vier Kindern verliehen und sollte einen Anreiz geben, möglichst viele Kinder zu gebären und sich für die Familie aufzuopfern.

7 Ausgegrenzt, verfolgt, ermordet

Q1 *Brennende Synagoge* in Landau/Pfalz am 9. November 1938

Unterdrückung im NS-Staat
Die Nationalsozialisten duldeten in ihrem Staat keine Menschen, die nicht ihren Vorstellungen entsprachen. Wer nicht in das Schema der Volksgemeinschaft passte, wurde unterdrückt, ausgegrenzt oder gar ermordet. Vor allem für die jüdischen Bürger begann mit der Machtübernahme der Nationalsozialisten ein unvorstellbarer Leidensweg.

Boykott gegen Juden
Im Jahr 1932 lebten rund 550 000 Juden in Deutschland. Mit dem Regierungsantritt Hitlers begannen die Nationalsozialisten, deren bürgerliches Leben systematisch zu zerstören. Am 1. April 1933 rief die NSDAP zum Boykott jüdischer Läden, Anwaltskanzleien und Arztpraxen auf. SA-Mitglieder versperrten den Zugang zu jüdischen Geschäften und beschmierten Schaufenster mit Sprüchen wie „Juden raus". Dabei kam es mehrfach zu Gewalttaten. Bereits eine Woche später trat ein Gesetz in Kraft, das es ermöglichte, jüdische Beamte aus dem Staatsdienst zu entlassen.

Ausgrenzung per Gesetz
Mit den Nürnberger Rassegesetzen von 1935 wurden die Juden zu Bürgern zweiter Klasse. Sie durften nicht mehr wählen und kein öffentliches Amt übernehmen. Eheschließungen zwischen Juden und Nichtjuden wurden verboten. Sogar der Kontakt zwischen Juden und Nichtjuden wurde strafrechtlich verfolgt. Während der Olympischen Spiele in Berlin 1936 nahmen die Nazis Rücksicht auf die ausländische Öffentlichkeit und versuchten die Entrechtung der Juden zu verschleiern. Danach jedoch kaum noch: Jüdische Unternehmen mussten an Nichtjuden verkauft werden, jüdische Ärzte und Rechtsanwälte durften ihre Berufe nicht mehr ausüben, die Reisepässe von Juden wurden mit einem „J" gekennzeichnet.

Die Pogromnacht
In der Nacht vom 9. auf den 10. November 1938 organisierten die Nationalsozialisten die bis dahin schlimmste Verfolgung von jüdischen Bürgern. Als Vorwand diente das Attentat eines jüdischen Jugendlichen auf einen deutschen Diplomaten. Der 17-Jährige wollte mit seinem Anschlag gegen die Ausweisung seiner Eltern nach Polen protestieren.
Aufgestachelt von einer wüsten Hetzrede Goebbels prügelten SA-Männer Tausende von Juden durch die Straßen. Jüdische Menschen wurden verhöhnt, gedemütigt und misshandelt, ihre Geschäfte wurden geplündert, Synagogen gingen in Flammen auf. Hunderte Juden wurden bei diesen Ter-

roraktionen kaltblütig ermordet oder starben an den Folgen. Doch damit nicht genug: In den folgenden Tagen sperrte man annähernd 30 000 jüdische Männer in Konzentrationslager (KZ). Und es gab weitere Schikanen: Juden durften keine öffentlichen Verkehrsmittel mehr benutzen, Autos oder Motorräder besitzen, keine Kinos, Theater oder Konzerte besuchen.

Was tat die Bevölkerung?

Die Deutschen reagierten unterschiedlich auf Ausgrenzung und Verfolgung ihrer Mitbürger. Auch wenn ein nicht geringer Teil der Bevölkerung mit der Diskriminierung der Juden grundsätzlich einverstanden war, lehnten die meisten doch Gewalttaten, Verfolgungen oder gar Morde ab. Nur wenige beteiligten sich direkt an den Boykottaktionen oder dem Pogrom.

Öffentlichen Protest gegen den Nazi-Terror gab es aber auch nur selten. Die große Mehrheit schwieg, schaute weg, unternahm nichts und nahm so den Anschlag auf die Menschenwürde hin – aus Angst, Anpassung oder Gleichgültigkeit. Allmählich entstand so eine Kluft zwischen Juden und Nichtjuden: Freundschaften wurden gelöst, Nachbarn nicht mehr gegrüßt, jüdische Kinder gehänselt und verspottet.

Jüdische Auswanderung

Bis 1938 wanderten etwa 130 000 Juden aus Deutschland aus. Diese Zahl erscheint sehr gering, wenn man den Terror und die Gewalttaten gegen die Juden betrachtet. Auszuwandern war jedoch eine schwerwiegende Entscheidung: Man verließ die Heimat, Verwandte, Freunde und wusste nicht, was einen in der Fremde erwartete. Die Beschlagnahmung von jüdischem Vermögen und hohe Auswanderungsabgaben stellten weitere Hindernisse dar.

Als 1938 eine neue Auswanderungswelle einsetzte, weigerten sich mehrere Staaten, weitere Juden aufzunehmen. 1941 wurde den Juden schließlich eine Auswanderung aus Deutschland verboten. Zu diesem Zeitpunkt lebten noch rund 170 000 Juden in Deutschland.

„Artfremd" und „asozial"

Neben den Juden gab es weitere Minderheiten, die bis in den Tod verfolgt wurden. Zu ihnen zählten die Sinti und Roma, die im Sinne des NS-Rassenwahns als „artfremd" oder „asozial" galten. Nach ersten Ausgrenzungsmaßnahmen wie Schul- und Berufsverboten wurden sie ab 1938 in Konzentrationslager verschleppt. Während des Zweiten Weltkrieges kam es dort zur systematischen Vernichtung. 90 000 bis 200 000 Sinti und Roma wurden Opfer dieses Völkermords. Verfolgt, verhaftet und teils ermordet wurden auch jene Menschen, deren Glaubensrichtung (Zeugen Jehovas) oder Lebensführung (Homosexuelle) den Nationalsozialisten nicht passte.

Behinderte werden ermordet

Auch für Behinderte war in der nationalsozialistischen Volksgemeinschaft kein Platz. Psychisch kranke, missgebildete oder geistig behinderte Menschen durften im Staate Hitlers weder heiraten noch Kinder bekommen. 1939 ordnete Hitler die so genannte Vernichtung „unwerten Lebens" an. In einer Geheimaktion wurden über 100 000 körperlich und geistig behinderte Menschen ermordet. Nach öffentlichen Protesten stellten die Nazis den Massenmord 1941 zwar ein. Einzeltötungen gab es aber weiter.

Q2 *Judenstern* Ab 1941 mussten alle Juden in Deutschland dieses Zeichen auf ihrer Kleidung tragen.

Q3 *„Rassenschande"* Ein Paar wird öffentlich gedemütigt.

Bild- und Tondokumente über die Verfolgung und Entrechtung der Juden im NS-Staat auf Zeitreise multimedial „Das 20. Jahrhundert"

Q5 *Während des Parteitages in Nürnberg 1935 wurden die so genannten „Nürnberger Rassegesetze" beschlossen. Darin heißt es:*
§1 Eheschließungen zwischen Juden und Staatsangehörigen deutschen oder artverwandten Blutes sind verboten. Trotzdem geschlossene Ehen sind nichtig (…)
§2 Außerehelicher Verkehr zwischen Juden und Staatsangehörigen deutschen oder artverwandten Blutes ist verboten.
§3 Juden dürfen weibliche Staatsangehörige deutschen oder artverwandten Blutes unter 45 Jahren in ihrem Haushalt nicht beschäftigen.

Q6 *In den „Amtlichen Mitteilungen für die Stadtverwaltung Mülheim an der Ruhr" Nr. 11 vom 28. November 1935 heißt es unter der Überschrift „Ausschaltung des jüdischen Einflusses":*
Als Abwehrmaßnahme der Stadt habe ich in der Stadthalle, in der Stadtbücherei und im Lesesaal, an den städtischen Sportplätzen und im Museum Schilder anbringen lassen, die darauf hinweisen, dass der Besuch der städtischen Veranstaltungen und die Benutzung der städtischen Einrichtungen durch Juden unerwünscht ist. Ferner verbiete ich den Verkauf von städtischen Häusern und Grundstücken oder sonstigem städtischen Eigentum an Juden. Dass jüdische Ärzte und Rechtsanwälte nicht in Anspruch genommen werden, ist selbstverständlich.

Q4 *Reisepass von Susanne Blumenthal* mit „J-Stempel" und dem Zwangsnamen „Sara". In den Ausweisen wurde ein „J" (für Jude) gestempelt und die zusätzlichen Vornamen „Sara" bzw. „Israel" eingetragen.

Q7 *Ein Deutscher beschwert sich 1936:*
Wie ich heute Morgen feststellen musste, waren im Hansabad 3 Juden und zwar 1 Jude und 2 Jüdinnen. Es ist mir unverständlich, dass Juden dort zugelassen sind. Der Wärter sagte, es bestände dort (…) kein Judenverbot. Es ist aber höchste Zeit, dass ein solches Verbot in Kraft tritt, da auch in anderen Städten derartige Verbote für Juden bestehen. Vielleicht lässt sich dieses auch in Bremen durchführen.

Q8 *Aus Berichten der „Rheinisch-Westfälischen Zeitung" vom 10. November 1938:*
Nach Bekanntwerden des Ablebens des durch feige jüdische Mörderhand niedergestreckten Diplomaten haben sich im ganzen Reich spontane judenfeindliche Kundgebungen entwickelt. Die tiefe Empörung des deutschen Volkes machte sich dabei auch vielfach in starken antijüdischen Aktionen Luft.
(…) [Im] Verlaufe der antijüdischen Demonstrationen in der Essener Innenstadt wurden die Schaufenster jüdischer Einzelhandelsgeschäfte zerstört und zwar sowohl der noch bestehenden jüdischen Geschäfte in den Hauptgeschäftsstraßen wie auch der zahlreichen kleinen Geschäfte im alten Gänsemarktviertel.

Q9 *Aus den Berichten der Sopade [Exil-SPD], November 1938:*
Alle Berichte stimmen dahin überein, dass die Ausschreitungen von der großen Mehrheit des deutschen Volkes scharf verurteilt werden. In den ersten Pogromtagen sind im ganzen Reich viele hundert Arier verhaftet worden, die ihren Unwillen laut geäußert haben. Oft wird die Frage gestellt: „Wer kommt nach den Juden an die Reihe?" – Man muss sich allerdings – wie groß die allgemeine Empörung auch sein mag – darüber klar werden, dass die Brutalitäten der Pogromhorden die Einschüchterung gesteigert und in der Bevölkerung die Vorstellung gefestigt haben, jeder Widerstand gegen die uneingeschränkte nationalsozialistische Gewalt sei zwecklos. (…) Bemerkenswert ist übrigens, dass, wie nach jeder früheren

Welle von Ausschreitungen so auch diesmal wieder, das Gerede auftaucht, Hitler habe das nicht gewollt. „Hitler will zwar, dass die Juden verschwinden, aber er will doch nicht, dass sie totgeschlagen und so behandelt werden" usw. usw.

Q 10 *Aus einem Polizeibericht, März 1939:*
Der evangelische Pfarrer F. Seggel aus dem Landkreis Bayreuth wurde am 28. Februar 1939 angezeigt. Seggel hatte am 16. November 1938 bei seiner Predigt die Juden in Schutz genommen. Dabei sagte er u. a.: „Die in den vergangenen Tagen gegen die Juden durchgeführten Empörungsaktionen seien vom christlichen Standpunkt aus zu verurteilen. Ein Christenmensch mache so etwas nicht, das seien Untermenschen gewesen."

Q 11 *Aus dem „Gesetz zur Verhütung erbkranken Nachwuchses" vom 14. Juli 1933:*
§ 1 (1) Wer erbkrank ist, kann durch chirurgischen Eingriff unfruchtbar gemacht (sterilisiert) werden, wenn nach den Erfahrungen der ärztlichen Wissenschaft mit großer Wahrscheinlichkeit zu erwarten ist, dass seine Nachkommen an schweren körperlichen oder geistigen Erbschäden leiden werden. (…)
(3) ferner kann unfruchtbar gemacht werden, wer an schwerem Alkoholismus leidet.

Q 13 *Wie Menschenverachtung gelehrt wird, zeigt diese Mathematikaufgabe:*
Ein Geisteskranker kostet täglich RM 4,–, ein Krüppel RM 5,50, ein Verbrecher RM 3,50. In vielen Fällen hat ein Beamter täglich nur etwa RM 4,–, ein Angestellter kaum RM 3,50, ein ungelernter Arbeiter noch keine RM 2,– auf den Kopf der Familie.
a) Stelle diese Zahlen bildlich dar. Nach vorsichtiger Schätzung sind in Deutschland 300 000 Geisteskranke, Epileptiker usw. in Anstaltspflege.
b) Was kosten diese jährlich insgesamt bei einem Satz von RM 4,–?
c) Wie viel Ehestandsdarlehen zu je RM 1000,– könnten – unter Verzicht auf spätere Rückzahlung – von diesem Geld jährlich ausgegeben werden?

Q 12 *Ausmerzung des Kranken und Schwachen in der Natur,* Propagandamaterial für die Schule

1 Liste auf, wer im NS-Staat Opfer von Terror und Verfolgung werden konnte (VT). Berücksichtige auch die Seiten 46–49.
2 Stelle die staatlichen Maßnahmen zur Ausgrenzung der jüdischen Bevölkerung zusammen (VT, Q2–Q7).
3 Beschreibe, wie sich die Bevölkerung zur Ausgrenzung und Verfolgung verhielt (VT, Q7, Q9, Q10). Überlege, welche Motive dahinterstanden.
4 Der Bericht der Exil-SPD (Q9) und der Zeitungsartikel (Q8) schildern die Pogromnacht völlig unterschiedlich. Erkläre, warum.
5 Wie und mit welchen Mitteln begründeten die Nationalsozialisten die Vernichtung „unwerten Lebens" (VT, Q11–Q13)?

8 Der Weg in den Krieg

Q1 Hitler fährt nach dem „Anschluss" Österreichs, der in Wirklichkeit eine militärische Besetzung war, durch Wien.

Selbstbestimmungsrecht der Völker
meint den Anspruch eines Volkes auf Unabhängigkeit und Entscheidungsfreiheit über seine Angelegenheiten. Hitler missbrauchte dieses Recht für seine Eroberungspläne.

Appeasement-Politik
(von engl. to appease = beschwichtigen)
Politik der englischen Regierung bis 1938: Zugeständnisse gegenüber Hitlers Aufrüstungsplänen und Gebietsansprüchen sollten ihn davon abhalten, Gewalt anzuwenden.

Ziel: Weltmacht

In seinem Buch „Mein Kampf" hatte Hitler als Ziel der nationalsozialistischen Außenpolitik formuliert: „Deutschland wird entweder Weltmacht oder überhaupt nicht mehr sein." In Hitlers Vorstellungen spielte dabei der Gedanke von „mehr Lebensraum im Osten" eine große Rolle. Das bedeutete die gewaltsame Ausdehnung Deutschlands nach Osten, also Krieg. Hitler verstand es jedoch, seine Ziele nach außen hin zu verbergen. Obwohl er Krieg plante, sprach er in der Öffentlichkeit immer nur vom Frieden.

Deutschland rüstet auf

Anfangs verfolgte die NS-Außenpolitik vor allem ein Ziel: die Rücknahme der Bestimmungen des Versailler Vertrages. Das war bei vielen Deutschen populär, die sich nach alter Macht und Größe sehnten. Bereits 1933 trat Deutschland aus dem Völkerbund aus. Die Nationalsozialisten konnten sich so internationaler Kontrolle entziehen und heimlich aufrüsten. 1935 verletzte die NS-Regierung gleich zweimal die Rüstungsbeschränkungen des Versailler Vertrages: Im März wurde die Wehrpflicht wiedereingeführt, im Juli kam es zu einem Flottenabkommen mit England. Ein Jahr später besetzten deutsche Truppen das entmilitarisierte Rheinland. Die ausländischen Regierungen protestierten nur schwach.

Großdeutsches Reich

1938 befahl Hitler den Einmarsch in Österreich. Dabei berief er sich auf das Selbstbestimmungsrecht der Völker. Während die österreichische Regierung protestierte, jubelten die meisten Österreicher über die Vereinigung mit Deutschland zum „Großdeutschen Reich".

Noch im selben Jahr forderte Hitler auch für die in der Tschechoslowakei lebenden Sudetendeutschen das Selbstbestimmungsrecht: Das Sudetenland sollte Deutschland angegliedert werden. Als Hitler mit Krieg drohte, gaben die Staatsmänner Englands, Frankreichs und Italiens nach. Auf der Münchener Konferenz beschlossen sie, dass die Tschechoslowakei das Sudetenland abtreten musste. Dafür wurde die Existenz der übrigen Tschechoslowakei garantiert. Hitler erklärte, keine weiteren Forderungen zu stellen. Der Frieden in Europa schien gerettet.

Am Vorabend des Krieges

Als im März 1939 deutsche Truppen in die Tschechoslowakei einmarschierten, war die britische Appeasement-Politik gescheitert. England und Frankreich gaben nun Polen eine Garantieerklärung, denn dieser Staat schien als Nächster ins Visier Hitlers zu geraten. Ende August 1939 überraschten Deutschland und die Sowjetunion die übrige Welt mit der Unterzeichnung eines Nichtangriffspaktes. In einem geheimen Zusatzprotokoll teilten sie bereits Polen als Kriegsbeute auf. Am 1. September griffen deutsche Soldaten Polen an. England und Frankreich hielten sich an ihre Garantiezusage und erklärten Deutschland den Krieg. Der Zweite Weltkrieg hatte begonnen.

Q2 *Aus der Regierungserklärung Hitlers vor dem Deutschen Reichstag am 23. März 1933:*
Das deutsche Volk will mit der Welt in Frieden leben (…). Die Begriffe von Siegernationen und von Besiegten können nicht als eine dauernde Basis freundschaftlicher Be-
5 ziehungen der Völker untereinander gelten (…). Die nationale Regierung ist bereit, jedem Volke die Hand zu einer aufrichtigen Verständigung zu reichen, das gewillt ist, die traurige Vergangenheit endlich einmal
10 grundsätzlich abzuschließen (…). Die Reichsregierung wird jede Bemühung unterstützen, die darauf gerichtet ist, einer allgemeinen Abrüstung wirksam zu dienen und den dabei schon längst fälligen Anspruch
15 Deutschlands zur Gleichberechtigung sicherzustellen (…). Wir sind (…) der Überzeugung, dass ein solcher Ausgleich in unserem Verhältnis zu Frankreich möglich ist.

Q3 *Auf einer Besprechung äußerte sich Hitler 1937 zur Außenpolitik. Sein Adjutant Oberst Hoßbach notierte diese Gedanken:*
Das Ziel der deutschen Politik sei die Sicherung und Erhaltung der Volksmasse und deren Vermehrung, somit handle es sich um das Problem des Raumes. (…) Dass jede
5 Raumerweiterung nur durch Brechen von Widerstand und unter Risiko vor sich gehen könne, habe die Geschichte aller Zeiten – römisches Weltreich, englisches Empire – bewiesen. Auch Rückschläge seien unver-
10 meidbar. Weder früher noch heute habe es herrenlosen Raum gegeben, der Angreifer stoße stets auf den Besitzer. Für Deutschland laute die Frage, wo größter Gewinn unter geringstem Einsatz zu erreichen
15 sei. (…) Zur Lösung der deutschen Frage könne es nur den Weg der Gewalt geben.

Q6 *„Der Mann mit den zwei Gesichtern", Karikatur aus der französischen Zeitung „Le Rempart" von 1933.* – Erläutere die Aussage der Karikatur mit Hilfe des VT. Achte auf die Einzelheiten der Zeichnung.

1 Liste die Schritte der NS-Außenpolitik zwischen 1933 und 1939 auf. Nimm dabei die Karte auf S. 40 zu Hilfe.
2 Erläutere, inwieweit das Motto „Den Frieden verkünden, den Krieg vorbereiten" auf die Außenpolitik Hitlers zutrifft (VT, Q2, Q3, Q5).
3 Erkläre die Aussage der Karikatur Q4.
4 Die NS-Propaganda bezeichnete den Einmarsch in Österreich als „Anschluss". Diskutiert über diese Denkweise.

Q4 *Karikatur zum „Hitler-Stalin-Pakt", USA 1939.* Polen (Rotkäppchen) trifft auf Deutschland (Wolf) und die Sowjetunion (Bär).

Q5 *Bewohner Prags beim Einmarsch deutscher Truppen 1939* – Mit welchen Gesten werden die Soldaten empfangen? Vergleiche mit Q1.

9 Der Krieg in Europa – Völkervernichtung

Q1 *Jüdische Zwangsarbeiter im Dienste der Wehrmacht in Mogilew (Weißrussland),* Foto einer Propaganda-Kompanie der Wehrmacht, 1944

„Blitzkriege" in Europa

Der Krieg in Polen dauerte nur wenige Wochen. Zwar hatten England und Frankreich, gemäß ihrem Bündnisversprechen, Deutschland den Krieg erklärt, doch sie beteiligten sich nicht an den Kämpfen. Beide Länder fürchteten, einem Krieg noch nicht gewachsen zu sein. So standen die polnischen Truppen alleine einer überlegenen, hochgerüsteten deutschen Wehrmacht gegenüber. Als Mitte September 1939 zudem sowjetische Soldaten in Polen eindrangen, war das polnische Schicksal endgültig besiegelt. Wie im „Hitler-Stalin-Pakt" verabredet, wurde das Land zwischen Deutschland und der Sowjetunion aufgeteilt.

Nach der Eroberung Polens verlagerte sich der Krieg zunächst nach Nord- und Westeuropa. Da die Erzimporte aus Schweden für die deutsche Kriegswirtschaft sehr wichtig waren, ließ Hitler Dänemark und Norwegen besetzen. Im Mai 1940 begann der so genannte Westfeldzug. Die deutschen Truppen besetzten zunächst die Niederlande und Belgien. Dann griff die Wehrmacht Frankreich an. Mit Hilfe der überlegenen Panzer- und Luftwaffe wurde es binnen weniger Wochen zur Kapitulation gezwungen. Im Mittelmeerraum kämpften deutsche Truppen gemeinsam mit ihren italienischen Verbündeten. Die Wehrmacht besetzte den Balkan, Griechenland und Nordafrika.

Weite Teile Europas standen 1941 unter nationalsozialistischer Besatzung. Einzig England wehrte sich erfolgreich gegen die Angriffe. Die von Hitler geplante Eroberung der britischen Insel ließ sich nicht verwirklichen.

Vernichtungskrieg im Osten

Am 22. Juni 1941 brach die deutsche Regierung ihren Nichtangriffspakt mit Stalin: Deutsche Truppen fielen in die Sowjetunion ein. Der Kampf im Osten war von Anfang an ein Vernichtungskrieg. Er wurde mit äußerster Brutalität geführt. Vor allem SS-Männer, teilweise aber auch Soldaten der deutschen Wehrmacht, ermordeten Millionen Kriegsgefangene und Zivilisten. Die Nationalsozialisten führten diesen Krieg nicht, um einen Staat zu erobern, sondern um das Land auszubeuten und die in ihren Augen „rassisch minderwertige" Bevölkerung zu vernichten.

Bereits im Oktober 1939 hatten deutsche Sondereinheiten in Polen mit der Vernichtung der dortigen Intelligenz und Führungsschicht begonnen. Bis Kriegsende starben dabei mindestens eine Million Polen. Das Gleiche wiederholte sich nun in der Sowjetunion. Mehr als 20 Millionen Russen kostete der Kampf gegen die Nationalsozialisten das Leben, darunter etliche Zivilisten. Rund 3,3 Millionen sowjetische Soldaten kamen allein in deutscher Kriegsgefangenschaft ums Leben. Sie starben an Hunger, Erfrierungen, Seuchen oder den Folgen der Zwangsarbeit.

Q2 *Hinrichtungsopfer* wurden in Belgrad zur „Abschreckung" öffentlich aufgehängt, Foto, August 1941.

Q3 Aus einem Brief des Generalmajors Hellmuth Stieff vom 31. Oktober 1939 (Stieff gehörte später zum Widerstand gegen Hitler und wurde hingerichtet):

Es ist eine Stadt und eine Bevölkerung [in Warschau], die dem Untergang geweiht ist. (…) Man bewegt sich dort nicht als Sieger, sondern als Schuldbewusster. (…)
5 Dazu kommt noch all das Unglaubliche, was dort am Rande passiert und wo wir mit verschränkten Armen zusehen müssen! Die blühendste Fantasie einer Gräuelpropaganda ist arm gegen die Dinge, die eine
10 organisierte Mörder-, Räuber- und Plünderbande unter angeblich höchster Duldung dort verbricht. (…) Diese Ausrottung ganzer Geschlechter mit Frauen und Kindern ist nur von einem Untermenschentum mög-
15 lich, das den Namen Deutsch nicht mehr verdient. Ich schäme mich, ein Deutscher zu sein!

Q4 *Der ehemalige Wehrmachtssoldat Bruno Schneider berichtet:*
1941 gehörte ich zur 4. Kompanie. Mit dieser Einheit kam ich Ende Juni 1941 von Frankreich nach Russland. Kurz vor unse-
5 rem Abmarsch wurden wir von unserem Kompaniechef, dem Oberleutnant Prinz, in einer Scheune versammelt. Hier erhielten wir folgenden Geheimbefehl: „Kriegsgefangene sind von der Roten Armee nur in Aus-
10 nahmefällen, d.h. wenn es unvermeidlich ist, zu machen. Im Übrigen sind gefangene Sowjetsoldaten zu erschießen. Stets zu erschießen sind Frauen, die in den Einheiten der Roten Armee dienen." Ich kann nun
15 noch sagen, dass sich der große Teil der Soldaten meiner Einheit nicht so verhielt, wie es der obige Befehl von ihnen forderte. Ich sah aber auch, wie sich die deutsche Armee ein grauenhaftes Ansehen erwarb.

1 Betrachte die Bilder und beschreibe mögliche Reaktionen der Bevölkerung (Q1, Q2).
2 Erläutere, worin sich der Krieg im Westen vom Krieg im Osten unterschied (VT, Q3, Q4).
3 Erkläre mit eigenen Worten, warum bei den Völkern Osteuropas die Taten der SS-Männer und der Soldaten nicht vergessen und wohl auch nicht vergeben werden können.

D1 *Der Krieg in Europa 1939 bis 1945:*
① Phase der deutschen „Blitzkriege";
② größte Ausdehnung der deutschen und italienischen Mächte während des Krieges im Jahre 1942;
③ die Zeit der alliierten Invasion und Offensiven, die am 8. Mai 1945 zur Kapitulation des Deutschen Reiches führten.

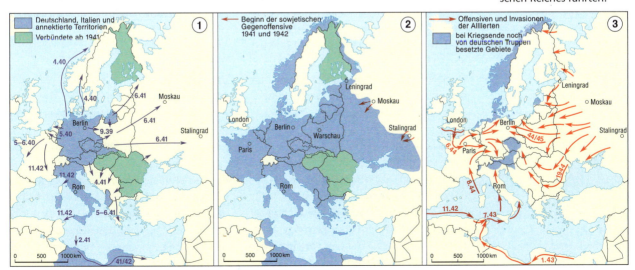

65

10 Holocaust – Shoa

Q1 *Auf dem Bahnsteig des Vernichtungslagers Auschwitz-Birkenau* sortierten SS-Ärzte und Wachpersonal die Ankommenden in zwei Gruppen: Schwangere, Mütter mit Kindern, Invaliden und alte Menschen kamen sofort in die Gaskammern. Alle anderen wurden dem Lager zur „Vernichtung durch Arbeit" zugewiesen.

Holocaust/Shoa
(von griech. „holocaustos"= „völlig verbrannt") Mit dem Begriff Holocaust bezeichnet man heute die Ermordung der Juden während der nationalsozialistischen Diktatur. Häufig wird für dieses Verbrechen auch der Begriff „Shoa" verwendet. Das hebräische Wort bedeutet „großes Unheil, Katastrophe".

Unfassbare Verbrechen

Wer sich mit dem Holocaust beschäftigt, gerät schnell an die Grenze seines Vorstellungsvermögens. Sechs Millionen Menschen jüdischer Abstammung wurden unter dem Nazi-Regime systematisch ermordet. Die Leiden der Opfer sind kaum vorstellbar. Sie wurden erschossen, in Ghettos getrieben und ausgehungert, durch schwere Zwangsarbeit zu Tode gebracht oder in Konzentrationslagern vergast und verbrannt. Noch heute fällt es schwer, Antworten auf die Frage zu finden, wie es zu diesem beispiellosen Verbrechen kommen konnte.

„Endlösung der Judenfrage"

Schon seit dem Machtantritt Hitlers wurden die Juden in Deutschland unterdrückt, gedemütigt, entrechtet und verfolgt. Mit Beginn des Krieges wurden die Nationalsozialisten noch radikaler. Auf der „Wannsee-Konferenz" in Berlin im Januar 1942 besprachen führende Nationalsozialisten die Organisation der „Endlösung der Judenfrage". Gemeint war damit die systematische Vernichtung aller Juden in Europa. Der Völkermord an den Juden war zu diesem Zeitpunkt schon beschlossene Sache. Seit Herbst 1941 wurden Juden aus Deutschland und den seit Kriegsbeginn besetzten Ländern in Konzentrationslager und Vernichtungslager in den eroberten Ostgebieten verschleppt.

„Todesfabrik" Auschwitz

Das Vernichtungslager Auschwitz war die größte Mordmaschine, die je erdacht und verwirklicht wurde. In Güterwaggons zusammengepfercht wurden die Menschen in das Lager gebracht und sofort bei der Ankunft in Arbeitsfähige und Todeskandidaten aussortiert. Es waren Frauen, Kinder, alte Menschen, die man sofort in den Tod schickte. Sie wurden vergast, ihre Leichen verbrannt. Die Arbeitsfähigen wurden als billige Arbeitskräfte eingesetzt. Doch auch sie starben, an Unterernährung, Seuchen, Misshandlungen und den unmenschlichen Bedingungen im Lager.

Neben Auschwitz gab es etliche weitere Vernichtungslager, in denen systematisch gemordet wurde. Allein in Auschwitz starben über eine Million Menschen.

Von allem nichts gewusst?

Die Vernichtung der Juden war schon vor 1933 ein erklärtes Ziel Hitlers. Allein mit dem wahnhaften Rassismus eines mächtigen Diktators lässt sich der Holocaust jedoch nicht erklären. Die Vernichtung hatte industrielle Ausmaße, zahlreiche Menschen waren daran beteiligt: Planer, Ingenieure, Buchhalter, Lieferanten, Lokführer, Wachpersonal und viele mehr. Mancher, der ahnte, was den Juden bevorstand, schaute bewusst weg, um ein so übergroßes Verbrechen überhaupt ertragen zu können.

Q5 *Großunternehmen und Konzerne* – darunter Siemens, Krupp, IG Farben – errichteten Fabriken neben den Vernichtungslagern und liehen sich von der SS Häftlinge als billige Arbeitskräfte, Zeichnung eines Häftlings des Lagers Sachsenhausen.

Q2 *Aus dem Protokoll der Wannsee-Konferenz, 20. Januar 1942:*
Unter entsprechender Leitung sollen im Zuge der Endlösung die Juden im Osten zum Arbeitseinsatz kommen. In großen Arbeitskolonnen, unter Trennung der Geschlechter, werden die arbeitsfähigen Juden Straßen bauend in diese Gebiete geführt, wobei zweifellos ein Großteil durch natürliche Verminderung ausfallen wird. Der allfällig endlich verbleibende Restbestand wird, da es sich bei diesem zweifellos um den widerstandsfähigsten Teil handelt, entsprechend behandelt werden müssen, da dieser, eine natürliche Auslese darstellend, bei Freilassung als Keimzelle eines neuen jüdischen Aufbaues anzusprechen ist.

Q3 *Ruth Klüger, eine Jüdin, die das Konzentrationslager überlebte, beschreibt in ihren Erinnerungen den Transport nach Auschwitz:*
Noch jetzt, wenn ich Güterwagen sehe, überläuft es mich. Es ist ja üblich, Viehwaggons zu sagen, aber auch Tiere werden normalerweise nicht so befördert und wenn, so sollte es nicht sein. Die Türen waren abgeschlossen, Luft kam durch ein kleines Viereck von einem Fenster. Waren es 60 oder 80 Menschen? Bald stank der Wagen nach Urin und Kot, es gab nur eine Luke, um Gefäße zu entleeren. Ich weiß nicht, wie lange die Reise gedauert hat. Aber die Fahrt war für mich die längste. Vielleicht hat der Zug auch mehrmals gehalten und ist herumgestanden. Bestimmt nach der Ankunft in Auschwitz, doch wohl auch schon vorher standen die Waggons und die Temperatur drinnen stieg. Panik, Ausdünstungen der Körper, die es nicht mehr aushielten in der Hitze und in einer Luft, die mit jeder Minute zum Atmen ungeeigneter wurde. Von daher glaube ich eine Ahnung zu haben, wie es in den Gaskammern gewesen sein muss.

Q4 *Rudolf Höß, der 1947 hingerichtete ehemalige Lagerkommandant von Auschwitz, beschreibt den Gastod:*
Die zur Vernichtung bestimmten Juden wurden möglichst ruhig – Männer und Frauen getrennt – zu den Krematorien geführt. Im Auskleideraum wurde ihnen (…) gesagt, dass sie hier nun zum Baden und zur Entlausung kämen, dass sie ihre Kleider ordentlich zusammenlegen sollten und vor

allem den Platz zu merken hätten, damit sie nach der Entlausung ihre Sachen schnell wiederfinden könnten (...). Nach der Entkleidung gingen die Juden in die Gaskammer, die mit Brausen und Wasserleitungsrohren versehen, völlig den Eindruck eines Baderaumes machte. Zuerst kamen die Frauen mit den Kindern hinein, hernach die Männer (...). Die Tür wurde schnell zugeschraubt und das Gas sofort durch die (...) Decke der Gaskammer in einen Luftschacht bis zum Boden geworfen. Dies bewirkte die sofortige Entwicklung des Gases. Durch das Beobachtungsloch in der Tür konnte man sehen, dass die dem Einwurfschacht am nächsten Stehenden sofort tot umfielen. Man kann sagen, dass ungefähr ein Drittel sofort tot war. Die anderen fingen an zu taumeln, zu schreien und nach Luft zu ringen. Das Schreien ging aber bald in ein Röcheln über und in wenigen Minuten lagen sie alle. Nach mindestens 20 Minuten regte sich keiner mehr (...). Eine halbe Stunde nach Einwurf des Gases wurde die Tür geöffnet und die Entlüftungsanlage eingeschaltet (...). Den Leichen wurden nun (...) die Goldzähne entfernt und den Frauen die Haare abgeschnitten. Hiernach [wurden sie] durch den Aufzug nach oben gebracht vor die inzwischen angeheizten Öfen. Je nach Körperbeschaffenheit wurden bis zu drei Leichen in eine Ofenkammer gebracht. Auch die Dauer der Verbrennung war durch die Körperbeschaffenheit bedingt. Es dauerte im Durchschnitt 20 Minuten (...). Die Asche fiel (...) durch die Roste und wurde laufend entfernt und zerstampft. Das Aschenmehl wurde mittels Lastwagen nach der Weichsel gefahren und dort schaufelweise in die Strömung geworfen, wo es sofort abtrieb und sich auflöste.

D 1 Vernichtungslager und die Herkunftsländer der ermordeten Juden

Q8 „Wandelnde Leichen", Tuschezeichnung von Alfred Kantor. Kantor war gelernter Werbegrafiker, als er in ein KZ gebracht wurde, weil er Jude war.

Q6 *In einer Rede vor SS-Führern erklärte Heinrich Himmler, der Reichsführer der SS, am 4. Oktober 1943 in Posen:*

Ich will hier vor Ihnen in aller Öffentlichkeit auch ein ganz schweres Kapitel erwähnen. Unter uns soll es einmal ganz offen ausgesprochen sein und trotzdem werden wir in der Öffentlichkeit nie darüber reden (…). Ich meine jetzt die Judenevakuierung, die Ausrottung des jüdischen Volkes. Es gehört zu den Dingen, die man leicht ausspricht – „Das jüdische Volk wird ausgerottet", sagt ein jeder Parteigenosse, „ganz klar, steht in unserem Programm, Ausschaltung der Juden, Ausrottung, machen wir." Und dann kommen sie alle an, die braven 80 Millionen Deutschen, und jeder hat seinen anständigen Juden. Es ist ja klar, die anderen sind Schweine, aber dieser eine ist ein prima Jude. Von allen, die so reden, hat keiner zugesehen, keiner hat es durchgestanden. Von euch werden die meisten wissen, was es heißt, wenn 100 Leichen beisammenliegen, wenn 500 daliegen oder (…) 1000 (…). Dies durchgehalten zu haben und dabei – abgesehen von Ausnahmen menschlicher Schwächen – anständig geblieben zu sein, das hat uns hart gemacht. Dies ist ein niemals geschriebenes und niemals zu schreibendes Ruhmesblatt unserer Geschichte.

Q7 *Was wussten die Deutschen vom Holocaust? Der Historiker Wolfgang Benz schreibt 1995 dazu:*

[Es] gab viele Möglichkeiten, davon zu erfahren – und man konnte sich dem Wissen kaum entziehen. Soldaten der Wehrmacht erzählten im Urlaub von der Ostfront oder schrieben nach Hause, was sie gesehen hatten. Die Existenz der Ghettos und Konzentrationslager konnte ebenso wenig verborgen bleiben wie die Deportation der Juden aus allen Teilen Europas „zur Siedlung im Osten".

Dass es – über die Gerüchte hinaus – mehr oder weniger deutliches Wissen um den organisierten Völkermord am Ostrand des deutschen Herrschaftsgebiet gab, ist evident [klar]. Aber die Deutschen wussten von den Gaskammern und Vernichtungslagern, ohne davon wissen zu wollen. Was vielen Selbstschutz war, wurde nach dem Zusammenbruch des Hitlerstaats zur Lebenslüge einer Generation. Weil sie entsetzt und beschämt waren über die Verbrechen, wollten sie nicht durch Wissen mitschuldig gewesen sein und beteuerten nach 1945 gemeinsam, nichts gewusst zu haben, redeten sich ein, der Völkermord sei das Geheimnis einer kleinen Clique von Verbrechern gewesen.

1. *Vergleiche das Protokoll Q2 und den Bericht von Höß (Q4) mit der Schilderung von Ruth Klüger (Q3). Beachte vor allem die Sprache.*
2. *Stelle fest, wo sich die Vernichtungslager befanden (D1). Was kann man daraus schließen? Versuche zu klären, ob es auch in der Nähe deines Ortes ein Konzentrationslager gab.*
3. *Versuche Stellung zu nehmen zu dem unmenschlichen Leid, das den Menschen angetan wurde (Q1, Q3, Q4, Q8).*
4. *Der Historiker Benz schreibt, die Deutschen wussten vom Völkermord, „ohne davon wissen zu wollen" (Q7). Erkläre, was er damit meint.*
5. *Diskutiert, warum es auch heute noch Menschen gibt, die den Massenmord der Nationalsozialisten leugnen.*

11 Sinti und Roma – eine verfolgte Minderheit

Q1 *„Rassenbiologische" Untersuchungen.* Eine Frau muss sich den Fragen des Leiters der Rassenhygienischen Forschungsstelle, dem Nervenarzt Dr. Robert Ritter (rechts) stellen.

Zigeuner
ist die traditionelle deutsche Bezeichnung für Sinti und Roma. Das Wort kommt aus dem Griechischen und bedeutet „die Unberührbaren". Heute empfinden viele Sinti und Roma den Begriff „Zigeuner" als herabwürdigend.

Sinti und Roma
Die deutschen „Zigeuner" bezeichnen sich selbst als „Sinti". „Zigeuner" aus Ost- oder Südosteuropa werden im Deutschen als „Roma" bezeichnet. Bis heute gibt es eine gemeinsame Sprache aller Sinti und Roma, das Romanes.

Ein Volk mit eigener Kultur
Seit über 600 Jahren leben Sinti und Roma in Europa. Das Volk wanderte im Mittelalter aus Indien ein. Doch viele deutsche Landesherren gaben den Eingewanderten keine Aufenthaltsgenehmigung, sodass sie zu einem Wanderleben gezwungen waren. Ihr Geld verdienten sie als Handwerker oder Händler, z.B. als Kunstschmiede, Geigenbauer, Korbflechter, Kesselflicker oder Pferdehändler. Andere zogen über Land, wo sie Waren für den alltäglichen Gebrauch verkauften. In den 1920er-Jahren betreiben viele Sinti-Familien fahrende Theater- oder Musikgruppen oder einen Zirkus. In Dörfern und kleinen Städten waren ihre Aufführungen eine Attraktion.

Unterdrückung und Ausgrenzung
Seit dem Mittelalter litten Sinti und Roma immer wieder unter Verfolgungen: Sie wurden aus dem Land vertrieben, gejagt, eingesperrt oder getötet. Seit etwa 1900 wurden Sinti und Roma in Deutschland von der Polizei systematisch überwacht. Als die Nationalsozialisten an die Macht kamen, bauten sie diese Bestimmungen aus. Sie sahen die „Zigeuner" als „minderwertige Rasse" an und schlossen sie aus der Gesellschaft aus. Seit den Nürnberger Rassegesetzen von 1935 war es Sinti verboten, Nicht-Sinti zu heiraten. Ihnen wurde nicht mehr erlaubt, ihre traditionellen Berufe auszuüben. Kindern wurde die Schulbildung verwehrt.

Zwangssterilisationen
Seit 1937 reisten „Rassenforscher" durchs Land, um alle „Zigeuner" nach rassischen Merkmalen zu erfassen. Sie ließen Frauen, Männer und Kinder am ganzen Körper vermessen und fotografieren. Außerdem nahmen sie Finger-, Hand- und manchmal auch Kopfabdrücke und erstellten Stammbäume über die Familienverhältnisse der untersuchten Personen. Alle Angaben wurden in der eigens gegründeten „Rassenhygienischen Forschungsstelle" in Berlin gesammelt. Auf der Grundlage dieser Daten wurden viele Frauen, Männer und sogar Kinder zwangsweise sterilisiert (= unfruchtbar gemacht), um die Sintifamilien auszurotten.

Völkermord
Zuständig für die Verfolgung der Sinti und Roma war die Kriminalpolizei. Sie inhaftierte seit 1938 Sinti und Roma in Konzentrationslagern, wo sie zu schwerer Zwangsarbeit verpflichtet wurden. Im Vernichtungskrieg in Osteuropa starben zahlreiche Roma bei den Massenerschießungen durch deutsche Einsatzgruppen. Der systematische Völkermord begann 1942 mit dem „Auschwitz-Erlass" von SS- und Polizeichef Heinrich Himmler: Darin beauftragte er die Polizei, ganze Familien in das „Zigeunerlager" Auschwitz-Birkenau zu deportieren, wo Zehntausende Sinti und Roma ermordet wurden.

Q2 *Über die Verschleppung in ein Sammellager am Stadtrand von Hannover berichtet ein Kind der Familie Weiss:*

In der Bockstraße haben wir gewohnt bis 1942, dann kamen sie an, mit einem Militärauto. Da haben sie gesagt: Fertig machen, Sie kriegen eine andere Wohnung. Da hat
5 mein Vater gesagt: Wieso, wir haben eine. – Nein, Sie kriegen jetzt eine Wohnung, da ist Wald, da können Sie auch bepflanzen. (…) Die Sachen haben sie dann rausgeschmissen, aus dem Fenster und aufgeladen. Dann
10 haben sie uns nach Altwarmbüchen gebracht. Wie wir ankamen, da hat mein Vater gesagt: Wo ist denn die Wohnung? (…) Das ist keine, das ist ein Viehwagen. – Ja, da müsst ihr rein, ihr Zigeuner.

Q3 *Fritz Laubinger war zehn Jahre alt, als seine Familie in der Hogrefestraße in Hannover-Stöcken verhaftet wurde. Er berichtete nach dem Krieg:*

Mein Großvater lebte in Stöcken als angesehener Bürger. Er unterhielt Pferdefuhrwerke, mit denen er die Post der Stadt Hannover transportierte und für das Verpflegungs-
5 lager des Heeres Transporte übernahm. Am frühen Morgen des 18. Februar 1944 fuhr ein Lastwagen der Gestapo vor. Wir mussten uns draußen vor der Tür in den Hof stellen. Die Gestapo rief nach einer Liste die
10 Namen unserer Verwandten auf, die für den Transport vorgesehen waren. Sie wurden, zum Teil in ihrer Nachtbekleidung, auf den Lastwagen getrieben und in ein Sammellager in die Gestapozentrale in die Harden-
15 bergstraße gebracht. Als die Liste verlesen wurde, schrieen die Leute fürchterlich. Sie wurden unter Zwang auf den Lastwagen getrieben. Ich habe dies mit eigenen Augen gesehen, denn ich stand in einer Reihe auf
20 dem Hof. Diese Aktion leitete ein Kommissar Harms, der unsere Sprache – das Romanes – sprach und unsere Spitznamen kannte. (…) Meine Familie blieb verschont, angeblich, um auf das Haus aufzupassen. (…) Drei Ta-
25 ge später waren (unsere Verwandten) auf dem Transport von Hannover nach Auschwitz. Der gute Ruf meines Großvaters hatte nichts genützt.

Der Oberbürgermeister   Osnabrück, den 1. 9. 43
als Ortspolizeibehörde
– Kriminalpolizei –

A u f s t e l l u n g

von zurückgelassenen Vermögenswerten zigeunerischen Personen, die am 1. 3. 43 auf Befehl des RFSSuChdDtPol. vom 16.12.42 in das Konzentrationslager Auschwitz (Oberschlesien) eingewiesen worden sind.

1. **W e i ß , Karl**, zuletzt hier, Sandstr. 31 wohnhaft.

1.	Grundstück (fünf-Familienhaus) Kamp 48, Einheitswert (Belastungen: Hypothek der Stadtsparkasse Osnabrück über 1000 RM zur Ableistung der Hauszinssteuer.)	6800,00 RM
2.	Grundstück (Dreifamilienhaus) Sandstr. 31, Einheitswert (Belastungen: Hypothek der Stadtsparkasse Osnabrück über 700 RM zur Ableistung der Hauszinssteuer, und 3000 RM Darlehen der Ehefrau Weiß, geb. (Schwiegertochter des Karl Weiß) hier, wohnhaft.)	3030,00 "
3.	Bett- und Leibwäsche, zum Teil neu oder wenig gebraucht	200,00 "
4.	Leib- und Bettwäsche, gebraucht	20,00 "
5.	Eine Stubeneinrichtung, Büfett, Sofa, 1 gr. Tisch, 2 kl. Tische, 1 Stuhl und 1 Sessel	160,00 "
6.	1 Nähschrank	40,00 "
7.	Porzellan und Nippsachen	70,00 "
8.	1 Stubenofen (aus Judensachen stammend)	10,00 "
9.	1 Stubenofen	15,00 "
10.	1 Wanduhr (Regulator)	25,00 "
11.	1 Koffer mit Kurzwaren	50,00 "
12.	1 Kleiderschrank	50,00 "
13.	3 Kleider und zwei Mäntel	70,00 "
14.	2 Bettstellen mit Matratzen	80,00 "
15.	1 Gitarre	20,00 "
16.	1 Radio (Lumophon) mit Lautsprecherverstärker für Jahrmarktsbetrieb	1000,00 "
17.	1 Fahrrad	10,00 "
		= 11650,00 RM

RFSSuChdDtPol. = Reichsführer SS und Chef der Deutschen Polizei; gemeint ist Heinrich Himmler

Q4 *Aufstellung der Osnabrücker Kriminalpolizei über das Vermögen der Sinti, die am 1. März 1943 aus Osnabrück nach Auschwitz deportiert wurden. Die zurückgelassenen Häuser und Gegenstände wurden Eigentum des Staates.*

– Stelle zusammen, was du aus dem Dokument über das Leben von Karl Weiß erschließen kannst. Zeige auf, wer an der Verfolgung der Familie beteiligt war.

1 Stelle aus den Materialien auf dieser Doppelseite die Stationen der „Zigeuner"-Verfolgung zusammen (VT, Q1–Q4).

2 Finde Gründe dafür, dass bis heute in der Öffentlichkeit wenig über die Verfolgung der Sinti und Roma in der NS-Zeit bekannt ist.

12 Vertrieben und verschleppt

Q 1 *Eine Fremdarbeiterin in einem Rüstungsbetrieb* Das Schild an ihrer Brust weist sie als Polin oder Russin aus.

Volksdeutsche
Bezeichnung der Nationalsozialisten für Deutsche, die außerhalb der Grenzen des Deutschen Reichs von 1937 lebten (z. B. in Siebenbürgen/Rumänien oder an der Wolga).

Fremdarbeiter
So wurden die ausländischen Männer und Frauen genannt, die während des Zweiten Weltkrieges zum Arbeitseinsatz im Deutschen Reich eingesetzt wurden. Sie waren entweder aus Polen oder der Sowjetunion verschleppt oder aus den Konzentrationslagern abkommandiert worden.

Von den Deutschen vertrieben
Die nationalsozialistische Ideologie führte dazu, dass ab 1939 Tausende von Menschen in Osteuropa und Russland „umgesiedelt" und vertrieben wurden. Mit dem Überfall auf Polen am 1. September 1939 und dem Angriff auf die Sowjetunion am 22. Juni 1941 begannen die Nationalsozialisten, den „Generalplan Ost" umzusetzen. Dieser Plan sah eine „ethnografische Flurbereinigung" vor, was eine massenhafte Umsiedlung von Polen und Verschiebungen slawischer Völker nach Osten bedeutete. Dabei war die Vernichtung von bis zu 30 Millionen Menschen einkalkuliert. Diese Maßnahmen begründete Hitler damit, dass so Raum für das deutsche Volk und „Volksdeutsche" in den neu eroberten Ostprovinzen geschaffen würde.

Nach Deutschland verschleppt
Im nationalsozialistischen Deutschland war der Anteil an ausländischen Beschäftigten bis 1938 gering. Das änderte sich grundlegend mit Beginn des Krieges 1939. Vorwiegend aus Osteuropa deportierten die Deutschen hunderttausende Männer und Frauen als „Fremdarbeiter" nach Deutschland. Ebenso mussten Kriegsgefangene und KZ-Häftlinge unter menschenunwürdigen Bedingungen in Fabriken, in Betrieben und auf dem Bau kriegswichtige Arbeit leisten. Im August 1944 standen im Reich insgesamt 7,8 Millionen ausländische Zivilarbeiter und Kriegsgefangene im „Arbeitseinsatz", dazu etwa eine halbe Million vorwiegend ausländische KZ-Häftlinge.

Nicht irgendwo, sondern in jedem Ort
Im Gegensatz zu den Juden, Sinti und Roma und anderen Deportierten in den Vernichtungslagern waren die Zwangsarbeiter im öffentlichen Leben in Deutschland kaum zu übersehen. In Fabriken, bei den Aufräumarbeiten nach Bombenangriffen und in der Landwirtschaft wurden mit ihnen die Lücken geschlossen, die mit der Einberufung der deutschen Männer zur Wehrmacht entstanden waren.

Die „Fremdarbeiter" wurden nur als „Menschenmaterial" betrachtet, das skrupellos „genutzt" werden konnte. Unzählige Zwangsarbeiter starben infolge von Krankheiten, der mangelhaften Ernährung und der schlechten Unterbringung. Zudem standen harte Strafen und Misshandlungen auf der Tagesordnung: vom Entzug des wenigen Essens bis zu Erschießungen wegen Brotdiebstahls.

Manche Deutsche, die nicht über das Leid dieser Menschen hinwegsahen, versuchten zu helfen und steckten ihnen Essen zu oder behandelten sie respektvoll, wenn sie ihnen als Arbeitskräfte zugewiesen wurden. Trotz der Umstände verliebten sich auch Deutsche und Zwangsarbeiterinnen oder Zwangsarbeiter ineinander. Wurden solche Beziehungen entdeckt, endeten sie mit öffentlichen Schikanen oder Todesurteilen.

Q 2 Hitler beauftragt Himmler mit der Durchführung der „völkischen Flurbereinigung" (7. Oktober 1939):

I. Dem Reichsführer-SS obliegt nach seinen Richtlinien:
1. Die Zurückführung der für die endgültige Heimkehr in das Reich in Betracht kommenden Reichs- und Volksdeutschen im Ausland,
2. die Ausschaltung des schädigenden Einflusses von solchen volksfremden Bevölkerungsteilen, die eine Gefahr für das Reich und die deutsche Volksgemeinschaft bedeuten,
3. die Gestaltung neuer deutscher Siedlungsgebiete durch Umsiedlung, im Besonderen durch Sesshaftmachung der aus dem Ausland heimkehrenden Reichs- und Volksdeutschen.
Der Reichsführer-SS ist ermächtigt, alle zur Durchführung dieser Obliegenheiten notwendigen allgemeinen Anordnungen und Verwaltungsmaßnahmen zu treffen. Zur Erfüllung der in Absatz 1 Nr. 2 gestellten Aufgabe kann der Reichsführer-SS den in Frage stehenden Bevölkerungsteilen bestimmte Wohngebiete zuweisen.

Q 3 Aus dem Brief eines polnischen Arbeiters an seine Familie, 1940:
Oftmals frage ich mich, warum sie uns wie Arbeitstiere behandeln. Warum haben wir keine Rechte und nur schwere Pflichten? Sie brauchen uns doch, wir arbeiten über unsere Kräfte für elende Verpflegung, man darf uns schlagen und missachten und um uns herum zeigt niemand auch nur eine Spur von Mitgefühl.

Q 4 Fritz Sauckel, Generalbevollmächtigter für den Arbeitseinsatz von Zwangsarbeitern, schrieb am 20. April 1942:
Trotz der Tatsache, dass die meisten deutschen arbeitsfähigen Menschen in der anerkennenswertesten Weise ihre Kräfte für die Kriegswirtschaft bereits eingesetzt haben, müssen unter allen Umständen noch erhebliche Reserven gefunden und freigemacht werden.

Es ist daher unumgänglich notwendig, die in den eroberten sowjetischen Gebieten vorhandenen Menschenreserven voll auszuschöpfen. Gelingt es nicht, die benötigten Arbeitskräfte auf freiwilliger Grundlage zu gewinnen, so muss unverzüglich zur Aushebung derselben bzw. Zwangsverpflichtung geschritten werden. Neben den schon vorhandenen, noch in den besetzten Gebieten befindlichen Kriegsgefangenen gilt es also, vor allem Zivil- und Facharbeiter und -arbeiterinnen aus den Sowjetgebieten vom 15. Lebensjahr ab für den deutschen Arbeitseinsatz zu mobilisieren.

Q 5 Diese polnische Familie wurde gerade von ihrem Hof vertrieben und ausgewiesen.

1 Welche Absichten verfolgen die Nationalsozialisten mit ihren Maßnahmen? Nenne die Folgen für die Bevölkerung in den betroffenen Gebieten (Q5).
2 Beschreibe die Haltung der deutschen Behörden und Arbeiter gegenüber den ausländischen Arbeiterinnen und Arbeitern (Q3, Q4).
3 Versucht herauszufinden, ob und wo in eurer Stadt oder eurer Gegend im Zweiten Weltkrieg ausländische Männer und Frauen zur Arbeit eingesetzt waren.

D 1 Zwangsumsiedlung und Verschleppung in Europa 1939–1944

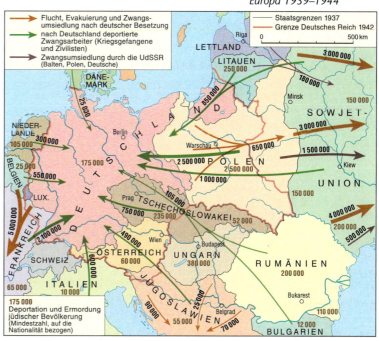

13 Vom totalen Krieg zur Kapitulation

Q 1 *„Der letzte Pressetermin".* Hitler verleiht den Jungen des Volkssturms im Garten der Reichskanzlei das Eiserne Kreuz, Foto vom 20. März 1945.

Alliierte
(von frz. „allier" = verbünden)
In Deutschland werden damit meist die verbündeten Siegermächte des Zweiten Weltkrieges bezeichnet: Frankreich, Großbritannien, die USA und die Sowjetunion.

Volkssturm
Männer im Alter von 16 bis 60 Jahren, die noch nicht zur Wehrmacht eingezogen worden waren, sollten ab September 1944 die Heimat verteidigen. Sie waren schlecht ausgebildet und nur dürftig bewaffnet. Tausende von ihnen starben in den letzten Kriegsmonaten.

Der Krieg wird zum Weltkrieg
Als am 7. Dezember 1941 Japan völlig überraschend den amerikanischen Flottenstützpunkt Pearl Harbor auf Hawaii angriff, weitete sich der Krieg aus. Die USA griffen nun auch zu den Waffen. Daraufhin erklärten Deutschland und Italien als Bündnispartner der Japaner den USA ebenfalls den Krieg. Die Amerikaner begannen verstärkt, die alliierten Truppen in Europa mit Munition, Waffen und Soldaten zu unterstützen. Der Krieg war zum Weltkrieg geworden.

Stalingrad – die Wende
Neben dem Kriegseintritt der USA gilt die Schlacht um Stalingrad im Winter 1942/43 als Wendepunkt im Zweiten Weltkrieg. Etwa 250 000 Soldaten der sechsten deutschen Armee waren bei Stalingrad von sowjetischen Truppen eingekesselt worden. Hitler befahl, die Stadt zu verteidigen und untersagte einen möglichen Ausbruchsversuch. Das führte zur Katastrophe. 160 000 deutsche Soldaten starben bei den Kämpfen, erlagen ihren Verletzungen oder verhungerten. 90 000 gerieten in Kriegsgefangenschaft. Die NS-Propaganda versuchte die Niederlage zu beschönigen. Im offiziellen Sprachgebrauch hieß es: Die Front im Osten sei begradigt worden.

Totaler Krieg
Wenige Tage nach der Katastrophe von Stalingrad rief Goebbels im Februar 1943 die Deutschen zum „totalen Krieg" auf. Das gesamte Leben an der „Heimatfront" wurde nun auf Krieg eingestellt: Die Arbeitszeiten wurden verlängert, Lebensmittel gab es nur noch gegen Bezugsscheine und immer mehr Frauen arbeiteten in Rüstungsbetrieben. Dabei war das Ende des Krieges nur eine Frage der Zeit. Zu groß war die Übermacht der Alliierten.
Die Menschen in Deutschland erlebten die Schrecken des Krieges nun auch am eigenen Leib: Bei Luftangriffen alliierter Bomber kamen mehr als 600 000 Menschen ums Leben, darunter zahlreiche Zivilisten. Etliche deutsche Städte wurden in Schutt und Asche gelegt. Die Stimmung in der Bevölkerung verschlechterte sich stetig. Dennoch begehrte kaum jemand gegen das Nazi-Regime auf. Zu groß war die Angst vor der Niederlage.

Ende des Krieges
Im Juni 1944 landeten alliierte Truppen in Frankreich und drangen unaufhaltsam Richtung Deutschland vor. Aus dem Osten rückte die Rote Armee der Sowjetunion immer näher. Die Niederlage war nun unvermeidlich. Da halfen weder Durchhalteparolen noch der so genannte Volkssturm. Am 8. und 9. Mai 1945 kapitulierte die deutsche Wehrmacht schließlich. Der Krieg in Europa war damit beendet. In Asien dauerten die Kämpfe an. Um die Kapitulation der Japaner zu erzwingen, setzten die USA erstmals in der Geschichte Atombomben ein. In Hiroshima und Nagasaki starben dabei über 150 000 Menschen.

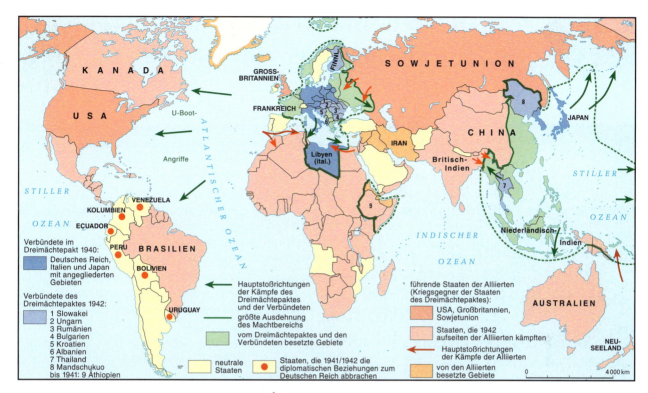

Q4 *Der Zweite Weltkrieg – ein Krieg in Europa, Afrika, Ostasien und auf den Weltmeeren.* Die Karte zeigt den Kriegszustand 1942.

Q2 *Feldpostbrief eines deutschen Soldaten aus Stalingrad vom 31. Dezember 1942:*
Meine Lieben!
Jetzt ist Silvesterabend und wenn ich an zu Hause denke, dann will mir fast das Herz brechen. Wie ist das alles hier trost- und
5 hoffnungslos. Seit 4 Tagen habe ich schon kein Brot mehr zu essen und lebe nur von dem Schlag Mittagssuppe. Morgens und abends einen Schluck Kaffee und alle 2 Tage 100 g Büchsenfleisch od. ½ Büchse
10 Ölsardinen od. etwas Tubenkäse. – Hunger, Hunger, Hunger, und Läuse und Schmutz. Tag und Nacht werden wir von Fliegern angegriffen, und das Artillerie-Feuer schweigt fast nie. Wenn nicht in absehbarer
15 Zeit ein Wunder geschieht, gehe ich hier zugrunde.

Q3 *Führer-Befehl vom 19. März 1945:*
Alle militärischen, Verkehrs-, Nachrichten-, Industrie- und Versorgungsanlagen sowie Sachwerte innerhalb des Reichsgebietes, die sich der Feind für die Fortsetzung des
5 Kampfes irgendwie sofort oder in absehbarer Zeit nutzbar machen kann, sind zu zerstören.

Q5 *Propagandaplakat zur Mobilisierung der letzten Kräfte,* November 1944

1 Beschreibe, welche Gebiete außerhalb Europas vom Krieg erfasst wurden (Q4).
2 Erkläre mit eigenen Worten, was die Nationalsozialisten unter „totalem Krieg" verstanden (VT, Q3, Q5).
3 Diskutiert, warum es nicht früher zu einer Kapitulation kam.
4 Der Befehl Hitlers (Q3) ist kaum befolgt worden. Überlege, was die Ausführung dieser Anordnung für die Deutschen bedeutet hätte.
5 Erkundige dich bei Betroffenen nach ihren Kriegserfahrungen.

14 Methode
Historische Reden untersuchen

Q 1 *Joseph Goebbels während einer Rede als Gauleiter in Berlin,* Foto, um 1931

„Wollt ihr den totalen Krieg?"
Als die 6. deutsche Armee Anfang 1943 in Stalingrad kapitulierte, war die Kriegswende auch für die deutsche Bevölkerung offensichtlich. Die Alliierten forderten die bedingungslose Kapitulation der Wehrmacht. In dieser Situation entschloss sich Reichspropagandaminister Joseph Goebbels zu einer Massenkundgebung. Mit einer Rede wollte er alle Kräfte für den angestrebten „Endsieg" mobilisieren. Am 18. Februar erschienen 14 000 Mitglieder der NSDAP auf Einladung der Partei im Berliner Sportpalast. Der Rundfunk sendete die Rede am selben und den darauf folgenden Tagen gleich mehrfach und knapp eine Woche später zeigte auch die Wochenschau Auszüge der Ansprache. Goebbels verfolgte mit der Propagandaveranstaltung drei Ziele: Er wollte die Moral der Bevölkerung stärken, Siegeszuversicht verbreiten und die Botschaft vermitteln, dass der „totale Krieg" den „totalen Einsatz" jedes einzelnen Menschen des kriegführenden Staates erfordert.

Die Rede von Joseph Goebbels im Berliner Sportpalast liegt als Tondokument auf der CD-ROM „Historische Reden" vor.

Methodische Arbeitsschritte

Ob und wie eine historische Rede als Geschichtsquelle genutzt werden kann, hängt nicht zuletzt davon ab, welches Quellenmaterial zur Verfügung steht. Liegt die Rede in schriftlicher Form vor, können folgende Aspekte untersucht werden:

- Geschichtlicher Hintergrund:
  – Wer hat die Rede wann und wo gehalten?
  – Was war der Anlass für die Rede? An wen richtet sie sich?

- Inhalt:
  – Worum geht es in der Rede?
  – Was sind die wichtigsten Aussagen?

- Sprache und Stil:
  – Wie ist die Rede gegliedert?
  – In welcher Reihenfolge werden die Argumente vorgetragen?
  – Welche sprachlichen Mittel werden verwendet? Welche Funktion haben sie?
  – Ist die Rede als Monolog oder als Dialog mit dem Publikum aufgebaut?

Liegt die Rede als Ton- bzw. Bilddokument vor, können folgende Ebenen zusätzlich in die Analyse miteinbezogen werden:

- Gestik, Mimik und Stimme des Redners
- Rhythmus des Vortrags (Tempo, Betonung, Pausen)
- Reaktionen der Zuhörer

Am Ende der Untersuchung steht die Bewertung der Rede:
  – Welche Ziele verfolgt der Redner?
  – Wie lässt sich die Rede in die damalige politische Situation einordnen?

Q2 Auszug aus der Rede des Reichspropandaministers Joseph Goebbels im Berliner Sportpalast vom 18. Februar 1943. Die kursiv gesetzten Abschnitte wurden vom Redner besonders betont:
Ihr also, meine Zuhörer, repräsentiert in diesem Augenblick für das Ausland die *Nation!* Und an *Euch* möchte ich *zehn Fragen* richten, die Ihr mit dem deutschen Volke vor der *ganzen Welt*, insbesondere aber vor unseren Feinden, die uns auch in dieser Stunde an ihrem Rundfunk zuhören, beantworten müsst! *Wollt ihr das?* [Stürmische Rufe „Ja!"].
Die Engländer behaupten, das deutsche Volk habe den Glauben an den Sieg verloren [wiederholte stürmische Rufe: „Nein!", „Nie!", „Niemals!"]. Ich frage Euch: Glaubt Ihr mit dem Führer und mit uns an den *endgültigen, totalen Sieg der deutschen Waffen?* [Stürmische Rufe: „Ja!", starker Beifall, Sprechchöre: fünf Mal „Sieg Heil Sieg Heil!"]. Ich frage Euch: Seid Ihr entschlossen, dem Führer in der Erkämpfung des Sieges durch *dick und dünn* und unter Aufnahme auch der *schwersten persönlichen Belastungen* zu folgen? [Stürmische Rufe: „Ja!", starker Beifall, mehrfach wiederholte Sprechchöre: „Sieg Heil!", „Wir grüßen unsern Führer!"]
Zweitens: Die Engländer behaupten, das deutsche Volk sei des *Kampfes müde* [Rufe: „Nein!", „Pfui!"]. Ich frage Euch: Seid Ihr bereit, mit dem Führer, als Phalanx der Heimat hinter der kämpfenden Wehrmacht stehend, *diesen Kampf mit wilder Entschlossenheit* und *unbeirrt* durch *alle Schicksalsfügungen* fortzusetzen, bis der Sieg in unsern Händen ist? [Stürmische Rufe: „Ja!", starker Beifall]. (…)
Viertens: Die Engländer behaupten, das deutsche Volk wehrt sich gegen die totalen Kriegsmaßnahmen der Regierung [Rufe: „Nein!"]. Es will nicht den *totalen Krieg,* sagen die Engländer, sondern die *Kapitulation!* [Stürmische Rufe: u. a.: „Nein!", „Pfui"]. Ich frage Euch: *Wollt Ihr den totalen Krieg?* [Stürmische Rufe: „Ja!", starker Beifall, Trampeln und Klatschen]. Wollt Ihr ihn [Rufe: „Wir wollen ihn!"], wenn nötig, *totaler und radikaler*, als wir ihn uns heute überhaupt vorstellen können? [Stürmische Rufe: „Ja!", Beifall].
Fünftens: Die Engländer behaupten, das deutsche Volk hat sein Vertrauen zum *Führer verloren!* [Stürmische Empörung und Pfui-Rufe, lang anhaltender Lärm]. Ich frage Euch – [Sprechchöre, drei Mal: „Führer befiehl, wir folgen!" Heilrufe], ich frage Euch: *Vertraut Ihr dem Führer?* [Rufe, u. a.: „Ja!"]. Ist Eure Bereitschaft, ihm auf *allen seinen Wegen* zu folgen und alles zu tun, was nötig ist, um den Krieg zum siegreichen Ende zu führen, eine absolute und uneingeschränkte? [Lebhafte Rufe: „Ja!"]. (…)
Ich frage Euch neuntens: *Billigt Ihr,* wenn nötig, die *radikalsten* Maßnahmen gegen einen kleinen Kreis von *Drückebergern und Schiebern* [stürmische Rufe: „Ja!". Starker Beifall, Zurufe], die mitten im Kriege Frieden spielen wollen und die Not des Volkes zu eigensüchtigen Zwecken ausnutzen? [Rufe: „Aufhängen!", Geschrei]. *Seid Ihr damit einverstanden* [Rufe: „Jawohl!"], *dass, wer sich am Kriege vergeht, den Kopf verliert?* [stürmische Rufe: „Ja!". Starker Beifall].

1 Untersuche die Goebbels-Rede im Berliner Sportpalast mit Hilfe der methodischen Arbeitsschritte.
2 Diskutiert, warum die Rede bei den Zuhörern auf so viel Begeisterung und Zustimmung traf, obwohl die Kriegslage zu diesem Zeitpunkt bereits aussichtslos war.

Q3 *Im Berliner Sportpalast* hielt Goebbels am 18. Februar 1943 seine Rede, die später von der Reichspropagandaleitung unter dem Titel „Nun Volk, steh auf – und Sturm brich los!" in gedruckter Form herausgegeben wurde.

15 Widerstand, Protest, Verweigerung

Menschen mit Mut

In vielen deutschen Städten gibt es heute Straßen oder Plätze, die nach Widerstandskämpfern gegen den NS-Staat benannt sind. Damals hatten nur wenige den Mut, etwas gegen die Nationalsozialisten zu unternehmen. Zu groß schien das Risiko, denn eine andere Meinung oder gar öffentlicher Widerspruch waren lebensgefährlich. Dennoch gab es sie, die Menschen, die nicht mitmachten, die protestierten oder Widerstand leisteten. Manche verweigerten den Hitler-Gruß, ignorierten die Regeln der „Volksgemeinschaft" oder hörten die verbotene „entartete" Musik und „Feindsender". Andere versteckten Juden und politisch Verfolgte, verteilten Flugblätter oder planten gar ein Attentat auf Hitler. Die Motive, sich nicht mit der NS-Herrschaft zu arrangieren, waren vielfältig: Manche handelten aus politischer oder christlicher Überzeugung, manche aus Entsetzen und Scham über die vom NS-Regime begangenen Gewalttaten und Verbrechen. Manchen missfiel der Kriegskurs Hitlers, andere störten sich an Maßnahmen der NS-Politik, die ihren persönlichen Lebensbereich betrafen.

Politischer Widerstand

Anfangs waren besonders Gewerkschaftler, Sozialdemokraten und Kommunisten aktiv, die schon vor 1933 überzeugte politische Gegner der Nationalsozialisten gewesen waren. Spektakuläre Aktionen gelangen ihnen jedoch kaum. Angesichts des Terrors und der Verhaftungswellen gegen die Arbeiterbewegung im Frühjahr 1933 waren viele schon früh in den Untergrund gegangen, um durch Flugblattaktionen oder Sabotageakte ihren Kampf fortzuführen.

Christlicher Widerstand

Die beiden christlichen Kirchen leisteten anfangs kaum Gegenwehr. Die katholische Kirche protestierte erst, als der Staat in ihren Bereich eingreifen und katholische Schulen schließen sowie katholische Verbände verbieten wollte. Vereinzelt gab es auch öffentliche Kritik am NS-Staat und dessen menschenverachtender Ideologie. Bischof Clemens von Galen protestierte 1941 lautstark gegen die Tötung geistig und körperlich Behinderter. Mutige Pfarrer griffen seine Worte auf und predigten in ihren Gemeinden ebenfalls gegen die Morde.
Die evangelische Kirche war gespalten. Eine Mehrheit unterstützte die „Deutschen Christen" und damit Partei und Regierung. Eine Minderheit – die „Bekennende Kirche" – stand dem NS-Staat kritisch gegenüber, wehrte sich gegen staatliche Eingriffe in den Bereich der Kirche, ohne jedoch den

Q1 *Der Werftarbeiter August Landmesser (obere Bildmitte mit verschränkten Armen) verweigerte 1936 beim Stapellauf eines Kriegsschiffes den Hitlergruß. Obwohl Parteimitglied, war er in Gegensatz zum NS-Regime geraten. Landmesser liebte eine Jüdin, die er nach den „Nürnberger Gesetzen" von 1935 nicht heiraten durfte.*

Nationalsozialismus grundsätzlich in Frage zu stellen. Einzelnen Priestern und Pfarrern ging diese Haltung nicht weit genug. Sie widersetzten sich der NS-Ideologie aus christlicher Überzeugung und protestierten in ihren Predigten gegen die NS-Politik.

Das Attentat am 20. Juli 1944

Bürgerlich-militärische Kreise sahen in den Anfangsjahren keinen Anlass, sich gegen die NS-Regierung aufzulehnen. Erst der außenpolitische Kriegskurs, die alltäglichen Gewalttaten und der zunehmende Terror im Land ließen Gedanken an Widerstand reifen. Eine Widerstandsgruppe um den konservativen Politiker Carl Goerdeler, Generaloberst Ludwig Beck und Oberst Claus Graf Schenk von Stauffenberg entschloss sich, Hitler zu töten. Am 20. Juli 1944 nahm Stauffenberg an einer Besprechung in Hitlers Hauptquartier teil. In seiner Aktentasche hatte er eine Bombe, die er in Hitlers Nähe platzierte. Die Bombe explodierte zwar, doch Hitler überlebte leicht verletzt. Das gescheiterte Attentat löste eine Verfolgungs- und Mordwelle aus. Stauffenberg und drei Offiziere wurden noch am selben Abend verhaftet und erschossen. Etliche Regimegegner trafen Verfolgung und Tod in den folgenden Wochen.

Einzelkämpfer

Neben organisierten Gruppen gab es auch immer wieder Einzelpersonen, die sich widersetzten. So plante Georg Elser, ein Tischler aus Württemberg, ein Attentat auf Hitler, weil er ihn für einen Kriegstreiber hielt. Sein Anschlag im November 1939 misslang, da Hitler eine Veranstaltung, auf der Elser eine Bombe explodieren ließ, früher verließ als geplant. Elser wurde gefasst, in ein Konzentrationslager gebracht und dort 1945 ermordet. Insgesamt scheiterten etwa vierzig weitere Versuche, Hitler zu töten.

Beispielhaft für Protest aus persönlichen Gründen ist das Berliner Ehepaar Hampel. Anfangs in Einklang mit der NS-Politik, wendeten sich Otto und Elise Hampel im Jahr 1940 gegen den NS-Staat, nachdem Elises Bruder im Krieg gefallen war. Auf über 200 Flugblättern klagten sie Hitler als Verbrecher an und riefen zum Sturz der Regierung auf. Beim heimlichen Verteilen ihrer selbst gefertigten Zettel wurden sie eines Tages beobachtet und angezeigt. Ein Gericht verurteilte sie 1943 zum Tode.

Die „Weiße Rose"

Auch Jugendliche und Studenten lehnten sich gegen den NS-Staat auf, wie etwa die „Weiße Rose". Diese Gruppe von Studenten um die Geschwister Sophie und Hans Scholl verteilte während des Krieges heimlich Flugblätter. Darin riefen sie zum Widerstand auf, verurteilten den Krieg und die Morde an den Juden. Nach einer Flugblattaktion in der Münchener Universität verriet sie der Hausmeister. Im Februar 1943 wurden sie verhaftet und hingerichtet.

„Widerstand ohne Volk"?

Trotz der vielen Einzelpersonen und Gruppen waren es im Verhältnis zur Gesamtbevölkerung nur sehr wenige Menschen, die sich widersetzten. Der Historiker Hans Mommsen spricht deshalb von einem „Widerstand ohne Volk". Die meisten Deutschen hatten sich mit dem NS-Staat arrangiert und protestierten nicht, auch wenn sie mit manchen Dingen nicht einverstanden waren. Sie passten sich an und schwiegen. Terror, Einschüchterung und Propaganda der Nationalsozialisten taten ein Übriges, um den Großteil der Bevölkerung gegen die Frauen und Männer des Widerstandes einzunehmen.

Q2 *Späte Würdigung eines Widerstandskämpfers*
Im Januar 2004 wurde in Duisburg offiziell die Schulze-Boysen-Straße eingeweiht. Harro Schulze-Boysen wurde im Dezember 1942 wegen „Hochverrats" zum Tode verurteilt und hingerichtet. Er wurde 33 Jahre alt. Er und seine Freunde hatten in Berlin Zettel mit folgender Aufschrift an die Häuser geklebt: „Ständige Ausstellung. Das Nazi-Paradies. Krieg, Hunger, Lüge, Gestapo. Wie lange noch?"

Widerstand
So bezeichnet man jede Handlung, die absichtsvoll darauf gerichtet war oder ist, ein Unrechtsregime zu beseitigen. Das Recht auf Widerstand ist gegeben, wenn ein Staat oder eine Regierung die Menschenrechte missachtet. Es wird unterschieden zwischen aktivem und passivem Widerstand.

Das Schicksal des Ehepaars Hampel beschreibt der Schriftsteller Hans Fallada in seinem Roman „Jeder stirbt für sich allein".

Q4 *Aus der Biografie des Reichstagsabgeordneten der SPD Wilhelm Keil über seine Zeit während des Nationalsozialismus:*
An meinem Wohnort sind meine Gesinnungsgenossen durch die gemeinsame Parteiarbeit unlöslich verbundene treue Freunde geworden. In diesem Kreis kann man frei und offen sprechen. Jeder ist von unauslöschbarem Hass gegen die Gewaltherrschaft erfüllt.
Die Propagandatricks werden durchschaut und ändern nichts an der unbedingten Ablehnung des Staatssystems, das die Freiheitsrechte und die Würde des Menschen mit Füßen tritt. Die einfältige Redensart alter Weiber beiderlei Geschlechts, dass alles Übel nur von den örtlichen Parteigrößen, der kleinen „Adölfle" komme, der große Adolf von alledem nichts wisse und keine Ungerechtigkeit dulde, verfällt dem Spott. Man ist sich vollkommen im Klaren darüber, (…) dass dieser Mann jedes Verbrechen, das von seinen Mordgesellen verübt wird, gutheißt. Die Gemüter atmen auf, wenn man so unter zuverlässigen Gesprächspartnern sich den Druck von der Seele reden kann.

Q5 *Aus dem Todesurteil gegen Otto und Elise Hampel vom 22. Januar 1943:*
Die Angeklagten haben gemeinschaftlich in der Zeit von 1940–1942 über 200 Flugschriften gefertigt und verbreitet, in welchen unter schwerster Beschimpfung des Führers und seiner Mitarbeiter zum Sturz der nationalsozialistischen Regierung, zum Abwenden vom Führer und seiner Bewegung, zur Aufgabe des Widerstands im Kampfe und zur Nichtdurchführung der Rüstungsarbeit aufgefordert wird.
Der Angeklagte Otto Hermann Hampel und die Ehefrau Martha Elise Hampel, geborene Lemme, werden daher wegen Zersetzung der Wehrkraft in Verbindung mit Vorbereitung zum Hochverrat und landesverräterischer Feindbegünstigung zum Tode und zum Verlust der bürgerlichen Ehrenrechte auf Lebenszeit verurteilt. Die sichergestellten Flugblätter werden eingezogen. Die Kosten des Verfahrens werden den Angeklagten auferlegt.

Q3 *Widerstandskämpfer oben:* Oberst Claus Graf Schenk von Stauffenberg (militärischer Widerstand), Sophie Scholl (Widerstandsgruppe „Weiße Rose"), Liselotte Herrmann (kommunistischer Widerstand), *unten:* Julius Leber (Sozialdemokrat), Dietrich Bonhoeffer (evangelischer Theologe), Clemens August Graf von Galen (katholischer Bischof). Bis auf Bischof Galen wurden alle hingerichtet.

Q6 *Flugblatt der Geschwister Scholl, am 18. Februar 1943 verbreitet (Auszüge):*
Erschüttert steht unser Volk vor dem Untergang der Männer von Stalingrad. Dreihundertdreißigtausend deutsche Männer hat die geniale Strategie des Weltkriegsgefreiten sinn- und verantwortungslos in Tod und Verderben gehetzt. Führer, wir danken Dir! Der Tag der Abrechnung ist gekommen, der Abrechnung der deutschen Jugend mit der verabscheuungswürdigsten Tyrannei, die unser Volk je erduldet hat. Im Namen der deutschen Jugend fordern wir vom Staat Adolf Hitlers die persönliche Freiheit, das kostbarste Gut der Deutschen, zurück, um das er uns in der erbärmlichsten Weise betrogen.
In einem Staat rücksichtsloser Knebelung jeder freien Meinungsäußerung sind wir aufgewachsen. HJ, SA, SS haben uns in den fruchtbarsten Bildungsjahren unseres Lebens zu uniformieren, zu revolutionieren, zu narkotisieren versucht.
Es gibt für uns nur eine Parole: Kampf gegen die Partei!

Q7 *Bericht der Gestapo-Leitstelle Wilhelmshaven vom 23. September 1941:*
Der katholische Pfarrer Heinrich F., geb. 2. 5. 1900 in Essen, wurde am 18. 9. 1941 vorläufig festgenommen, weil er während des Hochamtes am 7. 9. 1941 Auszüge aus der Predigt des Bischofs von Münster [Clemens von Galen] abkündigte, die geeignet waren, erhebliche Unruhe in der Bevölkerung zu verursachen. U. a. führte er aus: „In der Nähe von Münster ist eine Anstalt für geisteskranke Patienten. Von dieser Anstalt aus kommen die Kranken in eine andere Anstalt. Nach kurzer Zeit bekommen dann die Angehörigen die Nachricht, dass der Kranke gestorben ist. Gegen Entsendung eines gewissen Geldbetrags wird den Angehörigen die Asche zugeschickt. Die Leichen sind also verbrannt worden. Diese kranken Personen sind aber nicht eines natürlichen Todes gestorben, sondern sie haben eine Spritze bekommen und sind dann langsam eingeschlafen. Das ist Mord."

Q8 *Auszug aus dem Aufruf des sozialdemokratischen Emigrationsvorstandes „Für Deutschland – gegen Hitler!", 1936:*
Am 1. Februar 1933 versprach Hitler dem deutschen Volke, er werde es nach vier Jahren zu einer freien Entscheidung aufrufen. Er hat dieses Versprechen gebrochen. Ein Volk, das frei entscheiden soll, muss alle Tatsachen kennen, alle Meinungen hören und sich aus ihnen sein Urteil bilden. Es gibt keine freie Entscheidung ohne Freiheit der Meinungsäußerung, Freiheit des Zusammenschlusses, der Presse, des Vereins- und Versammlungswesens. Hitler hat alle diese Voraussetzungen einer freien Entscheidung zerstört. (…)
Nach Hitler das Chaos? Nein, Hitler ist das Chaos!

Q9 *Denkmal für einen Deserteur in Ulm*
Inschrift: „Hier lebte ein Mann, der sich geweigert hat, auf seine Mitmenschen zu schießen. Ehre seinem Andenken." Die Stadt Ulm erlaubte nicht, das Denkmal auf dem Marktplatz aufzustellen. Es stand jahrelang im Garten einer Ulmerin. Erst seit 2005 ist das Denkmal auf einem öffentlichen Platz zu sehen.

1 Stelle zusammen, wer aus welchen Gründen im NS-Staat Widerstand leistete, protestierte oder sich verweigerte.

2 Diskutiert, ob man das Verhalten des Werftarbeiters Landmesser (Q1) Widerstand nennen kann.

3 Wählt in Gruppen jeweils eine Person aus Q3 aus, die Widerstand leistete. Sammelt im Internet und in Lexika Informationen zum Leben dieser Person und tragt eure Ergebnisse der Klasse vor.

4 In Ulm wehrten sich viele Menschen gegen das Denkmal für Deserteure (Q9). Wie denkst du darüber?

5 Diskutiert die Aussage: Widerstandskämpferinnen und -kämpfer haben dazu beigetragen, den demokratischen Neubeginn in Deutschland zu ermöglichen.

Bild- und Tondokumente zum Widerstand im NS-Staat auf Zeitreise multimedial „Das 20. Jahrhundert"

16 Erinnern an die Vergangenheit

Unbequeme Fragen

Mit der Niederlage im Zweiten Weltkrieg war die Schreckensherrschaft des NS-Regimes beendet. Doch das Kapitel des Nationalsozialismus in Deutschland war damit nicht abgeschlossen. Fragen taten sich auf: Warum hatten die Deutschen solch ein Unrechtsregime in ihrem Land geduldet, ja sogar unterstützt? Warum hatten so viele die furchtbaren Menschenrechtsverletzungen, Terror und Völkermord tatenlos hingenommen? Kurz nach dem Krieg scheuten die meisten Deutschen die Antwort auf solche Fragen. Sie wollten die NS-Diktatur möglichst schnell vergessen. Zu groß waren die Scham und das Entsetzen über die begangenen Verbrechen.

Bis heute ist der Prozess der Auseinandersetzung nicht abgeschlossen. Vielmehr stellt sich rund 60 Jahre nach Kriegsende die Frage, wie die Erinnerung an die Verbrechen der NS-Zeit erhalten werden kann.

Verurteilung und Verdrängung

Unmittelbar nach Kriegsende wollten die Siegermächte die Deutschen zur Rechenschaft ziehen. In Nürnberg, dem Ort der NSDAP-Parteitage, führten die Alliierten gegen 22 Hauptverantwortliche der NS-Verbrechen die so genannten „Nürnberger Prozesse". Zwölf der Angeklagten wurden zum Tode verurteilt, sieben erhielten Gefängnisstrafen, drei wurden freigesprochen.

Der größte Teil der Bevölkerung zeigte jedoch kaum Interesse an der Berichterstattung über die Gerichtsverhandlung. Die meisten wollten nicht an die NS-Zeit erinnert werden und versuchten, das Geschehene zu verdrängen. Zudem waren da die eigenen Probleme der Nachkriegszeit: Wiederaufbau, Flucht, Vertreibung, Hunger und Wohnungsnot. Der Kampf um die materielle Existenz überlagerte bei vielen eine tief gehende Auseinandersetzung mit dem Nationalsozialismus.

Q1 *Befreites KZ Buchenwald.* Angehörige der US-Truppen zwingen Weimarer Bürger zum Besuch des befreiten Konzentrationslagers. Sie sollten mit eigenen Augen sehen, was im deutschen Namen geschehen war.

Die Vergangenheit kehrt zurück

Zu Beginn der 1960er-Jahre wurden die Deutschen jedoch mit aller Wucht von ihrer Vergangenheit eingeholt. 1961 hatte der israelische Geheimdienst einen der zentralen Organisatoren des NS-Völkermordes, Adolf Eichmann, in Südamerika aufgespürt. Eichmann wurde nach Israel gebracht und dort vor Gericht gestellt. Er wurde für schuldig befunden und zum Tode verurteilt. Den Deutschen aber wurde durch den öffentlich geführten Prozess noch einmal das schreckliche Ausmaß der nationalsozialistischen Gräueltaten vor Augen geführt. Die nachgewachsene Generation begann nun, ihren Eltern Fragen nach deren Verhalten während der Hitler-Zeit zu stellen. Auch Politik und Justiz mussten sich rechtfertigen. Etliche Politiker und Juristen aus der NS-Zeit bekleideten weiterhin hohe Ämter. Diskussionen um den „richtigen" Umgang mit der Zeit des Nationalsozialismus setzten ebenso ein, wie Debatten über die Frage, ob man unter die NS-Vergangenheit nicht besser einen Schlussstrich ziehen solle. Im Bundestag wurde 1965 diskutiert, ob 20 Jahre nach Kriegsende Verbrechen der NS-Diktatur verjähren sollten oder nicht.

Gedenken – aber wie?

Bis heute wird über die Auseinandersetzung mit der Vergangenheit gestritten. Dabei geht es auch um die Frage des angemessenen Gedenkens der Opfer. 1996 erklärte der damalige Bundespräsident Roman Herzog den 27. Januar zum Tag des Gedenkens an die Opfer des Nationalsozialismus. An diesem Tag hatten 1945 sowjetische Truppen das Konzentrations- und Vernichtungslager Auschwitz befreit. 1999 entschied der Bundestag, in Berlin ein Mahnmal für die Opfer des Holocaust zu errichten. Die Debatte, die dieser Entscheidung vorausging, hatte mehr als 10 Jahre gedauert. Sie zeigt, wie schwierig für die Deutschen nach wie vor das Thema der Auseinandersetzung mit ihrer NS-Vergangenheit ist. Im Mai 2005, also 60 Jahre nach dem Ende der Nazi-Herrschaft, wurde das Mahnmal offiziell eingeweiht.

Q2 Anklagebank des Nürnberger Kriegsverbrecherprozesses

Gefahr von rechts?

Schon lange vor der Einweihung des Mahnmals wurden Stimmen laut, die eine Beschädigung des Denkmals durch Rechtsextremisten befürchteten. Nach wie vor gibt es in Deutschland rechtsradikale Gruppen und Parteien, die ähnliche Ziele wie die Nationalsozialisten verfolgen. Rassismus, Ablehnung der Demokratie, hohe Gewaltbereitschaft, ein überzogener Nationalismus und ausgeprägte Ausländerfeindlichkeit kennzeichnen die Einstellung der Neonazis. Manche von ihnen leugnen sogar, dass es einen Holocaust gegeben hat. Auch wenn es nach dem Kriegsende nie einer rechtsextremen Partei gelungen ist, in der Bundespolitik Fuß zu fassen, konnten sie bei manchen Landtagswahlen die 5-Prozent-Hürde überspringen.

Seit ein paar Jahren versuchen die Neonazis verstärkt, Nachwuchs unter Jugendlichen zu ködern. Im Jahre 2004 starteten sie eine Aktion vor deutschen Schulen. Kostenlos verteilten die Rechtsextremen Musik-CDs, um auch unpolitische Jugendliche „einzufangen". Die menschenverachtenden Texte predigen Hass und Gewalt und schimpfen auf eine angeblich „antideutsche Geschichtsschreibung".

Q4 *Der CDU-Bundestagsabgeordnete Ernst Benda in der Bundestagsdebatte über die Verjährung von NS-Verbrechen am 10. März 1965:*

Ich komme zum Schluss mit einem anspruchsvollen Wort, das mir ein Kollege gesagt hat, (…) der (…) einer völlig anderen Meinung ist als ich. Er hat mir gegenüber gemeint, man müsse um der Ehre der Nation willen mit diesen Prozessen Schluss machen. Meine Damen und Herren, Ehre der Nation hier ist für mich einer der letzten Gründe, warum ich meine, dass wir hier die Verjährungsfrist verlängern bzw. aufheben müssten. [Beifall bei der SPD und der CDU/CSU.] Ich stimme völlig denen zu, die sagen (…), dass es natürlich ein Irrtum wäre, wenn wir meinten, wir könnten das, was in unserem Lande und unserem Volke geschehen ist, dadurch erledigen, dass wir stellvertretend, sozusagen symbolisch, einige ins Zuchthaus schicken und dann meinen, nun sind wir fein heraus. (…) Aber ich bestehe darauf und es gehört für mich zum Begriff der Ehre der Nation, zu sagen, dass dieses deutsche Volk doch kein Volk von Mördern ist und dass es diesem Volke doch erlaubt sein muss, ja dass es um seiner willen dessen bedarf, dass es mit diesen Mördern nicht identifiziert wird, sondern von diesen Mördern befreit wird, dass es, besser gesagt, deutlicher gesagt, sich selber von diesen Mördern befreien kann. (…)
Und es gibt (…) dieses Wort an dem Mahnmal in Jerusalem für die sechs Millionen ermordeten Juden (…): Das Vergessenwollen verlängert das Exil und das Geheimnis der Erlösung heißt Erinnerung.

Q5 *Über den Umgang mit der NS-Vergangenheit.*
a) Bundeskanzler Gerhard Schröder äußerte sich im Jahr 2005:

Die Erinnerung an die Verbrechen des Nationalsozialismus ist eine bleibende Verpflichtung. Denn nur wer sich erinnert, auch wenn er keine Schuld auf sich geladen hat, kann verantwortungsbewusst mit der Geschichte umgehen. Auch wenn Erinnerung anstrengend ist, wir dürfen der Versuchung zum Vergessen oder zum Verdrängen nicht nachgeben. Vergangenheit können wir weder ungeschehen machen noch „bewältigen". Aber aus der Geschichte lernen können wir: Antisemitismus, Rassismus und Fremdenfeindlichkeit dürfen nie wieder eine Chance haben in Deutschland.

Q3 *Das Holocaust-Mahnmal in unmittelbarer Nähe des Reichstagsgebäudes in Berlin*
Das Mahnmal ist begehbar und besteht aus 2700 Betonstelen. Dazu gehört ein unterirdischer „Ort der Informationen".

b) *Paul Spiegel, der Vorsitzende des Zentralrats der Juden in Deutschland, im Jahr 2005:*

Es kann keine Rede davon sein, dass Menschen, die während des Holocaust oder danach geboren sind, mit irgendeiner Schuld in Zusammenhang stehen. Aber dieser Personenkreis trägt dennoch eine Verantwortung. Nicht für die Vergangenheit und für das, was damals geschehen ist. Diese Menschen tragen Verantwortung für die Gegenwart und die Zukunft. Denn ohne die Kenntnisse dessen, was gewesen ist, kann es eine verantwortungsbewusste Zukunft nicht geben.

Q 6 *Hajo Funke, Professor für Politik und Kultur, zu der rechtsextremen Partei NPD:*
Die NPD ist eine lange Zeit unterschätzte, braune Gefahr gewesen. Man hat nicht mal geglaubt, dass sie eine neonazistische Partei ist. Erst mit dem Erfolg im Jahre 2004 im Landtag von Sachsen ist man aufgeschreckt. 200 000 Menschen haben der Partei ihre Stimme gegeben. In den Hochburgen der NPD entsteht geradezu ein Klima der Angst: Gewaltbereite, rechte Jugendliche bedrohen dort ausländische Mitbürger sowie die, die eine andere politische Einstellung haben. Problematisch ist vor allem, dass die NPD die Perspektivlosigkeit vieler junger Menschen ausnutzt – und so in den Jugendkulturen Fuß fassen konnte.

Q 7 *In dem Buch „Was bleibt von der Vergangenheit?" schildert die 17-jährige Sue eine Begegnung mit zwei Neonazis in der S-Bahn:*
Mit einem lauten Plauz lassen sie die S-Bahntüren auseinanderkrachen, senden starre giftige Blicke in die Gegend und beginnen, den Gang entlangzuschreiten. Ihre Schuhe krachen Vierviertakt auf den Boden. Niemandem blicken sie wirklich ins Gesicht. (…) Sie setzen sich mir gegenüber. Der größere mit der grünen Jacke stößt sein Knie unwirsch an meinem, und es knistert in der Luft. (…) „Na … Zecke!", zischt er leise und lässt mich zusammenzucken. Ich denke an den unsicheren, gebrochenen Blick; er weiß von meiner Angst. (…) „Hi", sage ich und lächle. „Haste was zu melden?" (…) „Das heißt nicht ‚Hi', das heißt ‚Heil'. Oder haste da mal irgendwo nicht aufgepasst?" (…) Wo soll ich denn nicht aufgepasst haben? Ich glaube, der irrt sich in der Zeit. (…) Einfach wäre es, jetzt „Heil Hitler" zu sagen und dann in Ruhe gelassen zu werden. Aber nein, einfach wäre es keineswegs; ich würde mich mies fühlen und mir ins Gesicht spucken wollen. Sie sind kräftig, gefährlich und im Unrecht, aber ich sehe es nicht ein, wegen ihnen einem Diktator Heil zu wünschen, der Millionen von Menschen auf dem Gewissen hat. (…) Ich will nicht aufgeben, will protestieren. Der Protest und der Widerstand gegen neue nationalsozialistische Strukturen – ist das nicht alles, was meine Generation leisten kann? (…) Andere setzen Mahnmale und bauen Gedenkstätten, und ich … ja, ich weigere mich halt, „Heil Hitler" zu grüßen. Der vielleicht dümmste Widerstand auf Erden, aber es geht nicht anders. (…) Es steht nicht in meiner Macht, glatzköpfige Idioten zu ändern, natürlich nicht. Aber ich kann ihnen so wenig Macht wie möglich zugestehen und ihnen einfach nicht nachgeben. Verdammt noch mal, nicht den Kopf in die Zeitung stecken, sondern ihnen kühn in die Augen sehen!

Q 8 *Neonazis vor dem Brandenburger Tor,* Foto, Januar 2000

1 Überlegt und diskutiert, warum die nationalsozialistische „Vergangenheit" gern verdrängt wird.

2 Lies Q 4. Will Benda, dass die NS-Verbrechen verjähren sollen? Wie ist deine Meinung dazu?

3 „Ist es richtig, am Denkmal für die ermordeten Juden Europas ein Richtfest zu feiern?", fragte eine Berliner Senatorin anlässlich einer offiziellen Feier. Was meinst du?

4 Welcher Meinung zum Umgang mit der NS-Vergangenheit (Q 5a, Q 5b) kannst du dich anschließen? Erkläre, warum.

5 Diskutiert das Verhalten von Sue in Q 7. Was würdet ihr in einer solchen Situation tun?

6 Informiere dich im Internet, welche Gruppen oder Vereine aktiv gegen Rechtsextremismus in Deutschland vorgehen. Trage die Ergebnisse in der Klasse vor.

17 Projekt
Auf den Spuren jüdischer Mitbürger

Q1 Die inzwischen abgerissene ehemalige Synagoge in Hennweiler, Zeichnung nach einem Foto

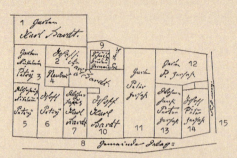

Q2 Lageplan aus dem Jahre 1902
Unter Nummer 9 ist eingetragen: Schule Juden-Gemeinde.

Q3 Aus dem Archiv der Stadt Kirn, Ausschnitt aus einer Hennweiler Gemeinderechnung von 1680
Zweiter Eintrag von oben:
„giebt der Jüde der gemeinde ab als ein hinder Sasse 4 Gulden und ein Albus"
(ein Hintersasse war ein zinspflichtiger von einem Grundherrn abhängiger Kleinbauer)

Synagoge
Das Wort stammt aus dem Griechischen und bedeutet Versammlungsort.
Eine Synagoge dient der Gemeinde zur Versammlung, dem Gebet und dem Lernen der heiligen Schriften.
Nach jüdischem Religionsgesetz müssen mindestens zehn männliche Personen, die älter als 13 Jahre sind, zusammenkommen. Erst dann gilt der Gottesdienst als rechtmäßig.

Aus der Geschichte der jüdischen Gemeinde in Hennweiler

Wie in vielen ländlichen Gemeinden lebten auch in Hennweiler über viele Jahrhunderte jüdische Familien. Aus einer alten Rechnung über Abgaben und Steuern geht hervor, dass es seit 1680 Juden in Hennweiler gab. Akten des Stadtarchivs Kirn belegen, dass die Gemeinde Hennweiler 1782 Zuschüsse zum Aufbau der Häuser und Stallungen erhielt. Ein Jahr zuvor waren zwei Drittel der Gebäude bei einem Großfeuer abgebrannt. Die Juden bekamen keine Hilfe, obwohl sie erhebliches „Judenschutzgeld" als Steuern an den Landesherrn zahlten. Um 1830 bauten die Juden in Hennweiler eine Synagoge. 1895 entstand ein Neubau. Fast die gesamten Kosten trug die jüdische Gemeinde selbst. Die Gemeinde Hennweiler unterstützte den Bau und lieferte Bruchsteine und Mörtelsand. Am 22. August 1896 wurde die neue Synagoge der jüdischen Gemeinde mit einem feierlichen Gottesdienst eingeweiht. Zu dieser Zeit zählten 42 der 789 Einwohner zur jüdischen Gemeinde.
Christliche und jüdische Einwohner lebten einträchtig miteinander. So kam es auch erst einen Tag nach der Pogromnacht 1938 auf Drängen der Parteikreisleitung der NSDAP zu Ausschreitungen. Die Synagoge wurde beschädigt. Die jüdische Gemeinde musste sich bereit erklären, das Gebäude mit dem Schätzwert von 2000 Mark für 500 Mark zu verkaufen. Die Synagoge wurde zu einer Schulturnhalle umgebaut. 1951 wurde die ehemalige Synagoge abgerissen. Heute befindet sich an dieser Stelle ein Wohnhaus.

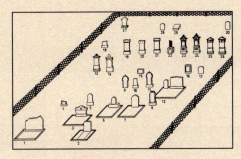

Q 4 *Aufzeichnungen zum Friedhof, Kreisverwaltung Bad Kreuznach*
Die Inschriften der Grabsteine sind unterschiedlich erhalten, z. B. fehlt auf einem Grabstein die hebräische Schrift. Auf einem anderen ist die Inschrift deutlich lesbar:
Sender Siegmund geb. 10.03.1873
Helene Baer geb. 23.08.1977
gest. 1945 in einem Lager im Osten

Q 5 *Heutiger Zustand des jüdischen Friedhofs in Hennweiler*
Im Landkreis Bad Kreuznach gibt es noch 39 weitere jüdische Friedhöfe.

D 1 Paula Petry lebt in der Gemeinde Hennweiler. Sie erinnert sich, wie ihr bei einem Spaziergang am Volkstrauertag 1984 bewusst wurde, dass es in ihrem Heimatort keinen Gedenkstein für die jüdischen Opfer aus der Zeit des Nationalsozialismus gab:
Was mich besonders bewegte, waren zehn jüdische Mitbürger aus unserem Dorf, die ich als Kind gekannt hatte, die unschuldig sterben mussten, weil sie einen anderen
5 Glauben hatten, und nirgends war ein Zeichen, das noch an sie erinnerte. (…) Zuerst besuchte ich unseren Bürgermeister und den Pfarrer, beide sagten mir ihre Hilfe zu. Dann fragte ich viele Freunde, die mit mir
10 in allen Häusern des Dorfes Unterschriften sammelten und später Geld spendeten. Auch bei Max war ich, er war der Einzige, den nach dieser schweren Zeit das Heimweh wieder in unser Dorf geführt hatte. Er
15 freute sich, auch seine Angehörigen, die überlebt hatten. Sie schickten mir Spenden zum Gedenken an die Eltern und Großeltern. Auch im Dorf fanden wir viel Zustimmung, es wurde auch gefragt, warum erst
20 nach vierzig Jahren: Diesen Vorwurf mussten wir annehmen. Dass diese Zeit noch nicht überwunden ist, mussten wir auch erfahren, doch es entmutigte uns nicht.
Wo sollte der Gedenkstein aufgestellt werden?
25 den? Auf dem jüdischen Friedhof? (…) Wir wandten uns an die jüdische Kultusgemeinde in Bad Kreuznach. (…) Sie meinten, dass beim Kriegerdenkmal auf unserem Friedhof der richtige Platz sei, dass der Ge-
30 denkstein so zu jeder Zeit als Mahnung an die Jugend gesehen würde.

Q 6 *Bronzetafel auf dem Gedenkstein mit den Namen jüdischer Mitbürger, die in den Jahren 1933–1945 vertrieben, deportiert und umgebracht wurden.* Mit der Aufstellung auf dem Friedhof waren nicht alle Bürger in Hennweiler einverstanden.

Spuren im Heimatort suchen und selber aktiv werden

Nach der Verfolgung jüdischer Mitbürger sind viele Spuren der langen jüdischen Geschichte in Deutschland getilgt worden. Die Bevölkerung war lange Zeit aus schlechtem Gewissen oder aus Gleichgültigkeit wenig daran interessiert, an die Geschichte der Juden in Deutschland zu erinnern. Es kam im Gegenteil sogar zu Schändungen jüdischer Friedhöfe. Inzwischen wurden in vielen Orten wieder Synagogen gebaut, engagieren sich viele Menschen für das jüdische kulturelle Leben in Deutschland.
Eine Spurensuche ist nicht einfach. Aber so kann man vorgehen:
1 Kontaktadressen suchen, evtl. auch über das Internet.
2 Kontakte herstellen, z. B. mit einer jüdischen Kulturgemeinde.
3 Interviews vorbereiten, z. B. mit Nachkommen verfolgter jüdischer Familien.
4 Ortsbesichtigungen vornehmen und Spuren aufzeichnen.
5 Stadtarchiv, Zeitungsarchiv, Einwohnermeldeamt aufsuchen und Grundbücher, alte Karten, Zeitungsberichte usw. auswerten.
6 Über Möglichkeiten eigener Aktivitäten nachdenken, z. B. über die Errichtung einer Gedenktafel.

18 Abschluss
Die Zeit des Nationalsozialismus

Auf dieser Seite findest du einige dir bereits bekannte sowie einige neue Bilder aus der Zeit des Nationalsozialismus. Versuche, die Bilder mit den richtigen Daten versehen auf dem Zeitstrahl einzuordnen und zu erklären.

Gehe so vor: Zeichne einen Zeitstrahl in dein Heft, kopiere dann die Buchseite, schneide die Bilder aus und klebe sie an der richtigen Stelle des Zeitstrahls ein. Schreibe anschließend eine ausführliche Bildlegende unter das Foto.

Überlege, welche Bilder du außerdem noch ergänzen kannst.

Unter der Adresse www.dhm.de/lemo/html/nazi/index.html findest du im Internet umfassende Informationen sowie Bildmaterial zur Zeit des Nationalsozialismus.

Am 30. Januar 1933 übernahmen die Nationalsozialisten in Deutschland die Macht. Adolf Hitler wurde von Reichspräsident Hindenburg zum Reichskanzler ernannt. Die Nationalsozialisten regierten zwölf Jahre lang. Gewalt, Terror und Vernichtung bestimmten ihre Politik. Das Bild zeigt einen Fackelzug der SA durch Berlin am Abend des 30. Januar 1933 zur Feier der Kanzlerschaft Hitlers. (Das Foto stammt erst aus dem Jahr 1936. Die Szene wurde damals für einen Propagandafilm nachgestellt.)

1935

28. 2. 1933

30. 1. 1933

ab 1941

1933/34

| 1933 | 1934 | 1935 | 1936 | 1937 | 1938 | 1939 |

9.11.1938

1.9.1939 bis
8.5.1945

Blick auf das zerstörte Köln

20.7.1944

Ausgebrannte Synagoge in Nürnberg

1940   1941   1942   1943   1944   1945

Deutschland nach der Wiedervereinigung
- Staatsgrenze
- ehemalige Grenze zwischen der BRD und der DDR
- Landesgrenze
- ○ Mainz   Landeshauptstadt

1945
Deutschland am Ende des Zweiten Weltkrieges – eine Trümmerwüste

1949
Mit der Bundesrepublik und der DDR werden zwei deutsche Staaten gegründet.

1953
Volksaufstand in der DDR

1954/55
Pariser Verträge und NATO-Beitritt: Die Bundesrepublik wird Mitglied der westlichen Staatengemeinschaft.

Deutschland nach 1945 – besetzt, geteilt und wieder vereint

Die Jahre 1989 und 1990 nehmen einen außergewöhnlichen Platz in der Geschichte der Deutschen ein. Nach jahrzehntelanger Teilung der beiden deutschen Staaten kam es in der DDR zu einer friedlichen Revolution: Die Mauer fiel. Nach der Wiedervereinigung lebten die Deutschen gemeinsam in einem Staat und standen plötzlich vor der Aufgabe, wieder zu einem Volk zusammenzuwachsen. Das Zusammenleben in einem demokratischen Nationalstaat ist für die Deutschen nicht selbstverständlich – das zeigt ein Blick zurück. Der Weg von den ersten Ideen einer deutschen Nation bis zur Verwirklichung dieses Gedankens im Rahmen einer Demokratie war lang, schwierig und keineswegs geradlinig. Diese Erfahrungen der letzten 200 Jahre lassen sich nutzen, um in Zukunft die Weichen richtig zu stellen für den Erhalt eines freiheitlich-demokratischen Deutschland im Rahmen der europäischen Völkerfamilie. Blicken wir zurück, wie es zur Entstehung einer demokratischen deutschen Nation kam.

Ost- und Westberliner feiern die Öffnung der Mauer am Brandenburger Tor in Berlin im November 1989.

1961
Mauerbau in Berlin

1970
Beginn der Aussöhnung mit den osteuropäischen Nachbarn

1990
Deutsche aus Ost und West feiern die Wiedervereinigung.

2003
Aufbau Ost: Das Wasserstraßenkreuz Magdeburg wird eröffnet.

1 Der 8. Mai – Katastrophe oder Befreiung?

Alliierter Kontrollrat
Bestand aus den Oberbefehlshabern der vier Besatzungsmächte USA, Großbritannien, Frankreich und Sowjetunion. Er übte in den Nachkriegsjahren die oberste Regierungsgewalt in Deutschland aus. Beschlüsse mussten einstimmig erfolgen. Allerdings konnte jeder der Oberbefehlshaber diese in seiner Besatzungszone nach eigenem Ermessen umsetzen.

Die Besatzungsmächte regieren
Am 8. Mai 1945 war mit der bedingungslosen Kapitulation für die Deutschen der Zweite Weltkrieg zu Ende. Das von den Alliierten besetzte Deutschland war eine Trümmerwüste. Noch während des Krieges hatten die Staatsmänner Großbritanniens, der Sowjetunion und der USA über die Zukunft des deutschen Volkes nach der Niederlage Hitlers entschieden. Deutschland wurde nun nach diesen Plänen in vier Besatzungszonen aufgeteilt. Das in Besatzungssektoren aufgegliederte Berlin wurde Sitz des Alliierten Kontrollrates, der von nun an die oberste Regierungsgewalt in Deutschland ausübte (vgl. Karte S. 95).

Katastrophe oder Befreiung?
In Deutschland atmeten die Menschen auf, als der Krieg zu Ende war – keine Todesnachrichten mehr von der Front, keine Bombenangriffe mehr. Auch keine Angst mehr vor nationalsozialistischen Fanatikern, die noch in den letzten Kriegswochen Tausende desertierte Soldaten verfolgt und getötet hatten. Das Gefühl der Erlösung wurde aber verdrängt durch den täglichen Kampf ums Überleben. Es fehlte am Allernötigsten: an Wohnraum, Lebensmitteln, an Schuhen und Kleidung. Dazu kam die Angst vor der Rache der Besatzungssoldaten. Die Frauen trauerten um ihre gefallenen Männer und Söhne. Millionen Soldaten befanden sich in Kriegsgefangenschaft.
Trotz der Erleichterung über das Kriegsende empfanden die meisten Deutschen die Niederlage der deutschen Wehrmacht als Katastrophe. Dass das Ende des Krieges zugleich auch eine Befreiung von der nationalsozialistischen Diktatur war, spielte kaum eine Rolle. Zu groß waren Entsetzen und Scham über die Untaten der Nationalsozialisten, zu groß war die Angst vor der Zukunft.

Und heute?
Auch später fiel es vielen Deutschen schwer, sich mit ihrem Leben in den Jahren des Nationalsozialismus auseinanderzusetzen. In der DDR wurde jedes Jahr der 8. Mai, vom Staat angeordnet, als „Tag der Befreiung" begangen. Haben dies die Ostdeutschen auch so empfunden? Die Diskussion über die Frage: „8. Mai 1945 – Katastrophe oder Befreiung?" ist heute noch aktuell.

Bild- und Tondokumente zur Nachkriegszeit auf Zeitreise multimedial „Das 20. Jahrhundert"

Q 1 *Kinder erhalten in einem Flüchtlingslager Suppe.*

Q 2 *Der englische Schriftsteller Stephen Spender reiste von Juni 1945 bis März 1946 durch Deutschland. Über die Stadt Köln schrieb er:*

Tatsächlich sind nur wenige Häuser Kölns bewohnbar geblieben, insgesamt vielleicht dreihundert, wie man mir sagt. Von einer Straße geht man in die andere mit Häusern, deren Fenster hohl und geschwärzt wirken – wie die offener Münder verkohlter Leichen. Hinter diesen Fenstern gibt es nichts mehr außer Decken, Möbeln, Teppichfetzen, Büchern; alles zusammen ist in Keller der Häuser gestürzt und liegt dort zusammengepresst zu einer feuchten Masse. (…) Die große Stadt sieht wie ein Leichnam aus und stinkt auch so, von all dem nicht weggeräumten Müll, all den Leichen, die immer noch unter Bergen von Schutt und Eisen begraben sind. Die Wirkung dieser Leichenstädte ist entmutigend.

Q 3 *Der CDU-Abgeordnete Richard v. Weizsäcker auf der ersten Gedenkfeier des Bundestages zum 8. Mai 1945 im Jahre 1970:*

Unsere Erfahrungen mit dem 8. Mai entsprechen einander nicht. Jeder hat ihn auf eigene Weise erlebt. Der eine kehrte heim, der andere wurde heimatlos. Dieser wurde befreit, für jene begann die Gefangenschaft. Verbittert standen manche vor zerrissenen Illusionen, dankbar andere vor dem geschenkten Neuanfang. (…) Keiner möge seine persönlichen Erlebnisse des Jahres 1945 zum Maßstab für alle machen. (…) Zwiespältig waren die Ereignisse des Jahres 1945 und sie wirken in unserer Gegenwart fort. Der 8. Mai beendete das sinnlose Sterben und die Zerstörung des Krieges, der fast 50 Millionen Menschen das Leben gekostet hatte. Zugleich aber begannen neue schwere Leiden für viele unschuldige Menschen. Die Verirrungen und ruchlosen Verbrechen der Nationalsozialisten, mit denen wir selbst nicht fertig geworden sind, gingen zu Ende, aber eine neue Zwangsherrschaft fand ihren Eingang auf deutschem Boden.

Q 4 *Leben in den Ruinen.* Fast 5 Millionen Wohnungen waren durch Bombenangriffe ganz oder teilweise zerstört. Die ausgebombten Menschen lebten oft in Kellern, Baracken und manchmal auch in den Trümmern.

1. Schreibe eine Kurzreportage über das Leben der Deutschen nach dem Kriegsende. Gehe dabei besonders auf die Situation der Frauen und Kinder ein (Q1, Q2, Q4, Q5).
2. Befrage Zeitzeugen, wie sie das Ende des Krieges in deinem Ort erlebten. Wende dabei die Schrittfolge auf Seite 126 an.
3. Erläutere die Meinung von Richard v. Weizsäcker zur Diskussion: „8. Mai 1945 – Katastrophe oder Befreiung?" (Q3).
4. Was ist für dich der 8. Mai 1945 – Befreiung oder Katastrophe? Sprecht darüber in der Klasse.

Q 5 *Das von Bomben zerstörte Köln am 24. April 1945*

2 Flucht und Vertreibung

Q1 *Deutsche aus Schlesien* warten auf ihren Abtransport nach dem Westen. Auf den Handwagen vor dem Güterzug haben sie das verstaut, was sie mitnehmen durften.

Q2 *Im Notaufnahmelager.* Oft mussten Flüchtlinge und Vertriebene jahrelang in solchen Wohnunterkünften leben.

Massenflucht und Zwangsausweisungen

Als im Herbst 1944 sowjetische Truppen die deutsche Grenze überschritten, häuften sich Meldungen über Gewalttaten der Soldaten der Roten Armee und über Deportationen arbeitsfähiger Deutscher in das Innere der Sowjetunion. Hunderttausende Deutsche flüchteten daraufhin Richtung Westen. Tausende Flüchtlinge starben unterwegs. Sie waren den Strapazen der Flucht nicht gewachsen. In den Gebieten, in denen neben den Deutschen auch andere Bevölkerungsgruppen lebten (etwa die Tschechen im Sudetenland), entluden sich nach der Befreiung von der deutschen Wehrmacht aufgestauter Hass und Rachegefühle über die von Deutschen begangenen Verbrechen. Hunderttausende Deutsche wurden gezwungen, diese Gebiete zu verlassen.

Auf der Potsdamer Konferenz im Juli/August 1945 beschlossen die Siegermächte USA, Großbritannien und Sowjetunion unter dem Druck Stalins die Anerkennung der Oder-Neiße-Linie als Westgrenze Polens. Die deutsche Bevölkerung sollte aus den ehemaligen deutschen Ostgebieten sowie aus Polen, Ungarn und der Tschechoslowakei „in ordnungsgemäßer und humaner Weise" nach Deutschland überführt werden. Insgesamt wurden bis 1947 12 Millionen Deutsche vertrieben. Die Zahl derjenigen, die dabei umkamen, wird auf zwei Millionen geschätzt. Aber nicht nur Deutsche mussten ihre Heimat verlassen. Auch Hunderttausende Polen wurden aus ehemals polnischen Gebieten ausgewiesen, die der Sowjetunion angegliedert wurden.

In der neuen Heimat

Nicht selten wurden die Flüchtlinge in der neuen Heimat mit Ablehnung und Misstrauen aufgenommen. Die Neuankömmlinge überfüllten die Dörfer und Städte und vergrößerten die bereits schon vorhandenen Ernährungsprobleme. Am schwierigsten war die Unterbringung, da es überall an Wohnraum fehlte. Oft waren für die Flüchtlingsfamilien Schulen, Kasernen, Gasthöfe oder Baracken Durchgangsstationen, bis ihnen anderer Wohnraum zugewiesen wurde. Dass es oft doch gelang, für Flüchtlinge und Vertriebene menschenwürdige Lebensbedingungen zu schaffen, lag an der selbstlosen Hilfe vieler Einheimischer. Die Integration der Flüchtlinge und Vertriebenen in ihr neues Umfeld zählt zu den großen menschlichen und politischen Leistungen in West- und Ostdeutschland.

Q 3 *Eine Frau aus Freiwald berichtet, wie sie mit ihren drei Kindern aus dem Sudetenland vertrieben wurde:*
Am 26. Juli 1945 kamen plötzlich drei bewaffnete tschechische Soldaten und ein Polizist in meine Wohnung und ich musste dieselbe binnen einer halben Stunde verlassen. Ich durfte gar nichts mitnehmen. Wir wurden auf einen Sammelplatz getrieben. (…) Gegen Abend wurden wir unter grässlichen Beschimpfungen und Peitschenschlägen aus dem Heimatort fortgeführt. Nach sechsstündigem Fußmarsch mussten wir im Freien übernachten. (…) Es wurde uns (…) nicht gesagt, was mit uns geschehen soll, bis wir am 2. 8. 1945 zum Bahnhof mussten und auf offene Kohlenwagen verladen wurden. Während der Fahrt regnete es in Strömen. (…) Die Kinder wurden krank und ich wusste vor Verzweiflung keinen Rat. Nach zwei Tagen wurden wir in Tetschen [heute Cesky Tesin] ausgeladen. Wir waren hungrig und erschöpft und mussten in diesem Zustand den Weg bis zur Reichsgrenze zu Fuß antreten.

Q 4 *Ein einheimischer Bürger aus dem Kreis Ludwigsburg erinnert sich:*
Als ich 1945 mit 23 Jahren aus dem Krieg zurückkehrte, waren 28 Gebäude im Dorf beschädigt oder zerstört. Die Obdachlosen lebten bei anderen Familien. Eines Tages hielt bei der Kirche ein Lastwagen mit Flüchtlingen. Eine dieser Familien, Eltern, Großeltern und drei Kinder, wurden in unser Haus eingewiesen. Wir hatten (…) selbst wenig Wohnraum. Unsere Stube mussten wir durch eine Trennwand teilen, damit die Flüchtlinge einen Schlafraum erhielten. Die Küche benutzten wir gemeinsam. Abends, wenn wir von der Feldarbeit müde und hungrig heimkehrten, wollte Mutter ein warmes Essen machen, gerade da kamen auch die Männer der anderen Familie nach Hause, die den Tag über in der Fabrik gearbeitet und mittags nur Brot gegessen hatten. Das war sehr schwer für beide Teile, es gab manchmal Streit. Wir ärgerten uns auch, wenn die Kinder das Obst schon unreif von den Bäumen rissen. Und doch haben wir viele Jahre miteinander gelebt.

1 Beschreibe die näheren Umstände der Flucht und Vertreibung der Deutschen (VT, Q1–Q4).
2 Vielleicht ist es möglich, Flüchtlinge oder Vertriebene über ihre Erlebnisse zu befragen. Wertet die Ergebnisse gemeinsam in der Klasse aus.
3 Verfasse einen Dialog zwischen Flüchtlingen und Einheimischen bei der Wohnungseinweisung.
4 Informiere dich im Internet über Flucht und Vertreibung in der heutigen Zeit. Wähle ein Beispiel aus und vergleiche mit der Nachkriegszeit.

D 1 *Deutschland nach dem Zweiten Weltkrieg*

3 Trümmerfrauen

Q 1 *Trümmerfrauen in Berlin*

Überall Trümmer
Nach dem Kriegsende war Deutschland eine Trümmerwüste. Die Städte lagen in Schutt und Asche. Im heutigen Rheinland-Pfalz waren beispielsweise Zweibrücken zu 63%, Koblenz zu 54%, Ludwigshafen zu 49%, Trier zu 41% und Kaiserslautern zu 28% zerstört. Alle Brücken über den Rhein und 20 der 21 Moselbrücken waren dem Krieg zum Opfer gefallen. Die Straßen befanden sich in einem katastrophalen Zustand. Bomben- und Granattrichter, riesige Schlaglöcher und tiefe Gräben machten sie oft unpassierbar.

Die Frauen tragen die Hauptlast
Vor allem fehlten Wohnungen. Viele Menschen waren ausgebombt und Tausende Flüchtlinge suchten ein neues Zuhause. In notdürftig hergerichteten Baracken, Kellern, Gartenlauben, ehemaligen Bunkern und Kasernen richteten sie sich ein. Mehrere Familien mussten sich oft eine „Wohnung" teilen. Die Lebensmittel waren rationiert. Tausende, vor allem Kinder, starben an Unterernährung.

Da Millionen Männer im Krieg gefallen waren oder sich in Gefangenschaft befanden, mussten die Frauen die Hauptlast im Kampf ums Überleben tragen. Sie organisierten Wohnraum, erstanden auf dem Schwarzmarkt und bei Hamsterfahrten Lebensmittel, Kleidung, Schuhe oder sammelten mit den Kindern Heizmaterial.

Trümmerfrauen
Die Besatzungsmächte verpflichteten neben den Männern auch alle 15- bis 50-jährigen Frauen zu Aufräum- und Aufbauarbeiten. Die Trümmerfrauen räumten mit Hacke und Schaufel die Trümmer beiseite, säuberten Ziegel und Steine von Zement und Mörtel, um sie für Reparaturen und Neubauten wieder zu verwenden.

Die Arbeit war schwer. Wer dafür eingeteilt wurde, bekam die Lebensmittelkarte I und hatte damit Anspruch auf die doppelte Brot- und Fettmenge.

Neue Konflikte
1947 entließen die Amerikaner und Briten die deutschen Soldaten aus den Kriegsgefangenenlagern. Die Rückkehr der Männer war für die Frauen und Kinder ein freudiges Ereignis. Mitunter entstanden aber auch Konflikte. Die Männer trafen auf Frauen, die inzwischen einen LKW fahren und einen Kran bedienen konnten, an Maschinen standen oder auch in der Verwaltung arbeiteten. Sie waren selbstständiger und selbstbewusster geworden. Jetzt nahmen die Männer wieder ihren Arbeitsplatz ein. Die Frauen verrichteten wieder Hausarbeit. Dazu kam, dass die Männer über Jahre ihre Kinder nicht mehr gesehen hatten und die Wohnverhältnisse immer noch sehr beengt waren. Dies alles belastete das Familienklima. Nicht wenige Ehen zerbrachen.

Hamsterfahrten
Stadtbewohner fuhren in der Nachkriegszeit auf die Dörfer, um ihre Familien durch den Eintausch von Gegenständen mit Lebensmitteln zu versorgen.

Schwarzmarkt
Von den Behörden nicht genehmigter Markt, auf dem Waren illegal getauscht bzw. zu oft überhöhten Preisen (Schwarzmarktpreise) gekauft werden.

Q 2 *Hannelore König, geboren 1935, erinnert sich an ihre Kindheit in den Nachkriegsjahren:*

Meine Mutter hatte für uns eine eigene Wohnung organisiert, die der Frau des Lehrers gehörte. Sie ist in eine 1-Zimmer-Wohnung gezogen und wir haben ihr dafür Brot,
5 Mohrrüben, Butter und Zucker geschenkt. Die Hausbesitzerin mussten wir ebenfalls mit Naturalien bestechen.
Wir sind eingezogen und hatten erstmals ein Dach über den Kopf, Säcke vor den Tü-
10 ren und ein Bett. Wir hausten alle zusammen in der Küche.
Mutter musste als Trümmerfrau arbeiten. Wir gingen manchmal mit, um Holz aus den Trümmern zu holen. Das war sehr ge-
15 fährlich, aber wir hatten ja nichts zu heizen. Nachts sind wir, und das haben alle gemacht, Kohlen klauen gegangen am Bahnhof. Und ich bin mit meiner Oma in den Wald gefahren. Dort haben wir Holz
20 gelesen.

Q 3 *Rückblickend auf die ersten Jahre der Nachkriegszeit erinnert sich ein Erwachsener an sein Leben als Trümmerkind in den Ruinen der zerbombten Städte:*

Als das Ausgehverbot aufgehoben wurde, räuberten wir auch in der Höhe, in den zerbombten Häuserresten. In Küchen und Küchenteilen zwischen den schwankenden,
5 brüchigen Wänden sah man noch Kochtöpfe, Geschirr und sogar volle Einmachgläser. Wir Trümmerkinder wagten den gefährlichen Weg durch zerstörte Treppenhäuser und über die Reste der Deckenbalken. Je-
10 der Schritt war begleitet von der Angst zu stürzen und unter Mörtel und Schutt umzukommen. Als einer von uns unter einer zusammenbrechenden Wand begraben wurde, haben wir zwar geschrien, aber den
15 Mut, ihn auszugraben, hatten wir nicht. Dann kam die Arbeit auf den Trümmerfeldern. Wie Tausende von Kindern meines Alters musste ich Steine klopfen. Auch in der Schule, wo wir jeden Tag eine Schulstunde
20 für den Wiederaufbau unserer Lernanstalt opferten.

Q 4 Notunterkunft in einem Wellblechschuppen

Q 5 Flüchtlingsfrau in Köln 1945

1 Befragt Zeitzeugen, wie euer Ort/eure Gegend nach dem Ende des Krieges aussah.
2 Welche Auswirkungen hatte der Krieg auf das Leben der Frauen – unmittelbar nach Kriegsende und später (VT, Q2)?
3 Schreibt eure Gedanken beim Betrachten der Bilder Q1, Q4 und Q5 über das Leben und die Leistungen der Frauen in der Nachkriegszeit in wenigen Zeilen auf.
4 Beschreibt den Alltag vieler Kinder in der Nachkriegszeit (VT, Q2, Q3).

4 Der schwere Weg zur Demokratie

Marshall-Plan
Finanzielles Hilfsprogramm der USA zum Wiederaufbau der europäischen Länder, benannt nach US-Außenminister George C. Marshall. Das Hilfsprogramm war die Grundlage der raschen wirtschaftlichen Gesundung Westeuropas. Die Sowjetunion verhinderte die Einbeziehung der Ostblockstaaten in den Marshall-Plan.

Q 1 *Deutsche Frauen und Männer füllen einen Fragebogen über ihre Tätigkeit im Nationalsozialismus aus.*

Potsdamer Konferenz
Im Juli/August 1945 entschieden die Siegermächte USA, Sowjetunion und Großbritannien auf einer Konferenz in Potsdam über die Zukunft der Deutschen. Die NSDAP und ihre Organisationen sowie die Wehrmacht wurden verboten. Nationalsozialisten sollten in Politik, Wirtschaft, Verwaltung, Justiz und Schule ihre Positionen verlieren. Diejenigen, die Verbrechen gegen Andersdenkende geplant und begangen hatten, sollten vor Gericht gestellt werden (vgl. S. 82/83). Für die anderen Völkern zugefügten Schäden hatten die Deutschen Ersatzleistungen zu erbringen. Der Wiederaufbau des politischen Lebens in den Besatzungszonen und Berlin sollte auf demokratischer Grundlage erfolgen. Allerdings hatten die Westmächte und die Sowjetunion sehr unterschiedliche Auffassungen von Demokratie.

Entnazifizierung
Für die Verfolgung der Verbrechen im Nationalsozialismus richteten die Besatzungsmächte in den Westzonen Spruchkammern ein. Unbescholtene Deutsche überprüften ehemalige Nationalsozialisten und bestraften Schuldige mit Geldbußen, Berufsverboten oder mit Gefängnis. Als die Spannungen zwischen den Westalliierten und der Sowjetunion sich später verschärften, verloren die Besatzungsmächte ihr Interesse an der Entnazifizierung. Die Spruchkammern beendeten ihre Arbeit.

Politischer Neubeginn im Westen
Um die dringendsten Aufgaben zur Versorgung der Bevölkerung zu lösen, setzten die Alliierten politisch Unbelastete als Bürgermeister und Landräte ein. Ab Sommer 1945 wurden politische Parteien zugelassen – dazu gehörten die CDU, CSU, SPD, FDP sowie die KPD. Als neue Verwaltungseinheiten wurden Länder gegründet, so auch am 17. Juli 1947 das Land Nordrhein-Westfalen. Gewählte Länderparlamente in den Westzonen gaben sich demokratische Verfassungen.

Ein demokratischer Neubeginn in Deutschland konnte jedoch nur mit einer Bevölkerung gelingen, die sich vom Nationalsozialismus lossagte. Ziel der Alliierten war folglich eine Umerziehung der Deutschen zu demokratischer Gesinnung. Deshalb gestatteten und förderten die Westalliierten die Gründung neuer Rundfunksender und Zeitungsverlage, den Aufbau einer unabhängigen Justiz und die Erarbeitung neuer Bildungspläne für die Schulen.

Marshall-Plan
Die Entwicklung demokratischer Strukturen erforderte allerdings auch eine Verbesserung der Lebenslage der Bevölkerung sowie einen wirtschaftlichen Neubeginn. Mit dem Marshall-Plan entwickelten die USA ein großzügiges Programm für den wirtschaftlichen Aufbau Europas, von dem die Deutschen in den Westzonen, West-Berlins und später in der Bundesrepublik profitierten. Die Hilfeleistungen betrugen bis 1957 rund 1,7 Milliarden Dollar.

Q 2 Plakat zum Marshall-Plan

Q 3 Der amerikanische Außenminister Byrnes in einer Rede am 6. September 1946 in Stuttgart:

Die Vereinigten Staaten können Deutschland die Leiden nicht abnehmen, die ihm der von seinen Führern angefangene Krieg zugefügt hat. Aber die Vereinigten Staaten ⁵ haben nicht den Wunsch, diese Leiden zu vermehren oder dem deutschen Volk die Gelegenheit zu verweigern, sich aus diesen Nöten herauszuarbeiten, solange es menschliche Freiheit achtet und vom We- ¹⁰ ge des Friedens nicht abweicht. (…) Das amerikanische Volk will dem deutschen Volk helfen, seinen Platz zurückzufinden zu seinem ehrenvollen Platz unter den freien und friedliebenden Nationen der Welt.

Q 4 Ein Mitglied berichtet über die Arbeit der Spruchkammern:

Das Entnazifizierungsgesetz hatte den Kreis der „Betroffenen" viel zu weit gezogen. Wir hatten wiederholt vorgeschlagen, die große Masse der Mitläufer mit geringeren Geldbu- ⁵ ßen davonkommen zu lassen. Das wurde von der Besatzungsmacht stets abgelehnt. Als schließlich die Zahl der Fälle unübersehbar wurde, griff die Militärregierung mit Amnestien ein, die vor allem den Jugendlichen ¹⁰ zugute kamen. Eine große Schuld an dem Misslingen des Gesetzes trug der Umstand, dass die Spruchkammern parteipolitisch zusammengesetzt waren. Sie nahmen sich vor allem der kleinen Fälle an, um Leute, die ¹⁵ aus Geschäft und Beruf geworfen waren, möglichst bald wieder in Brot zu bringen. So blieben die schweren Fälle liegen.

1 Beschreibe, wie die Entnazifizierung im Westen Deutschlands vonstatten ging (VT, Q1, Q4).
2 Kennzeichne die Maßnahmen der Besatzungsmächte beim politischen und wirtschaftlichen Aufbau der Westzonen. Inwieweit trugen diese zur Errichtung eines demokratischen Deutschland bei (VT, Q1–Q4)?
3 Untersuche, welche Themen SPD, CDU und KPD in den Mittelpunkt ihrer Wahlwerbung stellen (Q5). Welche Aussagen über deren politische Grundeinstellung lassen sich daraus ableiten?

Q 5 Wahlplakate zu den Landtagswahlen 1946/47

5 Rheinland Pfalz – ein neues Bundesland

Q 1 Feierlicher Akt zur Errichtung des Regierungsbezirkes Montabaur in Anwesenheit von französischen Offizieren

Rheinland-Pfalz wird gegründet
Nach dem Zusammenbruch des nationalsozialistischen Deutschlands war das Gebiet von Rheinland-Pfalz zunächst für wenige Wochen von amerikanischen, danach für längere Zeit von französischen Soldaten besetzt. Am 30. August 1946 erließ der französische General Koenig folgende Verordnung: „Es wird hiermit ein Land geschaffen, welches die Pfalz und die gegenwärtigen Regierungsbezirke Trier, Koblenz, Mainz und Montabaur umfasst. Als Hauptstadt dieses Landes wird Mainz bestimmt, wo die Regierung ihren Sitz haben wird." Die französische Besatzungsmacht setzte im Dezember 1946 eine provisorische Landesregierung ein. Zum Ministerpräsidenten von Rheinland-Pfalz wurde der Christdemokrat Wilhelm Boden ernannt.

Demokratische Wahlen
Gleichzeitig fanden in Rheinland-Pfalz demokratische Wahlen statt. Die Bevölkerung wählte im September/Oktober 1946 Gemeinde- und Kreisversammlungen. Die Kreisversammlungen wählten ihrerseits die Mitglieder einer Beratenden Landesversammlung, die den Entwurf für eine rheinland-pfälzische Verfassung erarbeiten sollte. Die CDU wurde mit 55,1 % stärkste Partei. Die SPD erhielt 32,3 % und die KPD 7,1 %.

Annahme einer Landesverfassung
Über ihre Verfassung entschieden die Rheinland-Pfälzer am 18. Mai 1947 in einer Volksabstimmung. Nur 53 % der Wähler stimmten für den Verfassungsentwurf. Mit der Annahme der Verfassung und der Wahl der Abgeordneten für den ersten Landtag im Jahre 1947 bestätigte auch die Bevölkerung die Gründung des Landes Rheinland-Pfalz.

Das Vertrauen wächst
Viele Rheinland-Pfälzer lehnten das „künstlich geschaffene" Bundesland lange Zeit ab. Doch langsam entwickelten die Menschen der einzelnen Landesteile, die in der Vergangenheit nie zusammengehört hatten, ein Gemeinschaftsgefühl. Das zeigte sich u. a. in einem Volksentscheid 1975, bei dem es um die Angliederung rheinland-pfälzischer Gebiete zu Hessen und Nordrhein-Westfalen ging. Die Mehrheit der Bürgerinnen und Bürger bekannte sich zu Rheinland-Pfalz. Damit wurde eine langjährige Diskussion darüber, einzelne Landesteile anderen Bundesländern anzugliedern, beendet.
Die CDU war von 1947 bis 1991 die stärkste Partei im Landtag. Erster gewählter Ministerpräsident war der Christdemokrat Peter Altmeier. Seit 1991 ist die SPD stärkste Partei im Landtag. Die Landesregierung wird seitdem von einem sozialdemokratischen Ministerpräsidenten geführt.

Q 2 Das Landeswappen. Die drei Zeichen im Wappen des Landes Rheinland-Pfalz erinnern an die drei rheinischen Kurstaaten Kurpfalz, Trier und Mainz. Die drei Kurfürsten gehörten zu den sieben Herrschern, die im Mittelalter den deutschen Kaiser wählten. Damals sagte man dazu: Sie „kürten" den Kaiser. Das durchgehende rote Kreuz auf weißem Grund war das Wappen des Erzbistums und Kurfürstentums Trier. Das silberne sechsspeichige Rad auf rotem Grund weist auf den Mainzer Kurstaat hin. Das Pfälzer Wappen schließlich zeigt einen Löwen auf schwarzem Grund. Die Krone des Löwen, seine Zunge und die Krallen sind rot. Das Wappen von Rheinland-Pfalz trägt eine goldene Volkskrone, deren Blätter aus Weinlaub sind. Die Volkskrone ist das Zeichen dafür, dass das Volk die Herrschaft im Land heute ausübt.

Q3 *Wahlplakate in Rheinland-Pfalz 1946/1947*, links ein Plakat des SPD-Stadtverbandes Ludwigshafen, rechts ein Plakat der CDU.

D1 *Die Regierungsbezirke von Rheinland-Pfalz, so wie sie von 1968–1999 bestanden, und deren Vorgeschichte*

Q4 In einer Zeitschrift wird beschrieben, womit sich die Abgeordneten im rheinland-pfälzischen Landtag in der Nachkriegszeit befassten:

Hunger, Not, Elend und ihre Beseitigung, das waren die entscheidenden Themen jener Monate und Jahre. (…) So ist es nicht verwunderlich, dass sich das neu gewählte
5 Landesparlament immer wieder mit der Sicherung der Grundernährung beschäftigte. Die so genannten Kartoffeldebatten legen davon Zeugnis ab. Schon Jahre zuvor hatte bereits die Beratende Landes-
10 versammlung die Einsetzung eines Ernährungsausschusses beschlossen. In der ersten Sitzung der Beratenden Landesversammlung, am 22. November 1946, forderte die Abgeordnete Else Missong: „Wir
15 fordern einen Ausschuss zur Behebung der Hungersnot. Er soll an die Arbeit gehen. Wir wissen, wir sind arm, wir wollen und müssen uns bescheiden, aber wir wollen leben (…). Wir sind zusammengetreten als
20 eine verfassungsgebende Landesversammlung. Für Gräber brauchen wir keine Verfassung. (…)"

1 Halte wichtige Ereignisse in der Nachkriegsgeschichte von Rheinland-Pfalz auf einem Zahlenstrahl fest (VT, Q1).

2 Welchen Anteil hatte die französische Besatzung an der Gründung von Rheinland-Pfalz? Nenne Fakten (VT, Q1, D1).

3 Welches politische Problem stand damals im Mittelpunkt des Wahlkampfes zwischen den Parteien (Q3)?

4 Mit welchen Aufgaben beschäftigten sich die Abgeordneten damals vorwiegend (Q4)?

5 Erläutere anhand von Q2 und D1, warum Rheinland-Pfalz als ein „künstliches Gebilde" bezeichnet wurde. Sprecht darüber, ob das noch heute so zutrifft.

6 „Es muss demokratisch aussehen"

Antifaschismus
Von den Kommunisten angestrebtes Bündnis mit bürgerlichen und sozialdemokratischen Kräften gegen den Nationalsozialismus.
In der SBZ und später in der DDR bot die antifaschistische Grundhaltung breiter Bevölkerungsteile der SED die Möglichkeit, auch bürgerliche Parteien in den Aufbau der sozialistischen Gesellschaft einzubinden.

Nach sowjetischem Vorbild
Die Besatzungsmächte konnten die Entwicklung in ihren Besatzungszonen eigenständig bestimmen. Dies gab der sowjetischen Regierung die Möglichkeit, ihre politischen Vorstellungen in ihrer Besatzungszone zu verwirklichen und so eine Gesellschaft nach sowjetischem Vorbild zu schaffen. Dabei stützte sie sich auf deutsche Kommunisten unter Führung von Walter Ulbricht und Wilhelm Pieck, die man bereits während des Zweiten Weltkrieges auf diese Aufgabe vorbereitet hatte. Mit der Losung von der Errichtung einer „antifaschistisch-demokratischen Ordnung" erhofften sich die deutschen Kommunisten eine breite Anhängerschaft in der Bevölkerung, vor allem auch im Bürgertum.

Auf dem Weg zur Diktatur
Die Entwicklung in der sowjetischen Besatzungszone (SBZ) unterschied sich in vielem von der in den Westzonen. Das begann bereits bei der Entnazifizierung. Tausende ehemalige Mitglieder der NSDAP, aber auch viele Unschuldige und Verfechter einer neuen demokratischen Ordnung, wurden von sowjetischen Militärgerichten zu langjährigen Haftstrafen verurteilt oder in die Sowjetunion deportiert.
Im Zuge einer Bodenreform wurden 8 000 Grundbesitzer mit Gütern über 100 Hektar sowie „aktive Nazis und Kriegsverbrecher" entschädigungslos enteignet. Ab 1946 begann man alle Betriebe, deren Eigentümer tatsächlich oder angeblich Kriegsverbrecher waren, in „Volkseigentum" – also in Staatsbesitz – zu überführen. Die führende Rolle dabei hatten die Kommunisten. Im April 1946 erzwangen sie unter erheblichem Druck auf viele Sozialdemokraten die Verschmelzung der KPD mit der SPD zur Sozialistischen Einheitspartei Deutschlands (SED). Die SBZ entwickelte sich mit diesen Maßnahmen zu einer Diktatur nach sowjetischem Vorbild.

Q 1 *links: Werbeplakat zur Bodenreform in der SBZ von Alfred Stiller, 1945.* Mit „Junkerland" – abgeleitet von „Land der preußischen Junker" – ist das Land der Großgrundbesitzer gemeint.
rechts: Die Rote Armee hilft, Propagandaplakat von 1945 aus der SBZ.

Q 4 *Sitz der Leitung der SED, Leipzig im Juni 1946, Losungen für den Volksentscheid zur Enteignung der „Betriebe der Kriegs- und Naziverbrecher"*

Q 2 *Wolfgang Leonhard, damals Mitglied der KPD, beschreibt, wie die Kommunisten die Verwaltung in Berlin neu organisierten:*
Ulbricht erklärte uns: „Die Bezirksverwaltungen müssen politisch richtig zusammengestellt werden. Kommunisten als Bürgermeister können wir nicht brauchen. (…)
5 Die Bürgermeister sollen in den Arbeiterbezirken in der Regel Sozialdemokraten sein. In den bürgerlichen Vierteln (…) müssen wir an die Spitze einen bürgerlichen Mann stellen. (…) Am besten, wenn er ein Dok-
10 tor ist (…) und ein Mann, mit dem wir gut zusammenarbeiten können. (…) Der erste stellvertretende Bürgermeister, der Dezernent für Personalfragen und der Dezernent für Volksbildung – das müssen unsere Leute
15 sein. Dann müsst ihr noch einen ganz zuverlässigen Genossen in jedem Bezirk ausfindig machen, den wir für den Aufbau der Polizei brauchen. (…) Es muss demokratisch aussehen, aber wir müssen alles in der Hand
20 haben."

Q 3 *Franz Höncher, 1945–1948 im ehemaligen Konzentrationslager Buchenwald inhaftiert, über die Gründe der Verhaftung:*
Ich war bis 1945 politischer Leiter in Ramsia, außerdem Zellenleiter der NSDAP-Ortsgruppe Schwerstedt. Das war eben so, wer Landwirtschaft betrieb, wurde vom Wehr-
5 dienst zurückgestellt und übernahm dafür Funktionen im Dorf. Ich bin ja nach wie vor der Meinung, dass das mit Politik wenig zu tun hatte. Aber danach hat die Besatzungsmacht (…) nicht gefragt. Ich bin mir
10 ziemlich sicher, dass mich ein Freund angeschwärzt hat. (…) Verhört haben sie uns, immer nachts. (…) Warum hat der Bauer die und der Bauer jene Kühe? (…) Mit Politik oder irgendeiner Parteizugehörigkeit
15 hatte das wenig zu tun. (…) Wissen Sie, viel fragen mussten die eigentlich nicht, sie wussten ohnehin alles, manches besser als ich (…). Von wegen Verhandlung, mit Anwalt und Zeugen. Nicht einmal die eigene
20 Mutter hätten sie an einen herangelassen.

1 Erläutere Ziele und Maßnahmen der sowjetischen Besatzungsmacht und der deutschen Kommunisten bei der Errichtung der „antifaschistisch-demokratischen Ordnung" (VT, Q1, Q2).
2 Nenne Unterschiede zur Entwicklung in den Westzonen. Gehe dabei besonders auf den Aufbau demokratischer Strukturen in Politik, Wirtschaft, Justiz und Verwaltung ein (VT, Q1–Q4).
3 Beschreibe, wie die SED ihre führende Rolle in der SBZ durchsetzte und ausbaute (VT, Q2).
4 Betrachte Q4 und bewerte dabei den Ausspruch Ulbrichts in Q2: „Es muss demokratisch aussehen."

7 Eine Nation – aber zwei Staaten

Q1 Am 23. Mai 1949 unterzeichnete Konrad Adenauer als Präsident des Parlamentarischen Rates das Grundgesetz, die Verfassung der Bundesrepublik Deutschland.

Bild- und Tondokumente zur Gründung zweier deutscher Staaten auf Zeitreise multimedial „Das 20. Jahrhundert"

Währungsreform
Mit der Einführung einer neuen Währung soll die Wirtschaft angekurbelt und die Währung eines Staates stabilisiert werden. Damit soll eine weitere Geldentwertung verhindert werden.
Die Währungsreform 1948 war eine wesentliche Voraussetzung für die Teilnahme der Westzonen am Marshall-Plan.

Auf dem Weg zur Teilung
Den Westmächten fiel es immer schwerer, sich mit der Sowjetunion auf eine gemeinsame Deutschlandpolitik zu verständigen. Deshalb nahmen sie Kurs auf eine stärkere Zusammenarbeit der Westzonen. Anfang 1947 schlossen sich die amerikanische und britische Zone zu einem „Vereinigten Wirtschaftsgebiet", der Bizone, zusammen. 1949 erweiterte die französische Zone den Zusammenschluss zur Trizone. Die Sowjetunion lehnte den Beitritt ab.

Währungsreform und Luftbrücke
Die beginnende Spaltung Deutschlands zeigte sich auch in der Wirtschaft: Im Juni 1948 führten die Westmächte in ihren Zonen mit der D-Mark eine neue Währung ein. Die Sowjetunion reagierte prompt. Sie führte in der SBZ ebenfalls eine neue Währung ein und blockierte die Zufahrtswege zu West-Berlin. Nahrungsmittel und andere Güter gelangten nicht mehr in die Westsektoren der Stadt. Ziel der Blockade war es, die Bevölkerung durch Hunger und Kälte gegen die westlichen Alliierten aufzuwiegeln und die Westmächte von ihren Plänen eines westdeutschen Teilstaates abzubringen. Der Versuch scheiterte jedoch am entschlossenen Handeln der Amerikaner und Briten. Diese versorgten die eingeschlossene Bevölkerung 462 Tage lang aus der Luft. Am 12. Mai 1949 beendete die Sowjetunion die Blockade.

Das Grundgesetz der Bundesrepublik
Im Juli 1948 erteilten die drei westlichen Militärgouverneure den Auftrag, eine verfassunggebende Versammlung zur Gründung eines westdeutschen Teilstaates einzuberufen. Ein Parlamentarischer Rat, gebildet aus Vertretern der Länder, arbeitete eine Verfassung – Grundgesetz genannt – aus.
Das Grundgesetz orientierte sich zwar an der Weimarer Verfassung, versuchte aber vor allem deren Schwächen zu vermeiden. So ist die Macht des Bundespräsidenten eingeschränkt, die des Bundeskanzlers erweitert. Bürger oder Parteien, die die freiheitlich demokratische Grundordnung bekämpfen, können gewisse Grundrechte verlieren. Die Grund- und Menschenrechte nehmen eine herausragende Stellung ein.
Die Verkündung des Grundgesetzes am 23. Mai 1949 ist die Geburtsstunde der Bundesrepublik Deutschland. Im August 1949 wurde das Parlament, der deutsche Bundestag, gewählt. Erster Bundespräsident wurde Theodor Heuss, erster Bundeskanzler der Christdemokrat Konrad Adenauer.

Die Gründung der DDR
Am 7. Oktober 1949 setzte die Volkskammer, das Parlament der Deutschen Demokratischen Republik (DDR) – so nannte sich der ostdeutsche Staat –, die von einem Volksrat erarbeitete Verfassung in Kraft. Sie entsprach den Anforderungen einer parlamentarischen Demokratie. In der Praxis wurde aber auf die Bestimmungen wenig Rücksicht genommen. Die wichtigsten Ämter wurden SED-Politikern übertragen: Wilhelm Pieck wurde erster Staatspräsident, Otto Grotewohl erster Ministerpräsident der DDR.

Q 2 *Ein Historiker aus der Bundesrepublik Deutschland über die Blockade West-Berlins und die Bedeutung der Luftbrücke:*

So kam es zur Luftbrücke, auf deren Höhepunkt alle 48 Sekunden ein „Rosinenbomber" auf den Berliner Flugfeldern landete. Es war, unerwartet für die Russen, eine technische Meisterleistung, für die es kein Vorbild gab. Stalin hat nicht damit gerechnet, dass die Moral der Berliner halten würde. Aber Ernst Reuter, der große Bürgermeister der Stadt, versammelte mehr als 300 000 Berliner vor dem Reichstag: „In Berlin ist es kalt, aber in Sibirien ist es kälter." Die Moral der Berliner hielt, und die Luftbrücke hielt auch. Am wichtigsten aber war die Entschlossenheit der Amerikaner (…).

Q 4 *„So – und achten Sie auf eine gute Erziehung."* Die Westmächte übergeben den Deutschen vorsichtig ihr „Baby" – die Bundesrepublik Deutschland, Federzeichnung von Mirko Szewczuk, 1949.

Q 3 *Im Grundgesetz sind 19 Grundrechte festgeschrieben, u. a.:*

Art. 1: Die Würde des Menschen ist unantastbar (…). Sie zu achten und zu schützen ist Verpflichtung aller staatlichen Gewalt.
Art. 2: Jeder hat das Recht auf Leben und körperliche Unversehrtheit (…).
Art. 3: Alle Menschen sind vor dem Gesetz gleich. Männer und Frauen sind gleichberechtigt (…).
Art. 6: Ehe und Familie stehen unter dem besonderen Schutz der staatlichen Ordnung.
Art. 10: Das Briefgeheimnis sowie das Post- und Fernmeldegeheimnis sind unverletzlich (…).
Art. 16a: Politisch Verfolgte genießen Asylrecht (…).
Art. 17: Jedermann hat das Recht, sich (…) mit Bitten oder Beschwerden an die zuständigen Stellen und an die Volksvertretung zu wenden.

1. Erläutere, warum die Westmächte und westdeutsche Politiker Kurs auf die Errichtung eines deutschen Teilstaates nahmen (VT).
2. Beschreibe den Weg zur Gründung der beiden deutschen Staaten (VT, Q1). Erläutere dabei die Aussage der Karikatur (Q4).
3. Erkläre, welche Bedeutung die Luftbrücke für die West-Berliner, die Deutschen und das Kräfteverhältnis der Großmächte hatte (VT, Q2, Q5).
4. Die historische Leistung der Verfasser des Grundgesetzes ist unumstritten. Worin besteht sie (VT, Q3)?

Q 5 *Die „Rosinenbomber" kommen.* Umgerüstete Bomber und Transportflugzeuge der Westalliierten flogen jeden Tag über 4500 Tonnen Lebensmittel und Heizmaterial nach West-Berlin. 78 Amerikaner, Briten und Deutsche starben dabei.

8 Markt- und Planwirtschaft

Q1 *Volle Regale in den westdeutschen Läden*
Das Foto zeigt den ersten Selbstbedienungsladen in Deutschland.

Marktwirtschaft
Wirtschaftssystem, das freien Spielraum für unternehmerische Tätigkeiten gibt. Merkmale sind: Privateigentum, freie Berufswahl sowie der freie Wettbewerb. Bei der sozialen Marktwirtschaft korrigiert der Staat negative Auswirkungen des Wettbewerbs mit sozialen Hilfen.

Planwirtschaft
Wirtschaftssystem, in dem eine Behörde Planvorgaben für die Wirtschaft erarbeitet. Produktion, Verteilung der Waren und Preisfestlegung werden zentral geregelt. Die Kräfte des Marktes sind außer Kraft gesetzt.

Wirtschaftsboom ...
In den 1950er-Jahren setzte in der Bundesrepublik ein beispielloser wirtschaftlicher Aufschwung ein. Rasch sprach man von einem „Wirtschaftswunder". Für den Boom gab es viele Gründe: Die Gelder des Marshall-Planes ermöglichten den Unternehmern, moderne Maschinen anzuschaffen, was eine gewaltige Steigerung der Produktion zur Folge hatte. Die Nachfrage nach hochwertigen Industrieprodukten auf dem Weltmarkt nahm Anfang der 1950er-Jahre sprunghaft zu. Dies förderte den Export deutscher Unternehmen und setzte Gelder für Investitionen frei. Zudem gab es in Deutschland ein Überangebot gut ausgebildeter leistungswilliger Arbeiter.

... in der sozialen Marktwirtschaft
Letztlich hatte auch die Politik der sozialen Marktwirtschaft, eng mit dem Namen des Wirtschaftsministers Ludwig Erhard verbunden, großen Anteil am Wirtschaftsboom. Mit einem Netz sozialer Maßnahmen gelang es, die Bevölkerung gegen soziale Risiken abzusichern und für den wirtschaftlichen Aufbau zu motivieren. Flüchtlinge und Vertriebene erhielten mit dem „Lastenausgleich" eine Entschädigung für verlorenen Besitz, die Altersrenten wurden erhöht. In den 1970er-Jahren kamen neue Sozialleistungen hinzu: Wohngeld für Familien mit niedrigem Einkommen, Stipendien für Studierende, Erziehungsgeld für Eltern. Das alles bewirkte eine spürbare Erhöhung des Lebensstandards.
Stützen des Aufschwungs waren auch Gewerkschaftsverbände und die Unternehmer: Die Gewerkschaften bewiesen viel Gespür dafür, welche Lohnforderungen gestellt werden konnten, ohne den Aufbau der Wirtschaft zu gefährden. Die Unternehmer nutzten die erwirtschafteten Gewinne für Investitionen. Dennoch: Ein „Wunder" war der Aufschwung nicht. Er war nur möglich auf der Grundlage harter Arbeit, oft verbunden mit wenig Zeit für sich und die Familie.

Planwirtschaft in der DDR
In der DDR wurde die gesamte Wirtschaft vom Staat gelenkt, geplant und kontrolliert. Zentrale Planvorgaben schrieben vor, was die Betriebe zu produzieren hatten, was der Bevölkerung zum Kauf anzubieten sei und welche Waren exportiert werden sollten.
Grundlage der sozialistischen Planwirtschaft war das staatliche bzw. genossenschaftliche Eigentum an den Produktionsmitteln. Seit Beginn der 1950er-Jahre wurden immer mehr Betriebe widerrechtlich enteignet und in Staatsunternehmen, die sich Volkseigene Betriebe (VEB) nannten, überführt. Die Bauern wurden gezwungen, in Landwirtschaftliche Produktionsgenossenschaften (LPGs) einzutreten, sodass es 1961 in der DDR keine Privatbauern mehr gab. Auch Handwerker und kleine Gewerbetreibende mussten sich zu Genossenschaften zusammenschließen.
Trotz mancher Fortschritte in der Produktion und im Lebensstandard zeigte sich bald, dass die Planwirtschaft der sozialen Marktwirtschaft unterlegen war.

Q 2 *Bundeswirtschaftsminister Erhard sagte zum Wesen der sozialen Marktwirtschaft 1957:*
Eine freiheitliche Wirtschaftsordnung kann auf die Dauer nur dann bestehen, wenn und solange auch im sozialen Leben der Nation ein Höchstmaß an Freiheit, an privater Initiative und Selbstvorsorge gewährleistet ist. Wenn dagegen die Bemühungen der Sozialpolitik darauf abzielen, dem Menschen schon von der Stunde seiner Geburt an die volle Sicherheit gegen alle Widrigkeiten des Lebens zu gewährleisten (…), dann kann man von solchen Menschen einfach nicht mehr verlangen, dass sie das Maß an Kraft, Leistung, Initiative und anderen besten menschlichen Werten entfalten, das (…) die Voraussetzung einer auf die Initiative der Persönlichkeit begründeten „sozialen Marktwirtschaft" bietet. (…) Damit soll nicht geleugnet werden, dass eine auch noch so gute Wirtschaftspolitik in modernen Industriestaaten einer Ergänzung durch sozialpolitische Maßnahmen bedarf. (…) Es muss aber im ureigensten Interesse jeder organisierten Sozialpolitik liegen (…) Sorge zu tragen, dass die Prinzipien, nach denen die Wirtschaft geordnet ist, erhalten bleiben und weiter ausgebaut werden.

Q 4 *Schlange stehen vor einem Geschäft in der DDR.* Technische Konsumgüter wie Fernsehapparate, Kühlschränke, Waschmaschinen, Autos waren schwer zu haben und stark übertreuert. Auf einen „Trabant", das Standardauto in der DDR, musste man 12 Jahre warten.

Q 3 *rechts: Camping am Gardasee*
Der wachsende Lebensstandard erlaubte manchen Westdeutschen Urlaub in Südeuropa, Foto, 1964.

1 Erläutere den Unterschied zwischen der sozialen Marktwirtschaft und der sozialistischen Planwirtschaft (VT).
2 Erkläre den Zusammenhang zwischen „freiheitlicher Wirtschaftsordnung" und der Notwendigkeit einer „organisierten Sozialpolitik" durch den Staat (Q2).
3 Vergleiche den Lebensstandard der Menschen in der Bundesrepublik Deutschland und der DDR (D1, Q1, Q3, Q4).
4 Nenne Ursachen für den unterschiedlichen Lebensstandard der Ost- und Westdeutschen.

	DDR	BRD
Durchschnittliches monatliches Nettoeinkommen		
Arbeitnehmer	961 Mark	2160 DM
Rentner	398 Mark	1505 DM
Zum Kauf erforderliche Arbeitszeit (Std. : Min.)		
Herrenschuhe	27:53	5:55
Kühlschrank	293:16	40:00
PKW	3807:42	607:24
Roggenbrot	0:06	0:13
Eisenbahn-Wochenkarte	0:29	1:47
Wohnung		
Durchschnittliche Größe	58 qm	98 qm
Wohnungen mit Zentralheizung	36 %	70 %
Wohnungen mit Bad/Dusche	68 %	92 %

D 1 *Statistische Angaben zum Lebensstandard in beiden deutschen Staaten 1982/83*

9 Die Wiedervereinigung rückt in weite Ferne

Q 1 *Am 9. Mai 1955 wird die Bundesrepublik Deutschland Mitglied der NATO.*
Als 15. NATO-Staat hatte die Bundesrepublik damals noch keine Armee.

Pariser Verträge
Abkommen aus dem Jahr 1954 zwischen den westeuropäischen Staaten und der USA über die Stellung der Bundesrepublik innerhalb der westlichen Staatengemeinschaft. Die Pariser Verträge enthalten Bestimmungen über die Stationierung fremder Streitkräfte in der Bundesrepublik und über den Beitritt Westdeutschlands zur NATO.

Souveränität
bedeutet die rechtliche Unabhängigkeit eines Staates. Ein souveräner Staat beansprucht, dass sich niemand in seine inneren Angelegenheiten einmischt und er seine Außenpolitik selbst gestaltet.

Westintegration statt Wiedervereinigung

Nach der Spaltung Deutschlands in zwei Teilstaaten war die Mehrheit der Westdeutschen zunächst gegen eine rasche Wiedervereinigung. Der französische Politikwissenschaftler Alfred Grosser formulierte die Stimmung der Bevölkerung so: „Lieber keine Wiedervereinigung, die auch die geringste Gefahr eines kommunistischen Einflusses im wiedervereinigten Deutschland mit sich bringen würde."
Bundeskanzler Adenauer war der gleichen Meinung. Er wollte die Bundesrepublik eng an den Westen binden. Nur so könne eine Ausbreitung des kommunistischen Einflusses auch auf Westdeutschland verhindert werden. Folglich lehnten sowohl die Westmächte als auch die Bundesrepublik 1952 einen Vorschlag der Sowjetunion ab, Verhandlungen über „die Errichtung eines wiedervereinigten demokratischen und neutralen Deutschlands" aufzunehmen.

Auf dem Weg zur Souveränität

Adenauers Ziel war es, die volle Unabhängigkeit der Bundesrepublik zu erreichen und sie in die Gemeinschaft der westlichen Staaten einzugliedern. Dies gelang in mehreren Schritten: Im Deutschlandvertrag 1952 erhielt die Bundesrepublik weitgehende außenpolitische Handlungsfreiheit. Sie wurde 1954 mit den Pariser Verträgen gleichberechtigtes Mitglied der westlichen Staatengemeinschaft und trat 1955 deren Militärbündnis, dem Nordatlantikpakt (NATO) bei. 1955 wurden die ersten Freiwilligen der Bundeswehr vereidigt und ein Jahr später beschloss der Bundestag die allgemeine Wehrpflicht.
Nicht alle Westdeutschen unterstützten die Politik Adenauers. Es kam zu heftigen Demonstrationen gegen die Wiederbewaffnung. Die SPD griff Adenauers Politik scharf an, weil sie, wie auch manche Teile der Bevölkerung, der Meinung war, die enge Bindung an den Westen rücke die Wiedervereinigung Deutschlands in weite Ferne.

Zweistaatentheorie

Bis 1954 zielte die Politik der DDR und der Sowjetunion auf die Wiedervereinigung Deutschlands ab. Beide Staaten waren aber nicht bereit, freie demokratische Wahlen in West- und Ostdeutschland zuzulassen. Mit der Verkündung der „Zweistaatentheorie" durch den sowjetischen Staatschef Chruschtschow 1955 erfolgte eine Neuorientierung in der Deutschlandpolitik. Die Sowjetunion und die DDR akzeptierten das Bestehen zweier unabhängiger deutscher Staaten: Die Wiedervereinigung sei allein deren Angelegenheit. Zudem sei eine Wiedervereinigung nur möglich, falls die Veränderungen in der DDR, wie die Enteignungen in der Industrie und Landwirtschaft und andere „sozialistische Errungenschaften", nicht rückgängig gemacht würden.

Standpunkte: Pariser Verträge und Wiedervereinigung

Q2 *Aus der Regierungserklärung von Bundeskanzler Konrad Adenauer am 15.12.1954 zu den Pariser Verträgen:*

Das Vertragswerk macht die Bundesrepublik erst fähig, die Spaltung Deutschlands zu beseitigen und die sich mit der Wiedervereinigung stellenden Aufgaben zu bewältigen. (…) Die großen Mächte werden sich entsprechend ihren vertraglichen Verpflichtungen bei kommenden Verhandlungen für unsere Wiedervereinigung solidarisch einsetzen. (…) Sie erklären also, dass die Schaffung eines völlig freien und vereinigten Deutschlands durch friedliche Mittel ein grundlegendes Ziel ihrer Politik ist. Ich sehe nicht, (…) wie heute eine bessere Basis für die Wiedervereinigung Deutschlands gewonnen werden könnte.

Q3 *Aus der Antwort des Oppositionsführers Erich Ollenhauer (SPD):*

In Paris ist (…) festgelegt worden, dass neue Verhandlungen mit der Sowjetunion über das Problem der deutschen Wiedervereinigung erst nach der Ratifizierung [Anerkennung] der Verträge ins Auge gefasst werden sollen. Der Herr Bundeskanzler hat sich diese These (…) zu eigen gemacht (…). Damit ist eindeutig der Aufrüstung der Bundesrepublik der Vorrang vor der Wiedervereinigung gegeben worden. Diese Politik basiert auf der Annahme, dass ohne die Einheit des Westens erfolgreiche Verhandlungen mit der Sowjetunion nicht möglich seien (…). Die Interessen der Sowjetunion sind nicht identisch mit unseren deutschen Interessen, und ihre Argumente sind nicht unsere Argumente. Aber vergessen wir nie, die Sowjetunion ist eine der vier Besatzungsmächte, und ohne ihre Zustimmung und ohne ihre Mitwirkung ist eine Wiedervereinigung Deutschlands ebenso unmöglich wie ohne die Zustimmung und Mitwirkung der Westmächte.

Q4 *rechts: Jugendliche verbrennen einen Befehl zur Einberufung in die Bundeswehr.*

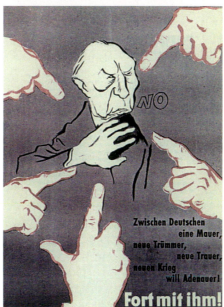

Q5 Westintegration und Wiederbewaffnung aus zweierlei Sichten
oben: Der Westen trotzt der Flut aus dem Osten, westdeutsches Propagandaplakat, 1952.
unten: Fort mit Adenauer, der mit der Wiederbewaffnung Deutschland endgültig spaltet, ostdeutsches Propagandaplakat, 1951/52.

1 Nenne Gründe, warum die Mehrheit der Westdeutschen die Bindung an die westliche Staatengemeinschaft einer schnellen Wiedervereinigung vorzog (VT).
2 Erläutere die Richtlinien der Außen- und Deutschlandpolitik der Bundesregierung und der Regierung der DDR bis Mitte der 1950er-Jahre (VT).
3 Welche Bedeutung haben die Pariser Verträge für die Wiedervereinigung? Arbeite die unterschiedlichen Auffassungen Adenauers und Ollenhauers heraus (Q2, Q3).
4 Vermute Gründe, warum viele Westdeutsche damals gegen die Wiederaufrüstung eintraten (Q4).
5 Beschreibe und bewerte die beiden Propagandaplakate (Q5). Welche politischen Auffassungen werden sichtbar?

10 Schüsse und Stacheldraht

Q1 *Mit Steinen gegen Panzer,* der Aufstand am 17. Juni 1953

Volksaufstand im Juni 1953

Die widerrechtlichen Enteignungen, die Beschränkung der persönlichen Freiheit, die Alleinherrschaft der SED und die schlechte Versorgungslage führten dazu, dass die Unzufriedenheit der Bevölkerung in der DDR wuchs. Hunderttausende machten sich auf den Weg in die Bundesrepublik, weil sie hofften, hier frei und wirtschaftlich besser leben zu können.

Am 16. Juni 1953 entlud sich die Unzufriedenheit: In Ost-Berlin gingen Bauarbeiter auf die Straße und forderten bessere Arbeits- und Lebensbedingungen sowie mehr Mitbestimmung in den Betrieben. Dabei blieb es nicht. Am nächsten Tag demonstrierten auch in anderen Städten, Dörfern und Industriegebieten Hunderttausende. Rufe nach freien Wahlen, Beseitigung der Vorherrschaft der SED, Meinungsfreiheit und Entlassung der politischen Häftlinge wurden laut. Die Polizei war machtlos. Nur mit Hilfe der sowjetischen Besatzungsmacht konnte der Aufstand nach zwei Tagen blutig niedergeschlagen werden. Dutzende waren während den Demonstrationen getötet worden oder wurden im Anschluss hingerichtet. Tausende Demonstranten wurden verhaftet und verurteilt.

Der Bau der Mauer im August 1961

Die Fluchtbewegung nach West-Berlin und Westdeutschland nahm auch in den folgenden Jahren nicht ab. Zwischen 1955 und 1961 flohen 1,5 Millionen DDR-Bürger. Die Abwanderung von Arbeitskräften fügte der Wirtschaft großen Schaden zu. Als im Sommer 1961 täglich fast 2000 Flüchtlinge ihr Land verließen, riegelten Soldaten der Nationalen Volksarmee (NVA) und bewaffnete Arbeiter der so genannten Kampfgruppen am 13. August mit Stacheldraht und Straßensperren die Grenze zu West-Berlin ab. In den nächsten Tagen und Wochen wurde die Grenze zu West-Berlin und zur Bundesrepublik mit einer Betonmauer, Grenzzäunen, Todesstreifen und Wachtürmen, später auch Minen und Selbstschussanlagen, fast unüberwindbar gemacht.

Die Grenzsoldaten der DDR hatten den Befehl, auf Flüchtlinge zu schießen. Bis zum Fall der Mauer gab es immer wieder Tote. Nach der Wiedervereinigung fanden mehrere Prozesse gegen die „Mauerschützen" statt. In der Öffentlichkeit wurde über die Schuldfähigkeit der Soldaten kontrovers diskutiert. Viele forderten, vor allem diejenigen zu bestrafen, die den Schießbefehl zu verantworten hatten.

Q 2 Unterschiedliche Sichten auf den Volksaufstand in der DDR

a) Ein Augenzeuge berichtet über die Vorgänge am 17. Juni:

Gegenüber dem Regierungsgebäude (…) standen Tausende auf den nicht abgeräumten Trümmern. Von dort her wurden immer noch Steine geschleudert. (…) Die Masse der Demonstranten verhielt sich ziemlich diszipliniert. Die Vorderen schrien auf die Volkspolizei ein und versuchten sie auf ihre Seite zu ziehen. „Schämt ihr euch nicht", hörte ich einen Hünen mit Bärenstimme brüllen, „diese Strolche auch noch zu verteidigen? Das will eine Arbeiterregierung sein, die sich vor uns verschanzt? Werft die Russenuniform weg und macht mit uns mit!"

b) Die SED-Zeitung „Neues Deutschland" schrieb:

Als ein Panzer über den Alexanderplatz rollte, schrien die Provokateure auf. Mit Wut entstellten Gesichtern und weichen Knien starrten sie auf das erhobene Rohr. Zwei Halbstarke griffen zu Steinen und warfen sie auf den Panzer. Unberührt rollte der Panzer weiter, nicht einmal eine Schramme blieb zurück. Der Sowjetsoldat schaute angeekelt auf diese widerlichen Gestalten, in die verlebten vom Laster gezeichneten Gesichter.

Q 3 Die thüringische Zeitung „Das Volk" schreibt am 19. Juni 1953:

Hiermit wird mitgeteilt, dass der Einwohner der Stadt Jena, Alfred Diener, einer der aktivsten Organisatoren von Provokationen und Unruhen in der Stadt Jena am 17. Juni 1953 auch (ein) Teilnehmer der gegen die Staatsorgane und Bevölkerung gerichteten verbrecherischen Handlungen ist.
Diener ist zum Erschießen verurteilt. Das Urteil ist vollstreckt worden.
Der sowjetische Militärkommandant

Q 4 *Demonstrierende Bauern in Jessen am 17. Juni 1953.* Nicht nur die Stadtbevölkerung protestierte.

Q 5 Forderungen von Teilnehmern des Aufstandes vom 17. Juni 1953 an die DDR-Regierung:

Wir Werktätigen des Kreises Bitterfeld fordern von Ihnen:

1. Rücktritt der so genannten Deutschen Demokratischen Regierung, die sich durch Wahlmanöver an die Macht gebracht hat.
2. Bildung einer provisorischen Regierung aus den fortschrittlichen Werktätigen.
3. Zulassung sämtlicher großen demokratischen Parteien Westdeutschlands.
4. Freie, geheime, direkte Wahlen in vier Monaten.
5. Freilassung sämtlicher politischen Gefangenen (direkt politischer, so genannter Wirtschaftsverbrecher und konfessionell Verfolgter).
6. Sofortige Abschaffung der Zonengrenze und Zurückziehung der Vopo [Volkspolizei].
7. Sofortige Normalisierung des sozialen Lebensstandards.
8. Sofortige Ablösung der so genannten Nationalarmee [Nationalen Volksarmee].
9. Keine Repressalien gegen einen Streikenden.

D 1 *DDR-Flüchtlinge nach Westdeutschland und West-Berlin von 1949–1962*

Jahr	Zahl
1949	129 245
1950	197 788
1951	165 648
1952	182 393
1953	331 390
1954	184 198
1955	252 870
1956	279 189
1957	261 622
1958	204 092
1959	143 917
1960	199 188
1961	207 026
1962	21 356
Gesamt	2 759 932

D 2 *Grenzsicherungsanlagen der DDR:*
1 Grenzverlauf mit Grenzsteinen **2** Grenzhinweisschild bzw. Grenzpfahl **3** Grenzsäule der DDR **4** Geländestreifen **5** Metallgitterzaun **6** Durchlass **7** Kraftfahrzeug-Sperrgraben **8** Spurensicherungsstreifen **9** Kolonnenweg mit Fahrspurplatten **10–12** Beton-Beobachtungstürme **13** Beobachtungsbunker **13a** Beobachtungsbunker mit Schalteinrichtungen **14** Lichtsperre **15** Anlage für erdverkabeltes Grenzmeldenetz **16** Laufanlage für Hunde **16a** Freilaufanlage für Hunde **17** Schutzstreifenzaun mit elektronischen und akustischen Signalanlagen **18** Betonsperrmauer mit Sichtblenden **19** Tor im Schutzstreifenzaun mit Signaldrähten **20** Stolperdrähte **21** Kontrollpassierpunkt zur Sperrzone **22** Hinweisschild auf Beginn des Schutzstreifens

Q 6 *1963 äußert sich ein Mitglied des SED-Zentralkomitees vor Grenzsoldaten:*
Ich sage, jeder Schuss aus der Maschinenpistole eines unserer Grenzsicherungspolizisten zur Abwehr solcher Verbrechen [gemeint ist Flucht aus der DDR] rettet in
5 der Konsequenz Hunderte von Kameraden, rettet Tausenden Bürgern der DDR das Leben und sichert Millionenwerte an Volksvermögen. Ihr schießt nicht auf Brüder und Schwestern, wenn ihr mit der Waffe den
10 Grenzverletzer zum Halten bringt. Wie kann das euer Bruder sein, der die Republik verrät, der die Macht des Volkes antastet!

Q 7 *Ein in die Bundesrepublik geflüchteter Leutnant der Grenztruppen sagte aus:*
Die interne Regelung der Grenztruppen in Hinsicht auf den Schießbefehl ist wesentlich klarer als die Formulierungen des Grenzgesetzes. Im täglichen Befehl heißt es immer
5 noch: „Sie sind eingesetzt (…) mit der Aufgabe, Grenzdurchbrüche in beide Richtungen nicht zuzulassen, Grenzverletzer aufzuspüren, festzunehmen oder zu vernichten." (…) Ebenso ist in allen militärischen Dienst-

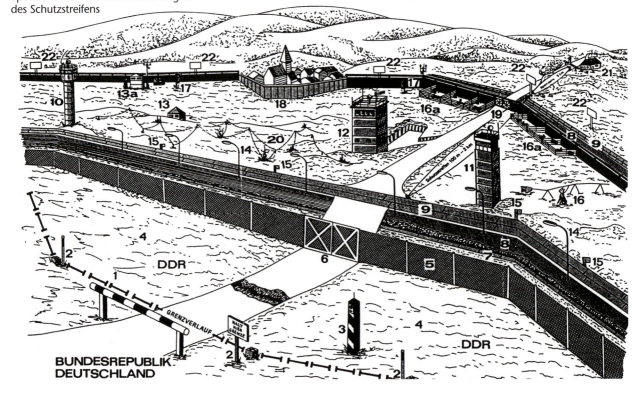

 10 Mauerbau in Berlin im August 1961; links der Mauer: Ost-Berlin, rechts: West-Berlin

10 vorschriften die Formulierung „vernichten" zu finden. In Schulungen wird immer wieder deutlich gemacht, dass ein Toter an der Grenze wesentlich besser als ein verletzter Flüchtling im Westen ist.

8 *Mauerwächter*, wie sie der bundesdeutsche Karikaturist Oskar sah.

9 *Klaus W. lebte 1961 in einem Ost-Berliner Vorort unmittelbar an der Mauer. Er erinnert sich im Jahre 1999:*
Wir sind 1961 im September nach Glienicke gezogen, also genau nach der Zeit, als die Mauer gebaut wurde. Unser Grundstück lag genau an der Mauer. (…) Die Nachbarn auf
5 der Westseite kannten wir nicht mehr. Man konnte zwar rübergucken und auch mit Steinen schmeißen, kennen gelernt haben wir sie aber erst nach dreißig Jahren. (…) Meine ganze Kindheit und Jugend habe
10 ich also an der Mauer verbracht. Das war nicht immer einfach, wir durften zum Beispiel keine Kinder mit nach Hause bringen, mein eigener Kumpel, mein Klassenkamerad, konnte mich nicht besuchen, weil un-
15 ser Haus im Grenzgebiet lag. (…) Die Verwandtschaft musste, wenn Geburtstag oder Ähnliches war, vier bis sechs Wochen vorher einen Antrag stellen. (…) Die Grenzer sind sogar jeden Sonnabend gekommen, um im
20 Keller die Wände abzuklopfen, ob irgendwo ein Tunnel gegraben wurde.

---

1 Nenne die Ursachen für den Volksaufstand in der DDR. Welche Ziele hatten die Aufständischen (VT, Q4, Q5)?

2 Erläutere die Rolle der sowjetischen Besatzungsmacht im Juni 1953 (VT, Q1, Q2).

3 Vergleiche die Darstellung des Aufstandes in den DDR-Zeitungen (Q2b, Q3) mit den Materialien Q1, Q2a und Q4.

4 Erläutere die Ursachen für den Mauerbau (VT, D1).

5 Beschreibe die Folgen des Mauerbaus für die Menschen in beiden deutschen Staaten (VT, D2, Q9, Q10).

6 Beschreibe die Grenzsicherungsanlagen der DDR (D2).

7 In der DDR wurde die Mauer offiziell als „antifaschistisch-demokratischer Schutzwall" bezeichnet. Überlege, was mit diesem Begriff ausgedrückt werden sollte.

8 Diskutiert in der Klasse, wer die Verantwortung für die Toten an der Mauer zu tragen hat. Geht dabei auf D2 und Q6–Q8 ein.

11 Die Einheit der Nation erhalten

Q 1 *Erstes Wiedersehen in Ost-Berlin zwei Jahre nach dem Mauerbau.* Ein Passierscheinabkommen ermöglichte West-Berlinern, Verwandte und Bekannte zum Weihnachtsfest 1963 zu besuchen.

Gespannte Beziehungen

Nach dem Bau der Mauer verhärteten sich die Standpunkte der beiden deutschen Regierungen. Die von der CDU geführte Bundesregierung beanspruchte, allein alle Deutschen zu vertreten. Sie sei – anders als die DDR-Regierung – die alleinige frei gewählte Vertretung des deutschen Volkes. Zu Staaten, die die DDR völkerrechtlich anerkannten, brach die Bundesrepublik in dieser Zeit die diplomatischen Beziehungen ab.
Die ostdeutsche Regierung dagegen forderte die Anerkennung der DDR als gleichberechtigten souveränen deutschen Staat. Die Abgrenzung zur Bundesrepublik wurde vorangetrieben. Im „Gesetz über die Staatsbürgerschaft der DDR" vom Februar 1967 wurde betont, dass es zwei deutsche Staatsbürgerschaften gebe. Die DDR führte im Reiseverkehr zwischen der Bundesrepublik bzw. West-Berlin und der DDR den Pass- und Visumzwang ein. „Westbesucher" mussten für jeden Tag ihres Aufenthaltes in der DDR eine bestimmte Summe Geld umtauschen.

Die Mauer wird durchlässiger

Unter dem neuen Bundeskanzler Willy Brandt (SPD) kam es 1969 zu einer Wende in den Beziehungen beider deutscher Staaten. Brandt wollte ein weiteres Auseinanderleben der Deutschen verhindern und suchte nach Wegen, um trotz staatlicher Teilung den Zusammenhalt der deutschen Nation zu wahren. Beide deutsche Regierungen führten Gespräche. Wichtigstes Ergebnis war der Grundlagenvertrag vom 21. Dezember 1972. In einer Ergänzung des Vertrages bekräftigte die Bundesregierung, dass für sie die DDR kein Ausland sei. Eine eigene Staatsbürgerschaft der DDR – wie es in der DDR-Verfassung vom April 1968 stand – könne es nicht geben.

Was wird mit der Wiedervereinigung?

Von 1972 bis 1989 wurden mehr als 30 Abkommen zwischen beiden deutschen Staaten geschlossen. Trotz mancher Fortschritte waren die Beziehungen zwischen den beiden Staaten nicht „normal". Die meisten DDR-Bürger konnten Verwandte und Freunde in der Bundesrepublik nicht besuchen. An der innerdeutschen Grenze schossen DDR-Soldaten weiter auf Flüchtlinge.
Die Politik der Regierung Brandt stieß bei der Opposition und bei den Heimatvertriebenen auf heftigen Widerstand. Diese meinten, die Zugeständnisse würden die DDR nur aufwerten und damit die Wiedervereinigung erschweren.
Doch auch die CDU/FDP-Regierung unter Bundeskanzler Helmut Kohl führte ab 1982 die Verständigungspolitik mit der DDR fort. 1987 wurde der Staatsratsvorsitzende der DDR, Erich Honecker, zu einem offiziellen Besuch in Bonn empfangen. Die Wiedervereinigung Deutschlands als politisches Ziel verlor immer mehr an Bedeutung. Viele Deutsche in West und Ost hatten sich mit der Teilung abgefunden.

Q 2 *Aus dem Grundlagenvertrag vom 21. Dezember 1972:*
Die Hohen Vertragschließenden Seiten (…) unbeschadet der unterschiedlichen Auffassungen zu grundsätzlichen Fragen, darunter zur nationalen Frage; geleitet von dem
5 Wunsch, zum Wohle der Menschen in beiden deutschen Staaten die Voraussetzungen für die Zusammenarbeit zwischen der Bundesrepublik Deutschland und der Deutschen Demokratischen Republik zu schaf-
10 fen, sind wie folgt übereingekommen:
Art. 1: Die Bundesrepublik Deutschland und die Deutsche Demokratische Republik entwickeln normale gutnachbarliche Beziehungen zueinander auf der Grundlage der
15 Gleichberechtigung. (…)
Art. 4: Die Bundesrepublik Deutschland und die Deutsche Demokratische Republik gehen davon aus, dass keiner der beiden deutschen Staaten den anderen internati-
20 onal vertreten oder in seinem Namen handeln kann. (…)
Art. 6: Sie respektieren die Unabhängigkeit und Selbstständigkeit jedes der beiden Seiten in seinen inneren und äußeren Angele-
25 genheiten.
Art. 7: Die Bundesrepublik Deutschland und die Deutsche Demokratische Republik erklären ihre Bereitschaft, im Zuge der Normalisierung ihrer Beziehungen praktische
30 und humanitäre Fragen zu regeln.

Q 3 *„Gewiss nicht komfortabel, aber statt des Seils doch immerhin ein Brett!",* Karikatur zum Grundlagenvertrag, 1972

1945: „Bruder!!"

1955: „Mein lieber Vetter!"

1965: „Ach ja – wir haben irgendeinen entfernten Verwandten im Ausland …"

D 1 *Einige Vereinbarungen zwischen der Bundesrepublik und der DDR:*
14.03.1974: Errichtung „Ständiger Vertretungen" der Bundesrepublik und der DDR in Ost-Berlin und Bonn.
19.12.1975: Erneuerung der Autobahn
5 zwischen Berlin und Marienborn, die Bundesrepublik zahlt eine Transitpauschale.
16.11.1978: Abkommen über Verkehrsfragen (u. a. Autobahnausbau Hamburg-Berlin) und über den Zahlungsverkehr.
10 25.03.1982: DDR-Bürger im arbeitsfähigen Alter dürfen in „dringenden Familienangelegenheiten" in die Bundesrepublik reisen.
29.06.1983: Die Bundesregierung bürgt für einen Milliarden-Kredit an die DDR.
15 06.05.1985: Kulturabkommen auf den Gebieten Kunst, Bildung, Wissenschaft.
06.10.1986: Erste deutsche Städtepartnerschaft zwischen Eisenhüttenstadt und Saarlouis.

D 2 *Aus einer Umfrage in der Bundesrepublik zur Frage: Ist die Wiedervereinigung Deutschlands:*

	wünschenswert	real zu erwarten?
1956	85 %	66 %
1985	79 %	11 %
1987	80 %	3 %

Q 4 *Die nationale Frage und die Deutschen,* Karikatur von Erich Köhler, 1948

1 Erläutere die Deutschlandpolitik der beiden deutschen Regierungen nach dem Bau der Mauer (VT).

2 Beschreibe die neuen Grundsätze der Regierung Brandt in der Deutschlandpolitik (VT).

3 Kennzeichne die Bedeutung des Grundlagenvertrages (Q2). Beschreibe anhand der Karikatur (Q3) die Sicht des Zeichners zum Grundlagenvertrag.

4 Was kritisierten die politischen Gegner Brandts an dessen Deutschlandpolitik (VT)?

5 Welche Folgen hatten die Abkommen zwischen beiden deutschen Regierungen für das Zusammenleben der Ost- und Westdeutschen, aber auch für die Wirtschaft der DDR (D1, Q1)?

6 Beschreibe die Hoffnungen und Erwartungen der Deutschen an die Wiedervereinigung (VT, D2, Q4).

12 Freundschaft und Aussöhnung

Q 1 *Mit einem Händedruck besiegeln Charles de Gaulle und Konrad Adenauer am 22. Januar 1963 den deutsch-französischen Freundschaftsvertrag in Paris.* Der Vertrag sollte die Aussöhnung zwischen dem deutschen und dem französischen Volk einleiten.

Aus „Erbfeinden" werden Freunde

Die Bundesrepublik Deutschland und Frankreich waren in der westlichen Staatengemeinschaft zu gleichberechtigten Bündnispartnern geworden. Jetzt gab es eine Chance, die Jahrhunderte lange „Erbfeindschaft" zwischen dem deutschen und dem französischen Volk zu beenden. Die Verständigung zwischen Deutschen und Franzosen war zugleich eine wichtige Voraussetzung für den Aufbau einer demokratischen europäischen Staatengemeinschaft. In Gesprächen mit dem französischen Staatspräsidenten Charles de Gaulle bereitete Bundeskanzler Konrad Adenauer die Aussöhnung vor. Am 22. Januar 1963 unterzeichneten beide Staatsmänner einen Vertrag über Freundschaft und Zusammenarbeit.

Dieser Vertrag war die Grundlage für vielfältige Begegnungen zwischen Deutschen und Franzosen. Jugendaustausch und Städtepartnerschaften helfen dabei, bestehende Vorurteile immer weiter abzubauen. Der Gedankenaustausch zwischen deutschen und französischen Regierungen zu wichtigen politischen Fragen ist mittlerweile eine Selbstverständlichkeit. Die deutsch-französische Zusammenarbeit wurde so zu einem festen Bestandteil europäischer Politik.

Aus Gegnern werden Partner

Die Beziehungen der Deutschen zu den osteuropäischen Völkern waren zunächst durch die NS-Verbrechen sowie die Oder-Neiße-Grenze belastet. Im Potsdamer Abkommen hatten die Siegermächte unter dem Vorbehalt „einer endgültigen Regelung durch einen Friedensvertrag" die Oder-Neiße-Linie als Westgrenze Polens bestimmt. Vertriebene und Flüchtlinge aus den ehemaligen deutschen Ostgebieten meldeten immer wieder Ansprüche auf Entschädigung für verlorenes Eigentum an.

Die Regierung von Bundeskanzler Willy Brandt schloss zwischen 1970 und 1973 nach langen Verhandlungen Verträge mit der Sowjetunion, Polen und der Tschechoslowakei. Darin erkannte sie die seit dem Ende des Zweiten Weltkrieges bestehenden Grenzen an und versicherte, keine Gebietsansprüche zu stellen. Wie Adenauers Westpolitik sollten diese Verträge eine Ära der Verständigung und Zusammenarbeit mit den osteuropäischen Nachbarn einläuten. Die Verträge waren innenpolitisch umstritten, wurden insbesondere von den Heimatvertriebenen heftig kritisiert, bedeuteten sie doch einen endgültigen Verzicht auf ehemalige Ostgebiete.

Neue Bündnispartner

Nach dem Zerfall des Ostblocks und der Auflösung des Warschauer Vertrages (vgl. S. 170/171) erreichten die Beziehungen zwischen dem wiedervereinten Deutschland und den osteuropäischen Völkern eine neue Qualität.

Auf staatlicher Ebene wurden aus den ehemaligen Gegnern Partner: Polen, die Tschechische Republik und Ungarn sind seit 1999 Mitglieder der NATO. Im Mai 2004 traten diese drei Staaten, dazu auch die Slowakei, Slowenien, Litauen, Lettland und Estland, der Europäischen Union bei.

Q 2 *Unterschiedliche Meinungen zum Warschauer Vertrag*

a) Bundeskanzler Brandt (SPD) in einer Fernsehansprache aus Warschau am 7. Dezember 1970:

Ich bin für den Vertrag mit der Volksrepublik Polen, weil er das Fundament für eine friedliche Zukunft schafft. Er gibt uns die Möglichkeit der Verständigung und Zusammenarbeit. Dem polnischen Volk gibt der Vertrag die Gewissheit, dass es in gesicherten Grenzen leben kann. (…) Der Vertrag bedeutet selbstverständlich nicht, dass Unrecht nachträglich legitimiert wird. Er bedeutet also auch keine Rechtfertigung der Vertreibung. Worum es geht, ist der ernste Versuch, ein Vierteljahrhundert nach dem Krieg die Kette des Unrechts politisch ein Ende zu setzen. Auch für die Westgrenze Polens gilt: Es gibt weder Entspannung noch gesicherten Frieden in Europa, wenn wir nicht ausgehen von der Lage, wie sie ist. (…) Unserem Volk wird nicht heute, aus heiterem Himmel, ein Opfer abverlangt. Dies hat längst gebracht werden müssen als Ergebnis der Verbrechen Hitlers.

b) In einem Entschließungsantrag formulierte die CDU/CSU-Fraktion 1970 ihre Bedenken zum Warschauer Vertrag:

Der Deutsche Bundestag bittet das polnische Volk und alle europäischen Nachbarn um Verständnis für seine Pflicht und Entschlossenheit, uneingeschränkt an dem Recht des deutschen Volkes auf freie Selbstbestimmung und auf eine frei vereinbarte friedensvertragliche Regelung für ganz Deutschland festzuhalten.

Die endgültige Festlegung der deutschen Grenzen kann nur im Zusammenhang mit dieser friedensvertraglichen Regelung geschehen. Ihre Grundlage muss das Recht der Polen auf gesicherte Grenzen und das Recht der Deutschen auf gesicherte Freiheit und Einheit sein.

Q 3 *Bundeskanzler Willy Brandt vor dem Mahnmal der Opfer des Warschauer Ghettos.* Diese Geste als Ausdruck der Achtung vor den Opfern, der Betroffenheit und des Versöhnungswillens erregte weltweites Aufsehen.

1 Mit dem deutsch-französischen Vertrag 1963 beginnt eine neue Epoche in den Beziehungen zwischen Deutschen und Franzosen. Erkläre, warum das so ist (VT, Q1).

2 Erläutere die Argumente Brandts für einen Vertragsabschluss mit Polen (Q2a). Wie erklärst du dir sein Verhalten am Mahnmal der Opfer des Warschauer Ghettos (Q3)?

3 Welche Gründe führten die Gegner Brandts für die Ablehnung des Warschauer Vertrages an (Q2b)?

Q 4 *Menschliche Erleichterungen.* – Was kritisiert die Karikatur von 1973 an der neuen Ostpolitik?

13 Die Gesellschaft verändern – Protest in West und Ost

Q 1 *Studentendemonstration am 18. Februar 1968 in West-Berlin*

Studentenbewegung im Westen

1966 brachten die Wahlen in der Bundesrepublik eine Große Koalition: Die Volksparteien CDU/CSU und SPD übernahmen gemeinsam die Regierung. Das Fehlen einer wirksamen Opposition im Bundestag führte zur Bildung der so genannten außerparlamentarischen Opposition (APO). Vor allem Studenten, aber auch Schüler, Schriftsteller und Gelehrte protestierten außerhalb des Parlaments – auf der Straße, an den Universitäten und Hochschulen – gegen die gesellschaftlichen Zustände. Ihre Ziele waren vielfältig: Sie demonstrierten gegen den Vietnamkrieg der USA, das atomare Wettrüsten und für mehr Mitbestimmung an Schulen und Universitäten. Sie verurteilten auch den Lebensstil und das Lebensgefühl der älteren Generation und wollten sich nicht mehr bevormunden lassen. Viele Jugendliche hinterfragten das Verhalten der Eltern und Großeltern während der NS-Zeit. Die junge Generation warf den Älteren vor, nichts gegen den Terror der Nationalsozialisten unternommen zu haben.

Die Studentenproteste heizten das innenpolitische Klima mächtig auf. Nicht selten mündeten die Demonstrationen in Straßenschlachten mit der Polizei. Höhepunkt der Auseinandersetzungen war ein Attentat auf den Studentenführer Rudi Dutschke, das zu den schwersten Krawallen der Nachkriegsgeschichte führte.

„Klimawechsel" in der Gesellschaft

Die Mehrzahl der Bundesbürger distanzierte sich von der APO. Diese verlor zwar an Bedeutung und stellte Ende der 1960er-Jahre ihre Aktionen ein, sie hinterließ aber deutliche Spuren in der bundesdeutschen Gesellschaft. Das politische und gesellschaftliche „Klima" hatte sich Anfang der 1970er-Jahre mächtig gewandelt. Immer mehr Bürgerinnen und Bürger waren jetzt bereit, sich politisch zu engagieren – in Bürgerinitiativen oder in der Umwelt-, Friedens- und Frauenbewegung.

Die „Grünen" – ursprünglich eine Bewegung, die für den Schutz der Umwelt und den Ausstieg aus der Nutzung der Atomenergie eintrat – fanden immer mehr Anhänger und etablierten sich als politische Partei. Im Jahr 1983 entsandte sie erstmals Abgeordnete in den Bundestag, 1998 beteiligte sie sich an der Regierung.

Mit Terror die Gesellschaft verändern?

Aus einer Splittergruppe der APO-Protestbewegung hatte sich nach 1968 die terroristische Organisation „Rote-Armee-Fraktion" (RAF) entwickelt. Nach der Ermordung des Industriellen Schleyer durch die RAF und dem Selbstmord führender inhaftierter Terroristen entbrannte in der Bundesrepublik eine Diskussion darüber, bis zu welchem Grad der demokratische Rechtsstaat berechtigt ist, bei der Bekämpfung von Gewalttätern die Grenzen der Rechtsstaatlichkeit einzuschränken. Der Terror der RAF wurde von fast allen Bürgerinnen und Bürgern verurteilt. 1998 löste sich die RAF schließlich auf.

APO
Kurzform für außerparlamentarische Opposition. Während der Zeit der Großen Koalition entstandene Gruppen, die vor allem aus Jugendlichen und Studenten bestanden. Sie fühlten sich von den politischen Parteien im Bundestag nicht vertreten. Mit Protesten und Demonstrationen wollten sie gesellschaftliche Veränderungen auslösen.

Q 2 *Protestdemonstration in Ost-Berlin gegen die Fälschung der Ergebnisse bei den Kommunalwahlen 1989*

Jugendprotest im Osten

In der DDR hatte die Mehrzahl der Jugendlichen keine materiellen Sorgen. Die berufliche Entwicklung war gesichert, Arbeitslosigkeit gab es nicht. Fast 87 Prozent der Jugendlichen waren 1987 in der Freien Deutschen Jugend (FDJ) organisiert. Der einzige zugelassene Jugendverband stand unter direkter Kontrolle der SED. Die FDJ nahm ständigen Einfluss auf die Jugendlichen – im Studium, im Berufsleben, in den Armeeeinheiten, aber auch bei der Freizeitgestaltung. Die Verbundenheit der FDJ mit der SED und dem Staat sollte der Bevölkerung mit gewaltigen Aufmärschen und Kundgebungen demonstriert werden. Doch die zur Schau gestellte Eintracht von Jugend und Partei war trügerisch. Die Realitätsfremde der Partei- und Staatsfunktionäre mit Erich Honecker an der Spitze, die alle Reformbestrebungen für mehr Demokratie und Freiheit ablehnten, führte dazu, dass vor allem Jugendliche in den 1980er-Jahren gegen die Verletzung der Bürger- und Menschenrechte protestierten. Sie fanden in den Bürgerrechtsbewegungen und besonders in der evangelischen Kirche eine politische Heimat.

Widerstand in der DDR

Beschränkung und Verletzung der Bürger- und Menschenrechte, wie Meinungs- und Reisefreiheit, Überwachung und Diskriminierung kritischer Bürger durch Mitarbeiter des Staatssicherheitsdienstes und Berufsverbote, erzeugten bei nicht wenigen Bürgerinnen und Bürgern in der DDR Widerspruch und manchmal auch Widerstand. Aktiver Widerstand war allerdings gefährlich, endete oft mit Gefängnisstrafen und blieb lange die Ausnahme.

Anfang der 1980er-Jahre änderte sich dies. Es bildeten sich Gruppierungen – oft unterstützt von Pfarrern der evangelischen Kirche –, die für Menschenrechte, Frieden und den Erhalt der Umwelt eintraten. Diese setzten sich auch mit gesellschaftlichen Missständen in der DDR auseinander und unterstützten Bürger, die wegen staatskritischer Handlungen – der Antrag auf Ausreise in die Bundesrepublik oder die Verweigerung des Wehrdienstes an der Waffe gehörten dazu – überwacht, diskriminiert oder verhaftet wurden. Die Staatsorgane und Gerichte gingen mit großer Härte gegen Mitglieder der Oppositionsgruppen vor. Berufsverbote und Haftstrafen häuften sich.

Freie Deutsche Jugend (FDJ)

1946 gegründet, war die FDJ die einzige zugelassene Jugendorganisation in der DDR. Von der SED stark beeinflusst hatte die FDJ das Ziel, die Jugendlichen für den Aufbau des Sozialismus zu motivieren. Mitbegründer und langjähriger Vorsitzender der FDJ war Erich Honecker.

Ministerium für Staatssicherheit („Stasi")

85 000 hauptamtliche und über 100 000 „inoffizielle" Mitarbeiter des DDR-Ministeriums bespitzelten die Menschen in der DDR in allen Lebensbereichen, auch in der Privatsphäre. Wer sich der SED-Herrschaft widersetzte, konnte verhaftet und bestraft werden.

Q 3 *Hamburger Wohngemeinschaft 1968* Protestplakate und die Büste des chinesischen Kommunistenführers Mao gehörten zur Wohnungseinrichtung.

Q 5 *Das Magazin „Der Spiegel" zu den Ausschreitungen nach dem Attentat auf den Studentenführer Rudi Dutschke:*
Es kam zu Straßenschlachten, wie sie Westdeutschland seit der Weimarer Republik nicht mehr gekannt hatte. Auf der Strecke blieben zwei Tote, über 400 Schwer-
5 und Leichtverletzte und der Anspruch der Bundesrepublik, ein intakter Staat zu sein. (…) Unmittelbar nach dem Mordanschlag auf Rudi Dutschke zogen linke Studenten vor das Westberliner Springer-Haus in der
10 Kochstraße an der Mauer. Steine ließen die Hochburg der Verdummung und Verhetzung zerklirren. Vertriebswagen wurden in Brand gesteckt. 800 Kilometer entfernt drangen 300 Studenten in das Münchner
15 Buchgewerbehaus ein, wo „Bild" für Süddeutschland redigiert und gedruckt wird. In den Redaktionsräumen rissen Stoßtrupps Akten aus den Schränken und warfen sie aus dem Fenster.

Q 4 *Demonstranten und Polizei 1968 in West-Berlin*

Q 6 *Bundesjustizminister Gustav Heinemann am 11. April 1968 zu den gewaltsamen Studentenprotesten:*
Zu den Grundrechten gehört auch das Recht zum Demonstrieren, um öffentliche Meinung zu mobilisieren. Auch die junge Generation hat einen Anspruch darauf, mit
5 ihren Wünschen und Vorschlägen gehört und ernst genommen zu werden.
Gewalttat aber ist gemeines Unrecht und eine Dummheit obendrein. Es ist eine alte Erfahrung, dass Ausschreitungen und Ge-
10 walttaten genau die gegenteilige öffentliche Meinung schaffen, als ihre Urheber wünschen. Das sollten – so meine ich – gerade politisch bewegte Studenten begreifen und darum zur Selbstbeherrschung zurück-
15 finden.

Q 7 Mathias Bothe, 1977 wegen „staatsfeindlicher Hetze" für ein Jahr in der DDR inhaftiert:

Viele sagen sich, Kompromisse nur insoweit, wie ich sie verantworten und vertreten kann. Aber es gibt keine abrupte Grenze zwischen vertretbaren und nicht vertretbaren Kompromissen, die Übergänge sind fließend. Natürlich kann ich sagen, in die Partei (SED) gehe ich niemals. Aber wenn es im Betrieb darum geht, ein ausgezeichnetes Kollektiv zu werden, was mit Prämien verbunden ist, und mein Vorgesetzter sagt, hör mal, du müsstest dich gesellschaftlich aktiver zeigen, so sagt man sich oft, na gut, dann mache ich eben bei der Kampfgruppe mit (…) oder in der Gewerkschaft. Später wird eine Liste mit Unterschriften vorgelegt, auf der man mit seiner eigenen Unterschrift bekunden soll, dass man mit dem Einmarsch der Warschauer-Pakt-Truppen in der CSSR oder der sowjetischen Truppen in Afghanistan voll einverstanden ist – zum Schutze der Freiheit und des Sozialismus. Was tun? Nicht unterschreiben kann als antisozialistische Haltung ausgelegt werden, die nicht nur berufliche Folgen hat. Also wird unterschrieben, meist entgegen der Überzeugung. Man sagt sich, schließlich habe ich so viele Zugeständnisse gemacht, soll das alles umsonst gewesen sein, nur wegen einer kleinen Unterschrift?

Q 8 Aus dem Lebensweg von Regina Ebert aus Halle/Saale in der DDR:

Regina Ebert wurde am 17. Oktober 1950 in Bitterfeld geboren. (…) Im April 1970 heiratete sie den Elektromonteur Helmut Ebert. Im selben Jahr kam ihre erste Tochter zur Welt, 1973 wurde die zweite geboren. (…)
Am 25. April 1976 stellten sie und ihr Mann den ersten Antrag auf Übersiedlung in die Bundesrepublik, der abgelehnt wurde. Vor diesem Hintergrund nahm das Ehepaar zum ZDF-Magazin Kontakt auf und bat um Hilfe. Am 10. Oktober 1976 wurden Regina Ebert und ihr Mann daraufhin verhaftet und im März 1977 vom Bezirksgericht Halle zu zweieinhalb bzw. dreieinhalb Jahren Freiheitsentzug verurteilt. Ihre Töchter wurden zeitweilig zwangsweise in einem staatlichen Kinderheim untergebracht.
Nach der Haftentlassung ab Oktober 1979 lebte sie wieder in Halle. Zusammen mit ihrem Mann stellte sie erneut Ausreiseanträge, was im Januar 1980 zur zweiten Verhaftung und Verurteilung von Helmut Ebert führte. Im November 1981 wurde er dann in die Bundesrepublik entlassen, wohin ihm im März 1982 Regina Ebert mit ihren Töchtern folgen durfte.

Q 9 Junge evangelische Christen prostestieren auf dem Kirchentag in Ost-Berlin gegen die Einschränkung persönlicher Freiheiten, Juni 1987.

Q 10 Mitglieder der FDJ tragen die Herrschenden der DDR „auf Händen", Kundgebung am 1. Mai 1989 in Berlin.

1. Erläutere die Ursachen für das Entstehen der APO (VT, Q1).
2. Beschreibe die Aktionen und Ziele der APO (VT, Q1, Q4–Q6).
3. Nenne Gründe für den Protest von DDR-Bürgern, vor allem auch von Jugendlichen (VT, Q2, Q8, Q9).
4. Vergleiche die Bilder Q9 und Q10. Was sagen sie über die Jugend in der DDR aus?
5. Beschreibe anhand von Q2, Q7 und Q8 die Haltung der Herrschenden zu den Bürger- und Menschenrechten.
6. Erkundige dich, welche Bürgerinitiativen es in deiner Stadt bzw. Gemeinde gibt. Wie sind sie entstanden, welche Ziele haben sie und welche Möglichkeiten der Mitarbeit gibt es?

14 Frauen in einer Männergesellschaft

Q1 *Neue Frauenpower* Frauen demonstrieren unter der Losung: „Schluss mit der Bevormundung der Frau!" Ende der 1960er-Jahre für ihre Gleichstellung in der Gesellschaft.

Frauen in der Bundesrepublik ...

Obwohl im Grundgesetz die rechtliche Gleichstellung von Mann und Frau verankert wurde, mussten die Frauen in der Bundesrepublik lange um die Gleichberechtigung in allen Lebensbereichen kämpfen: etwa in der Ausbildung und im Beruf, bei der Entlohnung oder der Besetzung öffentlicher Ämter. Das Idealbild der Hausfrauenehe blieb lange Zeit vorherrschend. In einem Urteil des Bundesgerichtshofes hieß es noch 1968: „Bricht eine Frau ihr vor der Heirat gegebenes Versprechen, ihren Beruf aufzugeben und sich künftig ihrem Mann zu widmen, so kann darin ein Scheidungsgrund liegen." Erst 1977 erhielten verheiratete Frauen nach dem Gesetz den gleichen Entscheidungsfreiraum wie ihre Ehemänner.

Mit der Protestbewegung Ende der 1960er-Jahre wurde auch die Rolle der Frau neu bestimmt. Frauen demonstrierten für die Entlohnung der Hausarbeit, für die Bestrafung von Gewalt gegen Frauen in der Familie, auch dafür, selbst über die Geburt ihres Kindes zu entscheiden. In den 1970er-Jahren stieg die Zahl der Mädchen und jungen Frauen, die weiterführende Schulen und Hochschulen besuchten. Immer mehr Frauen sahen den Beruf als einen wichtigen Teil ihres Lebens an und nicht nur als eine vorübergehende Tätigkeit bis zur Heirat. Auch die Zahl der Frauen, die ein politisches Amt übernahmen, wuchs.

... und in der DDR

Die Politik in der DDR zielte von Anfang an auf die Einbeziehung der Frauen in das Berufsleben. Das hatte vor allem wirtschaftliche Gründe: Männermangel in der Nachkriegszeit, die Notwendigkeit eines zusätzlichen Einkommens in der Familie wegen des niedrigen Lohnniveaus, der Flüchtlingsstrom in den Westen. So waren 90 Prozent der Frauen in der DDR berufstätig. Die Mehrzahl arbeitete in „frauentypischen" Berufen – im Handel und Postwesen, in der Landwirtschaft und Textilindustrie, in der Verwaltung oder als Lehrerinnen. In Führungspositionen des Staates und der Wirtschaft waren die Frauen unterrepräsentiert. Mit vielfältigen Maßnahmen versuchte der Staat, die berufstätigen Frauen in der Erziehungs- und Hausarbeit zu entlasten: Kinder wurden in Krippen, Kindergärten und Schulhorten betreut, junge Eheleute erhielten günstige Kredite. Frauen wurden durch „Förderungspläne" im Studium und in der Berufsausbildung unterstützt.

Eine Gleichstellung der Frau mit dem Mann (Emanzipation) gab es im Alltag dennoch oft nicht. Gegenüber den Männern waren die Frauen durch Haushalt und Beruf überdurchschnittlich belastet, was sich auch auf das Familienleben auswirkte. Die Scheidungsrate und die Zahl der außerehelichen Geburten waren hoch. Eine von Staat und Partei unabhängige Frauenbewegung, die für Emanzipation eintrat, gab es nicht.

Q 2 *Hausfrau und Mutter – schönster Beruf oder spießbürgerliches Idealbild?*
a) Der ehemalige Bundesfamilienminister Franz Josef Wuermeling:

Gesellschaft und Staat sind nicht befugt die persönliche Entscheidung einer Frau, ob sie erwerbstätig sein will oder nicht, zu bestimmen (…). Staat und Gesellschaft haben aber die Pflicht, der Frau und Mutter den Verzicht auf familienfremde Tätigkeit so weit wie möglich zu erleichtern. (…) Da wird heute so viel von Gleichberechtigung der Frau geredet, aber so wenig von dem höchsten und schönsten Beruf der Frau und Mutter in der Familie. Dazu müssen wir klar und weithin hörbar aussprechen: Mutterberuf ist Hauptberuf wie jeder andere Beruf und hat höheren Wert als jeder Erwerbsberuf. Und niemand kann zwei Hauptberufe gleichzeitig voll ausfüllen.

b) Die SED zur Rolle der Frau in der DDR:
Eine Frau, deren Tätigkeit sich auf den engen Kreis der Familie beschränkt, wird als Mutter stets in der Gefahr sein, durch ihr Beispiel bei den Kindern ähnliche (spießbürgerliche) Idealbilder zu wecken. Von der Gefahr der „Affenliebe" und der zu starken Konzentration auf die Interessen der Kinder, weil man von eigenen nicht ausgefüllt ist, ganz zu schweigen. Jeder kennt die engstirnigen „Klein-aber-mein-Spießbürger", die das Ergebnis sind und zugleich eine Bremse der sozialistischen Entwicklung. Eine gute Mutter ist heute aber eine arbeitende Mutter, die gleichberechtigt und gleich qualifiziert neben dem Vater steht.

Q 5 *Frauen in der Erdöldestillation im Olefinwerk Böhlen. Arbeitsplatz in der Fabrik – ein Ausdruck der Emanzipation der Frauen in der DDR?*

Q 3 *Das Werbeplakat (Ost) aus den 1950er-Jahren geht auf die Situation vieler Frauen in der DDR ein. – Erläutere dies.*

Q 4 *Auch das Plakat aus dem Westen (1950er-Jahre) thematisiert die Rolle der Frau. – Erkläre und vergleiche mit dem DDR-Plakat.*

1 Wie hat sich die Stellung der Frau in der Gesellschaft in den letzten Jahrzehnten verändert? Beschreibe die Entwicklung (VT, Q1–Q5).
2 Vergleiche die Rolle der Frau in Ost und West (VT, Q1–Q5).
3 Diskutiert darüber, in welchen Lebensbereichen nach eurer Meinung Veränderungen notwendig sind, um eine tatsächliche Gleichstellung von Mann und Frau zu erreichen.

15 „Wir sind das Volk"

Q 1 „Den Sozialismus in seinem Lauf hält weder Ochs noch Esel auf", Karikatur eines Honecker-Zitats von Horst Haitzinger

Reformen – nein, danke

Während Mitte der 1980er-Jahre in der Sowjetunion und anderen Ostblockstaaten laut über demokratische Reformen nachgedacht wurde, um den Sozialismus menschenfreundlicher und wirtschaftlich erfolgreicher zu machen, hielt die SED unter Führung Erich Honeckers am alten Kurs fest. Deutliches Zeichen für die Reformstarre der DDR war das Verbot des „Sputnik". Die deutschsprachige sowjetische Zeitschrift hatte für den Geschmack der DDR-Oberen zu positiv über die Reformpläne des neuen Staatschefs Gorbatschow in der Sowjetunion berichtet. Auch wurde nichts getan, um die schwierige Versorgungslage der Bevölkerung zu verbessern oder die Beschränkung der Reisefreiheit aufzuheben. Proteste der Bevölkerung wurden überhört. Im Gegenteil: Der Staatssicherheitsdienst („Stasi") ging mit aller Schärfe gegen diejenigen vor, die die Politik der SED kritisierten. Immer mehr DDR-Bürger stellten Ausreiseanträge. Sie glaubten nicht mehr daran, dass sich die politischen und wirtschaftlichen Verhältnisse ändern würden.

Das Volk erzwingt die Wende

1989 spitzte sich die Lage in der DDR dramatisch zu. Bei den Kommunalwahlen im Mai protestierten Bürgerrechtsgruppen erstmals lautstark gegen die offensichtliche Fälschung der Wahlergebnisse. Im Sommer öffnete Ungarn seine Grenze gen Westen. Tausende DDR-Bürger nutzten ab August 1989 diesen Weg zur Flucht. Andere erzwangen ihre Ausreise, indem sie die Botschaften der Bundesrepublik in Prag, Warschau und Budapest besetzten. Gleichzeitig forderten Hunderttausende auf Massendemonstrationen, organisiert von den Bürgerrechtsbewegungen, in Leipzig, Dresden, Ost-Berlin und anderen Städten, umfassende politische Reformen. Als am 9. Oktober 70 000 Menschen in Leipzig mit den Losungen „Wir sind das Volk" und „Wir bleiben hier" friedlich für eine demokratische Erneuerung der DDR demonstrierten, war der Untergang der SED-Diktatur nicht mehr aufzuhalten. Immer mehr Menschen gingen jetzt auf die Straße und forderten das Ende der SED-Herrschaft.

Die Mauer fällt

Am 18. Oktober 1989 trat Erich Honecker als Generalsekretär der SED zurück. Er wurde von Egon Krenz abgelöst. Doch den Menschen in der DDR reichten diese personellen Veränderungen nicht aus. Die SED-Führung hatte ihre Glaubwürdigkeit verspielt. Am 4. November forderten über eine halbe Million Menschen auf einer Demonstration in Ost-Berlin freie Wahlen, Beseitigung der Vorherrschaft der SED, Rechtsstaatlichkeit, Presse-, Meinungs- und Reisefreiheit. Am Abend des 9. November 1989 öffnete die Regierung der DDR unter dem Druck der Bevölkerung die Grenze zu West-Berlin. Tausende DDR-Bürger strömten zu den Übergangsstellen und überquerten die Grenze. Die Mauer war gefallen.

Q 5 Leipziger Montagsdemonstration am 13. November 1989 auf dem ehemaligen Karl-Marx-Platz

1 Nenne die Ursachen für den Untergang der SED-Herrschaft in der DDR (VT, Q2, Q5).
2 Was waren die Gründe für die Flucht Tausender DDR-Bürger in den Westen (VT, Q2)?
3 Erläutere anhand der Ereignisse seit Mai 1989 in der DDR die Aussage der Karikatur (Q1).
4 Beschreibe die Stimmung der Deutschen in Ost und West nach der Öffnung der Mauer (Q3, Q4).
5 Frage deine Eltern oder Bekannte, wie sie die „gesamtdeutschen Tage" nach der Öffnung der Mauer erlebt haben und was sie gefühlt haben.

Q 2 Aus einem Bericht der Stasi vom 9. September 1989 über die Fluchtgründe von DDR-Bürgern in den Westen:
– Unzufriedenheit über die Versorgungslage
– Verärgerung über unzureichende Dienstleistungen
– Unverständnis für Mängel in der medizinischen Betreuung und Versorgung
– Eingeschränkte Reisemöglichkeiten innerhalb der DDR und nach dem Ausland
– Unbefriedigende Arbeitsbedingungen und Diskontinuität [Schwierigkeiten] im Produktionsablauf
– Unzulänglichkeiten / Inkonsequenz bei der Anwendung / Durchsetzung des Leistungsprinzips sowie Unzufriedenheit über die Entwicklung der Löhne und Gehälter
– Verärgerung über bürokratisches Verhalten (...) sowie über Herzlosigkeit im Umgang mit den Bürgern

Q 3 Eine Zeitung berichtet am 13. November 1989 aus Helmstedt an der innerdeutschen Grenze:
Die Familie aus Rostock ist morgens um vier aufgebrochen, die aus Frankfurt an der Oder schon um Mitternacht. (...) Ihnen, wie Zehntausenden anderen, die zum großen Treck nach Westen aufgebrochen sind, wird ein jubelnder Empfang bereitet. Tausende sind zum Grenzübergang gefahren. Nicht nur aus dem grenznahen Niedersachsen, auch Westfalen und Rheinländer haben sich auf den Weg gemacht, die Landsleute aus der DDR zu begrüßen. Lachen, Tränen, Winken auf beiden Seiten. Schokolade und Bonbons werden unter der blauen, nach Zweitaktgemisch stinkenden Abgasglocke für die Kinder in die Autos gereicht. Blumensträuße gibt es, Kaffee, Tee und Erbsensuppe. Und Hilfsbereitschaft: Mancher Trabi, der im 50-Kilometer-Stop-and-Go von Magdeburg bis Helmstedt heißgelaufen ist und nun kurz vor dem Ziel seinen Geist aufgibt, wird über die Grenze geschleppt oder geschoben, jedes Mal mit Beifall und Jubel begrüßt.

Q 4 Öffnung des Grenzübergangs Glienicker Brücke nach West-Berlin „Trabant"-Karawanen rollen in den Westen.

16 Methode
Zeitzeugen befragen

Q 1 *Ein Zeitzeuge berichtet Schülern von seinen Erlebnissen.*

Methodische Arbeitsschritte

1. Vorbereitung:
   - Überlegt, welche Person am besten geeignet ist, euch Auskunft zu dem von euch gewählten Thema zu geben.
   - Erarbeitet gemeinsam Fragen für das Interview.
2. Befragung:
   - Schafft für das Interview eine vertrauliche Atmosphäre. Denkt daran, dass die befragte Person von den Erlebnissen stark berührt sein kann und es ihr nicht immer leicht fällt, darüber zu berichten.
   - Sorgt dafür, dass die Aussagen lückenlos protokolliert werden.
3. Auswertung:
   - Wertet gemeinsam das Interview aus. Denkt daran, dass die befragte Person über ein Ereignis berichtet, das oft vor vielen Jahren stattfand. Manches kann sie vergessen, anderes erst später erfahren haben.
   - Vergesst nicht, dass auch eure Meinung zum Interview Bestandteil der Auswertung ist. Schätzt die Verlässlichkeit der Aussagen eures Zeitzeugen ein.
   - Überlegt euch, wie ihr die Ergebnisse präsentieren könnt (Wandzeitung, Bericht in der Schülerzeitung, Videofilm, …).

Zeitzeugen wissen mehr

Fast zwei Jahrzehnte sind vergangen, seitdem Deutschland wieder ein einheitlicher Staat ist. Für viele Menschen, die den Untergang der DDR selbst noch miterlebt haben, war die Öffnung der Mauer am 9. November 1989 ein Ereignis, das sie tief beeindruckt hat. Sie werden es in ihrem Leben bestimmt nicht vergessen. Solche Zeitzeugen können eine spannende und wertvolle „Quelle" sein. Sie waren hautnah dabei und haben dadurch eine ganz persönliche Sicht auf das Geschehen. Die Gefühle der Menschen, ihre Hoffnungen, ihre Freude und Ängste fließen in Zeitzeugen-Berichte ein und machen die Geschichte für uns dadurch besser vorstellbar.

Schüler befragen Zeitzeugen

Die Schülerinnen und Schüler einer Klasse in Bochum schlugen ihrer Geschichtslehrerin vor, selbst Zeitzeugen zu befragen, wie diese die Öffnung der Mauer und die historischen Tage der Wiedervereinigung erlebt hatten. Wie war das, wenn sich Freunde oder Verwandte aus Ost und West nach jahrzehntelanger Trennung endlich wieder trafen?
Eine Befragung von Zeitzeugen muss gut vorbereitet sein. Günstig ist es, Teams zu bilden. Überlegt gemeinsam, wer für ein Interview in Frage kommt und welche Fragen gestellt werden sollen. Als Ergebnis der Befragung könnte beispielsweise eine Wandzeitung entstehen.

Mögliche Themen zur Zeitzeugenbefragung:
- *Fall der Mauer – „live" erlebt*
- *August 1961 – der Mauerbau*
- *Leben in Trümmern – die Nachkriegszeit in Deutschland*

Q2 Harald Jäger, Offizier der DDR, hatte am 9. November 1989 am Grenzübergang Bornholmer Straße in Ost-Berlin Dienst. Am Abend hatte Günter Schabowski, Mitglied des Politbüros der SED, in einer Pressekonferenz, die im Fernsehen der DDR übertragen wurde, verschwommen erklärt, dass es für die Menschen in der DDR von nun an Reisefreiheit gäbe. Diese Mitteilung schlug wie eine Bombe ein. Zehn Jahre später fragte eine Zeitung nach Jägers Erlebnissen an diesem Abend:

Waren Sie kopflos an diesem Tag?
Als Schabowski in der Pressekonferenz seinen Zettel dreimal hin und her drehte, war mir klar, die ganze Führung [der SED und des DDR-Staates] ist kopflos.

Bekamen Sie zentrale Befehle?
Ich habe sofort mit dem zuständigen Oberst (…) des Ministeriums für Staatssicherheit telefoniert. Der hielt Schabowskis Gestammel für Quatsch. Dann kamen die ersten Leute, die testen wollten, ob es mit der freien Ausreise für jeden DDR-Bürger ernst gemeint war. Der Posten am Schlagbaum meldete über Telefon zehn bis zwanzig Leute. Als ich dort eintraf, waren es schon hundert. Sie kamen mit Autos, zu Fuß und sogar mit der Straßenbahn. Ich dachte in diesem Moment: Warum waren wir nicht vorbereitet? (…) Keine Pässe, nicht mal Stempel.

Hätten Sie versucht, einen gewaltsamen Durchbruch zu verhindern?
Wir waren alles in allem etwa 50 Leute. Jeder mit einer Makarow-Pistole und je 14 Schuss Munition. In der Waffenkammer standen noch vier Maschinenpistolen mit je drei Magazinen à 40 Schuss. Aber wir dachten nicht mal an Selbstverteidigung.

Wann ließen Sie die ersten DDR-Bürger ohne Visum nach West-Berlin?
Wir begannen gegen 21.00 Uhr mit der Abfertigung. Wir glaubten ja immer noch, das ginge mit einer geordneten Personenkontrolle.

Und was passierte?
Die offene Schranke – das reichte nicht. Viele Leute kletterten einfach über die Absperrungen. Wir verstanden die Welt nicht mehr. Wozu hatten wir all die Jahre hier gestanden?

Anmerkung: Harald Jäger ließ anschließend die Kontrollen einstellen und die Grenzschranke hochziehen.

1 Sprecht über den Inhalt des Zeitungsinterviews (Q2). Diskutiert über das Verhalten und die Gefühle von Oberstleutnant Jäger.
2 Was entnimmst du dem Interview über die Politik der SED in den Novembertagen 1989?
3 Befragt Bekannte und Verwandte, wie sie die Tage der Maueröffnung im November 1989 erlebt haben.

Q3 *Symbolischer Händedruck* am 13. November 1989 bei der Öffnung der Mauer am Potsdamer Platz in Berlin – der ehemalige Bundespräsident Richard von Weizsäcker und Offiziere der Grenztruppen der DDR

17 Aus Zwei mach Eins

Q 1 *Freudenfest vor dem Reichstagsgebäude am 3. Oktober 1990 in Berlin* Tausende Deutsche aus den alten und neuen Bundesländern feiern gemeinsam die Einheit.

„Wir sind ein Volk"
Die Demonstrationen in der DDR gingen auch nach dem Fall der Mauer weiter. Dabei wurde der Ruf nach Wiedervereinigung immer lauter: „Wir sind ein Volk" und „Deutschland, einig Vaterland" hießen nun die Sprechchöre. Die Mehrheit der DDR-Bürger wollte so leben wie ihre Nachbarn in der Bundesrepublik. An eine Erneuerung der politischen und wirtschaftlichen Strukturen der DDR wollten die meisten nicht mehr glauben. Schnell hatten sich die enormen Staatsschulden der DDR herumgesprochen. Eine Begleichung dieser Schulden hätte zu weiteren Einschränkungen des Lebensstandards geführt. Eine Vereinigung mit der Bundesrepublik schien den meisten die bessere Lösung zu sein.

Schnelle Einheit statt „neuer DDR"
Wie die Wiedervereinigung erfolgen sollte – darüber gab es in der DDR unterschiedliche Auffassungen. Die meisten Bürgerrechtler wollten eine „neue DDR" schaffen, mit einer neuen Verfassung, einer demokratisch gewählten Volkskammer und Regierung. Anschließend sollte ein Programm für eine schrittweise Vereinigung erarbeitet werden. Dies lehnte die Mehrheit der Bevölkerung jedoch ab. Sie wollte die rasche Vereinigung.

Die Bundesregierung nutzte diese Stimmungslage. Am 28. November 1989 billigte der Bundestag einen von Bundeskanzler Kohl vorgelegten Zehn-Punkte-Plan, an dessen Ende die Wiedervereinigung der beiden deutschen Staaten stand.
Der „Runde Tisch", eine Art „provisorische Regierung" der DDR, beschloss freie Wahlen für den 18. März 1990. Dabei erhielt die von der bundesdeutschen CDU/CSU unterstützte „Allianz für Deutschland" 48,1 Prozent der Stimmen. Die Mehrheit hatte sich damit für jene Kräfte entschieden, die einen schnellen Beitritt der DDR zur Bundesrepublik wollten.
Der neue Ministerpräsident der DDR Lothar de Maizière (CDU) nahm zügig Beitrittsverhandlungen mit der Bundesrepublik auf. Bereits am 1. Juli 1990 wurde die D-Mark in der DDR eingeführt. Am 23. August 1990 beschloss die Volkskammer schließlich den Beitritt der DDR zur Bundesrepublik Deutschland.

Zwei plus vier = eins
Voraussetzung für die Wiedervereinigung war allerdings die Zustimmung der vier Siegermächte des Zweiten Weltkrieges. Manche Staaten befürchteten, dass mit der deutschen Einheit die militärische Sicherheit Europas nicht mehr gegeben sei. Auf mehreren Konferenzen gelang es jedoch, solche Vorbehalte auszuräumen. Der sowjetische Staats- und Parteichef Gorbatschow stimmte der Mitgliedschaft des vereinten Deutschland in der NATO zu.
Am 12. September 1990 wurde in Moskau schließlich der Einigungsvertrag von den vier Siegermächten und den beiden deutschen Regierungen unterzeichnet. Mit dem Beitritt der fünf ostdeutschen Länder zur Bundesrepublik Deutschland am 3. Oktober 1990 war Deutschland wieder ein einheitlicher Staat.

Q2 *Eine „neue DDR" oder Anschluss an die Bundesrepublik?*
a) Aus dem Aufruf „Für unser Land" vom 29. November 1989, den bekannte Persönlichkeiten aus der DDR unterzeichneten:
Entweder können wir auf der Eigenständigkeit der DDR bestehen oder versuchen, mit allen unseren Kräften und in Zusammenarbeit mit denjenigen Staaten und Interessengruppen, die dazu bereit sind, in unserem Land eine solidarische Gesellschaft zu entwickeln, in der Frieden und soziale Gerechtigkeit, Freiheit des Einzelnen, Freizügigkeit aller und die Bewahrung der Umwelt gewährleistet wird.
Oder wir müssen dulden, dass, veranlasst durch starke ökonomische Zwänge und durch unzumutbare Bedingungen, an die einflussreiche Kreise aus Wirtschaft und Politik in der Bundesrepublik ihre Hilfe für die DDR knüpfen, ein Ausverkauf unserer materiellen und moralischen Werte beginnt und über kurz oder lang die Deutsche Demokratische Republik durch die Bundesrepublik Deutschland vereinnahmt wird.

b) Leserbrief zum Aufruf „Für unser Land":
Dem Aufruf „Für unser Land" kann ich nicht zustimmen. Ich sehe hier bereits, wie sich gewisse Leute bestehende Privilegien sichern wollen. In der Frage von Wiedervereinigung oder Konföderation sollte es zu einem Volksentscheid kommen (…). 40 Jahre wurden die Vorzüge des Sozialismus in allen Tönen gepriesen, aber die traurige Realität sehen wir heute. (…) Noch einmal Versuche eines Sozialismus, welche Jahre oder Jahrzehnte andauern, um am Ende noch tiefer zu stehen? Bedenkt, wir Menschen haben nur ein Leben! (…) Nehmen wir also das Angebot vom deutschen Nachbarstaat an, denn der Preis dafür ist nicht zu hoch. Ein Volk, das „noch" die gleiche Sprache spricht, gehört zusammen.

Q3 *Die ehemalige britische Premierministerin Thatcher in ihren Memoiren:*
Es ist doch wahrscheinlich, dass Deutschland in einem solchen Gefüge [gemeint ist in einem föderativen Europa] die Führungsrolle einnehmen würde, denn ein wiedervereintes Deutschland ist schlichtweg viel zu groß und zu mächtig, als dass es nur einer von vielen Mitstreitern auf dem europäischen Spielfeld wäre.

Q4 *Der damalige US-Präsident George Bush in einem Interview zu Befürchtungen in einigen europäischen Staaten:*
Ich teile die Sorge mancher europäischer Länder über ein wiedervereintes Deutschland nicht, weil ich glaube, dass Deutschlands Bindung an und sein Verständnis für die Wichtigkeit des [atlantischen] Bündnisses unerschütterlich ist. Und ich sehe nicht, was einige befürchten, dass Deutschland, um die Wiedervereinigung zu erlangen, einen neutralistischen Weg einschlägt (…).

Q5 *Karikatur von Horst Haitzinger. Sie entstand am 7. November 1989.*

1 Beschreibe die Hoffnungen, die die meisten Deutschen im Osten mit der Wiedervereinigung verbanden (VT, Q2b).
2 Verfasse eine Chronik über den Weg zur Wiedervereinigung vom November 1989 bis zum Oktober 1990 (VT, Q1).
3 Beschreibe die beiden Auffassungen über den Weg zur Wiedervereinigung (VT, Q2a, Q2b). Welcher Auffassung stimmst du zu? Begründe deine Meinung.
4 Welche Befürchtungen gab es im Ausland über ein wiedervereinigtes Deutschland (Q3, Q4)? Sage deine Meinung zu Q6.
5 Erkläre die Aussage der Karikatur (Q5). Beachte das Entstehungsdatum.

Q6 *Der Marsch des Vierten Reiches*, Karikatur von Bill Caldwell (GB) im Daily Star vom 20.2.1990

18 „Aufbau Ost"

Q 1 *Wasserstraßenkreuz Magdeburg.* Seit der Wiedervereinigung wurden über 53 Milliarden Euro für den Aufbau einer modernen Infrastruktur in den neuen Bundesländern – Bau von Autobahnen, Ausbau des Schienennetzes und der Kanäle – ausgegeben.

Von der Plan- zur Marktwirtschaft

Der wirtschaftliche Aufschwung in den neuen Bundesländern hing vor allem davon ab, wie es gelang, den schwierigen Weg von der Planwirtschaft zur sozialen Marktwirtschaft zu bewältigen. Die vielerorts maroden Fabrikhallen und veralteten Maschinen, die niedrige Arbeitsproduktivität, verbunden mit hohen Lohnkosten, zeigten, dass das sozialistische Wirtschaftssystem versagt hatte. Nur wenige Unternehmen, wie die Carl-Zeiss-Werke in Jena, waren auf dem Weltmarkt konkurrenzfähig.

Staatsbetriebe zu Privatunternehmen

Zunächst war es erforderlich, die 40 000 Staatsbetriebe mit über 4 Millionen Beschäftigten in privatwirtschaftliche Unternehmen umzuwandeln. Mitarbeiter einer neu geschaffenen Deutschen Treuhandanstalt (DTA) überprüften die Wirtschaftlichkeit der ehemaligen Volkseigenen Betriebe, verwalteten deren Vermögen und boten es neuen Eigentümern zum Kauf an. Doch nur selten fanden sich Käufer. Zu hoch waren die Beträge, die zur Sanierung hätten investiert werden müssen. Etliche Betriebe mussten abgerissen werden. Zwei Millionen Menschen verloren ihren Arbeitsplatz.

„Aufschwung Ost"

In den 1990er-Jahren schob die Bundesregierung, unterstützt von der Europäischen Union, mit dem „Aufschwung Ost" ein gigantisches Aufbauprogramm in den neuen Bundesländern an. Über eine Billion Deutsche Mark (600 Milliarden Euro) flossen in den Osten Deutschlands. Mit diesen Geldern wurden bestehende Betriebe saniert. Neue Unternehmen auf höchstem technischen Niveau entstanden. In wenigen Jahren erhielten Tausende Familien eine neue Wohnung. Das Straßen-, Schienen- und Telefonnetz wurde ausgebaut. Milliarden Mark wurden für die Sanierung der Umwelt verwendet. Gleichzeitig entstanden neue demokratische Verwaltungs- und Justizorgane. Das Bildungswesen wurde grundlegend umgestaltet.

Die neuen Bundesländer heute

Mit der Wiedervereinigung Deutschlands genießen auch die Menschen in den neuen Bundesländern die Vorteile des demokratischen Rechtsstaates und der sozialen Marktwirtschaft. Durch die Übernahme des bundesdeutschen Renten- und Sozialsystems verbesserte sich für viele Bürger die Lebensqualität. Andererseits gehören auch Arbeitslosigkeit und sozialer Abstieg für einige zu den Schattenseiten der Wiedervereinigung. Zudem führte die Modernisierung der neuen Länder zu einer hohen Staatsverschuldung.

Anders als im Westen hat die im Dezember 1989 als Nachfolgeorganisation der SED entstandene Partei des Demokratischen Sozialismus (PDS) im Osten Deutschlands viele Anhänger, was sich auch in den Ergebnissen der Landtagswahlen zeigt.

Und was wurde aus den von Altbundeskanzler Kohl versprochenen „blühenden Landschaften"? Man findet sie ab und zu schon. Dennoch bleibt noch vieles zu tun.

Q 2 *Die Sicht der Westdeutschen auf die Ostdeutschen im geteilten Deutschland beschrieb 1990 der Schriftsteller Patrick Süskind so:*

Freilich hatte man uns in der Schule beigebracht, dass die Teilung Deutschlands nicht von Dauer sei, dass die Präambel des Grundgesetzes jeden deutschen Politiker
5 verpflichtete, auf ihre Überwindung hinzuarbeiten, dass die Bundesrepublik und ihre Hauptstadt nur ein Provisorium darstellten. Aber das haben wir schon damals nicht geglaubt und glaubten es mit den Jahren im-
10 mer weniger. (…) Ansonsten schauten wir nach Westen oder nach Süden. Österreich, die Schweiz, Venetien, die Toskana, das Elsass, die Provence (…) lagen uns – um nur von Europa zu sprechen – unendlich viel
15 näher als so (…) Ländereien wie Sachsen, Thüringen, Anhalt, Mecklenburg oder Brandenburg, die wir höchstens notgedrungen rasch durchquerten, um auf der Transitstrecke rasch nach Berlin-West zu gelangen.
20 Was hatten wir mit Leipzig, Dresden oder Halle im Sinn? Nichts. Aber alles mit Florenz, Paris oder London.

Q 3 *Joachim Gauck, ehemaliger Bundesbeauftragter für die Unterlagen des Staatssicherheitsdienstes, in einer Rede vor dem Bundestag 1999:*

Tatsächlich haben die Ostdeutschen mit ihrer – freilich kurzen – Revolution nicht nur sich selbst, sondern allen Deutschen ein historisches Geschenk gemacht. (…)
5 Das, liebe Landsleute im Westen, ist das Geschenk der Ostdeutschen an euch. Gerade angesichts unserer 56-jährigen politischen Ohnmacht in Nationalsozialismus und Herrschaftskommunismus erstrahlt der
10 Mut der Widerständigen von 1989 umso heller. Trotz aller Erblasten der Diktaturen können wir euch im Westen nunmehr auf Augenhöhe begegnen – zwar ärmer, aber nicht als Gebrochene und ganz bestimmt
15 nicht als Bettler.
Aber gleichzeitig, liebe Landsleute im Osten, gibt es auch ein Geschenk der Westdeutschen an uns; es ist nicht in erster Linie materiell. Aus Nazi-Untertanen und Nostal-
20 gikern der Nachkriegszeit sind Demokraten geworden (…). Mit der Einheit haben auch wir [die Ostdeutschen] Anteil an diesen Erfahrungen. 40 Jahre Freiheit und Demokratie und Frieden hatte die deutsche Nation
25 in ihrer Geschichte bis dahin noch nicht erlebt.

Q 4 *Demonstration in Magdeburg im Juli 1992.* Beschäftigte eines Schwermaschinenkombinats protestieren gegen beabsichtigte Entlassungen.
– Erkläre die Aussage der Plakate.

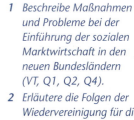

1 Beschreibe Maßnahmen und Probleme bei der Einführung der sozialen Marktwirtschaft in den neuen Bundesländern (VT, Q1, Q2, Q4).
2 Erläutere die Folgen der Wiedervereinigung für die Menschen in den neuen Bundesländern (VT).
3 Kennzeichne die Probleme, die aus westdeutscher Sicht das Zusammengehörigkeitsgefühl zu den Deutschen im Osten erschweren (Q2).
4 Gauck erinnert in Q3 an die positiven Aspekte der Wiedervereinigung. Liste sie auf und versuche, die Liste zu ergänzen.

Q 5 *Vorher – nachher,* Karikatur von Karl-Heinz Schoenfeld, Anfang der 1990er-Jahre. – Wie beurteilst du das bisherige Zusammenwachsen von Ost und West?

19 Projekt
Eine Zeitleiste gestalten

Zeitleiste: Auf dem Weg zu einem wiedervereinten Deutschland
In den letzten Unterrichtsstunden habt ihr anhand von Texten, Quellen, Bildern und Karten untersucht, wie schwierig der Weg der Deutschen von einem besetzten und geteilten Land zu einem wiedervereinten Deutschland in den Jahren 1945 bis 1990 war.
Die wichtigsten Stationen auf diesem Weg könnt ihr auf einer Zeitleiste in eurem Klassenzimmer festhalten. Diese Zeitleiste könnt ihr gemeinsam basteln, gestalten und beschriften.

| 8.5.1945 | 23.5.1949 | 21.12.1972 |

Inhalte in Gruppen erarbeiten
Teilt euch in drei Gruppen auf. Jede Gruppe beschäftigt sich mit einem der Zeitabschnitte:
1945–1949
Besatzungsmächte regieren in Deutschland
1949–1961
Die beiden deutschen Staaten bis zum Mauerbau
1961–1990
Konfrontation, Annäherung und Wiedervereinigung
Orientiert euch an den Zetteln mit den Jahreszahlen. Dort stehen einige Daten, die für die Zeitleiste wichtig sind. Sicherlich findet ihr noch weitere Ereignisse. Jedes von euch ausgesuchte Ereignis sollt ihr nun auf einem Blatt Papier mit einem Text dokumentieren. Das Blatt könnt ihr grafisch gestalten, mit einem Bild, einer Karte, einer Zeichnung, … Den fertigen Zettel befestigt ihr ober- oder unterhalb des Zeitstrahls und verbindet ihn per Faden mit der Jahreszahl.

Grundlagenvertrag
Die Regierungen der Bundesrepublik Deutschland und der DDR vereinbaren, die Beziehungen miteinander zu verbessern. Sie erkennen die Unabhängigkeit und Selbstständigkeit des jeweils anderen Staates an. Beide Regierungen sind bereit, nach Wegen zu suchen, um die Kontakte zwischen den Bürgern beider Staaten zu verbessern. Die Bundesregierung betonte, „dass die DDR für sie kein Ausland sei".

6.5.1985   9.11.1989   3.10.1990

1952
13.8.1961
9.5.1955
1954
17.6.1953

22.1.1963
2.12.1972
3.10.1990
9.10.1989
9.11.1989

Informationen – woher?
Materialgrundlage für eure Texte können sein: Texte, Quellen, Bilder aus „Zeitreise". Dieses Material könnt ihr mit Hilfe von Zeitschriften, Lexika, Büchern und aus dem Internet ergänzen. Bei der Materialsuche ist es wichtig, genau festzulegen, wer wo nach Informationen sucht.

Wie bastelt man eine Zeitleiste?
Das ist ganz einfach: Eine Tapetenrolle oder braunes Packpapier dienen euch als Untergrund. Zur Befestigung an der Wand nehmt ihr am besten Reißzwecken oder festes Klebeband. Denkt daran, dass die Zeitleiste groß genug sein muss. Überlegt euch einen geeigneten Maßstab für die Jahreszahlen.

20 Abschluss
Wer hat hier das Sagen?

Das unten stehende Bild zeigt einen Blick ins Innere der Kuppel des Deutschen Reichstagsgebäudes in Berlin. Im Jahr 1999 wurde die Kuppel fertig gestellt. Sie besteht aus Glas und Stahl und ist für interessierte Besucher geöffnet und begehbar.

Das Reichstagsgebäude blickt auf eine ereignisreiche Geschichte zurück. Kaiser Wilhelm I. legte im Jahr 1884 den Grundstein für das Bauwerk. Im November 1918 verkündete der Sozialdemokrat Philipp Scheidemann von einem Fenster des Gebäudes das Ende des Kaiserreiches und rief die Republik aus. Doch die Republik war nicht von langer Dauer. 1933 begann die Zeit der NS-Diktatur und am 28. Februar brannte der Reichstag. Die Nationalsozialisten schoben dies den Kommunisten in die Schuhe. Kurz vor dem Ende des Zweiten Weltkrieges, am 2. Mai 1945, hisste ein Soldat der Roten Armee zum Zeichen des Sieges die sowjetische Flagge auf dem Gebäude.

Große Bedeutung gewann der Reichstag dann erst wieder nach der Wiedervereinigung. Seit 1999 steht das Gebäude im Zentrum deutscher Politik. Warum? Wer nutzt das Gebäude? Wenn du das nebenstehende Rätsel löst, erfährst du es.

1 Landlose Bauern und Flüchtlinge erhalten Land in der SBZ. **2** Bürgerrecht, in einer Diktatur oft eingeschränkt. **3** Die Herrschenden in der DDR sprachen vom „antifaschistischen Schutzwall". **4** Sowjetischer Staatsmann, der sich um die Wiedervereinigung Deutschlands verdient gemacht hat. **5** Stadt bei Berlin, in der 1945 wichtige Beschlüsse gefasst wurden. **6** Von der RAF ermordeter Präsident des Arbeitgeberverbandes. **7** SPD-Politiker, der gegen Adenauers Politik der Westintegration war. **8** Diese Institution regelte in den neuen Bundesländern die Überführung der Staatsbetriebe in private Unternehmen. **9** „Vater" der sozialen Marktwirtschaft. **10** Von den Westalliierten 1948/49 errichteter Zugang zu West-Berlin. **11** Französischer Staatspräsident (zwei Wörter). **12** Dafür trat in der Bundesrepublik die „Neue Frauenbewegung" ein. **13** Bundeskanzler, mit dem die „neue Ostpolitik" eng verknüpft ist. **14** Staats- und Parteichef in der DDR. **15** Hilfsprogramm der USA für Europa. **16** Sie protestierten 1968 in der Bundesrepublik. **17** Entschädigungen, die die Deutschen für Kriegszerstörungen an andere Staaten zahlen mussten. **18** Ablösung der Reichsmark durch die Deutsche Mark in den Westzonen und West-Berlin im Jahr 1948.

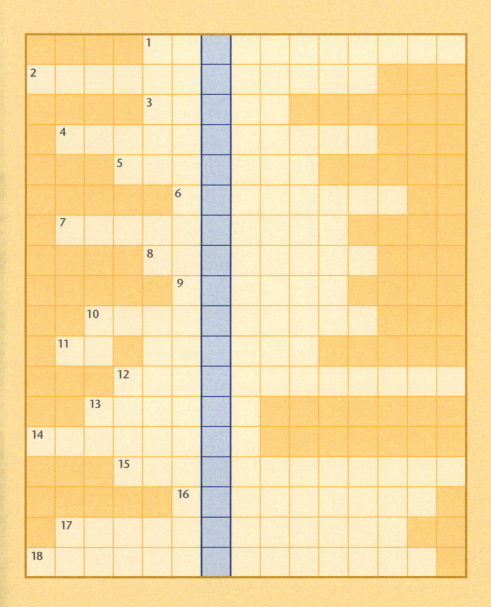

Kopiere die Vorlage des nebenstehenden Rätsels. Finde die passenden Begriffe für die Umschreibungen und schreibe sie unter der entsprechenden Nummer in die Vorlage. Wenn du die Buchstaben der markierten Spalte von oben nach unten liest, weißt du, wer in dem Gebäude wichtige Entscheidungen trifft.

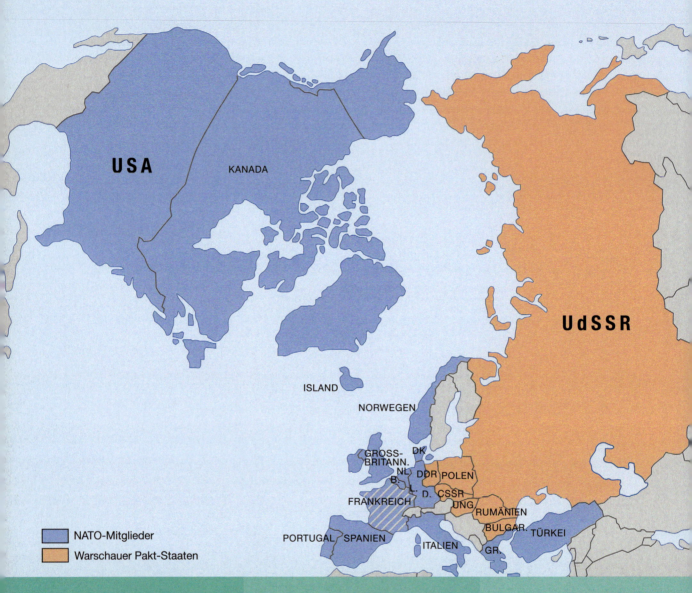

- NATO-Mitglieder
- Warschauer Pakt-Staaten

1945/46

Aus den Kriegsalliierten USA und UdSSR werden Gegner im Ost-West-Konflikt.

seit 1949

In Ost und West schürt die Propaganda Hass und Furcht.

1956

In Ungarn und Polen kommt es zu Aufständen gegen die kommunistische Herrschaft.

Die Entstehung einer bipolaren Welt

Nach dem Zweiten Weltkrieg beanspruchten die USA und die UdSSR die Führungsrolle in der Welt. So entstanden zwei feindliche Machtblöcke in „Ost" und „West", die überall in der Welt Verbündete für ihren Machtblock suchten. Das gegenseitige Misstrauen führte zu einem aberwitzigen Wettrüsten der Supermächte. Immer wieder bestand die Gefahr, dass der Ost-West-Konflikt in einen Atomkrieg münden könnte.

Amerikanische und sowjetische Panzer stehen sich im August 1961 an der Sektorengrenze von Ost-Berlin nach West-Berlin kampfbereit gegenüber.

1962
Kuba-Krise: Die Welt hält den Atem an, weil ein dritter Weltkrieg droht.

1963–1973
In Vietnam führen die USA Krieg, weil sie die Ausbreitung des Kommunismus fürchten.

1980
In Ost und West beginnt ein Wettrüsten mit Raketen und Atomwaffen.

1 Hiroshima – Mahnung zum Frieden

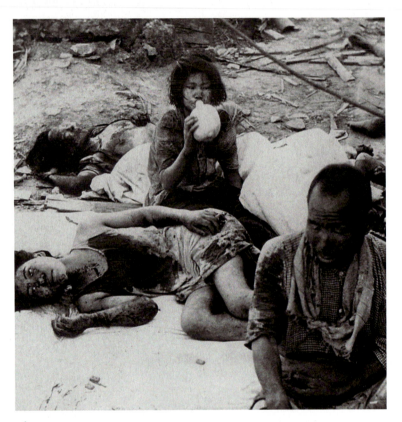

Q1 *Überlebende in Hiroshima,* Foto, August 1945. Die Menschen glauben, noch einmal davongekommen zu sein. Sie wissen nicht, dass sie an einer unheilbaren Strahlenkrankheit leiden.

Atommacht
So nennt man diejenigen Staaten, die im Besitz von Atom- oder Wasserstoffbomben sind. Nach den USA erreichten die UdSSR (1949), Großbritannien (1952), Frankreich (1960), die Volksrepublik China (1964), Indien (1974), Pakistan (1998) und Nordkorea (2006) den Status einer Atommacht.

Eine Stadt wird ausgelöscht
Der Zweite Weltkrieg war im Mai 1945 in Europa zu Ende. In Asien gingen die Kämpfe weiter. Am 6. August griff ein amerikanischer Bomber die japanische Hafenstadt Hiroshima an. Um 8.15 Uhr warf er seine Bombe ab. 45 Sekunden später explodierte sie 600 Meter über der Stadt. Die Druckwelle zerstörte alle Häuser. Ein gewaltiger Feuersturm breitete sich mit großer Geschwindigkeit aus. Für die 340 000 Menschen in Hiroshima begann ein entsetzliches Leiden: Die Stadt war ein brodelndes Flammenmeer, aus dem sich ein gewaltiger Rauchpilz in den Himmel erhob. Eine einzige Atombombe hatte die Stadt zerstört.

Die Entwicklung der Bombe
Die Atombombe sollte das letzte Mittel der Alliierten im Kampf gegen das nationalsozialistische Deutschland sein. Aber in Europa ging der Krieg zu Ende, bevor die Bombe fertig war.
Die Planungen zum Bau der neuartigen Waffe reichen in das Jahr 1939 zurück. Der deutsche Physiker Albert Einstein forderte den Präsidenten der USA auf, mit der Entwicklung einer Atombombe in den USA zu beginnen. Anderenfalls würden die Nationalsozialisten als Erste die Bombe bauen und auch einsetzen. Von dieser Vorstellung war Einstein zutiefst beunruhigt, seit es den deutschen Wissenschaftlern Otto Hahn und Fritz Straßmann 1938 in Berlin gelungen war, den Kern des Uranatoms zu spalten. Im Herbst 1941 fiel in den USA die Entscheidung, die Atombombe zu entwickeln.
Das Projekt stand unter strengster Geheimhaltung. Die Bevölkerung der USA erfuhr erst nach dem Abwurf der Bombe auf Hiroshima davon. Viele Amerikaner billigten die Entscheidung ihrer Regierung: Der Krieg sollte so schnell wie möglich beendet werden, gleichgültig mit welchen Mitteln.

Das atomare Wettrüsten beginnt
In Hiroshima wurden 80 000 Menschen getötet. In der japanischen Stadt Nagasaki, wo drei Tage später die zweite Atombombe fiel, waren es 70 000. Am 14. August 1945 bot Japan den USA die Kapitulation an.
Hiroshima und Nagasaki zeigten der Welt zum ersten Mal die unvorstellbare Zerstörungskraft von Atombomben. Als militärische Großmacht galt von nun an nur noch ein Staat, der über Atomwaffen verfügte. Andere Staaten versuchten daher, auch Atommacht zu werden. 1949 gelang es der Sowjetunion, ihre erste Atombombe zu zünden. Ein atomares Wettrüsten begann.

Q 2 Die Bombe „Little Boy" wurde am 6. August 1945 auf die japanische Stadt Hiroshima abgeworfen, Foto von 1945. Die frei gesetzte Energie entsprach der von 12500 Tonnen des herkömmlichen Sprengstoffs TNT.

Q 3 Hiroshima nach dem Atomangriff, Foto von 1945. Menschen, die sich zum Zeitpunkt der Explosion innerhalb eines Radius von einem Kilometer um den Feuerball befanden, verkohlten in weniger als einer Sekunde. Noch in vier Kilometern Entfernung fingen Vögel in der Luft Feuer.

Q 4 Nach dem Abwurf der amerikanischen Atombomben über die japanischen Städte Hiroshima und Nagasaki am 6. und 9. August 1945 sagte der deutsche Physiker und Nobelpreisträger Albert Einstein:

Wenn ich gewusst hätte, dass die Deutschen nicht mit Aussicht auf Erfolg an der Atomwaffe arbeiten, hätte ich nichts für die Bombe getan. (…) Ich beging einen gro-
5 ßen Fehler in meinem Leben, als ich den Brief an Präsident Roosevelt unterschrieb, in dem ich die Herstellung der Atombombe empfahl.
Ich habe immer die Anwendung der Atom-
10 bombe gegen Japan verdammt. Wie auch immer, ich war völlig machtlos, die verhängnisvolle Entscheidung zu verhindern (…). Ich habe niemals gesagt, dass ich die Anwendung der Atombombe gegen die Deut-
15 schen gebilligt haben würde. Ich glaube, wir müssten die Möglichkeit Deutschlands vermeiden, unter Hitler im alleinigen Besitz dieser Waffe zu sein. Das war die wirkliche Gefahr dieser Zeit.

Q 5 Die atomare Abschreckung während des Kalten Krieges beschrieb der deutsche Friedensforscher und Physiker Carl Friedrich von Weizsäcker 1974 so:

Die Motivlosigkeit für Kriege zwischen den nordischen Mächten hängt zum Teil an dem heutigen Abschreckungssystem. (…) Es beruht für die beiden Supermächte auf
5 der Fähigkeit jeder von beiden, auch nach einem ersten Schlag gegenüber der der anderen Macht einen praktisch vernichtenden Gegenschlag zu führen. (…) Das Gleichgewicht der strategischen Abschre-
10 ckung beruht auf technischen Fakten, die sich ändern können und werden; es ist darum prekär [bedenklich]. (…) Die Zweitschlagkapazitäten der Großmächte können in zehn oder zwanzig Jahren ersatzlos ver-
15 altet sein. Dann müsste man nicht mehr wie heute auf den Selbsterhaltungstrieb, sondern auf die beiderseitige oder allseitige Friedensentschlossenheit der Regierungen vertrauen. Ein dritter Weltkrieg ist also sehr
20 wohl möglich.

1 Was unterscheidet die Atombombe von herkömmlichen Waffen (Q1, Q2, Q5, VT)?

2 Warum haben die Amerikaner die Atombombe während des Zweiten Weltkrieges entwickelt (VT)?

3 Welche Haltung nahm der Physiker Einstein während des Zweiten Weltkrieges zum Bau der Atombombe ein, welche nach ihrem Einsatz 1945 (VT, Q3)?

4 Worauf beruhte während des Kalten Krieges (bis 1989) die gegenseitige Abschreckung? Warum war dieses Prinzip gefährlich (Q4)?

5 Diskutiert, inwiefern mit dem Abwurf der ersten Atombombe auch ein neues Zeitalter der Politik begann.

2 Der Kalte Krieg – aus Verbündeten werden Feinde

Q1 *Die VI. US-Flotte im Mittelmeer 1970.* Die Flugzeugträger der NATO waren im Kalten Krieg in ständiger Bereitschaft.

Bild- und Tondokumente zum Kalten Krieg auf Zeitreise multimedial „Das 20. Jahrhundert"

NATO
1949 gegründetes Militärbündnis des Westens unter Führung der USA

Warschauer Pakt
1955 gegründetes Militärbündnis des Ostblocks unter Führung der UdSSR

Ost und West – nicht nur in Deutschland

Die Teilung Deutschlands in zwei Staaten, deren gesellschaftliche Entwicklung und außenpolitische Orientierung völlig gegensätzlich verlief, war ein Ausdruck der Spaltung der Welt in zwei sich feindlich gegenüberstehende Machtblöcke: ein „sozialistischer im Osten" unter Führung der Sowjetunion und ein „kapitalistischer im Westen" unter Führung der USA.

Diese Entwicklung begann unmittelbar nach dem Zweiten Weltkrieg, in dem die Sowjetunion und die USA noch gemeinsam als Verbündete gegen Hitlers Armeen gekämpft hatten. Vor allem US-Präsident Franklin D. Roosevelt hatte sich während des Krieges als ein treuer Verbündeter Stalins erwiesen und die Sowjetunion mit militärischen Gütern unterstützt. Unter Roosevelts Nachfolger Harry S. Truman änderte sich jedoch die US-Politik.

Misstrauen in West …

Truman hatte starke Vorbehalte gegenüber der Sowjetunion und ihrem Diktator Stalin. Zum einen erkannte er, dass der von Stalin geprägte Sozialismus den Vorstellungen einer freiheitlich-demokratischen Gesellschaft völlig entgegengesetzt war. Zum anderen zeigte die Entwicklung in den von der Roten Armee besetzten Ländern Ost- und Südosteuropas nach 1945, dass Stalin alles unternahm, um seinen Herrschaftsbereich auszudehnen: Die Sowjetunion unterstützte in diesen Ländern massiv die Machtübernahme kommunistischer Regierungen und missachtete dabei das Selbstbestimmungsrecht der Völker. Im Bündnis mit den einheimischen kommunistischen Parteien wurden demokratische Wahlen verhindert und oppositionelle Kräfte eingeschüchtert, verhaftet, verschleppt und ermordet.

Bis zum Jahr 1949 waren in allen von der Roten Armee besetzten Ländern kommunistische Diktaturen errichtet worden. Durch Militär- und Wirtschaftsverträge erreichte Stalin eine enge Bindung dieser Staaten an die Sowjetunion. In den USA und in Westeuropa löste diese Ausweitung des sowjetischen Machtbereiches Angst und Misstrauen aus. Viele Menschen sahen ihre Sicherheit und Freiheit bedroht.

… und Ost

Aber auch in der Sowjetunion gab es Furcht und Misstrauen. Das Land war durch den Krieg in weiten Teilen zerstört und den USA militärisch und wirtschaftlich unterlegen. Bis 1949 besaßen die USA als einzige Macht die Atombombe. Das ermöglichte der US-Regierung, Druck auf andere Staaten auszuüben, um ihre Ziele durchzusetzen.

Stalin befürchtete, dass die Sowjetunion weltpolitisch an den Rand gedrängt und völlig isoliert werden würde, sollte die Rote Armee die besetzten Gebiete in Ost- und Südosteuropa wieder verlassen. Hatten die USA dann nicht ein leichtes Spiel, die kommunistischen Diktaturen wieder zu stürzen und sämtliche osteuropäischen Staaten eng an sich zu binden?

Wirtschaftspolitische Offensive der USA

Um die Länder des freien Europa stärker an sich zu binden und sie so einer möglichen sowjetischen Einflussnahme zu entziehen, bot die USA den Staaten Europas mit dem Marshall-Plan umfangreiche Wirtschaftshilfe an. Der davon erhoffte wirtschaftliche Aufschwung war für die vom Krieg zerstörten westeuropäischen Länder ein überzeugendes Argument, die angebotene Hilfe anzunehmen. Dafür hatten sie die liberale Wirtschaftsordnung der USA zu übernehmen und das westliche Wertesystem anzuerkennen. 17 westeuropäische Staaten – darunter die Bundesrepublik – beteiligten sich am Marshall-Plan und erklärten sich bereit, im Rahmen einer gemeinsamen Wirtschaftspolitik eng zusammenzuarbeiten. Die Sowjetunion lehnte die Beteiligung am Marshall-Plan ab und versagte auch den verbündeten Ostblockstaaten die Teilnahme an der US-Wirtschaftshilfe.

Der Kalte Krieg

Die ideologischen Gegensätze zwischen West und Ost, gegenseitiges Misstrauen, Furcht und unterschiedliche Machtinteressen führten so dazu, dass die Welt in zwei feindliche Lager zerfiel. Deutlichstes Zeichen dieser Spaltung war das Entstehen der beiden Militärblöcke NATO und Warschauer Pakt. Aber auch auf wirtschaftlicher Ebene war die Teilung in West und Ost sichtbar: Schon bald standen sich auf westlicher Seite die Europäische Gemeinschaft und auf östlicher Seite der Rat für gegenseitige Wirtschaftshilfe (RGW) gegenüber. Eine Verständigung zwischen den Gegnern schien Anfang der 1950er-Jahre kaum möglich zu sein. Mehrfach drohte ein Krieg unmittelbar bevorzustehen. Doch obwohl beide Seiten bis an die Zähne bewaffnet waren, kam es dazu nicht. So prägte sich für diesen Konflikt zwischen Ost und West ein neuer Begriff aus: „Kalter Krieg".

Kalter Krieg
Zustand gegenseitiger militärischer Bedrohung, der 40 Jahre lang das Klima zwischen Ost und West beherrschte. Der Begriff „kalt" wurde gewählt, weil es nie zu direkten militärischen Übergriffen zwischen den USA und der UdSSR kam.

Truman-Doktrin
Politik der USA in den 1950er- und 1960er-Jahren, die darauf abzielte, den Einfluss- und Machtbereich der UdSSR zu begrenzen.

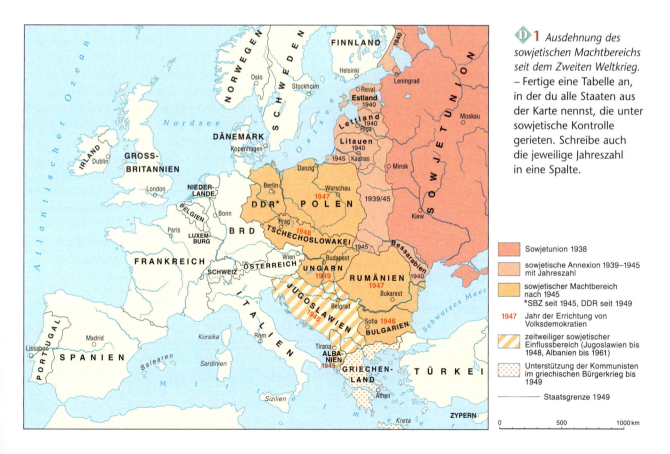

1 Ausdehnung des sowjetischen Machtbereichs seit dem Zweiten Weltkrieg. – Fertige eine Tabelle an, in der du alle Staaten aus der Karte nennst, die unter sowjetische Kontrolle gerieten. Schreibe auch die jeweilige Jahreszahl in eine Spalte.

Q2 *Anspruch auf Weltherrschaft,* amerikanische Karikatur aus dem Jahr 1947
– Erkläre, wie Russland und die USA dargestellt werden.

Q3 *Über das Recht des Siegers äußerte sich Stalin im April 1945 gegenüber jugoslawischen Kommunisten:*
Dieser Krieg ist nicht wie in der Vergangenheit. Wer immer ein Gebiet besetzt, erlegt ihm auch sein gesellschaftliches System auf. Jeder führt sein eigenes System ein, so weit
5 seine Armee vordringen kann.

D2 *Unterdrückung der Demokratie in Polen und in der Tschechoslowakei:*
In Polen bildeten bereits im Sommer 1944 Kommunisten und Sozialisten eine provisorische Regierung. Im Juni 1945 wurde sie zu einer „Regierung der Nationalen
5 Einheit" erweitert, indem auch Mitglieder der prowestlichen Londoner Exilregierung aufgenommen wurden. Die sowjetische Militärmacht verhinderte zwei Jahre lang freie demokratische Wahlen. Drohungen und
10 Wahlfälschungen führten 1947 dazu, dass die Parteien des „Demokratischen Blocks" unter Führung der Kommunisten fast 90 Prozent der Stimmen erhielten.
In der Tschechoslowakei hatten im Mai 1946
15 in freien Wahlen die Kommunisten 38% der Stimmen erhalten. Sie stellten den Ministerpräsidenten und kontrollierten Presse, Rundfunk und Verwaltung. 200 000 Demokraten wurden verhaftet. Nach Scheinwah-
20 len, demokratische Parteien waren nicht zugelassen, erhielt das Land eine Verfassung nach sowjetischem Vorbild.
Offiziell wurde Polen 1947 und die Tschechoslowakei 1948 eine Volksdemokratie.

Ostblock
So bezeichnete man in der westlichen Welt die Staaten Ost- und Südosteuropas, die nach dem Zweiten Weltkrieg unter sowjetische Kontrolle gerieten. Dazu gehörten Polen, die Tschechoslowakei, Ungarn, Rumänien, Bulgarien, Albanien und auch die DDR. Die Ostblockstaaten bauten ihre Staats- und Gesellschaftsordnung nach sowjetischem Vorbild auf.

Q4 *Vor ausländischen Kommunisten sagte Malenkow, einer der mächtigsten Männer der UdSSR nach Stalin, 1947:*
In dem Bestreben, die Position zu festigen, die das amerikanische Monopolkapital während des Krieges in Europa und Asien erobert hat, hat diese Clique nun den Weg
5 offener Expansion betreten, den Weg der Versklavung der geschwächten kapitalistischen Länder Europas, der Versklavung der kolonialen und abhängigen Länder, den Weg der Vorbereitung neuer Kriegspläne
10 gegen die UdSSR und die Länder der neuen Demokratie, wobei sie sich des Vorwandes eines Kampfes gegen die kommunistische Gefahr bedienen.

Q5 *US-Präsident Harry S. Truman (1945–1953) verfolgte das Ziel, den Kommunismus einzudämmen. Für diese Politik entstand der Begriff „Truman-Doktrin". In einer Rede äußerte sich Truman im Jahr 1947 über die unterschiedlichen Lebensweisen in Ost und West und die sich daraus ergebenden Folgen:*
Die eine Lebensweise gründet sich auf den Willen der Mehrheit und zeichnet sich durch freie Institutionen [staatliche Einrichtungen], freie Wahlen, Garantie der persön-
5 lichen Freiheit, Rede- und Religionsfreiheit und Freiheit von politischer Unterdrückung aus. Die zweite Lebensweise gründet sich auf den Willen einer Minderheit, der der Mehrheit aufgezwungen wird. Terror und
10 Unterdrückung, kontrollierte Presse und Rundfunk, scheinbare Wahlen und Unterdrückung persönlicher Freiheit sind ihre Kennzeichen.
Ich bin der Ansicht, dass es Politik der USA
15 sein muss, die freien Völker zu unterstützen, die sich der Unterwerfung durch bewaffnete Minderheiten oder durch Druck von außen widersetzen. (…)
Ich bin der Ansicht, dass unsere Hilfe in
20 erster Linie in Form wirtschaftlicher und finanzieller Unterstützung gegeben werden sollte. (…)
Die freien Völker blicken auf uns und erwarten, dass wir sie in der Erhaltung der Freiheit
25 unterstützen. (…)

Q 6 US-Außenminister Marshall zu den Zielen des nach ihm benannten Planes am 5. Juni 1947:

Bei unseren Erwägungen über die Bedürfnisse Europas für den Wiederaufbau wurden die Menschenverluste, die sichtbaren Zerstörungen der Städte, Fabriken, Bergwerke und Eisenbahnen richtig einkalkuliert, aber es hat sich in den letzten Monaten herausgestellt, dass diese sichtbare Zerstörung wahrscheinlich weniger schwerwiegend ist als die Tatsache, dass das gesamte europäische Wirtschaftssystem aus den Angeln gehoben wurde. (…)

In Wahrheit liegt die Sache so, dass Europas Bedarf an ausländischen Nahrungsmitteln und Gütern – hauptsächlich aus Amerika – während der nächsten drei oder vier Jahre um so viel höher liegt, als seine gegenwärtige Zahlungsfähigkeit, dass beträchtliche zusätzliche Hilfsleistungen notwendig sind, wenn es nicht in einen wirtschaftlichen, sozialen und politischen Verfall sehr ernster Art geraten soll.

Die Lösung liegt (…) in der Wiederherstellung des Vertrauens bei den europäischen Völkern auf die wirtschaftliche Zukunft ihrer Länder und ganz Europas. (…) Es ist nur logisch, dass die Vereinigten Staaten alles tun, was in ihrer Macht steht, um die Wiederherstellung gesunder wirtschaftlicher Verhältnisse in der Welt zu fördern, ohne die es keine politische Stabilität geben kann. (…) Jeder Regierung, die bereit ist, beim Wiederaufbau zu helfen, wird die volle Unterstützung der Regierung der Vereinigten Staaten gewährt werden, dessen bin ich sicher. (…)

Standpunkte: Der Ursprung des Kalten Krieges im Urteil der Historiker

D 3 Der amerikanische Historiker William A. Williams, 1969:

Die Führer Amerikas operierten aufgrund dreier Prämissen [Annahmen] oder Ideen, welche die Welt unter dem Gesichtspunkt des Kalten Krieges definierten. Die erste besagte, dass Russland zwar böse, aber schwach sei. (…) Die amerikanische Führung konzentrierte sich darauf, den amerikanischen Einfluss in Osteuropa wiederherzustellen und die Russen auf ihre traditionellen Grenzen zurückzudrängen. (…) Eine weitere Grundauffassung der amerikanischen Führer definierte die Vereinigten Staaten als das Symbol und den Agenten des Positiven, Guten, im Gegensatz zum sowjetischen Übel, und unterstellte, dass die Kombination von amerikanischer Stärke und russischer Schwäche es ermöglichen würde, die Zukunft der Welt in Übereinstimmung mit dieser Beurteilung zu gestalten. (…) Der dritte wesentliche Aspekt (…) war die Befürchtung, dass das Wirtschaftssystem Amerikas in eine schwere Depression geraten würde, wenn es nicht seine Expansion in Übersee fortsetzte.

D 4 Der amerikanische Historiker John Lukacs äußert sich im Jahr 1970 zum Konflikt zwischen den USA und der Sowjetunion:

Schon vor Kriegsende stand außer Frage, dass Russland als eine der großen Weltmächte aus dem Krieg hervorgehen würde. Es war klar, dass es nicht nur sein Ansehen, sondern in noch stärkerem Maße seine Macht und seine Besitzungen vermehren würde; es stand ebenfalls außer Frage, dass sein Hauptehrgeiz nicht das internationale Prestige [Ansehen] des Kommunismus betraf, sondern in erster Linie auf die Beherrschung Osteuropas gerichtet war. (…) Es stand außer Frage, dass die Westalliierten in Anbetracht des großen russischen Beitrags zum Kriege und ihrer eigenen geographischen Lage es nicht würden umgehen können, einzelne der russischen Forderungen zu erfüllen. Die Tragödie war, dass sie – insbesondere die Vereinigten Staaten – der Situation erst ins Gesicht sahen, als es schon zu spät war.

1 Erläutere, warum und wie es zum Kalten Krieg und zur Bildung von zwei Machtblöcken kam (VT, D1). Welche Meinung wird in Q2 vertreten?

2 Was will Stalin in Q3 gegenüber den jugoslawischen Kommunisten sagen?

3 Erkläre, wie Malenkow in Q4 die USA-Politik nach dem Zweiten Weltkrieg sieht.

4 Mit welchen Begriffen kennzeichnet Präsident Truman die gesellschaftlichen Unterschiede zwischen Ost und West in Q5? Erläutere, welche Schlussfolgerungen er für die Politik der USA zieht.

5 Kennzeichne die sowjetische Politik in den Ostblockstaaten (VT, D1, D2).

6 Welche Ziele hat nach Außenminister Marshall die amerikanische Wirtschaftshilfe (Q6)?

7 In D3 und D4 versuchen amerikanische Historiker zu erklären, welche Seite die größere Schuld daran hatte, dass die Welt nach 1945 in zwei Blöcke zerfiel. Liste die jeweiligen Argumente stichwortartig auf und bewerte sie.

3 „Die Guten" und „die Bösen" – Feindbilder im Kalten Krieg

Q1 *„Die sowjetische Krake muss gestutzt werden"*, holländische Karikatur aus dem Jahr 1953

Propaganda in West ...

Die amerikanische Regierung unter Präsident Truman hatte sich entschlossen, überall in der Welt dem Einfluss des Kommunismus entgegenzutreten. Nun galt es, das eigene Volk für diese neue Politik und größere Rüstungsausgaben zu gewinnen. Wie nach dem Ersten Weltkrieg gab es viele Amerikaner, die meinten, die USA sollten sich möglichst bald wieder aus Europa zurückziehen. Wie ließen sich diese Menschen von den Plänen der Regierung überzeugen? „Jagt ihnen kräftig Angst ein!", soll ein Minister empfohlen haben.

Plakate, Zeitungsgeschichten und Spionagefilme erzeugten in den 1950er- und 1960er-Jahren immer neue Alpträume von der „Roten Gefahr". Den Menschen wurde eingeredet, dass jederzeit ein sowjetischer Atomangriff drohe. Zeitweise artete die Furcht vor Kommunisten in blanke Hysterie aus. Wenn jemand nur im Verdacht stand, den Sozialismus zu unterstützen, wurde er am Arbeitsplatz und auch zu Hause überwacht. Eine „Kommission für unamerikanische Umtriebe" wurde eingesetzt, die vor allem auf Schriftsteller, Künstler, Politiker und Wissenschaftler Druck ausübte.

... und Ost

Wie ein Spiegelbild wirkte die östliche Propaganda. Die Menschen im sowjetischen Machtbereich sollten glauben, ihr Gesellschaftssystem, der Sozialismus, sei dem westlichen Kapitalismus weit überlegen. Deshalb müsse der Sozialismus vor den „amerikanischen Imperialisten" und deren Verbündeten geschützt werden. Alle Völker des sozialistischen Blocks könnten dazu beitragen, wenn sie sich geschlossen hinter ihre kommunistischen Parteien stellten.

Mit einer solchen Propaganda rechtfertigten die sowjetischen Machthaber und deren Verbündete die steigenden Rüstungsausgaben. Da angeblich überall Spione und Saboteure lauerten, schien es notwendig, die persönliche Freiheit der Menschen einzuschränken. Wer gegen die staatliche Überwachung protestierte, wurde im Ostblock von der Geheimpolizei überwacht. Viele Menschen wurden auch verhaftet und eingesperrt. Gefürchtet waren die Straflager in Sibirien, in denen Andersdenkende unter oft unmenschlichen Bedingungen „umerzogen" wurden.

Die Propaganda in Ost und West ließ in den Köpfen der Menschen Zerrbilder von der jeweils anderen Seite entstehen. Diese wurde als Hort alles Bösen verteufelt. So schürte sie Hass und Furcht gleichermaßen.

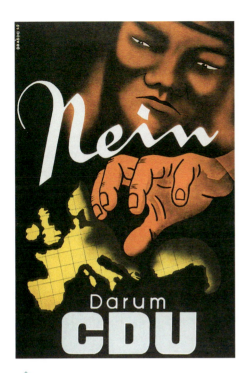

Q 2 Plakat zur ersten Bundestagswahl 1949

Q 3 Sapatnaja Jewropa – Die amerikanische Spinne kriecht über „Westeuropa", sowjetische Karikatur aus den 1950er-Jahren

D 1 Der Spion Klaus Fuchs verriet amerikanische Atomgeheimnisse, mit deren Hilfe der Bau der sowjetischen Atombombe gelang. Das löste zu Beginn der 1950er-Jahre eine beispiellose Kommunistenjagd in den USA aus. Der Historiker Guido Knopp schreibt darüber: Die berühmtesten Opfer dieser Hexenjagd, das Ehepaar Rosenberg, standen mit dem Fall Klaus Fuchs in direkter Verbindung. Sie hatten als Zwischenträger zweitrangige Ge-
5 heimnisse weitergegeben, die von ihrem Schwager David Greenglass (…) gesammelt worden waren – im Vergleich zum Verrat von Klaus Fuchs ausnahmslos unwichtiges technisches Detailwissen. (…) [Die] US-Er-
10 mittlungsbehörden [glaubten] an einen groß angelegten Spionagering (…) – mit den Rosenbergs im Zentrum. Das bis zuletzt seine Unschuld beteuernde Ehepaar Rosenberg wurde zum Tode verurteilt und (…)
15 auf dem elektrischen Stuhl hingerichtet. (…) Der Urteilsspruch lautete: „Gegen den Verrat, der eine diabolische Verschwörung zur Vernichtung dieser gottesfürchtigen Nation ist, muss ich ein Urteil fällen, das
20 demonstrieren soll, dass die Sicherheit der Nation unantastbar bleiben muss."

Q 4 Amerikanisches Filmplakat, 1963
In westlichen Spionagefilmen und -romanen war die Sowjetunion in der Regel das „Reich des Bösen", gegen das Geheimagenten wie Kreuzritter der Moderne die westliche Zivilisation verteidigten.

1 Vergleiche die Plakate Q1 und Q3. Wie wird der jeweilige Gegner dargestellt?
2 Mit welchen Mitteln arbeitet das Plakat Q2? An welche Erfahrungen der Menschen will es anknüpfen?
3 Schreibe einen Lexikonartikel zum Begriff „Feindbild".
4 Diskutiert mithilfe der Materialien dieser Doppelseite: Wie können sich Feindbilder auf das Denken der Menschen und auf die Politik auswirken?

4 Krisen im sozialistischen Lager

Q1 *Mit dem Sturz eines Stalin-Denkmals in Budapest* begann am 23. Oktober 1956 der Aufstand in Ungarn. Davor hatte es schon zwei Volksaufstände gegen die kommunistischen Machthaber gegeben – 1953 in der DDR und 1956 in Polen. Unzureichende Versorgung der Bevölkerung und Kritik an der Diktatur waren Ursachen des Widerstands.

Breschnew-Doktrin
Sowjetische Erklärung von 1968, in der Parteichef Breschnew die militärische Intervention in einem Ostblockstaat befürwortet, sollte dieser einen eigenen Weg zum Sozialismus gehen.

Hoffnung auf Freiheit in Osteuropa
Schon früh regte sich unter der Bevölkerung der osteuropäischen Staaten Widerstand gegen das von der Sowjetunion aufgezwungene System des Kommunismus. Als der sowjetische Diktator Stalin 1953 starb, hofften viele Menschen auf mehr Freiheit und Unabhängigkeit. Für diese Ziele gingen sie auf die Straße und demonstrierten.

1956: Volksaufstand in Ungarn
Am 23. Oktober 1956 protestierten in der ungarischen Hauptstadt Budapest 200 000 Menschen. Sie forderten freie Wahlen, Pressefreiheit und den Abzug der sowjetischen Truppen. Vor allem aber verlangten sie, der beliebte Reformpolitiker Imre Nagy solle als Ministerpräsident eingesetzt werden. Am folgenden Tag wurde er ins Amt berufen. Doch die im Land stationierten sowjetischen Truppen marschierten in Budapest ein. Bewaffnete Aufständische kämpften daraufhin gegen die Rote Armee.
Imre Nagy erklärte Ungarn zu einem neutralen Staat und gab den Austritt seines Landes aus dem Warschauer Pakt bekannt.

Die Rote Armee schlägt zurück
Am 4. November griffen russische Panzerverbände in das Geschehen ein und gewannen in wenigen Tagen die Kontrolle über die ungarische Hauptstadt wieder.
Die Machthaber in Moskau setzten eine neue Regierung ein. Diese ließ oppositionelle Politiker, Offiziere und Intellektuelle verhaften; 400 wurden nach Schauprozessen hingerichtet – darunter Imre Nagy. Trotz der verzweifelten Hilferufe der Ungarn unternahmen die westlichen Staaten nichts, um ihnen zu helfen.

1968: Sowjetpanzer in Prag
Anfang 1968 entschieden sich die in der Tschechoslowakei regierenden Kommunisten zu demokratischen Reformen. Sie wollten den Sozialismus beibehalten, aber auch Meinungsfreiheit, Versammlungs- und Redefreiheit sowie Reisefreiheit zulassen. Daneben versprachen sie Wirtschaftsreformen und eine schonungslose Aufdeckung der stalinistischen Verbrechen.
Die Reformpolitiker um Alexander Dubček fanden in der Tschechoslowakei und im westlichen Ausland viele Sympathien. In Moskau und im übrigen Ostblock fürchteten die kommunistischen Parteiführer aber ein Ende ihrer Macht. Sie beschlossen, den „Prager Frühling", wie man den Demokratisierungsprozess nannte, zu beenden.
Am 21. August 1968 marschierten Streitkräfte des Warschauer Paktes in die Tschechoslowakei ein. Die Tschechen und Slowaken leisteten erbitterten Widerstand: Es gab Tote und Verletzte. Der sowjetische Parteichef Breschnew begründete nachträglich die Niederschlagung des „Prager Frühlings": Die Sowjetunion als Führungsmacht des Ostblocks bestimme allein den Weg zum Sozialismus. Abweichungen anderer Ostblockstaaten würden unter keinen Umständen geduldet (Breschnew-Doktrin).

Q 2 *Der Generalsekretär der KPdSU, Nikita Chruschtschow, am 3. November 1956 zum Eingreifen der Roten Armee (Tagebucheintrag des jugoslawischen Botschafters):*

Wenn wir nachgeben würden, hieße es im Westen, wir wären dumm und schwach, was das Gleiche ist. (...) Die Kapitalisten würden dann direkt an die Grenze der
5 UdSSR vorrücken. (...)
[Chruschtschow sagte,] sie könnten eine Restauration des Kapitalismus in Ungarn auch aus internen Gründen der Sowjetunion nicht zulassen. Es ließen sich dort Leute
10 finden, die die ganze Angelegenheit wie folgt darstellen könnten: Solange Stalin regierte, habe jeder pariert und es habe keine Erschütterungen gegeben.

Q 4 *Ende des „Prager Frühlings": Mit Gewalt beenden sowjetische Panzer 1968 die Bestrebungen der Bürger nach mehr Demokratie.*

Q 3 *Die Haltung des sowjetischen Parteichefs Breschnew gegenüber den Prager Genossen notierte ein Mitarbeiter von Alexander Dubček:*

Breschnew war persönlich aufrichtig entrüstet darüber, dass Dubček sein Vertrauen enttäuscht hatte und nicht jeden seiner Schritte vom Kreml billigen ließ. (...) Allein
5 von dieser Todsünde (...) leitete Breschnew alle anderen Sünden ab: „Antisozialistische Tendenzen" nehmen überhand, die Presse schreibt, was sie will. (...)
Breschnew sprach ausführlich über die Op-
10 fer der Sowjetunion im Zweiten Weltkrieg. (...) Diesen Preis musste die Sowjetunion für ihre Sicherheit bezahlen, und eine der Garantien für diese Sicherheit ist die Teilung Europas nach dem Krieg und dazu gehört
15 auch, dass die Tschechoslowakei „für ewige Zeiten" mit der Sowjetunion verbunden ist. (...) Die Ergebnisse des Zweiten Weltkrieges – so Breschnew – sind für die Sowjetunion unantastbar und darum werden sie
20 auch auf die Gefahr eines neuen Krieges hin verteidigt werden. (...) Er (...) hat bei [US-]Präsident Johnson angefragt, ob die amerikanische Regierung auch heute noch die Ergebnisse der Konferenzen von Jalta und
25 Potsdam voll anerkennt. Und am 18. August hat er folgende Antwort erhalten: In Bezug auf die Tschechoslowakei und Rumänien gilt die vorbehaltlose Anerkennung.

Q 5 *Soldaten der Roten Armee beim Einmarsch in die Tschechoslowakei, tschechoslowakisches Plakat von 1968*

1. Was waren die Ziele der Ungarn 1956? Was wollten die Tschechen und Slowaken 1968?
2. Erkläre, warum die Demonstranten in Budapest ein Stalin-Denkmal gestürzt haben (Q1).
3. Das Plakat Q5 zeigt die Rote Armee aus zwei Perspektiven. In welcher Rolle kam sie 1945 ins Land? Wie wird ihr Erscheinen 1968 gesehen?
4. Wie begründet Chruschtschow 1956 die Niederschlagung des Volksaufstandes in Ungarn (Q2), wie Breschnew die Führungsrolle der UdSSR 1968 (Q3)?
5. Überlege, warum der Westen 1956 und 1968 nicht eingegriffen hat (VT, Q3).

5 Konfrontation und Annäherung

1 *„Einverstanden, Herr Präsident, wir wollen verhandeln …"*
Die englische Karikatur aus dem Jahr 1962 zeigt Kennedy und Chruschtschow in der Kubakrise.

Friedliche Koexistenz
war die Richtlinie der Außenpolitik der Ostblockstaaten seit Mitte der 1950-er Jahre.

Strategische Waffen
sind atomare, chemische und biologische Kampfstoffe. Ihr Einsatz verändert die Kriegführung grundlegend.

Atommächte
nennt man diejenigen Staaten, die im Besitz von Atom- oder Wasserstoffbomben sind.

Friedliche Koexistenz?
1956, drei Jahre nach dem Tod Stalins, hielt der sowjetische Parteichef Nikita Chruschtschow eine bemerkenswerte Rede. Er verurteilte den Personenkult Stalins und den stalinistischen Terror. In der Außenpolitik propagierte Chruschtschow zudem die Politik der „friedlichen Koexistenz", eines „friedlichen Nebeneinanders von kommunistischen und kapitalistischen Staaten". Bedeutete dieses Versprechen das Ende des Kalten Krieges?
Die Mehrzahl der Politiker im Westen misstraute den Worten des sowjetischen Staatsoberhauptes. Offenbar zu Recht, wie der niedergeschlagene Volksaufstand in Ungarn (vgl. S. 146/147) und die Stationierung sowjetischer Raketen auf Kuba zeigte.

Die Kubakrise
1959 hatte auf Kuba – nur 150 Kilometer von der Küste der USA entfernt – eine revolutionäre Regierung unter Fidel Castro die Macht übernommen. Kuba schlug einen sozialistischen Kurs ein und bat die Sowjetunion um „brüderliche" Hilfe. Im Gegenzug durften die Sowjets Atomraketen auf der Insel stationieren.

Im Oktober 1962 entdeckten amerikanische Aufklärungsflugzeuge die Raketenstellungen auf Kuba. US-Präsident John F. Kennedy forderte die Sowjetunion auf, die Raketen sofort abzuziehen, und verhängte eine Seeblockade über Kuba. Die Menschen in der Welt hielten den Atem an. Was würde geschehen, sollten sowjetische Schiffe die Blockade durchbrechen? Doch mehrere Richtung Kuba steuernde Frachter drehten kurz vor dem Zusammenstoß ab. Nach Tagen der Angst vor einem neuen Weltkrieg erklärte Parteichef Chruschtschow schließlich, die Sowjetunion ziehe ihre Raketen aus Kuba ab. Im Gegenzug bauten die USA ihre auf die Sowjetunion gerichteten Raketenstellungen in der Türkei ab. In letzter Minute war ein Atomkrieg verhindert worden.

Annäherung und Rüstungskontrolle
Die Kubakrise hatte beiden Supermächten das Risiko eines unkontrollierten Wettrüstens verdeutlicht. Sie erkannten, dass man aufeinander zugehen musste, um eine Katastrophe zu verhindern. Noch im Jahr 1962 wurde zwischen Washington und Moskau ein „heißer Draht" installiert – eine Telefonverbindung, mit deren Hilfe ein ungewollter Kriegsausbruch durch gegenseitige Information verhindert werden sollte.
Es folgten Verträge, die das Wettrüsten einschränkten: 1968 vereinbarten die Atommächte USA, Sowjetunion, Großbritannien und Frankreich, keine Kernwaffen weiterzugeben. Die meisten Länder schlossen sich dem Vertrag an. Anfang der 1970er-Jahre einigten sich beide Supermächte darauf, strategische Waffen- und Raketenabwehrsysteme zu begrenzen und in Mitteleuropa stationierte Truppen abzuziehen. „Vertrauensbildende Maßnahmen" wurden beschlossen, wie die gegenseitige Zulassung von Beobachtern bei militärischen Manövern.

KSZE in Helsinki

Hoffnung auf Abrüstung und Frieden machte zudem die „Konferenz über Sicherheit und Zusammenarbeit in Europa" (KSZE). Nach langen Verhandlungen unterzeichneten 33 europäische Staaten, die USA und Kanada 1975 in Helsinki die Schlussakte der Konferenz. Darin verpflichteten sie sich, die bestehenden Grenzen in Europa zu akzeptieren, bei der Lösung von strittigen Problemen auf Gewalt zu verzichten, die Menschenrechte zu achten sowie eine größere Freizügigkeit für die Menschen, vor allem Informations- und Meinungsfreiheit, zu erlauben. Die Konferenz trug nicht nur zur Entspannung der Beziehungen zwischen den Machtblöcken bei. Sie förderte auch die Bestrebungen oppositioneller Kräfte in den Ostblockstaaten nach mehr Demokratie und größerer Freiheit.

Der Rüstungswettlauf zwischen den beiden Supermächten ging trotz der Entspannungspolitik weiter. Anfang der 1980er-Jahre reichten die Vorräte der Supermächte an atomaren, biologischen und chemischen Waffen dazu aus, den Gegner gleich mehrfach zu vernichten.

Amerikanische Soldaten in Vietnam

Obwohl beide Supermächte während des Kalten Krieges die direkte Konfrontation vermieden, waren sie in so genannten Stellvertreterkriegen an zahlreichen Konflikten in der Welt beteiligt.

US-Soldaten kämpften beispielsweise von 1963 bis 1975 in Vietnam. Vietnamesische Aufständische hatten im Jahr 1954 unter ihrem kommunistischen Führer Ho Chi Minh die ehemalige Kolonialmacht Frankreich besiegt. Danach war das Land in ein kommunistisches Nordvietnam und in ein vom Westen gestütztes Südvietnam geteilt worden. Gegen Armut und Korruption hatte sich zu Beginn der 1960er-Jahre in Südvietnam eine kommunistische Widerstandsbewegung, der Vietcong, gebildet. Die Sowjetunion und das kommunistische China unterstützten den Vietcong mit Waffen. Nordvietnam entsandte Soldaten. Der Gegner – die südvietnamesische Regierung – erhielt von den USA Kriegsmaterial und Geld, befürchteten die USA doch ein Ausbreiten des Kommunismus in der Region.

1963 griffen die USA auch mit eigenen Truppen in den Krieg ein. Mit chemischen Kampfstoffen und Napalmbomben wurden Urwälder entlaubt, Dörfer in Brand gesetzt und die Nachschubwege des Vietcong zerstört. Die brutale Kriegsführung erschütterte das Ansehen der USA in der Welt. Eine breite Protestbewegung gegen den Vietnamkrieg bildete sich heraus. Am Ende musste die Weltmacht erkennen, dass sie dem Dschungelkrieg nicht gewachsen war. Nach 12 Jahren Krieg zogen die USA ihre Truppen zurück, der Vietcong ging als Sieger aus dem Kampf hervor. Vietnam wurde 1975 zu einem kommunistischen Staat vereinigt.

2 *US-Soldaten kämpfen in Vietnam.*

Sowjetische Soldaten in Afghanistan

Auch der Sowjetunion wurden ihre Grenzen aufgezeigt, als sie mit militärischen Mitteln Weltmachtziele durchsetzen wollte. 1979 marschierten sowjetische Truppen in Afghanistan ein, um eine dort an die Macht gekommene kommunistische Regierung zu unterstützen. Die hochgerüstete Sowjetarmee konnte jedoch gegen die islamischen Widerstandskämpfer der Mudschahedin („Soldaten Gottes") nicht viel ausrichten. 1988 mussten die sowjetischen Truppen das Land verlassen, ohne ihre Mission erfüllt zu haben.

1 *Ein Foto und seine Geschichte:*
Die Aufnahme (Q3) entstand am 8. Juni 1972 kurz nach einem Napalm-Angriff auf das südvietnamesische Dorf Trang Bang. Das nackte Mädchen ist die damals neunjährige Kim Phuc, links ihr älterer Bruder. Kim Phuc berichtete: „Ich hatte das Gefühl, als ob mein Körper von innen nach außen verbrannte (…). Wir rannten und rannten, und endlich kamen wir an die Brücke, dort waren die Reporter."

Das Foto erschien weltweit in den Medien. Es hieß, amerikanische Jagdflugzeuge hätten das Dorf bombardiert. Kriegsgegner sahen in dem Foto einen weiteren Beweis für den „schmutzigen Krieg" der Amerikaner. Doch das Bild stammte aus einer späten Phase des Krieges, als sich die amerikanischen Truppen schon aus Vietnam zurückzogen. In Wahrheit hatte die südvietnamesische Luftwaffe das Dorf versehentlich angegriffen. Sie hatte in der Gegend Vietcong-Stellungen vermutet, dann aber die Bomben irrtümlich über den eigenen Truppen und Einwohnern abgeworfen.

3 *Kinder auf der Flucht vor Napalmbomben, die ihr Dorf im Juni 1972 in Brand gesetzt hatten. Bilder wie dieses haben viele Amerikaner und Millionen Menschen in aller Welt am Sinn des Krieges zweifeln lassen.*

4 *Aus dem Programm der Kommunistischen Partei der Sowjetunion, 1961:*
Die friedliche Koexistenz bildet die Grundlage des friedlichen Wettbewerbs zwischen Sozialismus und Kapitalismus im internationalen Maßstab und stellt eine spezifische Form des Klassenkampfes zwischen ihnen dar. Indem die sozialistischen Länder sich konsequent für die friedliche Koexistenz einsetzen, streben sie nach unablässiger Festigung der Position des sozialistischen Weltsystems in seinem Wettstreit mit dem Kapitalismus. Bei friedlicher Koexistenz hat die Arbeiterklasse der kapitalistischen Länder günstigere Kampfmöglichkeiten, fällt es den Völkern der kolonialen und abhängigen Länder leichter, für ihre Befreiung zu kämpfen. (…)
Die KPdSU und das ganze Sowjetvolk (…) erachten es als ihre Pflicht, den heiligen Kampf der unterdrückten Völker und ihre gerechten Befreiungskriege gegen den Imperialismus zu unterstützen.

5 *US-Präsident Johnson (1963–1968) rechtfertigte den Vietnamkrieg 1965:*
Warum sind wir in Vietnam? Wir sind dort, weil wir ein Versprechen zu halten haben. (…) So haben wir viele Jahre hinweg als Nation uns verpflichtet, Südvietnam bei der Verteidigung seiner Unabhängigkeit zu helfen. Dieses Versprechen zu brechen und dieses kleine tapfere Volk seinem Feind preiszugeben – und damit dem Terror, der darauf folgen muss –, das wäre ein unverzeihliches Unrecht. Wir sind ferner in Südvietnam, um die Ordnung der Welt zu stärken. Auf der ganzen Erde – von Berlin bis Thailand – leben Menschen, deren Wohlergehen zum Teil auf dem Vertrauen beruht, dass sie auf uns zählen können, wenn sie angegriffen werden.

6 *Ho Chi Minh, der Staatschef Nordvietnams, schrieb 1967 an Johnson:*
Die Regierung der USA hat ständig in Vietnam interveniert und ihre Aggressionen gegen Südvietnam begonnen und intensiviert, um die Teilung Vietnams zu verewigen und Südvietnam in eine amerikanische Kolonie und einen amerikanischen Militärstützpunkt umzuwandeln. (…) In Südvietnam haben sich eine halbe Million Soldaten der USA und ihrer Satellitenstaaten der unmenschlichsten Methoden der Kriegsführung wie Napalm, Chemikalien und Giftgase bedient, um unsere Landsleute zu ermorden, ihre Ernten zu vernichten und ihre Dörfer dem Erdboden gleichzumachen.

Q 7 *Wenn die Supermächte mit dem Säbel rasseln …*, amerikanische Karikatur. Zu Beginn der 1980er-Jahre setzte ein neues Wettrüsten der Supermächte ein. Sie stellten in West- und Osteuropa Mittelstreckenraketen gegeneinander auf.

Q 9 *Russische Soldaten zerstören Nuklearsprengköpfe, Foto 1991.* Dies geschieht auf der Grundlage von Verträgen zwischen den USA und Russland.

Q 8 *Aus der KSZE-Schlussakte vom 1. August 1975:*

Die Teilnehmerstaaten der Konferenz über Sicherheit und Zusammenarbeit erkennen das Recht eines jeden Staates auf territoriale Integrität [Unverletzlichkeit] an. (…) Eben-
5 so nehmen sie davon Abstand, das Territorium eines jeden anderen Teilnehmerstaats durch direkte oder indirekte Gewaltmaßnahmen oder durch die Androhung derselben und unter Verletzung des Völkerrechts
10 zum Gegenstand einer militärischen Besetzung zu machen. Keine solche Besetzung oder Aneignung wird als rechtmäßig anerkannt. Die Teilnehmerstaaten respektieren die Menschenrechte und Grundfreiheiten,
15 einschließlich der Gedanken-, Gewissens-, Religions- und Überzeugungsfreiheit für alle ohne Unterschiede von Rasse, Geschlecht, Sprache oder Religion. (…)
In diesem Rahmen werden die Teilneh-
20 merstaaten die Freiheit des Individuums [Einzelnen] anerkennen und achten, sich allein oder in Gemeinschaft mit anderen zu einer Religion oder einer Überzeugung in Übereinstimmung mit dem, was sein
25 Gewissen ihm gebietet, zu bekennen und sie auszuüben. (…) Auf dem Gebiet der Menschenrechte und Grundfreiheiten werden die Teilnehmerstaaten in Übereinstimmung mit den Zielen der Charta
30 der Vereinten Nationen und mit der Allgemeinen Erklärung der Menschenrechte handeln.

Q 10 *Die Zeitschrift „Der Spiegel" vom 4. August 1975 zur KSZE-Schlusskonferenz:*

Die gesellschaftlichen Verhältnisse in Europa wurden nicht festgeschrieben (…). Darüber hinaus belebt die große Konferenz bei den Bürgern der sozialistischen Länder
5 die Hoffnung auf höheren Lebensstandard und mehr Bewegungsfreiheit. Schon äußern sowjetische Konferenzbeobachter Bedenken über die Nachfolgetagung, die in zwei Jahren in Belgrad den Vollzug der
10 KSZE-Ziele prüfen soll. (…) Und Jugoslawiens Systemkritiker Djilas frohlockte: „Auf lange Sicht wird die Entspannung Osteuropa freimachen."

Q 11 *Bundeskanzler Schmidt und Parteichef Honecker unterzeichnen am 1. August 1975 in Helsinki für die beiden deutschen Staaten die Schlussakte.*

1 Was verstand die Sowjetunion unter der Politik der friedlichen Koexistenz und welche Hoffnungen verband sie damit (VT, Q4)?

2 Begründe die Aussage: „In den Tagen der Kubakrise stand die Menschheit an der Schwelle eines Atomkrieges."

3 Nenne Beispiele sowohl für die Konfrontation als auch für die Annäherung der Machtblöcke in den 1960er- und 1970er-Jahren (VT, Q1–Q11).

4 Mit welchen Formulierungen versucht Präsident Johnson in Q5, die Amerikaner von seiner Vietnampolitik zu überzeugen? Welche Argumente setzt Ho Chi Minh in Q6 dagegen?

5 Welche Bedeutung hatte die KSZE für die Entspannung in Europa und für die Entwicklung in den Ostblockländern (VT, Q8, Q10, Q11)?

6 Methode
Fish-Bowl: Diskutieren wie Profis

Ihr habt sicher schon einmal vor einem Aquarium gestanden. Man betrachtet von außen ein Geschehen, das sich im Glas abspielt. Auch wenn es da drinnen noch so lebendig zugeht, kann man nur bedingt eingreifen. Die Fische sind die Akteure, sie reagieren auf das, was im Glas geschieht; die Betrachter davor interessieren sie kaum. Etwas abgewandelt lässt sich daraus ein Verfahren für die Diskussion politischer Themen entwickeln.

Fish-Bowl (engl.: Kugelglas mit Fischen) ist eine Methode, bei der die Ergebnisse von Gruppenarbeiten anders als gewohnt vorgetragen werden: Die Gruppensprecher stehen nicht vor der Klasse, sondern sitzen in einem Innenkreis; sie tragen die Ergebnisse vor und diskutieren sie mit den anderen Gruppensprechern. Die übrigen Schülerinnen und Schüler sitzen in einem Außenkreis; sie hören zu, können sich aber auch an der Diskussion beteiligen.

Ein Thema kontrovers diskutieren
Die Fish-Bowl-Methode eignet sich auch für ein Streitgespräch in Form einer „Expertenrunde". Dazu könnt ihr euch bei einem umstrittenen Thema auf eine Position vorbereiten. Die Frage könnte zum Beispiel lauten: Wer hat Schuld am Ausbruch des Kalten Krieges?
Ihr könnt den USA oder der Sowjetunion die größere Schuld zuweisen. Eure Argumente tragt ihr in der Innenrunde als „Experten" vor. Die Zuhörer in der Außenrunde können am Ende abstimmen, wer die besseren Argumente hatte.

Q 1 Fischglas

D 1 Sitzordnung links: Hufeisenform, rechts: Kreisform
■ Moderator ■ „Experten"/Gruppensprecher
■ freier Stuhl ■ Zuhörer

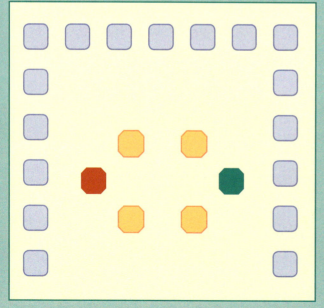
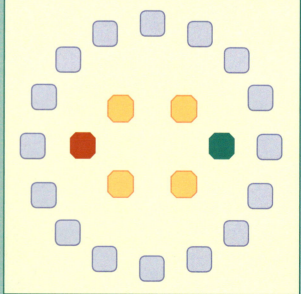

Methodische Arbeitsschritte

1. In Gruppen werden Einzelthemen bearbeitet und diskutiert. Haltet die Arbeitsergebnisse stichwortartig fest und benennt einen oder zwei Gruppensprecher.
2. Legt die Sitzordnung fest:
   Die Gruppensprecher und -sprecherinnen setzen sich in einen Innenkreis. In dieser Runde nimmt ein Moderator Platz, der das Gespräch leitet. Außerdem wird ein freier Stuhl in den Kreis gestellt.
   Die übrigen Schülerinnen und Schüler setzen sich in einen Außenkreis.
3. Die Schülerinnen und Schüler im Innenkreis tragen die Diskussionsergebnisse ihrer Gruppen vor. Die Beiträge folgen in lockerer Form aufeinander und werden jeweils im Innenkreis diskutiert.
   Die Zuhörer im Außenkreis haben von ihrem Platz aus kein Rederecht. Wenn sie sich an der Diskussion beteiligen möchten, müssen sie sich auf den freien Stuhl setzen. Nach ihrem Redebeitrag gehen sie wieder auf ihren Platz im Außenkreis zurück.

1. Bereitet verschiedene Themen zum Kalten Krieg in Gruppen vor. Diskutiert die Arbeitsergebnisse der Gruppen nach der Fish-Bowl-Methode.
2. Führt eine Pro-Contra-Diskussion zum folgenden Thema: Haben die Amerikaner oder die Russen die größere Schuld am Ausbruch des Kalten Krieges gehabt? Organisiert das Streitgespräch nach der Fish-Bowl-Methode.

Der Kalte Krieg – Einzelthemen für die Gruppenarbeit

- Wie kam es zum Kalten Krieg?
- Hat das Gleichgewicht des Schreckens den Frieden erhalten?
- Propaganda im Kalten Krieg
- Volksaufstände im Ostblock
- Der Vietnamkrieg
- Konfrontation und Annäherung zwischen den Supermächten

Q 2 Schüler diskutieren nach der Fish-Bowl-Methode.

7 Abschluss
Die Entstehung einer bipolaren Welt

Ordne jedem der Begriffe eine Erklärung zu.

Selbstbestimmungsrecht

Warschauer Pakt

Rüstungskontrolle

Marshall-Plan

KSZE

Truman-Doktrin

NATO

„Rote Gefahr"

Atombombe

Breschnew-Doktrin

kommunistische Diktaturen

- östliches Militärbündnis unter Führung der Sowjetunion, 1955 gegründet
- westliches Militärbündnis unter Führung der USA, 1949 gegründet
- von einem US-Präsidenten verkündete Politik zur Abwehr des kommunistischen Einflusses
- Richtlinie der sowjetischen Außenpolitik, die einen Austritt aus dem Warschauer Pakt unmöglich machte
- Propagandaparole von der Gefahr eines sowjetischen Angriffs auf „den Westen"
- in Helsinki 1975 erreichter Schritt auf dem Weg zur Entspannung in Europa
- Massenvernichtungswaffe, von den USA 1945 gegen Japan eingesetzt

Leider ist der Film über den Ost-West-Konflikt gerissen. Die Bilder müssen in der richtigen Reihenfolge rekonstruiert werden. Das heißt, man muss wissen, in welchem Jahr das Ereignis war oder in welchen Zeitraum eine Karte oder ein Plakat gehört. Lege eine Liste an, die die Bilder in der richtigen Reihenfolge nennt. Am besten setzt du gleich eine Jahreszahl dazu. Schreibe zu jedem Bild einen Kurztitel.

1968 1962 1972 1953 1945 1949 1956

Einigung der USA und der UdSSR auf eine Begrenzung der strategischen Waffen

europäische Staaten, die unter dem Druck Stalins zwischen 1945 und 1949 sozialistisch wurden

wirtschaftliche Hilfe der USA für Europa nach dem Zweiten Weltkrieg

von Stalin den Osteuropäern nicht gewährtes Recht auf einen eigenen politischen Weg

Themen für Referate

- Der Abwurf der Atombombe auf Hiroshima und Nagasaki – ein Verbrechen?
- Warum aus den Verbündeten USA und Sowjetunion Feinde wurden
- Wie die USA und die Sowjetunion die Teilung der Welt in zwei Blöcke begründeten
- Feindbilder im Kalten Krieg und heute – welchen Einfluss auf die Menschen haben sie?
- Volksaufstand in Ungarn 1956
- Der Prager Frühling und wie er endete
- Die Geschichte des Vietnamkrieges der USA
- KSZE in Helsinki 1975 – ein wichtiger Schritt zur Entspannung
- Gefährdung des Weltfriedens durch das Wettrüsten der Supermächte

Halte ein Kurzreferat zu einem Einzelaspekt.
1 Wähle ein Thema aus.
2 Besorge dir zusätzliche Informationen.
3 Gliedere dein Thema.
4 Schreibe dir Stichpunkte auf Karteikarten auf.
5 Trage der Klasse dein Thema in einem Kurzreferat vor.

Prager Frühling
Hiroshima
Ostblockstaaten
Kubakrise
Feindbilder
Vietnamkrieg
Volksaufstand in Ungarn

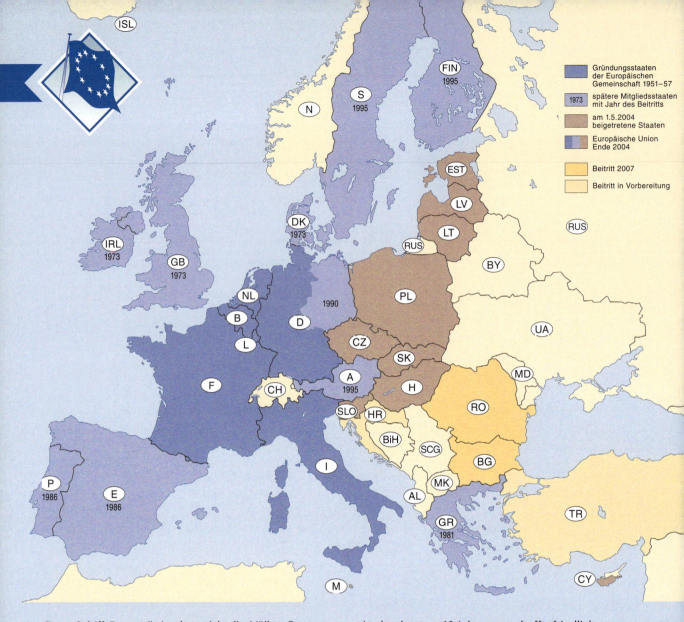

Das „Schiff Europa", in dem sich die Völker Europas – symbolisiert durch europäische Bauwerke – zusammengefunden haben, veranschaulicht das Ergebnis eines erstaunlichen Einigungsprozesses. Der Kontinent, der jahrhundertelang von Kriegen zerrissen war, hat es in den letzten 60 Jahren geschafft, friedlich zusammenzuwachsen. Die wichtigsten Stationen dieser Entwicklung, bewältigte und noch zu bewältigende Probleme wirst du auf den folgenden Seiten kennen lernen.

1947
Der Marshall-Plan – Anstoß zur Einigung Westeuropas

1951/1957
Unterzeichnung der Grundlagenverträge der Europäischen Gemeinschaft

1992
Gründung der Europäischen Union

Europa – ein Kontinent wächst zusammen

Bei einem Bilderwettbewerb der EU unter dem Motto „Mein Bild von Europa" reichten Schüler der Freiherr vom Stein-Realschule Coesfeld diese Zeichnung ein.

2002
Der Euro wird als Bargeld eingeführt.

2003
Erster Entwurf für eine Verfassung der Europäischen Union

2004
„Osterweiterung" der Europäischen Union

1 Wir in Europa

Q1 *Zwei polnische Mädchen feiern den Europa-Tag in Warschau,* Foto, 2004.

Informationen über europäischen Jugendaustausch bietet das EU-Jugendportal im Internet:
http://europa.eu.int/ youth/index_de.html

Selbstverständlichkeiten …
Wenn du nach Holland fährst, musst du schon aufpassen, wenn du die Grenze überquerst. Da ist kein Schlagbaum, vor dem du halten musst. Niemand kontrolliert dich oder will deinen Ausweis sehen. Und wenn du dir in Maastricht oder Venlo ein paar Jeans kaufen willst, dann findest du die Preise in Euro angegeben – wie zu Hause. Das macht es dir leicht, zu vergleichen – und zu bezahlen. Du kannst auch Geld am Bankautomaten abheben. Das kostet nicht mehr als zu Hause.

Überhaupt genießt du in vielen Dingen in Holland dieselben Rechte wie ein Holländer, und in anderen EU-Ländern ist das genauso. Denn überall bist du mit deinem deutschen Pass ein Bürger der EU. Das gibt dir das Recht, in allen Ländern der Europäischen Union eine Wohnung oder auch Arbeit zu suchen. Quer durch das neue Europa, vom äußersten Norden Finnlands bis hinunter nach Gibraltar, kannst du solche Erfahrungen machen.

… aber nur dem Anschein nach
Das alles erscheint so selbstverständlich und ist es doch nicht. Noch in der Mitte des 20. Jahrhunderts waren für die Menschen Europas eher Erfahrungen von Feindschaft und Krieg zwischen ihren Ländern das „Normale". Vor 20 Jahren störten kleinliche Kontrollen noch das Reisen in die Länder Osteuropas. Heute dagegen stehen die Türen zu den Mitbewohnern der anderen Länder im neu geschaffenen „Haus Europa" weit offen. Vor den „neuen Europäern" liegt die reizvolle Möglichkeit, andere Kulturen kennen zu lernen; aber auch die Aufgabe, diese Kulturen als gleichberechtigte Partner anzuerkennen. Nur wenn der nationale Egoismus abgelegt wird, kann die „europäische Wohngemeinschaft" funktionieren. Dann kann es auch zu einem friedlichen Wettstreit zwischen Ländern und Menschen kommen. Die EU unterstützt dieses Bemühen, etwa durch europäischen Jugendaustausch. Denn eines ist sicher: kein neues Europa ohne „neue Europäer".

Mutter Europa und ihre Kinder

Q2 *Bürgerinnen und Bürger der Europäischen Union haben folgende Rechte:*
– Sie dürfen in jedem Land der Europäischen Union studieren.
– Sie haben das Recht, bei Unternehmen in anderen Ländern der Europäischen Union
5 einen Arbeitsplatz zu suchen.
– Sie dürfen innerhalb der Europäischen Union reisen, ohne ihren Pass oder Personalausweis vorzeigen zu müssen.
– Sie brauchen keine Arbeitserlaubnis, um
10 in einem anderen Mitgliedsland der Europäischen Union arbeiten zu können.
– Sie brauchen nicht durch den Zoll zu gehen, wenn sie Dinge mit nach Hause nehmen, die sie in einem anderen Land der
15 Europäischen Union für den persönlichen Bedarf gekauft haben.
– Sie dürfen in einem anderen Land der Europäischen Union bei Kommunalwahlen wählen, wenn sie dort ihren Wohnsitz haben.
20 – Sie müssen nicht ihren Führerschein umtauschen, wenn sie in ein anderes Land der Europäischen Union umziehen.
– Sie dürfen in jedem anderen Land der Europäischen Union ein Sparkonto bei ei-
25 ner Bank haben oder eine Versicherung abschließen, nicht nur in dem Land, in dem sie leben.

Q3 *Europäischer Eintopf*, Karikatur von Gerhard Mester. – Welches Gericht stammt wohl aus welchem Land?

D1 *Bedeutung der EU:* Ergebnis einer Umfrage unter Jugendlichen und jungen Erwachsenen aus Deutschland im Alter zwischen 15 und 24 Jahren
(Quelle: Eurobarometer, 2003):

„Was bedeutet die Europäische Union für Sie persönlich?" (Angaben in %)	
Frieden	45
wirtschaftlicher Wohlstand	18
soziale Absicherung	10
in der EU reisen, studieren und arbeiten können	57
kulturelle Vielfalt	34
mehr Mitsprache in der Welt	36
Euro	58
Arbeitslosigkeit	23
Bürokratie	14
Geldverschwendung	21
Verlust unserer kulturellen Identität	9
mehr Kriminalität	22
nicht genug Kontrollen an den Grenzen	23

1 Liste auf, mit welchen Einrichtungen des neuen Europa du schon Erfahrungen gemacht hast (VT, Q2).
2 Was bedeutet die EU für dich persönlich? Vergleiche mit den Aussagen in D1.
3 Die Karikatur Q3 spielt auf nationale Egoismen an. Erkläre ihre Aussage.
4 Stelle fest, ob es an deiner Schule oder in deinem Ort Einrichtungen gibt, die einen internationalen Jugendaustausch unterstützen.

2 Europäische Spuren an Rhein, Mosel und Saar

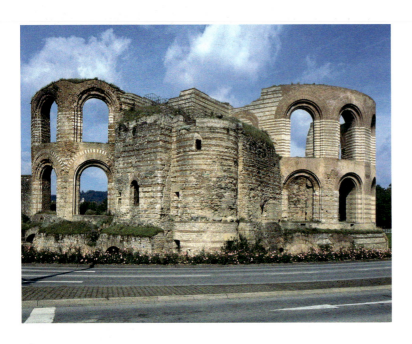

Q1 *Die römischen Thermen in Trier*

Kelten, Germanen, Römer, Franzosen

Viele europäische Völker hinterließen auf dem Gebiet des heutigen Rheinland-Pfalz und Saarland ihre Spuren. Mit dem Sieg des römischen Feldherrn Julius Cäsar im Jahre 58 v. Chr. über die Kelten und Germanen begann eine 500-jährige Herrschaft der Römer an Rhein, Mosel und Saar.

Im frühen Mittelalter bauten fränkische und deutsche Kaiser ihre Pfalzen entlang des Rheins, u.a. in Remagen, Sinzig und Bingen. Jahrhunderte später verwüsteten Söldner aus Deutschland und anderen europäischen Ländern im Dreißigjährigen Krieg die Region. In den Pfälzischen Erbfolgekriegen Ende des 17. Jahrhunderts zerstörten französische Soldaten das Gebiet. Französische Hugenotten siedelten sich im 18. Jahrhundert als Handwerker hier an.

Grenzregion und Zankapfel

Die Gebiete der heutigen Bundesländer Saarland und Rheinland-Pfalz wechselten Jahrhunderte lang ihre Herrscher. Das Saarland gehörte über viele Jahrzehnte zu Lothringen. Gebiete links des Rheins wurden 1793 von französischen Revolutionstruppen besetzt. Auf dem Wiener Kongress 1815 beschlossen die europäischen Fürsten territoriale Veränderungen, die auch große Auswirkungen für unsere Region hatten. 1870 und in den beiden Weltkriegen war unsere Region militärisches Aufmarschgebiet gegen unsere westeuropäischen Nachbarn.

Das Saarland erlebte zwischen den beiden Weltkriegen eine wechselvolle Geschichte. Im Versailler Vertrag 1919 wurde es vom Deutschen Reich abgetrennt. Am 13. Januar 1935 stimmten über 90 Prozent der Bürgerinnen und Bürger des Saarlandes für den Anschluss an Deutschland. Das Saarland wurde dem nationalsozialistischen Deutschen Reich angegliedert.

Aussöhnung und europäische Einheit

Schritte zur Aussöhnung zwischen den ehemaligen „Erbfeinden" Deutschland und Frankreich waren das erste Ziel der 1956 gegründeten Partnerschaft zwischen dem Bundesland Rheinland-Pfalz und der französischen Region Burgund. In der französischen Stadt Dijon gibt es eine Begegnungsstätte Maison de Rhenanie-Palatinat und im rheinland-pfälzischen Mainz ein Haus Burgund. Daneben bestehen inzwischen 130 Städte- und 100 Schulpartnerschaften. Die Universitäten in Dijon und Mainz arbeiten eng zusammen.

Das Europahaus in Bad Marienberg im Westerwald fördert Kontakte zwischen Deutschen und Franzosen sowie anderen europäischen Völkern. In Bad Marienberg werden jährlich über 100 Seminare für Jugendliche aus ganz Europa durchgeführt. Das Europahaus ist das Mutterhaus von inzwischen 120 Einrichtungen dieser Art in vielen europäischen Staaten.

Q 2 *Städtepartnerschaften der Stadt Koblenz*

Q 3 *Villa Europa in Bad Marienberg*

Q 4 *Aus der Regierungserklärung des rheinland-pfälzischen Ministerpräsidenten Kurt Beck am 30. Mai 2006:*
Das Land Rheinland-Pfalz ist eingebunden in die Politik des Bundes und der Europäischen Union. (…) Wir Rheinland-Pfälzerinnen und Rheinland-Pfälzer sind überzeugte Europäerinnen und Europäer, schon aufgrund der Lage unseres Landes im Herzen Europas und unserer guten nachbarschaftlichen Beziehungen. Wir stehen zum gemeinsamen Integrations- und Verfassungsprozess und wollen Europa aktiv mitgestalten. (…)

Q 5 *Aus einer Pressemitteilung der Staatskanzlei der Regierung von Rheinland-Pfalz vom 1. Juni 2006:*
„In einem partnerschaftlichen Miteinander konnten wir in den vergangenen 18 Monaten die Großregion Saarland-Lothringen-Luxemburg-Rheinland-Pfalz-Wallonie-Deutschsprachige und französische Gemeinschaft Belgiens einen entscheidenden Schritt voranbringen." Diese positive Bilanz zog Ministerpräsident Kurt Beck beim 9. Gipfel der Großregion, der unter rheinland-pfälzischem Vorsitz in Trier stattfand. Der Ministerpräsident hatte seine Präsidentschaft unter das Motto „Wir in der Großregion – 11 Millionen Europäer wirken zusammen" gestellt (…) Nach Meinung von Ministerpräsident Beck ist beim Ausbau der grenzüberschreitenden Zusammenarbeit die persönliche Begegnung der Menschen sehr wichtig. Da den Kindern und Jugendlichen die Zukunft gehöre, habe er während seiner Präsidentschaft einen besonderen Schwerpunkt auf die Förderung des Jugendaustausches gesetzt. (…)
Um die Chancen als gemeinsamer Wirtschaftsstandort wahrzunehmen, würden Unternehmen, Hochschulen und Forschungseinrichtungen aus den Partnerregionen (…) zusammengeführt. (…) Mit weit über 100 Hochschulen und wissenschaftlichen Einrichtungen verfügt die Großregion über leistungsfähige Ressourcen (Voraussetzungen) in den Bereichen Studium, Forschung und Weiterbildung.

Q 6 *Jugendfußballcup der Großregion:*
Vom 22. bis 23. April 2006 hat in Kaiserslautern das erste internationale Jugendfußballturnier der Großregion stattgefunden. Die Partnerregionen haben sich dafür entschieden, dass jede Gipfelpräsidentschaft künftig einen Jugendfußballcup ausrichtet. Neben der sportlichen Begegnung soll dabei auch Raum für den Austausch zwischen den Jugendlichen geschaffen werden. Weitere grenzüberschreitende Sportveranstaltungen sollen in der Großregion etabliert werden.

1 Beschreibt, welche Spuren andere Völker in Rheinland-Pfalz und im Saarland hinterließen (VT, Q1).
2 Sucht Spuren anderer Völker in Rheinland-Pfalz und im Saarland. Macht Fotos, findet passende Bildunterschriften und gestaltet eventuell eine Wandzeitung.
3 Findet heraus, mit welchen Städten, Gemeinden oder Kreisen euer Heimatort oder auch Kreis eine Partnerschaft hat (Q2).
4 Beschreibt die Arbeit des Europahauses in Bad Marienberg (VT, Q3) und die grenzüberschreitende Zusammenarbeit der an unsere beiden Bundesländer angrenzenden Regionen (Q4).
5 Auf welchen Gebieten sieht Ministerpräsident Beck Reserven in der grenzüberschreitenden Zusammenarbeit der Regionen (Q4–6)?

3 Die Spaltung Europas

Q1 *Plakat zum Marshall-Plan, 1947*
ERP = European Recovery Programm (offizieller Name des Programms)

Einheit Europas – ein alter Wunsch

Das vereinigte Europa, wie wir es heute kennen, ist keine Selbstverständlichkeit. In der Geschichte gab es immer wieder Pläne und Ansätze für eine solche europäische Staatengemeinschaft. Meist ging es bei diesen Überlegungen darum, Frieden in Europa zu schaffen. Eine besondere Rolle spielte dabei – im Guten wie im Schlechten – das deutsch-französische Verhältnis. So gingen etwa die harten Bestimmungen des Versailler Vertrages für Deutschland maßgeblich auf Frankreich zurück. Aber es waren mit Briand und Stresemann auch Politiker beider Länder, die sich für eine deutsch-französische Versöhnung als Schritt zu einem einigen Europa einsetzten. Und während der Schrecken der NS-Diktatur und des Zweiten Weltkrieges gab es sowohl deutsche als auch französische Widerstandskämpfer, die sich gegen die NS-Herrschaft in Europa wandten und für ein demokratisches Nachkriegseuropa eintraten.

Kalter Krieg und Spaltung

Doch am Ende des Zweiten Weltkrieges kam es zunächst anders. Als Deutschland besiegt war, zerfiel das Bündnis der Alliierten. Zwischen der UdSSR und den USA begann der Kalte Krieg. Seine Frontlinie spaltete Europa. Der sowjetische Diktator Stalin dehnte die Herrschaft des Kommunismus über die osteuropäischen Staaten aus (vgl. S.140–143). Westliche Politiker befürchteten, der Kommunismus könne sich weiter nach Westen ausbreiten, sollte es nicht gelingen, ihn „einzudämmen". Aus solchen Überlegungen erwuchs der Marshall-Plan: Vier Jahre lang sollten die Europäer von den USA Güter und Kredite erhalten, um ihre zerstörte Wirtschaft wieder aufzubauen. Das sollte sie widerstandsfähig gegen den Kommunismus machen und zugleich die amerikanische Wirtschaft ankurbeln. Allerdings machten die Amerikaner zur Bedingung, dass die Europäer sich selbst über die Verteilung der Lieferungen einigten und die liberale Wirtschaftsordnung der USA annahmen. 17 europäische Staaten – darunter die Bundesrepublik (ab 1949) – gingen auf das Angebot ein. 1948 gründeten sie die OEEC (Organization of European Economic Cooperation), um die Verteilung der Wirtschaftshilfe zu organisieren. Die UdSSR lehnte für sich und ihren Herrschaftsbereich den Beitritt ab.

Q2 *Der französische Außenminister Briand spricht 1929 vor dem Völkerbund:*
Ich bin der Auffassung, dass zwischen Völkern, deren geographische Lage so ist wie die der Völker Europas, eine Art föderatives Band bestehen muss; diese Völker müssen
5 jederzeit die Möglichkeit haben, miteinander in Verbindung zu treten, über ihre Interessen zu beraten, gemeinsame Entschließungen zu fassen, untereinander ein Band der Solidarität zu schaffen, das ihnen erlaubt, zu
10 gegebener Zeit einer ernsten Lage, falls eine solche entsteht, gegenüberzutreten. (…)
Es ist klar, dass sich die Verbindung vor allem auf wirtschaftlichem Gebiet betätigen wird: Dies ist das dringlichste Problem.
15 Ich glaube, dass sich hier Erfolge erzielen lassen. Aber ich bin auch sicher, dass vom politischen, vom sozialen Standpunkt gesehen eine föderative Verbindung, welche die Souveränität der an ihr teilnehmenden
20 Nationen unangetastet lässt, von Nutzen sein kann.

Q3 *Der britische Premierminister Winston Churchill sagte 1946 in einer Rede in Zürich:*
Wir Briten haben unser eigenes Commonwealth of Nations (…). Und warum sollte es [daneben] keine europäische Gruppe geben, die den irregeleiteten Völkern die-
5 ses unruhigen und machtvollen Kontinents das Gefühl (…) einer gemeinsamen Staatszugehörigkeit einflößen könnte? (…) [Wir müssen] die europäische Familie in einer regionalen Struktur neu schaffen, die viel-
10 leicht die Vereinigten Staaten von Europa heißen wird. Der erste Schritt ist die Bildung eines Europarats. Wenn zu Anfang auch nicht alle Staaten willens oder in der Lage sind, der Union beizutreten, müssen
15 wir uns dennoch ans Werk machen, diejenigen Staaten, die es wollen und können, zusammenzufassen und zu vereinen. Bei dieser so dringenden Aufgabe müssen Frankreich und Deutschland die Führung
20 übernehmen. Großbritannien, das Britische Commonwealth of Nations, das mächtige Amerika, und ich hoffe, Sowjetrussland (…) müssen die Freunde und Förderer des neuen Europa sein (…).

Q4 *Über die Absichten des Marshall-Plans schreibt G. F. Kennan, der Leiter der Planungskommission 1947:*
Das Ersuchen um Unterstützung musste als gemeinsames Ersuchen einer Gruppe befreundeter Nationen kommen und durfte nicht in eine Reihe voneinander unabhän-
5 giger Einzelanträge zerfallen. (…) Hätten wir nicht darauf bestanden, dann wären die Vereinigten Staaten mit Mengen von konkurrierenden Wunschzetteln überhäuft worden (…). Das hätte uns gezwungen,
10 selber eine Auswahl zu treffen, die garantiert vielen Leuten nicht gepasst hätte (…). Aber auch hiervon abgesehen, hatten wir ernste Zweifel an den Erfolgschancen eines europäischen Aufbauprogramms, das nur
15 aus einer Reihe unkoordinierter nationaler Pläne bestand; unserer Meinung nach war die übermäßige Zersplitterung Europas eine seiner größten Schwächen. Sie hinderte den freien Wettbewerb und das Entstehen
20 großer Verbrauchermärkte. Durch unser Beharren auf gemeinsamer Planung wollten wir die Europäer zwingen, sich mit den ökonomischen Problemen ihres Erdteils als Europäer auseinanderzusetzen und nicht als
25 Nationalisten.

Q5 *Karikatur zum Marshall-Plan, „Der Spiegel", 6.9.1947 – Wie deutet der Karikaturist den Plan des amerikanischen Außenministers Marshall?*

1 Begründe, warum gerade das französisch-deutsche Verhältnis für die Einigung Europas wichtig ist (VT, Q2, Q3).
2 Überlege, warum die UdSSR den Marshall-Plan ablehnte (VT).
3 Liste auf, welche Absichten Planer und Betroffene mit dem Marshall-Plan verbanden (VT, Q1, Q4, Q5).
4 Nimm Stellung: Marshall-Plan – Instrument europäischer Einigung oder Spaltung?

4 Auf dem Weg zur Einigung Westeuropas

Q1 *Der Vertrag über die „Europäische Gemeinschaft für Kohle und Stahl" wird am 18. April 1951 von den Vertretern der 6 Mitgliedstaaten in Paris unterzeichnet. Nicht zufällig bilden der Franzose Schuman (mit dem Vertragstext in den Händen) und der Deutsche Adenauer (rechts daneben) die Mitte der Versammlung.*

Supranational
(von lat. = „über der Nation stehend") sind Behörden, die einer Staatengemeinschaft in den Teilen, in denen die Staaten ihre Souveränität abtreten, übergeordnet sind. Sie können selbstständig übergeordnete Entscheidungen treffen.

Integration
ist ein Vorgang, bei dem aus Teilen ein übergeordnetes Ganzes entsteht; hier: Vorgang der wirtschaftlichen, politischen usw. Einigung Europas.

Der Europarat – eher eine Sackgasse

Die Gründung der OEEC zur Verteilung der US-Wirtschaftshilfe brachte rege Diskussionen über europäische Wirtschaftsfragen mit sich. Um auch das Gespräch über politische Fragen in Gang zu bringen, wurde 1949 der Europarat gegründet. Er hatte zunächst zehn Mitglieder, im Jahr 2004 waren es 46. Zu einem Instrument europäischer Integration wurde er jedoch kaum. Das verhinderten die Bestimmungen, dass seine Beschlüsse einstimmig gefasst werden mussten und dass sie für die Regierungen nur Ratschläge darstellten. Allerdings ermöglichte gerade diese Regelung auch kommunistischen Staaten aus Osteuropa, an den Gesprächen teilzunehmen.

Der bedeutendste Beschluss des Europarats war die „Europäische Konvention zum Schutz der Menschenrechte und Grundfreiheiten" im Jahr 1953. Dieser zog die Schaffung so wichtiger Einrichtungen wie der „Europäischen Kommission für Menschenrechte" und des „Europäischen Gerichtshofs für Menschenrechte" nach sich.

Kohle und Stahl – Anstoß für Europa

Der erste Schritt auf dem Weg zur Einigung Europas war der 1951 unterzeichnete Vertrag über die „Europäische Gemeinschaft für Kohle und Stahl" (EGKS). Den Anstoß dazu hatte der französische Außenminister Schuman gegeben („Schuman-Plan"). Deutschland, Frankreich, Italien und die Benelux-Länder traten der Gemeinschaft bei. In diesen sechs Mitgliedsländern wurde fortan die Förderung, Verarbeitung und Verteilung von Kohle und Stahl unter die Kontrolle einer gemeinsamen supranationalen Behörde gestellt. Eine weitere supranationale Behörde, der Europäische Gerichtshof, regelte Streitigkeiten zwischen den Mitgliedstaaten.

Besonders wichtig war die Auswirkung des Vertrages auf das deutsch-französische Verhältnis, das Kernproblem der europäischen Einigung: Die gemeinsame Kontrolle befriedigte das französische Sicherheitsbedürfnis gegenüber Deutschland und die Bundesrepublik durfte sich als gleichberechtigter Partner Frankreichs fühlen.

164

Zollschranken fallen

Der nächste Schritt auf dem Weg zu einem vereinigten Europa erfolgte mit den Römischen Verträgen von 1957. Die sechs Staaten der EGKS schrieben darin die Gründung der „Europäischen Wirtschaftsgemeinschaft" (EWG) und der „Europäischen Atomgemeinschaft" (EURATOM/EAG) fest. Der EWG-Vertrag setzte die Linie des EGKS-Vertrages fort: Der gemeinsame Markt wurde nun auf Güter aller Art sowie Dienstleistungen, Kapital- und Zahlungsverkehr ausgedehnt. Alle Bewohner der Vertragsstaaten konnten sich im Vertragsgebiet ihren Lebensort frei wählen und innerhalb von 12 Jahren sollten alle Zoll- und Handelsschranken zwischen den Vertragsstaaten fallen.

Im EAG-Vertrag reagierten die „Sechs" auf die wachsende Bedeutung der Atomenergie im 20. Jahrhundert. Der Ankauf von Nuklearmaterial und dessen friedliche Nutzung wurden geregelt, um Europa eine unabhängige Position zwischen den atomaren Großmächten USA und UdSSR zu sichern. Für die Verwirklichung der Abkommen wurden weitere supranationale Behörden (Europäischer Rat, Europäische Kommission, Europäisches Parlament) geschaffen.

„Haus Europa"

Wie geplant wurde 1968 die Zollunion hergestellt. Der Erfolg der „Sechs" wirkte wie ein Sog auf andere europäische Nationen. Denn die Vorteile, die der gemeinsame Markt den „Sechs" schuf, waren zugleich die Nachteile der davon Ausgeschlossenen. Durch neue Beitritte sechs weiterer Staaten wurden bis 1986 aus den „Sechs" die „Zwölf". Doch die immer größer werdende Runde zeigte deutlich, dass die politische Integration nicht mit der wirtschaftlichen Schritt hielt. 1986 wurde daher die „Europäische Politische Zusammenarbeit" (EPZ) zum Grundsatz erhoben. Aus der wirtschaftlich eng verknüpften europäischen Gemeinschaft sollte eine auch politisch intensiv zusammenarbeitende Union werden.

Den Rahmen für diese Zusammenarbeit der Union schuf der Vertrag von Maastricht im Jahr 1992. Er fasste Erreichtes und Neues zusammen. Zum ersten Mal wurde das „Haus Europa" in seinen tragenden Bestandteilen – den Verträgen, den supranationalen Behörden und ihrer Arbeitsweise – sichtbar. Das sollte auch der neue Name für die Staatengemeinschaft zum Ausdruck bringen: Europäische Union (EU).

D1 *Das „Haus Europa" nach dem Vertrag von Maastricht 1992.* Die Integration ist nicht in allen Aufgabenbereichen (Säulen) gleich weit fortgeschritten. Festgelegte Verfahren mit verbindlichen Entscheidungen gibt es weitgehend für die Politikbereiche der ersten Säule. In den beiden anderen Bereichen müssen Regierungsvertreter meist von Fall zu Fall Einigkeit herstellen.

Q3 *Der „Schuman-Plan", vom französischen Außenminister Schuman am 9. Mai 1950 den Mitgliedern der französischen Regierung in Paris vorgetragen:*
Der Beitrag, den ein organisiertes und lebendiges Europa für die Zivilisation leisten kann, ist unerlässlich für die Aufrechterhaltung friedlicher Beziehungen (…). Europa
5 lässt sich nicht mit einem Schlage herstellen und auch nicht durch eine einfache Zusammenfassung. Es wird durch konkrete Tatsachen entstehen, die zunächst eine Solidarität der Tat schaffen. Die Vereinigung
10 der europäischen Nationen erfordert, dass der jahrhundertealte Gegensatz zwischen Frankreich und Deutschland ausgelöscht wird. Das begonnene Werk muss in erster Linie Deutschland und Frankreich erfassen
15 (…). Die französische Regierung schlägt [daher] vor, die Gesamtheit der französisch-deutschen Kohle- und Stahlproduktion einer gemeinsamen Hohen Behörde zu unterstellen, in einer Organisation, die den
20 anderen europäischen Ländern zum Beitritt offen steht (…). Die Solidarität der Produktion, die so geschaffen wird, wird bekunden, dass jeder Krieg zwischen Frankreich und Deutschland nicht nur undenkbar, sondern
25 materiell unmöglich ist (…). Durch (…) die Errichtung einer neuen Hohen Behörde, deren Entscheidungen bindend sein werden, wird dieser Vorschlag den ersten Grundstein einer europäischen Föderation bilden.

Q4 *Aus dem Vertrag über die Gründung der Europäischen Wirtschaftsgemeinschaft (EWG) vom 25. März 1957:*
In dem festen Willen (…) einen immer engeren Zusammenschluss der europäischen Völker zu schaffen (…), haben [die Vertragsparteien] beschlossen, eine europäische
5 Wirtschaftsgemeinschaft zu gründen (…).
Artikel 2: Aufgabe der Gemeinschaft ist es, durch die Errichtung eines gemeinsamen Marktes und die schrittweise Annäherung der Wirtschaftspolitik der Mitgliedstaaten
10 eine harmonische Entwicklung des Wirtschaftslebens innerhalb der Gemeinschaft, (…), eine größere Stabilität, eine beschleunigte Hebung der Lebenshaltung und engere Beziehungen zwischen den Staaten zu
15 fördern, die in dieser Gemeinschaft zusammengeschlossen sind.
Artikel 3: Die Tätigkeit der Gemeinschaft (…) umfasst (…)
a) die Abschaffung der Zölle und mengen-
20 mäßigen Beschränkungen bei der Ein- und Ausfuhr von Waren (…) zwischen den Mitgliedstaaten;
b) die Einführung eines gemeinsamen Zolltarifs und einer gemeinsamen Handelspoli-
25 tik gegenüber dritten Ländern;
c) die Beseitigung der Hindernisse für den freien Personen-, Dienstleistungs- und Kapitalverkehr zwischen den Mitgliedstaaten;
d) die Einführung einer gemeinsamen Poli-
30 tik auf dem Gebiet der Landwirtschaft.

EG
Die Gründung der Europäischen Gemeinschaft (EG) erfolgte 1967 durch den Zusammenschluss der drei Teilgemeinschaften EGKS, EWG und Euratom (EAG).

EU
Mit dem Vertrag von Maastricht von 1992 wurde die Europäische Gemeinschaft (EG) zur Europäischen Union (EU) fortentwickelt.

Q2 *Der Schuman-Plan und seine Bedeutung für Deutschland* (Symbolfigur „deutscher Michel") in der Sicht des West-SPD-Vorsitzenden Schumacher (links), des Bundeskanzlers Adenauer (Mitte), des DDR-Ministerpräsidenten Grotewohl (rechts), Karikatur „Hamburger Abendblatt", 11. Januar 1952

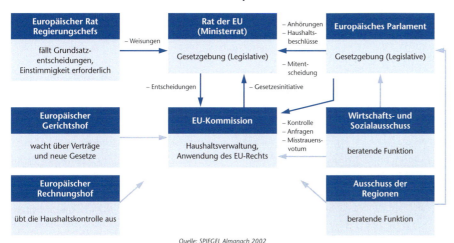

D3 Gewalten und Gewaltenteilung in der Europäischen Union
Die drei Gewalten der oberen Zeile bilden die Legislative der EU. Die Kommission übt die Exekutive aus und der Gerichtshof die Judikative.

Q5 US-Präsident Kennedy 1962 über die Beziehungen der USA zur EWG:

Jenseits des Atlantiks ist gegenwärtig eine einheitliche Wirtschaftsgemeinschaft im Entstehen begriffen, die eines Tages eine Bevölkerung haben dürfte, die dreieinhalb-
5 mal so groß ist wie die unsere. Diese Bevölkerung arbeitet im Rahmen einer Wirtschaft zusammen (…), bei der es für Handel und Investitionen keine größeren Hindernisse gibt als zwischen unseren 50 Bundesstaa-
10 ten. Diese Wirtschaft hatte in der Vergangenheit eine Wachstumsrate, die doppelt so hoch wie die unsrige war, und sie wird eines Tages eine Kaufkraft repräsentieren, die der unsrigen gleichkommt, und einen Lebens-
15 standard aufweisen, der schneller als der unsrige steigt (…). Wenn unseren Exporten der freie Zugang zur EWG [durch Zölle] (…) verwehrt sein sollte, dann würde unsere (…) Führung der freien Welt gefährdet
20 werden (…). Wirtschaftliche Isolierung und politische Führerschaft sind völlig unvereinbar miteinander. Die Länder Westeuropas werden in den nächsten Jahren ihr (…) Wirtschafts- und Handelsschema festlegen,
25 das die Zukunft unserer Wirtschaft (…) entscheidend berühren wird. Wenn wir vom Markt der EWG durch hohe Zollschranken (…) getrennt sind, dann können wir nicht hoffen, bei diesen (…) Entscheidungen eine
30 wesentliche Rolle zu spielen.

1 Zeige die Hauptstationen der europäischen Einigung so auf, dass der Fortschritt des Prozesses deutlich wird (VT, Q1–Q4, D1–D3).
2 Vergleiche die Erwartungen an den Schuman-Plan (Q2, Q3). Welche davon sind in Erfüllung gegangen?
3 Lege dar, welche Auswirkungen die Gründung der EWG auf die USA hat (Q5). Wie fasst du die Rede auf: Spricht hier ein Verbündeter oder ein Konkurrent Westeuropas?
4 Erläutere, worin die Besonderheiten der EU als einer „supranationalen Organisation" bestehen (VT, D3).

D2 Die Symbole der EU
– Überlege, welche Bedeutung die Symbole für die europäische Einigung haben.

Die europäische Flagge zeigt zwölf Sterne in einem Kreis. Sie stehen für Vollkommenheit, Einheit und Harmonie, haben also nichts mit der Anzahl der Länder zu tun.

Der Euro wurde 2002 als Bargeld eingeführt. Er gilt in 13 Staaten der EU als Währung. Zuvor gab es in Deutschland die D-Mark.

Ludwig van Beethovens „Ode an die Freude" ist die offizielle Hymne der EU.

Der 9. Mai gilt als offizieller Europatag. 1950 stellte der französische Außenminister Robert Schuman an diesem Tag seine Pläne eines vereinten Europa vor.

5 Die neue Rolle der NATO

 **Q 1** *Auslandsmission der Bundeswehr*, Foto, 2006
Im Rahmen des UNO-Auftrags unterstützt die Bundeswehr mit 2900 Soldaten die Aufbauarbeit in Afghanistan.

Taliban-Regime
Die Taliban sind islamische Fanatiker. Sie regierten von 1996–2001 in Afghanistan und zwangen dem Land eine Ordnung auf, wie sie nach ihrer Ansicht der Koran vorgibt. Ergebnis war eine Terrorherrschaft. Unzählige Menschen wurden ermordet. Seit 1961 kämpfen die Taliban für die Wiedererrichtung ihrer Herrschaft im Land.

Militärbündnis im Kalten Krieg
Als sich nach dem Zweiten Weltkrieg die Spannungen zwischen den Siegermächten in Ost und West verschärften, gründeten die USA, Kanada und zehn westeuropäische Staaten 1949 das Nordatlantische Verteidigungsbündnis, die NATO. Die Mitglieder verpflichteten sich im Falle eines Angriffs einander beizustehen. Der Hauptgegner war die Sowjetunion und ihre Verbündeten. Diese Staaten gründeten 1955 als Gegenbündnis den Warschauer Pakt. Im selben Jahr trat die Bundesrepublik Deutschland der NATO bei, die DDR wurde Mitglied im Warschauer Pakt.

Aus Feinden werden Partner
Nach dem Zerfall des Ostblocks und der Wiedervereinigung Deutschlands löste sich der Warschauer Pakt auf. Die NATO blieb bestehen. Mit dem Programm „Partnerschaft für den Frieden" (1994) öffnete die NATO den ehemaligen Mitgliedern des Warschauer Paktes die Tür für eine Zusammenarbeit. Soldaten Osteuropas und der NATO führten gemeinsame militärische Übungen durch. Offiziere aus Osteuropa absolvierten Militärlehrgänge in NATO-Staaten. Die Waffensysteme des Ostens wurden denen des Westens angeglichen. 1999 traten Polen, die Tschechische Republik und Ungarn der NATO bei. Mit der Osterweiterung der Europäischen Union im Jahre 2004 wurden die Slowakei, Slowenien, Rumänien, Bulgarien, Lettland, Litauen und Estland Mitglied der NATO.

Neue Aufgaben der NATO
Viele Europäer fragten sich Mitte der 1990er-Jahre: Wozu brauchen wir noch ein Verteidigungsbündnis, wenn es in unmittelbarer Nachbarschaft keinen Feind mehr gibt?
Die NATO benötigte deshalb eine neue Strategie, die den Anforderungen der Zeit entsprach. Dieser Aufgabe stellte sich die NATO. Ihre Soldaten wurden und werden heute vor allem gebraucht, um regionale militärische Konflikte in der ganzen Welt zu verhindern bzw. zu beenden und friedliche Entwicklungen zu fördern.

NATO-Soldaten im Einsatz für Frieden
Deshalb übernahm die NATO zunehmend Aufgaben außerhalb des eigentlichen Geltungsbereiches. In Zusammenarbeit mit der UNO waren seit Mitte der 1990-er Jahre NATO-Soldaten überall in Welt im Einsatz. Drei Beispiele zeigen, dass die Aufgaben vielfältig und kompliziert sind:
1995 gab der UN-Sicherheitsrat der NATO den Auftrag, den Bürgerkrieg in Bosnien zu beenden. Nach dem Terroranschlag in New York vom 11. September 2001 beteiligten sich NATO-Truppen an der Zerschlagung des Taliban-Regimes in Afghanistan. Seit 2002 gibt es zwar wieder eine frei gewählte Regierung, aber das Land befindet sich noch immer im Bürgerkrieg. NATO-Soldaten waren im Jahre 2006 im Kongo stationiert, um die Durchführung demokratischer Wahlen zu gewährleisten.

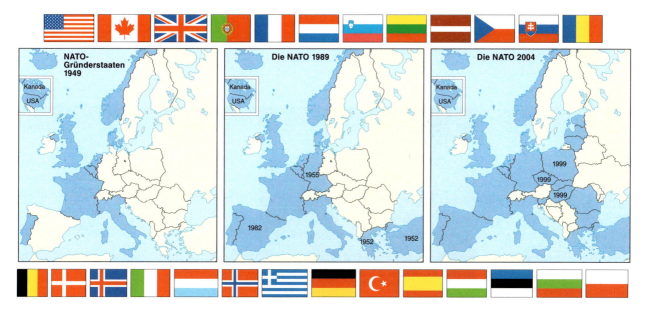

D1 Die Entwicklung der NATO seit ihrer Gründung 1949

Q2 Die Staats- und Regierungschefs der 26 NATO-Staaten trafen sich im November 2006 in der lettischen Hauptstadt Riga. Sie besprachen die neue Strategie der NATO und die sich daraus ergebenden Aufgaben.

a) Die neue Strategie der NATO und die aktuellen Aufgaben:

Die Stärke der NATO lag in ihrer Beschränkung auf einen einzigen Zweck: der gemeinsamen Verteidigung gegen die Sowjetunion. Die gibt es nun nicht mehr. (...) Als reines Militärbündnis passt die nordatlantische Allianz nur noch schwer in eine Welt, die nach dem Ende der Blockkonfrontation außerordentlich kompliziert geworden ist. Keine der Krisen, mit denen die Welt heute konfrontiert ist, lässt sich in das einfache Muster von Angriff und Verteidigung pressen. (...) Der ursprüngliche Gegner ist zwar abhanden gekommen. Aber in Anbetracht der unübersichtlichen Weltlage ist es nicht das Dümmste, ein funktionierendes Verteidigungsbündnis am Leben zu erhalten. Zum anderen: (...) Die NATO stellt den Vereinten Nationen oder der EU von Fall zu Fall und auf deren Bitten ihre militärische Infrastruktur bei Krisenseinsätzen zur Stabilisierung von zivilem Aufbau zur Verfügung. Mehr ist für die NATO politisch nicht drin. Aber es ist eine Aufgabe, die Sinn macht.

b) Wodurch ist der Frieden bedroht?

Unsere 26 Nationen (...) halten unverrückbar an den Zielen und Prinzipien der Charta der Vereinten Nationen fest. (...) Im heutigen sich ständig weiter entwickelnden Sicherheitsumfeld stehen wir vor komplexen und oft eng miteinander zusammenhängenden Bedrohungen, wie dem Terrorismus, (...) der Weiterverbreitung von Massenvernichtungswaffen und ihrer Trägermittel sowie Herausforderungen, die von der Instabilität durch gescheiterte bzw. zerfallende Staaten ausgeht. (...)

c) Die Aufgaben der NATO in Afghanistan:

Zu Frieden und Stabilität in Afghanistan beizutragen, ist für die NATO Schlüsselpriorität. (...) Es kann in Afghanistan keine Sicherheit ohne Entwicklung und keine Entwicklung ohne Sicherheit geben. (...) Wir unterstützen die Arbeit der afghanischen Regierung, um ihre Führung mit fester Hand auch bis in die Provinzen sichtbar zur Entfaltung zu bringen, die Korruption zu bekämpfen und entschlossen im Kampf gegen illegale Narkotika vorzugehen. Wir sehen auch die Notwendigkeit, die Netzwerke zu zerschlagen, über die Terroristen, die die Regierung und Menschen in Afghanistan bedrohen, finanziert, versorgt und ausgerüstet werden.

1 Warum wurde die NATO 1949 gegründet? Welche Hauptaufgabe sollte sie erfüllen (VT)?

2 Welche Staaten wurden nach 1990 Mitglied der NATO? Wie waren vorher deren Beziehungen zum Militärbündnis (VT, D1)?

3 Die Strategie der NATO hat sich seit den 1990er-Jahren stark verändert. Beschreibe die neue Aufgabenstellung aus VT und Q2a.

4 Beschreibe Inhalt und Ergebnisse des Programms „Partnerschaft für den Frieden" (VT).

5 Nenne Fakten, die in der Gegenwart den Frieden in der Welt bedrohen (Q2b).

6 Welche Ziele verfolgt die NATO in Afghanistan (Q2c)?

6 Das Ende des Sozialismus in Europa

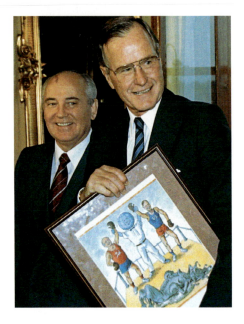

Q1 *Eine Karikatur zum Ende des Kalten Krieges* übergab Michail Gorbatschow dem US-Präsidenten George Bush auf dem KSZE-Gipfeltreffen in Helsinki im September 1990 (Foto). 1991 unterzeichneten sie einen Vertrag, der beide Seiten verpflichtete, die Zahl der Langstreckenraketen mit Atomsprengköpfen stark zu reduzieren.

A-Z

Glasnost
(russ. = Offenheit) kritische öffentliche Diskussion politischer Fragen, auch der Mängel und Missstände in der Gesellschaft

Perestroika
(russ. = Umgestaltung) Durchführung von Reformen in der Wirtschaft und Politik, um die Demokratie zu stärken und die Initiative und schöpferische Arbeit der Menschen zu fördern

Die Sowjetunion in der Krise

1961 hatte Staats- und Parteichef Chruschtschow verkündet, noch im nächsten Jahrzehnt werde die Sowjetunion die USA als das mächtigste und reichste Land des Kapitalismus in der Pro-Kopf-Produktion der Bevölkerung überflügeln. Es zeigte sich aber bald, dass dieses Ziel nicht im entferntesten erreicht werden konnte. Die sozialistische Planwirtschaft des Ostens war der Marktwirtschaft des Westens weit unterlegen. Mit überholter Technik, unmotivierten Arbeitern und unfähigen Partei- und Staatsfunktionären konnten keine wirtschaftlichen Erfolge erreicht werden. Das Gegenteil trat ein: Die gewaltigen Rüstungsausgaben führten dazu, dass die Lebensqualität der Sowjetbürger sich nicht entscheidend verbesserte. Die Löhne und Renten blieben niedrig. Es fehlte an Konsumgütern und Wohnungen.

Zunehmende Kritik am Sozialismus

1985 wurde Michail Gorbatschow neuer Generalsekretär der Kommunistischen Partei der Sowjetunion. Die von ihm propagierten Begriffe „Perestroika" und „Glasnost" sollten wegweisend für die weitere Entwicklung des Landes sein. Wirtschaftliche Reformen und öffentliche Diskussion der gesellschaftlichen Missstände sollten dazu beitragen, den Sozialismus menschenfreundlicher und wirtschaftlich erfolgreicher zu gestalten. Doch Erfolge blieben aus. Die neue Strategie führte aber dazu, dass immer mehr Menschen in der Sowjetunion und auch in den Ostblockstaaten nicht nur einzelne Mängel kritisierten, sondern das sozialistische Gesellschaftssystem als Ganzes in Frage stellten.

Revolutionen in Osteuropa

Bereits 1980 hatte in Polen die unabhängige Gewerkschaftsbewegung „Solidarnosc" grundlegende Mängel der sozialistischen Gesellschaft aufgezeigt und war für mehr Demokratie und Freiheit eingetreten.
Ende der 1980er-Jahre erfasste die Unzufriedenheit der Menschen mit dem Sozialismus fast alle Ostblockstaaten. 1989 kam es in ganz Osteuropa zu gewaltigen Demonstrationen für die Abschaffung der kommunistische Diktaturen. Der Untergang des Sozialismus vollzog sich dabei unterschiedlich: In Polen, Ungarn, Bulgarien und in der Tschechoslowakei verlief die Ablösung des sozialistischen Systems ohne Blutvergießen. In Rumänien wurde der Diktator Ceausescu gefangen genommen und hingerichtet. In Teilen Jugoslawiens löste das Streben nach Unabhängigkeit der ehemaligen Teilrepubliken einen grausam geführten mehrere Jahre dauernden Bürgerkrieg aus.
Als Folge der Revolutionen in den Ostblockstaaten löste sich 1990 der Warschauer Pakt auf. Auf dem Boden der Sowjetunion entstanden nach 1991 mehrere unabhängige Staaten. Der Niedergang des Sozialismus in der Sowjetunion und in Osteuropa bedeutete das Ende des Kalten Krieges.

Q 2 *Vaclav Havel, Staatspräsident nach dem Sturz der sozialistischen Ordnung in der Tschechoslowakei, beschrieb im Jahr 1990 das Wesen der kommunistischen Diktatur:*

Das bisherige Regime – ausgerüstet mit seiner stolzen und unverträglichen Ideologie – reduzierte den Menschen zu einer Arbeitskraft und die Natur zum Produktionsinstrument. (…) Aus fähigen vollberechtigten Menschen, die sinnvoll in ihrem Lande wirtschaften, machte es Schräubchen irgendeiner riesengroßen lärmenden und übelriechenden Maschine, von der niemand weiß, welchen Sinn sie überhaupt hat. Sie bringt nichts anderes fertig, als sich allmählich, aber unaufhaltsam, selbst und alle ihre Schräubchen zu verbrauchen.

Q 3 *Aus den 21 Forderungen des Danziger „überbetrieblichen Streikkomitees" der Gewerkschaftsbewegung Solidarnosc, August 1980:*

1. Akzeptierung von der Partei und den Arbeitgebern unabhängigen freien Gewerkschaften (…).
2. Garantie des Rechts auf Streik (…).
3. Einhaltung der von der Verfassung der Volksrepublik Polen garantierten Freiheit des Worts, des Drucks und der Publikation, somit auch Duldung unabhängiger Zeitschriften und Zugang für Vertreter aller Glaubensbekenntnisse zu den Massenmedien. (…)
6. Einleitung von wirkungsvollen Maßnahmen mit dem Ziel, das Land aus der Krisensituation herauszuführen, durch:
   a) volle Information der Öffentlichkeit über die wirtschaftliche und gesellschaftliche Situation des Landes und
   b) Ermöglichung der Teilnahme an der Diskussion über das Reformprogramm für alle Gesellschaftskreise und alle Schichten. (…)
12. Einstellung von Führungskräften nach dem Prinzip der Qualifikation und nicht nach Parteizugehörigkeit sowie Abschaffung von Privilegien für Polizei, Sicherheitsdienst und Parteiapparat (…).

Q 4 *Als Sieg der Vernunft sah der Historiker Gregor Schöllgen 1996 den friedlichen Ausgang des Kalten Krieges:*

Auch in Zukunft wird der Mensch also unter Beweis zu stellen haben, dass er nicht nur über eine beachtliche Überlebens-, sondern auch über eine gewisse Lernfähigkeit verfügt. Während des Kalten Krieges hat er diesen Beweis erbracht. Die katastrophalen Erfahrungen der ersten Jahrhunderthälfte führten ihn in der zweiten zu einer Einsicht, die auch im 21. Jahrhundert wenig von ihrer Gültigkeit verlieren wird: Einen Krieg, erwachsen aus den Problemen und Konstellationen des ersten, geführt mit der Verbissenheit des zweiten und ausgetragen mit dem Mittel des dritten, also mit der Nuklearwaffe, dürfte die Menschheit kaum überleben. In diesem Wissen gründete die Logik des dritten Krieges, der deshalb ein kalter blieb.

Q 5 *Die polnische Gewerkschaft Solidarnosc entstand 1980 während eines Streiks der Danziger Werftarbeiter.* Unter Führung des Elektrikers Lech Walesa (Foto) strebte sie eine humanere Gesellschaft an. Von den kommunistischen Machthabern unterdrückt, arbeitete Solidarnosc im Untergrund weiter. 1989 hatte sie einen wesentlichen Anteil an der demokratischen Umgestaltung Polens.

1. Nenne Gründe für das Scheitern des Sozialismus im Ostblock. Setze dich dabei mit den Aussagen Havels über die Rolle des Menschen im Sozialismus auseinander (VT, Q2).
2. Erläutere die Forderungen der Solidarnosc. Warum unternahmen die Herrschenden in Polen alles, um die Gewerkschaftsbewegung mundtot zu machen (Q3, Q5)?
3. Hauptgewinner bei der Beendigung des Kalten Krieges ist Europa. Begründe die Aussage (Q1, Q4).

7 „Osterweiterung" Europas

Q1 *„Fahnenflucht"*, Karikatur von Peter Bensch, Dezember 1989 – Wie sieht der Zeichner den Zusammenschluss?

Die Auflösung des RGW

Im Jahre 1949 schlossen sich Albanien, Bulgarien, Rumänien, Polen, Ungarn und die Tschechoslowakei unter Führung der Sowjetunion zu einer Wirtschaftsvereinigung zusammen – dem Rat für gegenseitige Wirtschaftshilfe (RGW). Die DDR wurde 1950 Mitglied, später auch Kuba, Nordvietnam und die Mongolei. Ziel der Sowjetunion war es, die sozialistischen Staaten durch wirtschaftliche Abhängigkeit stärker an sich zu binden.

Es zeigte sich bald, dass die Bestrebungen des RGW, Produktion und Handel zwischen den Mitgliedsländern besser abzustimmen, zu keinem entscheidenden wirtschaftlichen Aufschwung führten. Auch auf internationaler Ebene scheiterte die Wirtschaftsvereinigung. Der RGW war auf dem westlichen Markt nicht konkurrenzfähig. Mit dem Zusammenbruch des Sozialismus in Osteuropa und der Auflösung der Sowjetunion im Jahre 1991 hörte der Rat für gegenseitige Wirtschaftshilfe auf zu bestehen.

Der Anschluss an die EU

Mit dem Ende des RGW verstärkten seine früheren europäischen Mitglieder ihre Handelsbeziehungen zur EU. Schon bald war die EU der größte Handelspartner der osteuropäischen Staaten. 1993 boten die Regierungschefs der EU auf ihrem Gipfeltreffen von Kopenhagen diesen früheren RGW-Ländern die Aufnahme in die EU an. Nur mussten sie dafür sorgen, vier politische und wirtschaftliche Bedingungen – seitdem „Kopenhagener Kriterien" genannt – zu erfüllen: die Einführung von Demokratie und Marktwirtschaft, Übereinstimmung mit den Zielen der EU und die Anwendung des EU-Rechts. Bis 1996 hatten die Länder (dazu noch Malta, Zypern und die Türkei) einen Beitrittsantrag gestellt. Für zehn der Länder war die Anpassung im Jahr 2003 so weit gelungen, dass sie zum 1. Mai 2004 der EU beitreten konnten. Damit entstand der größte Binnenmarkt der westlichen Welt, mit 450 Millionen Menschen bevölkerungsreicher als die USA und Russland zusammen.

Kopenhagener Kriterien

Vier Bedingungen, die Beitrittsländer zur EU erfüllen müssen:
– Demokratie,
– Marktwirtschaft,
– Bejahung der Ziele der EU,
– Anwendung des EU-Rechts.

Festgelegt wurden sie von den Regierungschefs der EU 1993 in Kopenhagen.

Standpunkte: Wer hat den Nutzen, wer die Lasten der Osterweiterung?

Q2 *Ein deutscher Professor sagt dazu (2001):*
Als zweiten Gegensatz [der Sichtweisen] würde ich einerseits die Angst der Barbarisierung durch den Osten im Westen und andererseits die Hoffnung der Zivilisierung durch Europa [im Osten] nennen (…). Barbarisierung
5 durch Zuwanderung billiger Arbeitskräfte – auch das eine Furcht, die man im Westen hat. Daraus entsteht der Eindruck, vonseiten des Westens bestehe der Anspruch auf Intervention und Kontrolle [des Ostens]. Wenn man sich nun die andere Seite anschaut, (…) dann wird hier
10 sicherlich Europa als Chance wahrgenommen. (…) Wir haben dann umgekehrt vonseiten des Westens die Wahrnehmung einer Chance zur Zivilisierung Osteuropas. Das ist sozusagen die andere Seite der Kontrolle. Und diese Aussage ist notwendig, um den Osterweiterungsprozess
15 im Westen durchzusetzen. Wir müssen nämlich erklären, warum Bürger aus der Bundesrepublik Steuern bezahlen und diese Steuern im Osten landen werden. (…) Und da wird man darauf hinweisen, dass die Kriminalität [aus dem Osten] gestoppt werden wird, (…) dass es darum gehen
20 muss, Umweltverschmutzung zu reduzieren.

Q3 *Der ehemalige ungarische Ministerpräsident Gyula Horn meint (2001):*
Welche Opfer erbringt eigentlich Westeuropa für die Erweiterung? Denn die Art der Zusammenarbeit, die wir mit der Union haben, ist doch von Vorteil für die europäische Wirtschaft. Zum Beispiel beträgt für deutsche
5 Unternehmen der Gewinn, der in Ungarn eingefahren wird, 750 Millionen D-Mark (…). Opfer hat das ungarische Volk schon erbracht und erbringt es immer noch. Ungarn hat im Jahre 2000 das Produktionslevel des Jahres 1989 wieder erreicht, obwohl dieser Status 1989
10 nicht allzu hoch war (…). Auch ich war ein Politiker des Systemwechsels [vom Kommunismus zur Demokratie]. Aber Demokratie schafft nicht automatisch Wohlstand. Das ist eine der größten Herausforderungen der Europäischen Union, wie man die Demokratie kräftigen und
15 gleichzeitig auch Wohlstand schaffen kann (…). Wir klopfen nicht als Bettler an die Tür der Europäischen Union. Wir bringen geistige, kulturelle und materielle Werte mit in die EU, die auch eine Bereicherung für Westeuropa darstellen werden.

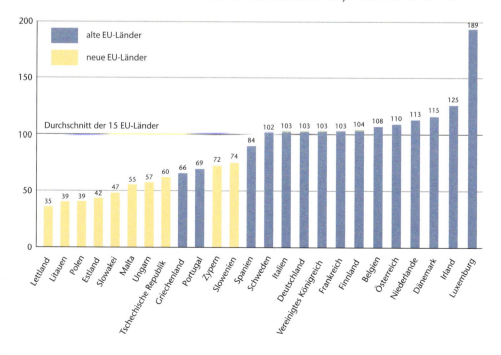

D1 *Verteilung des Wohlstands in den 15 alten und 10 neuen EU-Ländern,* gemessen am „Brutto-Inlands-Produkt je Einwohner". Als Maßstab für einen Vergleich ist das Durchschnitts-BIP je Einwohner der 15 alten EU-Länder für das Jahr 2002 auf 100% gesetzt. Das BIP je Einwohner in Lettland erreichte also 2002 nur 35% vom durchschnittlichen BIP je Einwohner in der EU.

1 Lege dar, warum die RGW-Länder Anschluss an die EU suchten (VT, Q1, D1).
2 Untersuche Q2 und Q3 so:
a) Wie beantwortet der jeweilige Verfasser die Frage nach Nutzen und Lasten der Osterweiterung?
b) Welche der Sichtweisen und Antworten überzeugt dich mehr?
3 Nimm Stellung: Könnte sich zwischen alten und neuen EU-Ländern ein ähnlich problematisches Verhältnis einstellen wie zwischen „Wessis" und „Ossis" in der Bundesrepublik (VT, D1, Q1–Q3)?

8 Natürlich gibt es auch Probleme

1 *Arbeitslosigkeit in der EU 2002*
Unterschiedliche Lebens- und Arbeitsbedingungen sind eines der größten Probleme der EU. 36% ihrer Mittel (36 Milliarden Euro) gab sie allein 2004 für Ausgleichsmaßnahmen aus. Das ist die zweitgrößte Summe nach den Ausgaben für die Landwirtschaft.

Landwirtschaft in der EU

Eines der größten Problemfelder der EU-Länder ist die gemeinsame Agrarpolitik (GAP), die 1957 im EWG-Vertrag verabredet wurde. Sie verschlingt seitdem jährlich fast 50% der Gesamtausgaben der Gemeinschaft. Ziele der GAP waren, die Bevölkerung der Gemeinschaft mit guten und preiswerten landwirtschaftlichen Produkten zu versorgen und den Bauern ein „angemessenes" Einkommen zu sichern. Dafür wurde den Landwirten die Abnahme ihrer Erzeugnisse zu Festpreisen garantiert. Billigangebote aus Nicht-EWG-Ländern wurden durch Einfuhrzölle künstlich verteuert, Ausfuhrgüter der EWG-Bauern durch Subventionen künstlich verbilligt. Da sich eine reiche Ernte also lohnte, kam es zu einer riesigen Überproduktion. Güter mussten gelagert oder vernichtet werden. Das kostete Unsummen, und es gab noch mehr Probleme: Die Mengenproduktion verleitete zu rücksichtsloser Ausnutzung von Böden und Tieren; die Ausschaltung der Billiganbieter auf dem Weltmarkt schadete gerade armen Ländern, die von Agrarexporten lebten. In den 1990er-Jahren änderte die EU daher ihre Landwirtschaftspolitik: Zölle und Subventionen wurden allmählich abgebaut, und statt der Menge wurden z. B. umweltfreundlicher ökologischer Anbau und artgerechte Tierhaltung finanziell stärker belohnt.

Die EU und die Welt

Ein anderes Problemfeld der EU ist die Gemeinsame Außen- und Sicherheitspolitik (GASP). Die EU ist zwar die größte Wirtschaftsmacht der Erde, ihr politisches Gewicht entspricht dem aber nicht. Das liegt zum Teil daran, dass die Mitgliedsregierungen gerade in Krisensituationen nicht immer einheitlich auftraten. Ein Beispiel dafür war der Irak-Krieg 2003. Obwohl der Krieg von der Mehrheit der Regierungen und Völker in der EU als unnötig und ungerecht angesehen wurde, konnte der amerikanische Präsident Bush mehrere EU-Regierungen in den Krieg hineinziehen. Damit stellten sie den inneren Zusammenhalt der EU vor eine schwere Zerreißprobe.

Auch bei der internationalen Entwicklungshilfe gibt es Probleme, obwohl sie grundsätzlich zu den starken Seiten der EU zählt. Denn die EU räumt vielen Entwicklungsländern Afrikas, Asiens und Lateinamerikas günstige Handelsbedingungen ein, besonders jenen Ländern, die früher europäische Kolonien waren. Die EU ist der wichtigste Abnehmer ihrer Produkte. Problematisch wird es aber da, wo diese Länder als Konkurrenten von EU-Erzeugern auftreten.

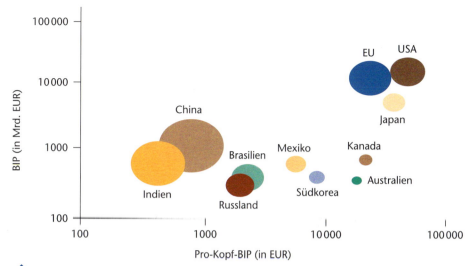

D2 Stellung der EU (25 Mitgliedstaaten) in den größten Wirtschaftszonen der Erde, gemessen an BIP-Werten von 2002. Die Kreisgröße veranschaulicht die jeweilige Bevölkerungszahl.

Q1 Zur Entwicklungspolitik der EU
a) Der Politikwissenschaftler Siegmar Schmidt schreibt dazu (2002):
Im Februar 2001 kündigte der für Handelsfragen zuständige EU-Kommissar Pascal Lamy an, dass für die Exporte der [ärmsten] Staaten in die EU bis zum Jahre 2004 alle Abgaben, Mengenbegrenzungen und Zölle entfallen würden. Lamy betonte, dass dies für alle Produkte mit Ausnahme von in diesen Ländern hergestellten Waffen gelte (…). Für wirtschaftlich [konkurrierende] Produkte wie Bananen, Zucker und Reis sollten allerdings verlängerte Übergangsfristen bis 2006 oder sogar 2009 gelten. Während dieser Fristen werden jedoch die Zölle für diese Produkte jährlich um 20 % gesenkt. Die langen Fristen waren aufgrund des scharfen Widerstands der EU-Agrarlobby, die hohe Verluste für die EU-Produzenten befürchtete, eingeführt worden.

b) Der Journalist Harald Schumann schreibt dazu (2003):
Für die wichtigsten Exportgüter des Südens, Agrarprodukte und Textilien, sind die Märkte in Europa und den USA entweder mengenbegrenzt oder gesperrt (…). Für verarbeitete Produkte gibt es (…) nach wie vor die so genannte Zollausweitung, d. h. höher verarbeitete Rohstoffe werden automatisch mit höheren Zöllen belegt. Und das hat zur Folge, dass eine verarbeitende Industrie in den Rohstoffländern gar nicht erst entstehen kann (…). Den Gipfel des Übels erklimmt das System im Agrarbereich. Wir, Europa und die USA, subventionieren unsere Agrarproduktion mit einer Milliarde US-Dollar pro Tag, 360 Milliarden im Jahr, das ist das Siebenfache der pro Jahr weltweit gewährten Entwicklungshilfe. Und mit diesen Subventionen zerstören wir genau die Märkte, auf denen die ärmsten Entwicklungsländer noch am ehesten wirtschaftliche Erfolge erzielen können.

Q2 Kaffeebäuerin in Nicaragua. Die EU ist der Haupthandelspartner der Entwicklungsländer und bestrebt, durch faire Bedingungen deren Wirtschaft zu fördern.

1 Liste die in VT und D1 genannten Problembereiche der EU auf und erläutere die Problematik genauer.
2 Überlege:
a) Sind die Probleme durch die Einrichtung der EU verursacht?
b) Ist die Existenz der EU für die Lösung der Probleme von Vorteil oder nicht?
3 Beschreibe Stärken und Schwächen der EU-Position in der Welt (VT, D2, Q1, Q2).
4 Nimm Stellung: Sollte die EU weniger auf die EU-Agrarlobby hören und mehr für die ärmsten Länder tun (VT, D2, Q1, Q2)?

Subventionen
(von lat. subvenire = unterstützen)
Zahlungen des Staates an Privatpersonen oder Unternehmen, z. B. um finanzielle Nachteile auszugleichen

Lobby
Interessenvertreter von gesellschaftlichen Gruppen, die Politiker und ihre Entscheidungen beeinflussen wollen

9 Hochgesteckte Ziele – sind sie erreichbar?

Q 1 *Der Europäische Konvent,* bestehend aus 105 Vertretern der EU-Länder und der Beitrittsländer, arbeitete 2002/2003 den Entwurf zur ersten Verfassung der EU aus.

Größer – stärker – einiger

Nach der Osterweiterung im Jahre 2004 begann die Südosterweiterung der EU. Am 1. Januar 2007 wurden die beiden Balkanstaaten Rumänien und Bulgarien in die EU aufgenommen. Die Türkei und Kroatien möchten ebenfalls der EU beitreten. Andere Balkanländer, wie Albanien und Mazedonien, dürften folgen.

Im Jahre 2000 fassten die Regierungschefs der damals 15 EU-Staaten in Lissabon den Beschluss, „die Union zum wettbewerbsfähigsten und dynamischsten Wirtschaftsraum der Welt zu machen". Erreicht werden sollte das anspruchsvolle Ziel mit Hilfe der so genannten „Lissabon-Strategie". Sie sieht eine enge Zusammenarbeit der EU-Staaten in den Bereichen Wirtschaft, Bildung, Arbeit, soziale Sicherheit und Umweltschutz vor. Überall in der EU soll die Wirtschaftskraft durch die Anwendung neuester Wissenschaft und Technologie gesteigert werden. Dabei sollen neue Arbeitsplätze entstehen, die auch zur sozialen Absicherung der Menschen beitragen.

Eine weitere ehrgeizige Entscheidung trafen die EU-Chefs im Jahre 2001 mit der Ankündigung einer einheitlichen EU-Verfassung. Diese soll zwar nicht die nationalen Verfassungen ersetzen, aber überall neben diesen Gültigkeit haben.

Die vorläufige Bilanz

Die Verwirklichung der Ziele ist nicht so vorangekommen wie geplant. Die Aufnahme Rumäniens und Bulgariens in die EU geschah mit Auflagen. Beide Länder müssen u. a. Fortschritte bei der Bekämpfung der Korruption nachweisen. Die Lissabon-Strategie hat nicht die erhofften Erfolge gebracht, weder bei der Steigerung des Wirtschaftswachstums noch bei der Bekämpfung der Arbeitslosigkeit. Auch die Einführung einer EU-Verfassung scheint vorläufig blockiert. Der vorliegende Entwurf fand bei Volksabstimmungen in Frankreich und den Niederlanden keine Mehrheit. In manchen Ländern macht sich in Teilen der Bevölkerung eine gewisse EU-Skepsis breit. Immerhin haben Beitrittsverhandlungen mit der Türkei und Kroatien begonnen.

Insgesamt aber hat es den Anschein, als habe sich das Tempo des Einigungsprozesses etwas verlangsamt. Sicherlich liegt das auch daran, dass einige der großen EU-Länder, die bislang zu den Zugkräften der Einigung zählten, selber in wirtschaftlichen Schwierigkeiten stecken. Aber auch unter schwierigen Bedingungen muss der Einigungsprozess weitergehen. Denn nur so werden die Werte, zu denen sich das neue Europa bekennt, zu festen Handlungsgrundsätzen werden und in der Welt Gewicht haben.

Verfassung
Grundordnung eines Staates oder einer Staatengemeinschaft. Sie beschreibt die Grundwerte des Staates, seine Gewalten und ihr Funktionieren.

Q2 *Aus dem Vorwort der Charta der Grundrechte der EU, verkündet am 7. Dezember 2000 in Nizza:*

Die Völker Europas sind entschlossen, auf der Grundlage gemeinsamer Werte eine friedliche Zukunft zu teilen, indem sie sich zu einer immer engeren Union verbinden. In dem Bewusstsein ihres geistig-religiösen und sittlichen Erbes gründet sich die Union auf die unteilbaren und universellen Werte der Würde des Menschen, der Freiheit, der Gleichheit und der Solidarität. Sie beruht auf den Grundsätzen der Demokratie und der Rechtsstaatlichkeit. Sie stellt die Person in den Mittelpunkt ihres Handelns, indem sie die Unionsbürgerschaft und einen Raum der Freiheit, der Sicherheit und des Rechts begründet. Die Union trägt zur Erhaltung und zur Entwicklung dieser gemeinsamen Werte unter Achtung der Vielfalt der Kulturen und Traditionen der Völker Europas sowie der nationalen Identität der Mitgliedstaaten und der Organisation ihrer staatlichen Gewalt auf nationaler, regionaler und lokaler Ebene bei. Sie ist bestrebt, eine ausgewogene und nachhaltige Entwicklung zu fördern, und stellt den freien Personen-, Waren-, Dienstleistungs- und Kapitalverkehr sicher. Zu diesem Zweck ist es notwendig, (…) den Schutz der Grundrechte zu stärken, indem sie in einer Charta sichtbarer gemacht werden. Diese Charta bekräftigt (…) die Rechte, die sich vor allem aus den gemeinsamen Verfassungstraditionen und den gemeinsamen internationalen Verpflichtungen der Mitgliedstaaten, aus dem Vertrag über die Europäische Union und den Gemeinschaftsverträgen (…) ergeben.

Q3 *Über die Bedeutung der EU für Europa und die Europäer schreibt der französische Politikwissenschaftler Fontaine 2000:*

Es wäre ein schwerer Denkfehler, wollte man die europäische Integration auf das schlichte Bemühen reduzieren, die Volkswirtschaften unserer Staaten an die Herausforderungen des freien Welthandels und der Globalisierung anzupassen. Die europäische Idee ist aus der Feststellung entstanden, dass die Menschen, wenn sie sich einer neuen Sachlage oder neuen Verpflichtungen gegenübersehen, ihr Verhalten anpassen und sich verändern. Sie werden besser, wenn die neuen Umstände besser sind – das ist eine ganz einfache Geschichte des zivilisatorischen Fortschritts, und das ist die Geschichte der Europäischen Gemeinschaft. Der Mensch steht im Mittelpunkt des Projektes Europa, in einer positiven Sicht seiner Fähigkeit und seiner Bereitschaft, aus den Fehlern der Vergangenheit zu lernen, um den künftigen Generationen eine bessere Welt zu hinterlassen. Dieser Kontinent, auf dem sich jede Art von Drama abgespielt hat, auf dem sich souveräne Nationen und totalitäre Ideologien bekämpften und Millionen Unschuldiger in den Krieg oder in die geplante Vernichtung getrieben wurden, dieses Europa des 20. Jahrhunderts schlüpft aus seiner alten Haut und stellt sich dem dritten Jahrtausend gerüstet mit funktionsfähigen Instrumenten, die einen dauerhaften Frieden für alle versprechen.

EU-Verfassung – Die Bedenken der Bürger
Von je 100 Einwohnern der EU-25 sagen

Bedenken	%
nationale Souveränität geht verloren	37
bin generell gegen die EU-Idee	22
zu wenig Informationen	20
kann nicht erkennen, was daran gut sein soll	16
geht zu weit/zu schnell	11
zu komplex	11
möchte die Türkei nicht in der EU/ gegen weitere Erweiterung	11
nicht sozial genug	10
zu technokratisch, zu viel Regierung	9
nicht demokratisch genug	8
wirtschaftlich zu liberal	7
steht im Gegensatz zur eigenen Regierung/ zu bestimmten Parteien	7
geht nicht weit genug	3

Quelle: Eurobarometer, 2004

D1 *Die Ziele und Vorstellungen der EU-Politiker werden nicht von allen EU-Bürgern geteilt,* allerdings aus unterschiedlichen Motiven, wie die Umfrage zeigt. – Überprüfe, ob sich die geäußerten Bedenken auf einen gemeinsamen Nenner bringen lassen.

1 Zeige auf, welche Zukunftsziele sich die EU gesetzt hat (VT, Q1).

2 „Die EU ist eine Wertegemeinschaft". Begründe die Aussage anhand von Q2.

3 Lege dar, worin Fontaine (Q3) die Bedeutung der europäischen Integration und der EU sieht. Stimmst du ihm zu?

4 Beurteile die Bedeutung der EU in der Welt, wenn sie ihre Ziele erreicht hat.

5 Nimm Stellung zu D1: Würdest du nach der Beschäftigung mit der Themeneinheit Europa die Bedenken eher teilen oder ablehnen?

10 Methode
Meinungsumfragen deuten

Mit Hilfe von Meinungsumfragen können Personen, Hersteller von Produkten, Parteien oder andere Organisationen die Meinung der Bevölkerung oder Teilen davon erkunden. Ziel einer solchen Umfrage kann es sein, Bekanntheit, Beliebtheit, Ansehen, Zustimmung oder Ablehnung von Personen, Waren oder Entscheidungen genauer zu bestimmen. Damit Umfragen zu verlässlichen Ergebnissen führen, müssen sie sorgfältig vorbereitet werden. So muss zum einen das Ziel der Umfrage genau festgelegt werden. Es müssen außerdem zum Ziel passende Fragen – nicht zu viele und klar formuliert – bestimmt werden. Dabei werden die Fragen so gestellt, dass die Befragten nur ganz wenige, vorgegebene Antwortmöglichkeiten haben, z. B. „ja/nein" oder „gut/weiß nicht/schlecht", damit die Antworten vergleichbar sind. Schließlich muss, wenn die Meinung großer Gruppen erkundet werden soll und nicht jedes Mitglied davon befragt werden kann, für die tatsächliche Befragung eine „Stichprobe" bestimmt werden. Damit ihre Befragung ein getreues Abbild der Gesamtgruppe ergibt, muss sie groß genug sein und in wichtigen Merkmalen mit ihr prozentual übereinstimmen (Alter, Geschlecht, Religion, soziale Schichtung).

Mit dem Wissen, warum und wie Meinungsumfragen zustande kommen, lassen sich die Ergebnisse von Umfragen – und in der Regel haben wir ja nur sie vor uns liegen – umfassender, zutreffender und kritischer deuten. Das kannst du nun an einigen Beispielen von Umfragen aus dem Bereich der Europäischen Union üben.

D 1 *„Eurobarometer"* heißen die Meinungsumfragen, die die Europäische Kommission seit 1973 zweimal jährlich in allen EG-/EU-Ländern durchführen lässt. Erkundet wird dabei das Interesse der Bewohner am gemeinsamen Europa bzw. ihre Zufriedenheit mit der EU-Politik. Befragt werden aus jedem Land Stichproben von 1000 Personen (außer Luxemburg: 500 und West-/Ostdeutschland: je 1000). In der folgenden Umfrage von 1999 ging es z. B. um Kenntnisse der Befragten über:

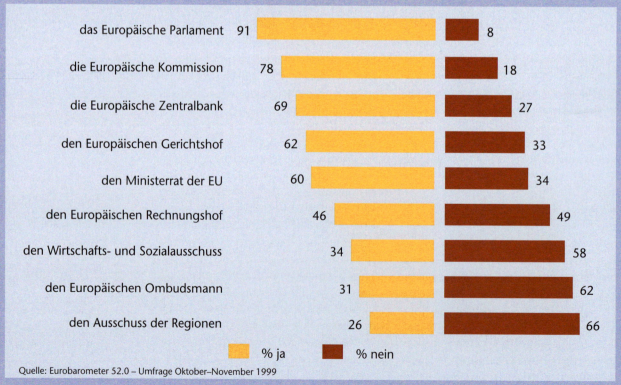

Quelle: Eurobarometer 52.0 – Umfrage Oktober–November 1999

Methodische Arbeitsschritte

1. Bestimme den Auftraggeber der Meinungsumfrage. (Achte auf die Legende oder den Kommentar dazu.)
2. Stelle fest, um welches Ziel/Thema es bei der Umfrage geht. (Überschrift, Legende)
3. Leite aus den Ergebnissen ab, wie viele Fragen gestellt worden sind und wie sie gelautet haben könnten. Wie viele und welche Antwortmöglichkeiten wurden dem Befragten vorgegeben?
4. Kläre mit Hilfe aller Angaben (so weit es möglich ist), wer befragt worden ist. (Größe der Stichprobe, Eigenschaften der Stichprobe)
5. Beschreibe Darstellungsform und Ergebnisse der Umfrage. (Wende dabei die Schritte unter Nr. 2 und 3 der Methodenseite „Statistiken auswerten" S. 216 an.)
6. Stelle Vermutungen zu möglichen Absichten der Umfrage an.
7. Schätze die Aktualität der Ergebnisse ein.

1 Überlege, welche Absichten die Europäische Kommission mit ihren regelmäßigen Umfragen verfolgt.

2 Wende die einzelnen Arbeitsschritte auf die beiden Umfragen der Doppelseite an.

3 Stelle Vor- und Nachteile vorgegebener und offener Antwortmöglichkeiten am Beispiel von D2 gegenüber.

4 Lege dar, über welche Fragen, die im Zusammenhang mit dem jeweiligen Ziel der zwei Abbildungen auch noch interessant sein könnten, die Ergebnisse nichts aussagen.

D 2 *Zufriedenheit mit der EU-Demokratie (Eurobarometer, 1999), Selbsteinschätzung von Befürwortern, Unentschlossenen und Gegnern der EU. Aus den Ergebnissen lässt sich ableiten, dass die Befragten zwei Fragen mit jeweils drei Antwortmöglichkeiten gestellt bekommen haben, eine zu ihrer Einstellung zur EU und eine zu ihrer Zufriedenheit mit der EU-Demokratie. – In welcher Reihenfolge würdest du die Fragen stellen?*

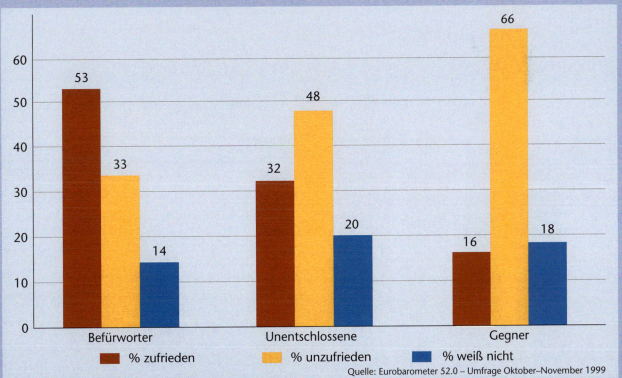

Quelle: Eurobarometer 52.0 – Umfrage Oktober–November 1999

11 Projekt
Die EU, (k)eine wichtige Sache – ein Eurobarometer erstellen

Was ein Eurobarometer ist, darüber habt ihr schon einiges auf den beiden vorigen Seiten erfahren. Dort ging es freilich „nur" um die Deutung von fertigen Ergebnissen bzw. Statistiken. Hier sollt ihr selber eine Umfrage an eurer Schule durchführen und in Statistiken veröffentlichen.

Ziel soll es sein, bei euren Mitschülern zu ermitteln, ob sie die EU für eine wichtige Sache halten. Das ließe sich natürlich direkt mit der Frage machen: „Ist für dich die EU eine wichtige Sache?"

Geschickter ist es jedoch, mehrere Fragen – ca. drei – zu stellen, aus deren Antworten sich ableiten lässt, ob die Befragten die EU für wichtig erachten (vergleicht dazu das Kästchen mit den Beispielen). So machen die Meinungsforscher der EU das auch.

Eurobarometer berücksichtigen Jugendliche ab 15 Jahren. Entsprechend solltet ihr eure Umfrage auf Mitschüler von der 8. oder 9. Klasse an beschränken. Wichtig bei der Durchführung ist, dass ihr einheitlich – Statistiker sagen „objektiv" – vorgeht. So könnt ihr zwar für die Befragung bestimmter Klassen besondere Arbeitsgruppen bilden, aber ihr müsst sicherstellen, dass alle Arbeitsgruppen die gleichen Fragen (mit Antwortvorgaben), Fragebögen, Notiz- und statistischen Auswertungsverfahren anwenden. Sonst könnt ihr die in den einzelnen Klassen ermittelten Ergebnisse nur schwer zu Gesamtergebnissen für einzelne Fragen zusammenfassen oder das Antwortverhalten der Klassen vergleichen.

Am Ende könntet ihr die Ergebnisse eurer Arbeit – kommentierte Statistiken und eine Dokumentation eurer Vorgehensweise in Wort und Bild – auf Stellwänden präsentieren. Vielleicht werden sich nicht nur Mitschüler und Eltern dafür interessieren, sondern auch die Lokalreporter der Zeitungen.

Q1 *Eurobarometer-Symbol*

D1 *Mögliche Fragen*

Beispiele für Fragen nach der Wichtigkeit der EU-Einrichtungen (mit Antwortvorgaben):

– Hältst du die Europawahlen für genauso wichtig wie die Bundestagswahlen?
 (genauso – nicht so – weiß nicht)
– Findest du es gut, dass die EU-Staaten eine einheitliche Währung haben?
 (gut – nicht gut – keine Meinung)
– Wirst du, wenn du 18 Jahre alt bist, an der Europawahl teilnehmen?
 (bestimmt – nein – weiß noch nicht)
– Wird durch die EU Frieden und Sicherheit in und zwischen den Staaten Europas gesichert?
 (auf jeden Fall – kaum – weiß nicht)
– Informierst du dich über die Einrichtungen der EU?
 (ja, öfter – wenig – nein)

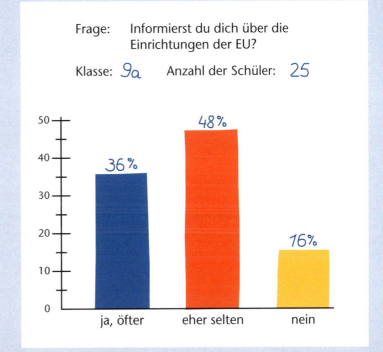

D 2 *Vom Fragebogen zur statistischen Darstellung.* Wenn die Arbeitsgruppen für jede der gemeinsam festgelegten Fragen einen besonderen Fragebogen benutzen, können Teilergebnisse der Umfrage später leicht zu einem Gesamtergebnis zusammengetragen werden (vgl. Abbildung links). Da Klassen meist unterschiedlich groß sind, lässt sich das Antwortverhalten zwischen Klassen nur vergleichen, wenn die absoluten Zahlen in Prozentzahlen umgerechnet werden (vgl. Abbildung rechts).

Arbeitsschritte für das Projekt:

1 Vorbesprechung: Festlegung des Ziels; Grobplanung der Vorgehensweise und des angestrebten Ergebnisses
2 Sammeln von Fragen (mit Antwortvorgaben), die zum Ziel passen; Bestimmung einer Arbeitsgruppe, die nach ca. 1 Woche geeignete Vorschläge zur Abstimmung im Plenum vorbereitet
3 Planungssitzung mit folgenden Themen:
  a) Bildung von Arbeitsgruppen
  b) die von allen Gruppen einheitlich zu verwendenden Fragen und Antwortvorgaben
  c) die einheitliche Gestaltung der Fragebögen und Ergebnisnotierung
  d) die Art(en) der statistischen Darstellung
  e) die Arbeitsverteilung: wer welche Klasse(n) befragt, wer das Projekt dokumentiert
  f) die Organisation der Umfrage (so, dass Klassen als Gesamtgruppe befragt werden können)
4 Durchführung (in Arbeitsgruppen): Anfertigung der Fragebögen, Durchführung der Umfrage, Anfertigung der zu präsentierenden Materialien (Statistiken, Kommentare, Dokumentation des Projekts)
5 Präsentation der Materialien auf Stellwänden, z. B. im Forum der Schule

12 Abschluss
Europas Einigung nachgespürt

Spielanleitung

Nachdem du eine Menge über die Einigung Europas erfahren hast, kannst du jetzt in einem Spiel dein Wissen überprüfen. Dazu brauchst du einen Würfel und eine Spielmarke. Du kannst alleine spielen, spannender ist es aber zu mehreren. Anfangspunkt ist die Stadt Zürich, Endpunkt die Stadt Brüssel. Kommst du auf ein Nummernfeld, musst du eine Frage beantworten. Weißt du die Antwort nicht, heißt es: zwei Felder zurück. Wenn du ein Buchstabenfeld überquerst, musst du ebenfalls eine Frage beantworten. Sonst ist dein Wurf ungültig und du musst einmal aussetzen. Die Lösungen findest du auf den in Klammern angegebenen Seiten des Buchs.

Fragen der Nummernfelder

1. Welche Bestimmung des Marshall-Plans zwang die Europäer zur Zusammenarbeit? (S. 163)
2. Warum wurde die OEEC gegründet? (S. 162)
3. Begann die europäische Einigung mit der Einrichtung des Europarats? (S. 164)
4. Wer gab den Anstoß für die Einrichtung der EGKS? (S. 164)
5. Wie hießen die Gründerstaaten der Verträge von 1951 und 1957? (S. 164/165)
6. Was wurde durch die EGKS geschaffen? (S. 164)
7. Inwiefern war die EWG eine Fortsetzung der EGKS? (S. 165)
8. Auf welchen Säulen ruht das Haus Europa? (S. 165)
9. Nenne drei Gewalten der EU. (S. 167)
10. Was bedeutet „EPZ"? (S. 165)
11. Welche Aufgabe haben die „Kopenhagener Kriterien"? (S. 172)
12. Nenne fünf Staaten der „Osterweiterung" der EU von 2004. (S. 173)
13. Wann wurde Rumänien Mitglied der EU? (S. 176)
14. Welche zwei Posten lagen 2004 an der Spitze der EU-Ausgaben? (S. 174)
15. Welchen Rang hat die EU nach ihren BIP-Werten in der Welt inne? (S. 175)
16. Welchen Rang nimmt die EU als Importeur von Gütern armer Länder ein? (S. 174)
17. Nenne zwei Ziele der „Lissabon-Strategie". (S. 176)
18. Was versteht man unter einer „supranationalen Organisation"? (S. 164)
19. Womit befasste sich der Europäische Konvent? (S. 176)
20. Setzt die europäische Verfassung die nationalen Verfassungen außer Kraft? (S. 176)
21. Was ist ein Eurobarometer? (S. 178)

Fragen der Buchstabenfelder

A Zürich 1946: Welcher Politiker hielt hier eine wichtige Europa-Rede? (S. 163)
B Paris 1951: Welcher Gründungsvertrag der EU wurde unterzeichnet? (S. 164)
C Rom 1957: Was sind die „Römischen Verträge"? (S. 165)
D Nizza 2000: Welche Charta wurde hier verkündet? (S. 177)
E Lissabon 2000: Welches Ziel setzten sich hier die Regierungschefs der EU? (S. 176)
F Kopenhagen 1993: Welche Bestimmungen der EU wurden hier festgelegt? (S. 172)
G Bulgarien feierte den EU-Beitritt. Wann war das? (S. 176)
H Malta feierte den EU-Beitritt. In welchem Jahr war das? (S. 156)
I Maastricht 1991/92: Welcher Vertrag wird hier unterzeichnet? (S. 165)

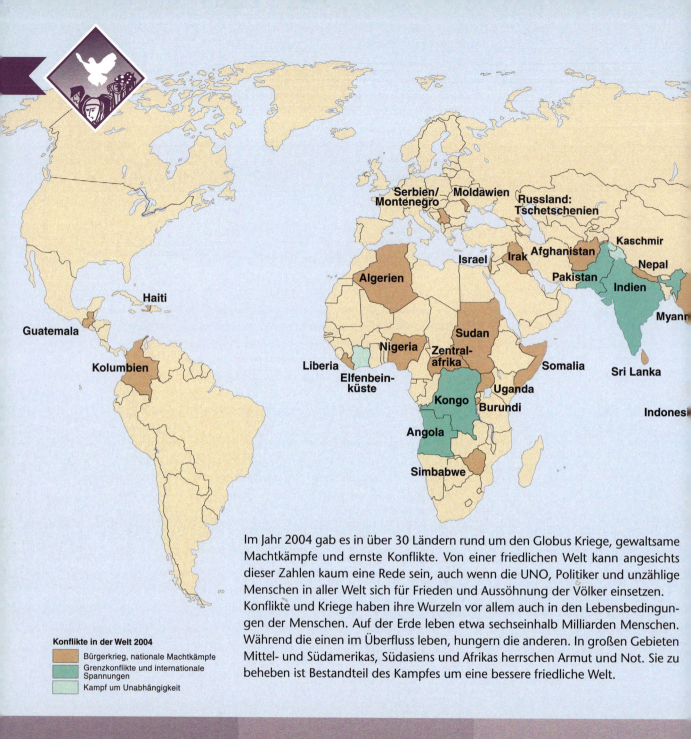

Im Jahr 2004 gab es in über 30 Ländern rund um den Globus Kriege, gewaltsame Machtkämpfe und ernste Konflikte. Von einer friedlichen Welt kann angesichts dieser Zahlen kaum eine Rede sein, auch wenn die UNO, Politiker und unzählige Menschen in aller Welt sich für Frieden und Aussöhnung der Völker einsetzen. Konflikte und Kriege haben ihre Wurzeln vor allem auch in den Lebensbedingungen der Menschen. Auf der Erde leben etwa sechseinhalb Milliarden Menschen. Während die einen im Überfluss leben, hungern die anderen. In großen Gebieten Mittel- und Südamerikas, Südasiens und Afrikas herrschen Armut und Not. Sie zu beheben ist Bestandteil des Kampfes um eine bessere friedliche Welt.

Konflikte in der Welt 2004
- Bürgerkrieg, nationale Machtkämpfe
- Grenzkonflikte und internationale Spannungen
- Kampf um Unabhängigkeit

1945

Die UNO wird als internationale Organisation zur Erhaltung des Weltfriedens gegründet.

14. Mai 1948

David Ben Gurion ruft in Palästina einen unabhängigen Staat Israel aus.

1987

Intifada: Palästinensische Jugendliche werfen Steine gegen israelische Soldaten.

Auf der Suche nach einer besseren Welt

Kinder und Jugendliche demonstrieren in Manila, der Hauptstadt der Philippinen, für den Frieden, Foto, 2003.

1. September 2001

Terroranschlag der radikalen Islamistenorganisation Al-Qaida auf das World Trade Center in New York.

seit 2003

Bürgerkrieg im Sudan: Hunderttausende von Menschen werden ermordet oder verhungern.

seit 2004

Die weltweite Nachfrage führt zur Verknappung von Rohstoffen.

1 Die UNO – Weltkonflikte regeln, den Frieden erhalten

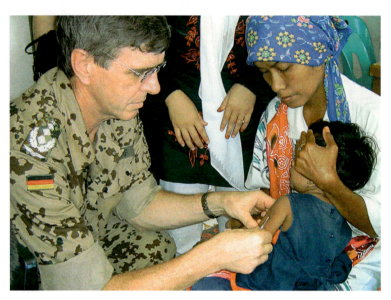

Q 1 *Flutkatastrophe in Südasien 2004/2005* Unter Führung der UNO leistete auch die Bundeswehr Hilfe (Foto: Impfung gegen Masern auf der Insel Sumatra).

Völkerbund
Weltfriedensorganisation 1920–1946

UNO
United Nations Organization (= Vereinte Nationen) 1945 gegründete Organisation zur Erhaltung des Weltfriedens

Sicherheitsrat
wichtigstes Organ der UNO, das über Friedenseinsätze entscheidet

Lehren aus der Geschichte
Die beiden Weltkriege waren die großen Katastrophen des 20. Jahrhunderts. „Nie wieder Krieg!" – das war der Wunsch von Millionen Menschen 1918 und 1945.
Nach dem Ersten Weltkrieg wurde auf Vorschlag des amerikanischen Präsidenten Wilson der Völkerbund gegründet, doch die neue Weltorganisation konnte weder eine allgemeine Abrüstung der Staaten durchsetzen noch den Zweiten Weltkrieg verhindern. Daher regte der amerikanische Präsident Roosevelt noch während des Krieges die Gründung einer neuen Weltgemeinschaft an. 1945 gründeten 51 Staaten in San Francisco die Vereinten Nationen (UNO) mit ständigem Sitz in New York.
Die Verlierer des Krieges schloss man zunächst aus; Japan wurde 1956 aufgenommen, die Bundesrepublik Deutschland und die DDR konnten erst 1973 beitreten. Im Jahr 2005 war die UNO auf 191 Mitglieder angewachsen. Das sind alle Staaten der Welt, außer der Demokratischen Arabischen Republik Sahara, der Republik China (= Taiwan) und dem Vatikanstaat.

Anspruch einer Weltorganisation ...
Alle Mitgliedsländer der UNO haben sich verpflichtet, den Weltfrieden zu sichern, die Menschenrechte zu schützen, die Gleichberechtigung aller Staaten zu garantieren und den allgemeinen Lebensstandard in der Welt zu verbessern.
Das wichtigste Organ der UNO ist der Sicherheitsrat. Er kann ein Land, das den Frieden bedroht, mit militärischen Mitteln in die Schranken weisen. Doch die UNO verfügt bis heute nicht über eigene Streitkräfte. Wenn sie militärisch eingreifen will, um einen bewaffneten Konflikt zu beenden oder einen gefährdeten Frieden zu schützen, ist sie auf die Hilfe der Mitgliedsstaaten angewiesen. Diese stellen Kontingente zu einer Friedenstruppe, die unter dem Befehl der UNO eingesetzt wird.

... und die Wirklichkeit
Obwohl es der UNO oft gelang, Konflikte zu entschärfen, konnten seit 1945 mehr als 200 Kriege nicht verhindert werden. Sie fanden zu über 90 % in Entwicklungsländern statt und kosteten mindestens 45 Millionen Menschenleben. Schuld daran hatten auch die Supermächte des Kalten Krieges. Sie konnten mit ihrem Vetorecht jeden Beschluss des Sicherheitsrates blockieren, wenn er ihre Interessen bedrohte.
Mit dem Ende des Kalten Krieges wurde das anders. Als der Irak 1990 Kuwait überfiel, erlaubte der Sicherheitsrat seinen Mitgliedern die Anwendung von Gewalt zur Befreiung Kuwaits. Die UdSSR stimmte zu, obwohl der Irak im Kalten Krieg Bündnispartner Moskaus gewesen war. 2003 führten die USA wieder Krieg gegen den Irak, diesmal ohne Zustimmung des UN-Sicherheitsrates. Dadurch beschädigten die USA ihr eigenes Ansehen in der Welt, aber auch das der UNO, die erneut handlungsunfähig erschien.

Organe und Gliederung der Vereinten Nationen

Wirtschafts- und Sozialrat
54 Mitglieder von der Generalversammlung gewählt; tagt zweimal jährlich, zentrales Organ für wirtschaftliche und soziale Fragen sowie Entwicklungsfragen

Generalsekretär
Sekretariat

Sicherheitsrat
5 ständige Mitglieder (Vetorecht):
VR China, F, GB, Russland, USA
10 nichtständige Mitglieder: von der Generalversammlung gewählt

UN-Sonderorganisationen z. B.
- Internationaler Währungsfonds — IWF
- Internationale Bank für Wiederaufbau und Entwicklung (Weltbank) — IBRD
- Erziehungs-, Wissenschafts- und Kulturorganisation (Paris) — UNESCO
- Weltgesundheitsorganisation — WHO
- Internationale Entwicklungsorganisation — IDA

Vollversammlung
191 Mitglieder (2005)
jährlich eine Tagung

Ständige UN-Hilfsorganisationen z. B.
- Internationale Atomenergiebehörde — IAEA
- Welthandelskonferenz — UNCTAD
- Weltkinderhilfswerk — UNICEF
- Umweltprogramm — UNEP
- hoher Kommissar für Flüchtlinge — UNHCR
- Hilfswerk für Palästina-Flüchtlinge — UNRWA

Treuhandrat
Aufsichtsorgan für UNO-Treuhandgebiete. Zur Zeit ohne Aufgabe.

Internationaler Gerichtshof
15 für 9 Jahre von Generalversammlung und Sicherheitsrat gewählte Richter (Den Haag)

Q2 Aus der UN-Charta von 1945:
Artikel 41: Der Sicherheitsrat kann beschließen, welche Maßnahmen – unter Ausschluss von Waffengewalt – zu ergreifen sind, um
5 seinen Beschlüssen Wirksamkeit zu verleihen; er kann die Mitglieder der Vereinten Nationen auffordern, diese Maßnahmen durchzuführen. Sie können die vollständige oder teilweise Unterbrechung der
10 Wirtschaftsbeziehungen, des Eisenbahn-, See- und Luftverkehrs, der Post-, Telegrafen- und Funkverbindungen sowie sonstiger Verkehrsmöglichkeiten und den Abbruch der diplomatischen Beziehungen einschließen.
Artikel 42: Ist der Sicherheitsrat der Auffas-
15 sung, dass die in Artikel 41 vorgesehenen Maßnahmen unzulänglich sein würden oder sich als unzulänglich erwiesen haben, so kann er mit (…) Streitkräften, die zur Wahrung oder Wiederherstellung des Welt-
20 friedens und der internationalen Sicherheit erforderlichen Maßnahmen durchführen. Sie können Demonstrationen, Blockaden und sonstige Einsätze der Streitkräfte von Mitgliedern der Vereinten Nationen
25 einschließen.

D1 Organe und Gliederung der Vereinten Nationen
Beschlüsse der Vollversammlung werden mit Zweidrittelmehrheit gefasst. Dabei hat jeder Staat, unabhängig von seiner Einwohnerzahl, eine Stimme. Der Sicherheitsrat ist das eigentliche Exekutivorgan der UNO. Entsteht eine Situation, die den Weltfrieden gefährdet, entscheidet er – in geringerem Maße der Generalsekretär sowie die Vollversammlung – über geeignete Maßnahmen.

D2 Beitragszahler der UNO 2004/2005

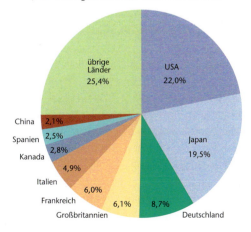

- übrige Länder 25,4%
- USA 22,0%
- Japan 19,5%
- Deutschland 8,7%
- Großbritannien 6,1%
- Frankreich 6,0%
- Italien 4,9%
- Kanada 2,8%
- Spanien 2,5%
- China 2,1%

---

1. Nenne die wichtigsten Aufgaben der UNO (VT, D1).
2. Welche Mittel kann die UNO einsetzen, um einen Krieg zu verhindern oder einen kriegführenden Staat zur Einstellung der Kampfhandlungen zu zwingen (VT, Q2)?
3. Wie könnte der UN-Sicherheitsrat reformiert werden? Ist das Vetorecht der „fünf Großen" sinnvoll? Wer sollte dazugehören? Macht euch Notizen zu diesen Fragen und diskutiert sie in der Klasse (VT, D1, D2).

2 Die Blauhelme – Friedenstruppe der UNO

1 *Blauhelm-Soldaten der UN-Schutztruppe in Osttimor. Das Foto entstand zu Beginn des Jahres 2000, als die Milizen entwaffnet waren.*

UN-Mission
Aktivität nationaler Kräfte im Auftrag der UNO; Einsätze der Bundeswehr im Rahmen von UN-Missionen:
1993/94 in Somalia
1994 (Beginn) Georgien
1997 (Beginn) Bosnien-Herzegowina
1999 (Beginn) Kosovo

Osttimor – ein Fall für die UNO
Osttimor gehörte bis 1975 als Kolonie zu Portugal. Nach dem Rückzug der Portugiesen beanspruchte Indonesien, dem schon der Westteil der Insel gehörte, ganz Timor für sich. Die meisten Menschen in Osttimor betrachteten die indonesischen Soldaten als Besatzer, die mit brutaler Gewalt ihre Fremdherrschaft durchsetzten.

Auf Druck mehrerer Staaten und der UNO erlaubte die indonesische Regierung im August 1999 eine Abstimmung, bei der mehr als 430 000 Wahlberechtigte über die Zukunft Osttimors entscheiden durften: Verbleib bei Indonesien oder Unabhängigkeit, so lautete die Alternative bei der Abstimmung, die von der UNO organisiert wurde. 78,5 % der Inselbewohner entschieden sich für die Unabhängigkeit. Nach Bekanntgabe des Resultats verübten proindonesische Milizen Massaker an der Bevölkerung: Tausende wurden getötet, Zigtausende flohen oder wurden verschleppt. All das geschah unter den Augen des indonesischen Militärs, das nicht eingriff. Die Mitarbeiter der UNO verließen fluchtartig das Land.

Der UN-Sicherheitsrat handelt
Im September 1999 beauftragte der UN-Sicherheitsrat eine multinationale Friedenstruppe unter australischem Kommando damit, das Morden in Osttimor zu beenden. Die Bundeswehr unterstützte die Aktion mit etwa 70 Sanitätssoldaten. Nach nur fünf Monaten war die Mission erfolgreich beendet. UNO-Verwalter konnten nun die lokalen Kräfte bei der Vorbereitung der Unabhängigkeit unterstützen.

Im Mai 2002 wurde Osttimor unabhängig und noch im selben Jahr als neues Mitglied in die UNO aufgenommen. Das größte Problem ist nun die Überwindung der Armut. 80 Prozent des Staatshaushalts werden von der UNO und einzelnen Staaten finanziert. Die Sicherheit des Landes wird weiter von etwa 900 UN-Blauhelm-Soldaten garantiert.

Schwierige Missionen der Blauhelme
Die UNO hatte von 1948 bis 2004 insgesamt 56 Friedensmissionen durchgeführt, davon allein 38 seit 1991. Sie waren beileibe nicht alle so erfolgreich wie der Einsatz in Osttimor. Von etwa 800 000 eingesetzten Blauhelm-Soldaten verloren über 1900 ihr Leben.

Im afrikanischen Ruanda konnten zu schwache UNO-Kräfte 1994 ein Massaker an 800 000 Mitgliedern der Tutsi-Minderheit nicht verhindern. 1995 mussten in der bosnischen Stadt Srebrenica 300 leicht bewaffnete niederländische Blauhelme tatenlos zusehen, wie Serben über 7000 Bosnier bestialisch ermordeten.

Weil die UNO sich 1999 nicht entscheiden konnte, ob die Souveränität Jugoslawiens wichtiger sei als der Schutz der Menschenrechte, griff die NATO unter Führung der USA ohne ein Mandat des UN-Sicherheitsrates im Kosovo ein, um die muslimische Minderheit gegen die Serben zu schützen.

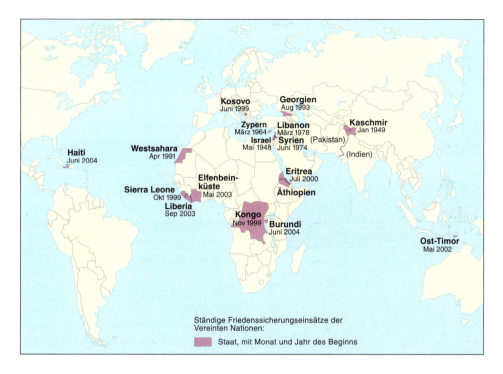

1 *Friedensmissionen der UNO:* Im Jahr 2004 gab es 16 Einsatzgebiete mit 53 000 Soldaten und Polizisten. Eine friedenserzwingende Mission mit Kampfauftrag findet zum Beispiel im Kongo statt. Den 10 800 Blauhelmen gelang es bis 2005 nicht, die rivalisierenden Milizen und Armee-Einheiten zu entwaffnen und voneinander zu trennen. In Syrien findet dagegen ein friedenssichernder Einsatz statt, der israelische und syrische Truppen auf den Golanhöhen voneinander trennt. In Israel sind dagegen nur Militärbeobachter stationiert, die der UNO Bericht erstatten.

2 Eine „Frühwarnkommission" der UNO könnte nach Meinung des Außenministers von Osttimor, Jose Ramos-Horta, Konflikte schon im Anfangsstadium verhüten. Im Jahr 2004 sagte der Friedensnobelpreisträger in einem Interview:

Schon Monate vor dem Ausbruch der Gewalt wurden die Milizen von der indonesischen Armee, der Polizei und besonders von den Spezialeinheiten bewaffnet, trainiert
5 und finanziert. Die indonesische Armee hat die Gewalt provoziert und angestachelt. Dafür benutzte sie kriminelle Banden – viele aus dem indonesischen Westtimor (…) oder Sicherheitskräfte in Zivil. (…)
10 Die gewalttätigen Aktionen vor der Volksabstimmung wurden in der Hoffnung begonnen, die UNO würde die Abstimmung absagen. Oder, wenn sie stattfindet, dass die Leute dann so eingeschüchtert sind,
15 dass sie nicht teilnehmen oder für ein Verbleiben bei Indonesien stimmen. Das hat nicht funktioniert. Deshalb haben sie die letzte Stufe ihres Plans umgesetzt. Diese Stufe hieß Rache, die Zerstörung der Insel.
20 Das war von langer Hand geplant. (…)
Wir müssen realistisch sein: Es gibt keine Möglichkeit, Konflikte völlig auszuschließen. Aber es könnte viel mehr gemacht werden, um die Spannungen in vielen
25 Regionen zu reduzieren. Ich schlage deshalb vor, dass die UNO eine effektive, gut finanzierte Frühwarnkommission einrichtet, die eng mit dem UNO-Generalsekretär und dem Sicherheitsrat zusammenarbeitet. Ei-
30 ne Kommission aus Historikern, Journalisten und Wissenschaftlern mit fundierten und weit reichenden Erfahrungen. Sie soll zum einen den Generalsekretär und den Sicherheitsrat über die besonderen Bedin-
35 gungen in einzelnen Ländern und Regionen unterrichten. Zum anderen könnte sie als Vermittler der UNO in die Problemregionen reisen, um im Dialog mit den Konfliktparteien Wege zu finden, wie eine
40 weitere Verschärfung der Situation verhindert werden kann. Ich sage „Dialog" und „beraten". Weil der allererste Schritt die Beratung und die Verständigung mit den Leuten vor Ort ist, um sie von einer ande-
45 ren Vorgehensweise zu überzeugen. Die UNO reagiert häufig zu spät. Es muss präventive [vorbeugende] Schritte geben. Erst danach kann der Sicherheitsrat den Druck erhöhen, um eine friedliche Konfliktlösung
50 zu erzwingen.

1 Nenne die drei verschiedenen Möglichkeiten des Einsatzes von UN-Truppen (D1).

2 In welchen Regionen der Welt werden Blauhelm-Soldaten überwiegend gebraucht (D1)?

3 Wie hätte eine „Frühwarnkommission" der UNO das Massaker in Osttimor 1999 verhindern können (VT, Q2)?

4 Diskutiert die folgende Aussage der Menschen in Osttimor nach der Unabhängigkeitsfeier 2002: „Wir waren schon unter den Portugiesen arm, dann waren wir arm unter den Indonesiern, und jetzt sind wir immer noch arm, aber unter uns selbst."

3 Der Nahostkonflikt

Q1 *Jerusalem:* Als heiligste Stätte des Judentums gilt die Klagemauer, während die dahinter aufragende Omar-Moschee (so genannter „Felsendom") sowie die nebenan liegende Al-Aksa-Moschee zu den bedeutendsten Heiligtümern des Islam zählen. Auch für die Christen ist Jerusalem eine heilige Stadt, in der viele Orte an das Leben und den Tod Jesu erinnern.

Palästina ist Heimat …
Der Raum, um den es geht, liegt am östlichen Rand des Mittelmeeres. Im europäischen Sprachgebrauch ist das der Nahe Osten. Der eigentliche Konflikt findet aber um Palästina statt, das zwei Völker als ihre rechtmäßige Heimat ansehen.

… für das jüdische Volk
Um 1000 v. Chr. entstand dort der Staat Israel. Er gab dem jüdischen Volk unter den Königen Salomon und David zum ersten Mal eine staatliche Einheit. Danach gerieten die Juden wiederholt unter die Herrschaft fremder Völker, am Ende unter die römische. Die Römer nannten ihre neue Provinz erst Judäa, später Palästina. Nach zwei Aufständen gegen die römische Fremdherrschaft im 1. und 2. Jahrhundert n. Chr. wurden viele Juden von den Römern getötet. Andere flohen oder wurden aus Palästina vertrieben. Etwa 1800 Jahre später schrieb Theodor Herzl, ein jüdischer Schriftsteller aus Österreich, ein Buch mit dem Titel „Der Judenstaat". Darin forderte er 1896 die Juden in aller Welt dazu auf, in Palästina ihren eigenen Staat zu gründen. Doch damals lebten dort weniger als 50 000 Juden.

Brennpunkt der Weltpolitik
In den vergangenen Jahrzehnten stand der Nahe Osten häufiger als jede andere Weltregion im Blickpunkt der täglichen Nachrichtensendungen. Sie handelten meist von Krieg und Gewalt, dem Streit um Land und geschichtlich begründete Rechte, zuweilen auch von Verhandlungen um einen dauerhaften Frieden.
Wer den Nahostkonflikt verstehen will, muss nach seinen Ursachen, seinem Verlauf und nach den aktuellen Streitpunkten fragen. Daraus ergeben sich Zusammenhänge, die vielleicht einen Weg zum Frieden aufzeigen können. Wichtige Fragen sind also:
– Wie ist der Nahostkonflikt entstanden?
– Welche Völker sind davon betroffen?
– Welche Interessen haben sie?
– Sind bisher Anstrengungen zur Lösung des Konflikts unternommen worden?
– Wie kann ein Frieden erreicht werden?

… und für das palästinensische Volk
Die übrige Bevölkerung bestand aus etwa 450 000 Menschen, das waren zum allergrößten Teil palästinensische Araber. Ihre Vorfahren lebten schon seit Jahrhunderten in diesem Raum. Auch sie litten unter einer Fremdherrschaft. Die Türken beherrschten nämlich bis zum Ersten Weltkrieg die Völker des Nahen Ostens. Ein Aufstand der arabischen Bevölkerung Palästinas wurde von den Soldaten des türkischen Sultans blutig niedergeschlagen. Schon damals wollten palästinensische Araber einen eigenen Staat haben, andere strebten dagegen einen gemeinsamen Staat aller Araber an.

Palästinenser
Palästinensische Araber lebten lange vor der jüdischen Besiedlung und Staatsgründung im Gebiet des heutigen Israel. 1948 flohen die meisten in arabische Staaten.

Zionismus
Politisch-religiöse Bewegung des Judentums mit dem Ziel, alle Juden in das „Land Israel" zurückzuführen. Der Name leitet sich vom „Zion" (= Jerusalem) des Alten Testaments ab.

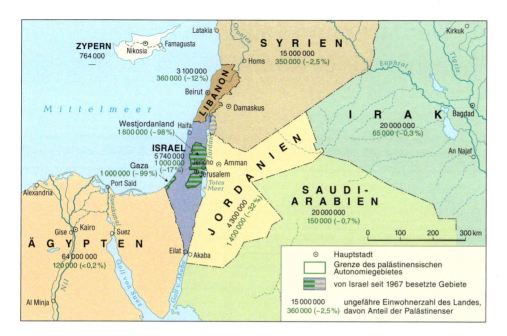

D 2 *Der Nahe Osten: Außer Israel sind alle Staaten Mitglieder der Arabischen Liga.*
Sie entstand 1945 aus der panarabischen (= alle arabischen Völker umfassenden) Bewegung, die seit der zweiten Hälfte des 19. Jahrhunderts einen arabischen Nationalstaat anstrebte.
– Schlage den Begriff in einem Lexikon nach. Welche weiteren Staaten gehören dazu?

D 1 *Kriege im Nahen Osten (Auswahl):*
1948/49 – Unabhängigkeitskrieg Israels (= erster israelisch-arabischer Krieg)
Nach der Unabhängigkeitserklärung des Staates Israel im Mai 1948 marschieren
5 Truppen arabischer Staaten in Palästina ein. Während des Krieges flüchten über 700 000 Palästinenser aus ihrer Heimat oder werden von israelischen Soldaten vertrieben.
1956 – Sinai-Krieg
10 Nach der Verstaatlichung des Suez-Kanals durch Ägypten beteiligt sich Israel am Krieg Frankreichs und Großbritanniens gegen Ägypten. Auf Druck der USA, die einen Konflikt mit der UdSSR fürchten, müssen Briten
15 und Franzosen den Suez-Kanal wieder aufgeben, Israel die Halbinsel Sinai räumen.
1967 – Sechs-Tage-Krieg
Nach einem militärischen Aufmarsch arabischer Truppen an den Grenzen Israels greift
20 Israel Ägypten, Syrien und Jordanien an. Israelische Truppen erobern Ost-Jerusalem, die Sinai-Halbinsel, das Westjordanland, die Golanhöhen und den Gaza-Streifen.
1973 – Jom-Kippur-Krieg
25 (aus arabischer Sicht: *Ramadan-Krieg*)
Ägypten und Syrien greifen Israel an und erobern Gebiete zurück, die im Sechs-Tage-Krieg von Israel besetzt worden waren. Mit amerikanischer Waffenhilfe gelingt Israel
30 dennoch der Sieg.

Q 2 *Nach dem Sechs-Tage-Krieg wurden im Westjordanland und im Gaza-Streifen jüdische Siedlungen gegründet. Dies rechtfertigte Elyakim Haetzni, der Führer einer radikal-jüdischen Gruppe, so:*
Ich bin Jude, und das ist Judäa. Ich bin Zionist, und das ist Zion. Unser Volk will zurück nach Zion. Es will dort leben, wo es herkommt, und wir kommen auch von hier.
5 Das ist Zion. Sehr einfach!

Q 3 *1959 gründete der Palästinenser Jassir Arafat die Guerillaorganisation Fatah. Sie sollte das verlorene Land durch Kampf wiedergewinnen. Ein junger Palästinenser über die Gründe für seinen Beitritt zu Fatah:*
Sie erweckten die palästinensische nationale Identität wieder zum Leben. Und mir ist der Wert dieser Tatsache bewusst. Als Schüler wurde ich von einem jordanischen
5 Offizier mit folgenden Worten beschimpft: „Du bist ein Insekt, kein Mensch, du palästinensischer Flüchtling." Heute kann ich stolz sagen, dass es ein palästinensisches Volk gibt. Und das ist eminent [enorm] wichtig
10 für mich. Unser Volk war mit Gewalt zerstört worden, gezwungen worden, selbst seinen Namen zu vergessen. Da trat Fatah mit dem Anspruch auf, die palästinensische Identität wiederherstellen zu wollen.

1. Wie begründet Haetzni in Q2 den Anspruch israelischer Siedler auf arabisches Land im Westjordanland und im Gaza-Streifen?
2. Formuliere eine Gegenrede aus palästinensischer Sicht (VT).
3. Worin sieht der junge Palästinenser in Q3 den Wert der Organisation Fatah?
4. Im israelisch-palästinensischen Streit geht es in erster Linie um Land. Was verschärft diesen Konflikt noch zusätzlich (VT, Q1)?
5. Bereitet ein Streitgespräch vor: Ein Israeli und ein Palästinenser begründen ihren Anspruch auf Palästina.

4 Der Streit um Palästina – Ursachen eines Konflikts

PLO
Palestine Liberation Organization, 1964 zur Befreiung Palästinas gegründet. 1996 gewann die Organisation unter Führung Jassir Arafats die ersten demokratischen Wahlen in den Autonomiegebieten.

Mandatsgebiet
Der 1920 gegründete Völkerbund (Vorgänger der UNO) konnte einem Mitgliedsstaat ein Gebiet zur uneigennützigen Verwaltung übergeben.

Ein unabhängiger jüdischer Staat
David Ben Gurion proklamierte am 14. Mai 1948 den Staat Israel. Er setzte damit einen vorläufigen Schlusspunkt unter eine Entwicklung, die fast genau ein halbes Jahrhundert zuvor begonnen hatte. Gegen Ende des 19. Jahrhunderts wurden die jüdischen Minderheiten in einigen europäischen Ländern ausgegrenzt. In Osteuropa, wo die Mehrzahl der Juden lebte, kam es sogar zu Pogromen, sodass die Juden dort ihres Lebens nicht mehr sicher sein konnten. Daraus entstand die politische Bewegung des Zionismus, die einen unabhängigen jüdischen Staat anstrebte.

Türkische und britische Herrschaft
Während des Ersten Weltkrieges hatte die britische Regierung den Arabern zum Dank für die Unterstützung im Kampf gegen die Türken die Gründung eines unabhängigen Reiches von Syrien bis zur Arabischen Halbinsel in Aussicht gestellt. Sie hatte aber auch den Zionisten Hoffnungen auf eine „Heimstatt" in Palästina gemacht.
Der Völkerbund (vgl. S. 186) erklärte den Nahen Osten 1920 zu Mandatsgebieten Frankreichs und Englands. Das Palästina-Mandat verpflichtete Großbritannien dazu, eine jüdische „Heimstatt" zu verwirklichen, „ohne die Rechte nicht-jüdischer Bevölkerungsgruppen zu beeinträchtigen".

Auf dem Weg zum Staat Israel
Zunächst unterstützte die britische Verwaltung die Zuwanderung von Juden aus Europa. Doch nach erbitterten Aufständen der arabischen Bevölkerung begrenzten die Briten seit 1939 die jüdische Einwanderung drastisch. Gleichzeitig versprachen sie die Gründung eines unabhängigen Staates Palästina innerhalb der nächsten 10 Jahre.
Mit dieser Taktik wollten sie vor allem ihre Position im Nahen Osten sichern und die arabische Welt für sich einnehmen. Das war aus strategischen Gründen wichtig, denn angesichts des drohenden Krieges in Europa brauchten die Engländer die Unterstützung der arabischen Völker.
Das britische Militär kontrollierte nun den Zugang nach Palästina streng. Trotzdem gelang es jüdischen Untergrundorganisationen, zwischen 1940 und 1948 etwa 100 000 Einwanderer nach Palästina einzuschleusen.
1947 gab Großbritannien sein Mandat an die UNO zurück. Auf Beschluss der Völkergemeinschaft sollte Palästina geteilt werden – in einen arabischen und in einen jüdischen Staat. Doch für beide war eine enge wirtschaftliche Zusammenarbeit vorgesehen. Jerusalem sollte unter internationaler Kontrolle stehen, um Juden, Muslimen und Christen den freien Zugang zu ihren heiligen Stätten zu ermöglichen.

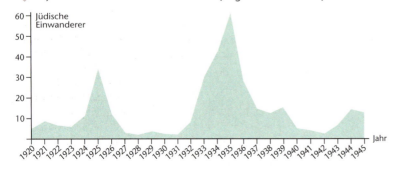

D 1 *Jüdische Einwanderer nach Palästina* (Angaben in Tausend)

D 2 *Juden und Araber in Palästina*

Jahr	Bevölkerung		
	insgesamt	Araber	Juden
1895	ca. 500 000	90,6 %	9,4 %
1919	ca. 700 000	91,7 %	8,3 %
1931	858 708	83,1 %	16,9 %
1939	1 422 955	70,0 %	30,0 %
1944	1 739 624	69,5 %	30,5 %
1948	2 065 000	69,0 %	31,0 %

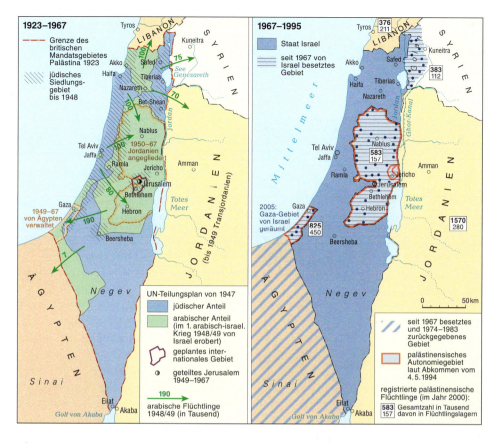

D 3 *Palästina und Israel 1923–1995.* Der UN-Teilungsplan aus dem Jahr 1947 wurde von den Juden begrüßt, von den Arabern strikt abgelehnt. Es kam zu kriegerischen Auseinandersetzungen und am 14. Mai 1948 zur einseitigen Ausrufung des Staates Israel durch die jüdischen Siedler. Am Tag darauf griffen arabische Anliegerstaaten den neu gegründeten israelischen Staat an. Es war der erste von mehreren Kriegen zwischen Israel und seinen Nachbarn. – Begründe, warum der UN-Teilungsplan von 1947 die wirtschaftliche Verflechtung der beiden Staaten vorsah. Welche Folgen hatte die jüdische Staatsgründung für die palästinensischen Araber?

Q 1 *Jakov Lind, der 1938 den „Anschluss" Österreichs erlebte, beschreibt seine Einstellung zur jüdischen Nationalbewegung so:*

Juden raus? Genau das verlangten die Zionisten lautstark, seit Theodor Herzl für die Juden einen eigenen Staat gefordert hatte. (…) Wir gehören nach Palästina, wo das
5 nun auch liegen mag. Wenn Ungarn, Polen, Slowenen und Tschechen, Slowaken und Serben einen eigenen Staat brauchen (…), dann brauchen die Juden ebenfalls einen. Längst vor den Nazis gab es die zionis-
10 tische Bewegung. Ein Jude hatte die Wahl, entweder Opfer zu sein oder „Herr seines Geschickes". Entweder hatte er unablässig Erniedrigungen zu erdulden oder er musste Selbstachtung lernen, so jedenfalls drück-
15 ten es die Erwachsenen aus. (…) Wir lernten marschieren und Musik machen, wir konnten militärisch grüßen, konnten im Chor singen und sprechen und kannten alle Lieder auswendig. Ich lernte sie geradeso
20 mühelos wie die anderen. Ich wäre gerne Soldat gewesen, aber nur ein jüdischer.

Q 2 *Zum UN-Teilungsplan für Palästina von 1947 nahm der PLO-Führer Jassir Arafat 1974 vor der Vollversammlung der Vereinten Nationen Stellung:*

Obwohl der Teilungsplan den kolonialistischen Einwanderern 54 % des palästinensischen Bodens schenkte, war ihnen dies noch nicht genug. Sie führten daher einen
5 Terrorkrieg gegen die arabische Zivilbevölkerung, besetzten 81 % der Gesamtfläche Palästinas und vertrieben eine Million Araber. (…) Sie erbauten ihre Siedlungen und Kolonien (…) auf unseren Feldern und
10 Gärten. Hier liegen die Wurzeln des palästinensischen Problems, das heißt, dass die Grundlagen dieses Problems nicht in religiösen oder nationalistischen Widersprüchen zweier Religionen oder zweier Nationali-
15 täten zu suchen sind und nicht im Streit um Grenzen zwischen benachbarten Staaten. Es ist das Problem eines Volkes, dessen Land gewaltsam geraubt, das von seinem Boden vertrieben wurde und dessen Mehrheit in
20 der Verbannung in Zelten lebt.

1. Wer besaß die politische Kontrolle über Palästina in den vergangenen 100 Jahren? Unterscheide die folgenden Zeitabschnitte: bis 1920, 1920–1948, 1948–1967, seit 1967 (VT, D3).
2. Nenne Gründe für die starke jüdische Einwanderung nach Palästina in den 1930er-Jahren. Wie wirkte sie sich auf die Zusammensetzung der Bevölkerung aus (D1, D2)?
3. Wie wird der jüdische Anspruch auf Palästina in Q1 begründet? Mit welchen Argumenten wird er in Q2 zurückgewiesen?

5 Vom Regional- zum Weltkonflikt

Q 1 *Eine israelische Flagge weht neben Sandsäcken in der libanesischen Stadt Sidon.* 1982 hatten israelische Soldaten die Stadt besetzt. Mit dem Einmarsch in den Libanon wollte die israelische Regierung die PLO schwächen, die Teile des Libanon kontrollierte und von dort aus Angriffe gegen Israel unternommen hatte. Erst im Jahr 2000 zog Israel seine Soldaten aus dem Libanon zurück. Der jahrelange Kleinkrieg hatte dem Ansehen Israels in der Welt geschadet.

Ein Volk wird heimatlos
Israels Staatsgründung gab den Juden eine Heimat, machte die arabische Bevölkerung Palästinas aber heimatlos. In Israel hieß es, die Araber seien geflohen; in der arabischen Welt sprach man von Vertreibung. Eine schwere Belastung zwischen Israel und den arabischen Staaten war auch das Ergebnis des Krieges von 1948/49. Die israelische Armee hatte die Truppen Syriens, Ägyptens und Jordaniens geschlagen und einen jüdischen Staat auf arabischem Boden durchgesetzt, der gegenüber dem UN-Teilungsplan von 1947 beträchtlich größer war. Bei den Israelis ging dieser Krieg als Unabhängigkeitskrieg in das Geschichtsbewusstsein ein, bei den Arabern als „Nakba"; das heißt im Arabischen „Katastrophe". Kein einziger arabischer Staat erkannte Israel an. Israel lehnte seinerseits eine Rückkehr der Flüchtlinge und Vertriebenen ohne vorherige Anerkennung durch die Araber strikt ab.

Der palästinensische Widerstand
Die eigentlichen Leidtragenden waren die vielen Hunderttausend Palästinenserinnen und Palästinenser, die noch Jahrzehnte später in Flüchtlingslagern lebten. Andere gingen als Arbeitskräfte in arabische Staaten. Aber auch dort konnten die meisten bis heute nicht zu Staatsbürgern werden. Praktisch waren sie staatenlos.

In den Flüchtlingslagern bildeten sich seit den 1960er-Jahren Widerstandsgruppen. Sie versuchten weltweit auf die palästinensische Sache aufmerksam zu machen, teilweise auch mit Terroraktionen.

Siege, aber kein Frieden
1967 gab der ägyptische Staatschef Nasser als Sprecher der arabischen Welt die Parole aus, „die Juden ins Meer treiben" zu wollen. Doch Israel konnte sich mit umfangreicher amerikanischer Wirtschafts- und Waffenhilfe gegen die erdrückende Übermacht der arabischen Staaten behaupten. In der Folgezeit glaubten viele Israelis, sichere Grenzen nur gewinnen zu können, indem sie die eroberten Gebiete dauerhaft besetzten und dort jüdische Siedlungen gründeten. Das steigerte aber den Hass der arabischen Völker gegen Israel und seine Schutzmacht USA.

Nach dem Sechs-Tage-Krieg von 1967 war Israel in mehrere Kriege direkt oder indirekt verwickelt. 1982 griff es in einen Bürgerkrieg im Libanon ein, um die PLO aus ihren dortigen Stützpunkten zu vertreiben. Bis heute gilt dieser Krieg für viele Israelis als Fehler, weil er aus ihrer Sicht nicht als Verteidigungskrieg eingestuft werden kann.

Der gefährlichste Gegner Israels war bis zu seinem Sturz im Jahr 2003 der irakische Diktator Saddam Hussein. Im ersten Golfkrieg von 1991 stand die PLO auf seiner Seite. Hussein ließ Israel mit Mittelstreckenraketen beschießen.

	Westjordanland	Gaza-Streifen	Israel
Wirtschaftsleistung je Einwohner	800 $	600 $	19 800 $
Bevölkerung	2,31 Mio	1,32 Mio	6,20 Mio
Arbeitslosenquote	50 %	50 %	10,7 %

Quelle: The World Factbook

D 2 *Wohlstandsgefälle im Nahen Osten*
Alle Angaben beziehen sich auf die Jahre 2003 bzw. 2004.

Die offizielle Internetseite des Flüchtlingshilfswerks für Palästinenser der Vereinten Nationen: www.unrwa.org

D 1 *Zur Rolle der Supermächte schrieb der Politikwissenschaftler Helmut Hubel 1991:*
Da der jüdische Staat seit den frühen 50er-Jahren als Partner des Westens anzusehen war, erschien die Sowjetunion aus arabischer Sicht lange Zeit als der natürliche Verbündete. (...)
Vor und während der arabisch-israelischen Kriege von 1967 und 1973 unterstützte die Sowjetunion zwar die Araber, sie versuchte jedoch eine militärische Auseinandersetzung zunächst zu verhindern und dann rasch zu beenden. Das überragende Motiv war dabei, es wegen eines Nahostkrieges nicht zur militärischen Konfrontation mit den USA kommen zu lassen. (...)
Den Vereinigten Staaten ging es im Nahen und Mittleren Osten stets um drei grundsätzliche Ziele: (...) eine Ausweitung der Macht und des ideologischen Einflusses der Sowjetunion zu verhindern, (...) den Zugang zum strategischen Rohstoff Öl zu sichern (...) und das Eintreten für Israel. Erst seit den frühen 60er-Jahren bildete sich das heute außerordentlich enge Verhältnis zwischen dem jüdischen Staat und den USA heraus. Seither sind die USA militärisch und wirtschaftlich ein Garant für Israels Überleben. Für diese Ausrichtung bürgen die grundsätzlich israelfreundliche Einstellung der amerikanischen Bevölkerung und insbesondere einflussreiche Kräfte im amerikanischen Kongress.

Q 2 *Israels Ansehen in Europa beschreibt Gisela Dachs in der Wochenzeitung „Die Zeit" vom 13. Juni 2002:*
Kritik an der Regierung und am fortgesetzten Siedlungsbau gibt es auch in Israel zur Genüge. Was irritiert, ist der negative Tonfall in den Medien und aus dem Munde von Politikern, die die Bewohner des Nahen Ostens in Gute und Böse, in Besetzte und Besatzer aufteilen – als hätte es nie einen Versuch der Aussöhnung mit den Palästinensern gegeben. (...) Bei der Suche nach den Gründen, warum gerade Europa sich so schwer tut, Israels Dilemma zu verstehen, spielen die jeweils eigene Geschichte und Gegenwart eine wichtige Rolle. Wer im Nahen Osten Stellung bezieht, redet immer auch über sich selbst. (...)
In Deutschland (...) empfindet so mancher Kritik an Israel als Entlastung für die eigenen Verbrechen an den Juden. „Während in Deutschland der Sinn für nationale Schuld Anzeichen von Schwäche zeigt, hat in Schweden, Norwegen und Dänemark die politische Korrektheit die Unterstützung für Israel verdrängt", schreibt Eliahu Salpeter in Haarez [israelische Tageszeitung]. Er glaubt, dass Israel zudem auch unter europäischem Antiamerikanismus leidet. „Ein vitales [lebendiges] Israel wird als ein Mikrokosmos der amerikanischen Erfolgsgeschichte wahrgenommen, der zugleich beneidet und verachtet wird."

1. Erläutere, in welcher Weise der Nahostkonflikt mit dem Ost-West-Konflikt verbunden war (D1).
2. Wie beurteilt der israelische Journalist Salpeter in Q2 die Haltung vieler Europäer gegenüber Israel?
3. Warum hat der Libanon-Krieg dem Ansehen Israels in der Welt mehr geschadet als die übrigen Nahostkriege (Q1, VT)?
4. Vergleiche die Wirtschaftskraft Israels und der Palästinensergebiete (D2). Was fällt dir auf? Inwiefern wirkt sich die Arbeitslosigkeit der Palästinenser verschärfend auf den Konflikt aus?

6 Brücken zum Frieden bauen – Lösungsversuche eines Konflikts

1 *Intifada: „Krieg mit Steinen", Foto aus dem Gaza-Streifen, 1988*

Land gegen Frieden?
Der ägyptische Präsident Anwar el-Sadat war der erste arabische Staatsmann, der Israel Frieden und staatliche Anerkennung anbot. Im Gegenzug sollte Israel die Sinai-Halbinsel räumen. Als das Abkommen 1979 in Washington unterzeichnet wurde, feierte man in Israel. In der arabischen Welt dagegen lehnte man die Einigung ab: Man hatte den Palästinensern in den besetzten Gebieten zwar eine autonome Verwaltung in Aussicht gestellt, aber keinen eigenen Staat. Arabische Fanatiker nannten Sadat „Judas des 20. Jahrhunderts". Er wurde 1981 von radikalen Moslems ermordet.

Aufstand in den besetzten Gebieten
Eine Gewaltwelle machte die Welt 1987 abermals auf die ungelöste Palästinenserfrage aufmerksam. Im Gaza-Streifen griffen Steine werfende Jugendliche israelische Polizisten und Militärpatrouillen an. Bald brannten auch im Westjordanland die Autos der Besatzer. Dies war der Beginn eines jahrelangen Aufstands der Palästinenser. Die israelischen Soldaten sahen sich dabei nun nicht mehr nur Männern gegenüber, sondern auch Frauen und Kindern.

Wende zum Frieden?
Nach dem Ende des Ost-West-Konflikts und dem Sieg über den irakischen Diktator Saddam Hussein im ersten Golfkrieg 1991 sah die amerikanische Regierung eine Möglichkeit, den Nahostkonflikt zu beenden. Daher drängte sie Israel, die Palästinenserfrage zu lösen. Der scheinbare Durchbruch wurde 1993 in Washington erreicht. In einer Vereinbarung akzeptierte die PLO „das Recht des Staates Israel auf eine friedliche und sichere Existenz". Israel erkannte die bis dahin als „terroristische Organisation" bezeichnete PLO als Vertretung des palästinensischen Volkes an. In einem weiteren Abkommen im Jahr 1994 gestand Israel zunächst für Gaza und Jericho eine palästinensische Selbstverwaltung mit eigener Polizei zu. Doch der von der PLO geforderte Palästinenserstaat war das nicht.

Die zweite Intifada
Jüdische wie palästinensische Extremisten versuchten, mit Terroraktionen den Friedensprozess umzukehren. 1995 erschoss ein jüdischer Fanatiker den israelischen Ministerpräsidenten Rabin, weil er sich gegenüber den Palästinensern kompromissbereit gezeigt hatte. Unter Rabins Nachfolgern geriet der Friedensprozess wieder ins Stocken. Er kam völlig zum Erliegen, als der israelische Oppositionsführer Ariel Scharon im September 2000 demonstrativ den Ost-Jerusalemer Tempelberg besuchte und vor der Al-Aksa-Moschee israelische Ansprüche auf Jerusalem geltend machte. Es folgte ein Aufruhr der Palästinenser: die so genannte Al-Aksa-Intifada. Allein in den ersten drei Jahren dieser zweiten Intifada verloren 794 Israelis und 2232 Palästinenser ihr Leben. Viele starben bei den schrecklichen Selbstmordanschlägen palästinensischer Extremisten oder den darauf folgenden Gegenschlägen der israelischen Armee.

Autonomie
Recht einer Volksgruppe auf Selbstverwaltung eines Gebietes

Intifada
(arab. = abschütteln)
Die israelischen Besatzer sollten mit Demonstrationen, Steuerboykott, Hissen der verbotenen palästinensischen Flagge, Steinwürfen und Brandsätzen bekämpft werden.

Jüdischer Siedlungsbau

Im März 2001 wurde Ariel Scharon zum israelischen Ministerpräsidenten gewählt. Er verfolgte gegenüber der palästinensischen Führung einen harten Kurs. Im Jahr 2002 ließ er autonome palästinensische Städte von der israelischen Armee besetzen. Zudem trieb er den weiteren Ausbau jüdischer Siedlungen im Westjordanland voran. Im Jahr 2004 lebten etwa 240 000 Israelis in den besetzten Gebieten. Die meisten Siedler kamen seit Beginn der 1990er-Jahre vor allem aus den Nachfolgestaaten der ehemaligen Sowjetunion. Die israelische Regierung hat diesen Menschen mit niedrigeren Steuern und billigen Wohnungen ein Leben außerhalb der Grenzen Israels schmackhaft gemacht. Ein anderer Teil beteiligte sich vorwiegend aus religiösen Gründen am Siedlungsprogramm. Radikale Gruppen formulierten als wichtigstes Ziel, „im Auftrag Gottes das biblische Stammland Judäa und Samaria" zu besiedeln.

Die meisten Israelis befürworten indes eine Auflösung der Siedlungen, weil sie das größte Hindernis auf dem Weg zum Frieden mit den palästinensischen Nachbarn sind.

Ein Neubeginn nach dem Tod Arafats?

Der israelische Ministerpräsident Ariel Scharon ließ im Jahr 2005 die israelischen Siedlungen im Gaza-Streifen räumen. Nach dem Tod Arafats (2004) haben die Palästinenser Mahmud Abbas als neuen Präsidenten gewählt. Vielleicht gibt es nun eine Chance zu neuen Friedensverhandlungen. Sie müssten die Hauptprobleme des Konflikts klären:
– die endgültigen Grenzen des zukünftigen Palästinenserstaates,
– die Frage der jüdischen Siedlungen im Westjordanland,
– die Zukunft der palästinensischen Flüchtlinge,
– Sicherheitsgarantien für beide Staaten,
– die Kontrolle Jerusalems
– und nicht zuletzt auch die Verteilung des knappen Wassers.

Q 2 *Der historische Händedruck* zwischen dem israelischen Ministerpräsidenten Jitzhak Rabin und dem PLO-Führer Jassir Arafat besiegelte am 13. September 1993 den Friedensschluss zwischen Palästinensern und Israelis (Foto). Beide Politiker erhielten 1994 den Friedensnobelpreis.

Q 3 *Der Sprung über den eigenen Schatten,* Karikatur von Karl-Heinz Schoenfeld, 1993. Links: Rabin, im Krieg von 1967 Führer der siegreichen israelischen Armee; rechts: Arafat, in jener Zeit für viele Terroranschläge der PLO verantwortlich.

Q 5 „Letter to my enemy" lautete 1990 das Aufsatzthema für die Abiturientinnen einer deutsch-arabischen Schule in Ost-Jerusalem. Doch keines der Mädchen benutzte die Anrede „enemy". Die 17-jährige Palästinenserin Lara Abu Shilbayen schrieb an einen jungen Israeli:
Ich kann nicht begreifen, dass ein Volk, das selbst gelitten hat, nun anderen Leid zufügt. Als ob ihr in euren Herzen einen Gott mit euch herumtragt, den ihr auf
5 andere abwälzen wollt! (…) Versetzt euch in unsere Lage. Wir alle haben unsere Träume, unsere Wünsche und Hoffnungen, die sich erfüllen mögen. Wurde denn die Welt nur für euch geschaffen??? Auch wir haben
10 unsere Rechte, und wir haben das Recht zu kämpfen!!

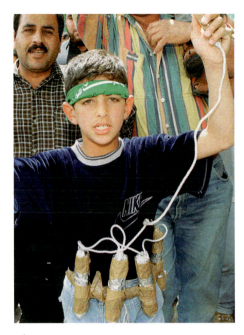

Q 7 Ein palästinensischer Junge nimmt im Jahr 2001 – wie ein Selbstmordattentäter verkleidet – an einer Demonstration in Ramallah (Westjordanland) teil.

Q 4 Die israelische Protestbewegung „Frieden jetzt" setzt sich für einen Ausgleich zwischen Israelis und Palästinensern ein. Einer Demonstration von „Frieden jetzt" schlossen sich im Februar 2002 Tausende von Israelis an. Sie protestierten damit gegen die Politik der Regierung Scharon, die den Friedensprozess durch den Ausbau israelischer Siedlungen blockierte.

Q 6 Der jüdische Schüler Michael Meyer-Oser aus einer israelischen Kleinstadt schrieb in einem Aufsatz:
Meiner Meinung nach sind alle Menschen gleich und haben dieselben Rechte. Ich denke, dass die meisten Israelis, genau wie ich, Frieden wollen. Je schneller wir daran
5 arbeiten, desto schneller können wir diesen Frieden erreichen. Ein Wunsch von mir wäre es, ganz normal in unseren arabischen Nachbarländern Urlaub machen zu können, ohne irgendeiner Gefahr ausgesetzt
10 zu sein, nur weil wir Israelis sind.

Q 8 Die Palästinenserin Hanan Ashrawi war bei den Verhandlungen, die 1993 zum Abkommen von Washington führten, Pressesprecherin der palästinensischen Delegation. In ihrer 1995 erschienenen Autobiographie schreibt sie:
Washington musste ein Erfolg werden, und die PLO musste die internationale Bühne in einem Glorienschein betreten, der der Größe und dem Schmerz des Volkes und
5 der Sache, die die PLO vertrat, angemessen war. Dies versprach ein Augenblick der historischen Rechtfertigung zu werden, und nun war es an uns, unsere Führung in einem Triumphzug und nicht als zur Schau gestellte
10 Gefangene in diesen Augenblick eingehen zu lassen. Die Zeit war gekommen, dass die Waisen der Zeit zu Erben ihrer Geschichte wurden. Dies schuldete ich dem palästinensischen Volk. (…) Wir mussten die
15 PLO einführen, sie als Organ und Symbol einer Nation annehmen und dann würdevoll abtreten.

Q 9 *Wem gehört Jerusalem?* Zu diesem Thema äußerten sich zwei bekannte Israelis in Rede und Gegenrede. Die Kontroverse erschien in der Zeitung „Die Welt" vom 9. April 2001.
a) Elie Wiesel, Professor der Geisteswissenschaften an der Boston University:
Für mich steht außerhalb der Politik: Jerusalem, das mehr als 600 Mal in der Bibel erwähnt wird, ist fest verankert in der jüdischen Tradition und nationales Symbol. Es
5 repräsentiert unsere kollektive Seele. Es ist Jerusalem, das die Juden miteinander verbindet. (...)
Unter der politischen Teilung, die nun erwogen wird, würde der größere Teil der Alt-
10 stadt Jerusalem zukünftig unter palästinensische Verwaltung fallen. Der Tempelberg, unter dem der Tempel Salomons und Herodes' ruhen, würde fortan von dem neuen Palästinenserstaat kontrolliert.

b) Israel Schamir, russisch-israelischer Autor und Journalist, der heute in Tel Aviv lebt, entgegnet Elie Wiesel:
Die Stadt Jerusalem (...) ist nicht und war auch nie in Bedrängnis. Sie hat viele Jahrhunderte der Umarmung durch ein anderes Volk glücklich überdauert; durch die Palä-
5 stinenser von Jerusalem; die sie gut behandelt haben. Sie haben sie zu der Schönheit gemacht, die sie ist, haben sie mit einem prächtigen Juwel geschmückt, dem Felsendom des Tempelplatzes, haben ihre Häuser
10 mit Spitzbögen und breiten Portalen errichtet und Zypressen und Palmen gepflanzt. (...) All Ihre Worte beweisen ja nur, dass Sie Ihre Sehnsucht mit der Wirklichkeit verwechseln. Und wenn Sie immer wieder fra-
15 gen, warum die Palästinenser unbedingt Jerusalem haben wollen: Weil es ihnen gehört, weil sie dort leben und es ihre Heimatstadt ist. (...) Der Fall sollte auf der Basis des zehnten Gebots gelöst werden, das schon
20 unsere Vorväter befolgten. Sie wussten, dass Bewunderung nicht mit Besitzanspruch gleichzusetzen ist. (...)
Jerusalem als Stadt [ist] nicht anders als jeder andere Ort der Welt; sie gehört ihren
25 Einwohnern.

D 1 *Etappen des Friedensprozesses*
1979 Ägyptisch-israelischer Friedensvertrag: Rückgabe der Sinai-Halbinsel
1993 Geheimverhandlungen zwische Vertretern Israels und der PLO in Oslo: gegenseitige Anerkennung von Israel und der PLO
1993 Abkommen über die palästinensische Selbstverwaltung (Washington)
1994 Jordanisch-israelischer Friedensvertrag
1996 Wahlen im Westjordanland, im Gaza-Streifen und in Ost-Jerusalem zum Palästinensischen Rat
2002 Friedensplan Saudi-Arabiens: Rückzug Israels aus den besetzten Gebieten, Souveränität Israels über die jüdischen Viertel in Ost-Jerusalem und über die Klagemauer, arabische Staaten erkennen Israel an und geben Garantien für seine Sicherheit ab
2005 Räumung der israelischen Siedlungen im Gaza-Streifen, aber Ausbau von Sperranlagen im Westjordanland

Q 10 *Durch den Bau einer Mauer* wollte die Regierung Scharon seit 2003 Israel gegen palästinensische Terrorangriffe schützen. Die Mauer verläuft zum Teil mitten durch palästinensische Gebiete im Westjordanland.

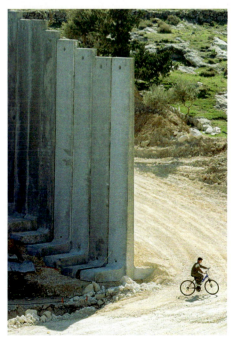

1 Welche Friedensabkommen wurden im Nahen Osten geschlossen? Wer waren die Vertragspartner (VT, D1, Q2)?
2 Diskutiert die Aussage der Karikatur Q3. Warum ist der Schatten so groß, über den die beiden Politiker springen müssen?
3 Wodurch ist die zweite Intifada im Jahr 2000 ausgelöst worden? Welche Folgen hatte sie (Q1, Q7)?
4 Wie argumentiert die palästinensische Schülerin Lara in Q5? Welche Hoffnungen äußert der israelische Schüler in Q6?
5 Für Ashrawi war die Anerkennung der PLO durch Israel von zentraler Bedeutung. Kannst du erkennen, warum (Q8)?
6 Skizziere die Politik der Regierung Scharon und beurteile die Auswirkungen auf den Friedensprozess (VT, Q4, Q10).
7 „Wem gehört Jerusalem?", könnte Thema einer kontrovers geführten Diskussion sein. Nutzt dazu Argumente aus Q9.

7 Der Nord-Süd-Konflikt

Entwicklungsländer
Bezeichnung für Staaten in Afrika, Asien und Lateinamerika, die nicht oder nur gering industrialisiert sind

Schwellenländer
sind Entwicklungsländer, die eigene Industrien aufbauen und deren Wirtschaft stark wächst. Sie stehen an der Schwelle zum Industrieland.

Infrastruktur
Ausstattung mit Verkehrswegen, Einrichtungen der Ver- und Entsorgung, Bildung, Gesundheit

Ressourcen
bezeichnet hier die natürlichen Produktionsmittel, also Rohstoffe. Sie sind für viele Entwicklungsländer die wichtigste Einnahmequelle.

Ein Konflikt zwischen Arm und Reich

Nie zuvor in der Geschichte waren Wohlstand, Bildung, Gesundheit und soziale Sicherheit so ungleich auf der Welt verteilt wie heute. Was das heißt, wird erst richtig klar, wenn man unser Land und seine Lebensverhältnisse aus einem anderen Blickwinkel betrachtet.

Für die meisten Afrikaner sind die Menschen in Deutschland alle reich: selbst die Armen! Armut sieht bei uns nämlich anders aus als dort. Niemand muss hier wirklich hungern, auf Wohnung und Kleidung verzichten oder bei Krankheit ohne ärztliche Hilfe bleiben. Arme in Deutschland haben einen Rechtsanspruch auf staatliche Unterstützung, der ihnen ein Existenzminimum sichert, von dem arme Afrikaner nur träumen können. Armut in Entwicklungsländern ist lebensbedrohende Not: Mangel- und Fehlernährung, Krankheitsanfälligkeit, hohe Kinder- und Säuglingssterblichkeit, erbärmliche Wohnverhältnisse.

Q 1 *Elendsviertel im indischen Mumbai*
Zu den absolut Armen rechnet die Weltbank rund 1,2 Milliarden Menschen, die täglich mit weniger als einem US-Dollar auskommen müssen; etwa 3 Milliarden Menschen haben weniger als zwei US-Dollar zur Verfügung.

Ungleichheit hat viele Gesichter

Trotz alledem verdoppelt sich gerade in den ärmsten Staaten Afrikas die Bevölkerung etwa alle 30 Jahre, mit katastrophalen Folgen: Rohstoffe und Energieträger werden knapper, Übernutzung zerstört noch intakte Ökosysteme; gewaltsame Konflikte machen Millionen Menschen durch Flucht und Vertreibung heimatlos.

Zweifellos besteht ein dramatisches Wohlstandsgefälle zwischen Industriestaaten und Entwicklungsländern. Daraus ergeben sich Konfliktfelder und wechselseitige Bedrohungsvorstellungen. Weil abgesehen von Australien und Neuseeland alle reichen Staaten auf der Nordhalbkugel liegen, spricht man von einem Nord-Süd-Konflikt. Doch der Begriff ist ungenau. Wie sind zum Beispiel die Länder Osteuropas einzuordnen, die sich erst seit 1990 zu Marktwirtschaften entwickeln können? Wohin gehören Schwellenländer wie Brasilien? Wie ist vor allem China einzustufen?

Q 2 *Die Versorgung mit Wasser* ist oft eine mühselige Aufgabe der Frauen und Mädchen. Laut UNO haben über eine Milliarde Menschen keinen Zugang zu sauberem Wasser. Von den erwarteten 9,3 Milliarden Menschen im Jahr 2050 werden fast 7 Milliarden von Wasserknappheit betroffen sein.

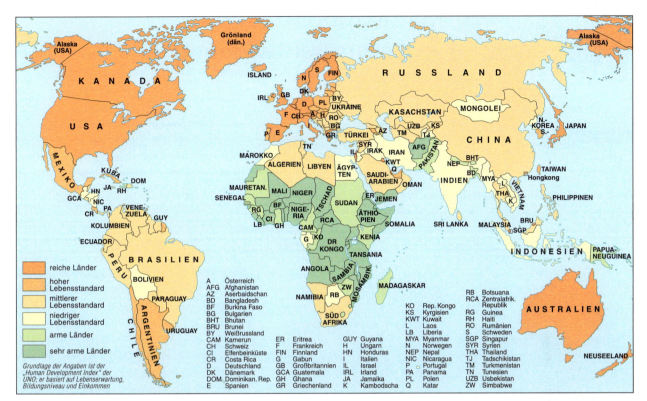

D1 Globale Entwicklungsstandards – Warum ist es schwierig, die Grundbedürfnisse der Menschen in unterschiedlichen Kulturräumen zu vergleichen?

Q3 „Der Fluch des Schwarzen Goldes", so überschreibt der Historiker Axel Harneit-Sievers einen Artikel in der Zeitschrift „Das Parlament" aus dem Jahr 2004. Darin schildert er am Beispiel Nigerias staatliches Versagen angesichts natürlicher Reichtümer in Afrika:

Heute leben rund zwei Drittel der Nigerianer unter der Armutsgrenze; die Infrastruktur ist zerfallen, Korruption [Bestechung] allgegenwärtig. (…) Nigeria steht mit die-
5 sen Problemen nicht allein. Jahrzehntelanger Bürgerkrieg in Angola, Staatszerfall in der Republik Kongo, Massenverarmung in eigentlich reichen Ländern: Warum leiden ausgerechnet diejenigen Staaten des
10 Kontinents, die über große Vorkommen an natürlichen Ressourcen verfügen, besonders drastisch an Unterentwicklung, Korruption und Gewalt? Der Grund dafür (…) liegt im Charakter der Öleinnahmen. Lizenzgebüh-
15 ren, Steuern und andere Einnahmen, die Regierungen aus der Förderung von Rohstoffen beziehen, sind im ökonomischen Sinn „Renten": Einnahmen, die ein Staat aus dem Besitz oder der Kontrolle von
20 Gütern erzielt, ohne dass ihm Kosten für deren Bereitstellung entstehen. (…)
Das Vorhandensein von Rohstoffrenten stellt eine Einladung zur wirtschaftspolitischen Verantwortungslosigkeit dar. Statt eine
25 nachhaltige Wirtschafts- und Entwicklungspolitik zu verfolgen, die Preisschwankungen und Begrenztheit der Ressourcen berücksichtigt, investieren Regierungen in unrealistische Großprojekte. Sie bauen langfristig
30 nicht zu unterhaltende Infrastrukturen auf und erweitern die Staatsapparate [Ministerien, Verwaltung]. (…) Weil Regierungen einen bequemen zentralen Zugriff auf Rohstoffrenten besitzen, stärken Öleinnahmen
35 autoritäre Regime. (…) Öleinnahmen in Afrika (…) gefährden die Demokratie.
Nigeria belegt seit Jahren Spitzenplätze in der Liste (…) der korruptesten Länder der Welt. (…) Korruption, obwohl vielfach be-
40 klagt, gilt als unvermeidbarer Bestandteil des Lebens (…). Es fällt schwer, den korrupten kleinen Beamten zu kritisieren, wenn hohe Beamte und Politiker Millionenbeträge stehlen und allenfalls in Ausnahmefällen
45 dafür bestraft werden.

1. Schreibe stichwortartig Merkmale von Entwicklungsländern auf (VT, Q1–Q3).
2. Wähle in D1 aus der Gruppe der armen bzw. sehr armen Länder eines aus. Informiere dich über die Lebensbedingungen in diesem Land und berichte der Klasse darüber in einem Kurzreferat.

8 Konfliktpotenzial „Bevölkerungsentwicklung"

Bevölkerung in Millionen im Jahr

	1750	1800	1850	1900	1950	1995	2000
Welt	791	978	1262	1650	2520	5716	6158
Afrika	106	107	111	133	224	728	832
Asien	502	635	809	947	1403	3458	3736
Lateinamerika	16	24	38	74	166	482	524
Nordamerika	2	7	26	82	166	293	306
Europa	163	203	276	408	549	727	730
Ozeanien	2	2	2	6	13	29	31

Bevölkerung 2050 (mittlere Projektion) in Millionen

Indien	1531
China	1395
USA	409
Pakistan	349
Indonesien	294
Nigeria	258
Bangladesch	255
Brasilien	233
Äthiopien	170

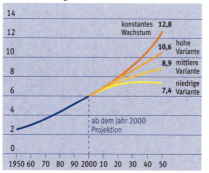

D 1 oben: Die bevölkerungsreichsten Länder der Erde
unten: Entwicklung der Weltbevölkerung (Prognosen)

UNAIDS
Sonderorganisation der UNO, die vor allem in Afrika und in Südasien Programme zur Bekämpfung von Aids finanziert und betreut

Ein rapides Bevölkerungswachstum …

Im Jahr 2005 lebten 6,4 Milliarden Menschen auf der Erde. Um die Mitte des Jahrhunderts sollen es nach einer UN-Schätzung fast neun Milliarden sein.
Seit der Mitte des 20. Jahrhunderts hat die Zunahme der Weltbevölkerung vor allem in den Entwicklungsländern stattgefunden. Nigeria hatte 1950 etwas mehr als 20 Millionen Einwohner, 2004 waren es schon 140 Millionen. Diese Zahl soll bis zum Jahr 2050 auf 258 Millionen Menschen steigen. Die Hauptstadt Lagos wird 2015 etwa 17 Millionen Einwohner haben und damit unter den 20 Mega-Städten der Erde nur einen mittleren Rang einnehmen.
Die Menschen dieser Städte stehen vor schier unlösbaren Problemen, denn die Infrastruktur wächst nicht automatisch mit der Bevölkerung. Müllberge, Verkehrschaos und Luftverschmutzung sind die Folge.

… und seine Folgen

In den Entwicklungsländern verlassen Tag für Tag schätzungsweise 200 000 Menschen die ländlichen Gebiete. Diese Menschen fliehen vor der Wassernot, Landknappheit, Umweltzerstörung und Armut in ihren Dörfern. In den Städten erhoffen sie sich Arbeitsplätze, Bildungsmöglichkeiten und all die Konsumgüter, die sie aus dem Fernsehen kennen. Die meisten von ihnen tauschen die Armut ihrer Dörfer aber nur mit dem Elend der Slums ein.
Besonders schlimm ist die Situation in zwei Teilräumen der Erde. Dort konzentriert sich das Elend in einem für uns unvorstellbaren Maße. 43 Prozent der absolut Armen der Welt mit weniger als einem Dollar Einkommen pro Tag leben in Südasien, 24 Prozent in Afrika südlich der Sahara. Ein großer Teil davon hat überhaupt kein Einkommen. In diesen Ländern verhungern täglich mehr als 20 000 Kinder. Für viele Menschen verschärft sich der Kampf ums tägliche Überleben noch durch die rapide Ausbreitung von Aids. Die Immunschwächekrankheit trifft vor allem den aktivsten Teil der Bevölkerung zwischen 20 und 40 Jahren. In Afrika südlich der Sahara sind schon Millionen Kinder zu Waisen geworden.

Nur ein Problem des „Südens"?

Der große Bevölkerungsdruck und die Massenarmut in den Entwicklungsländern haben globale Auswirkungen: Sie treffen also direkt oder indirekt auch die Menschen in den reichen Industriestaaten. Wenn der Regenwald in einem unvorstellbaren Tempo abgeholzt wird, verändert sich das Weltklima; wenn immer mehr Menschen Nahrungsmittel und Rohstoffe verbrauchen, nehmen Konflikte um ihre Verteilung zu; wenn Kriege und Bürgerkriege fern in Afrika stattfinden, suchen Flüchtlinge auch bei uns Schutz.

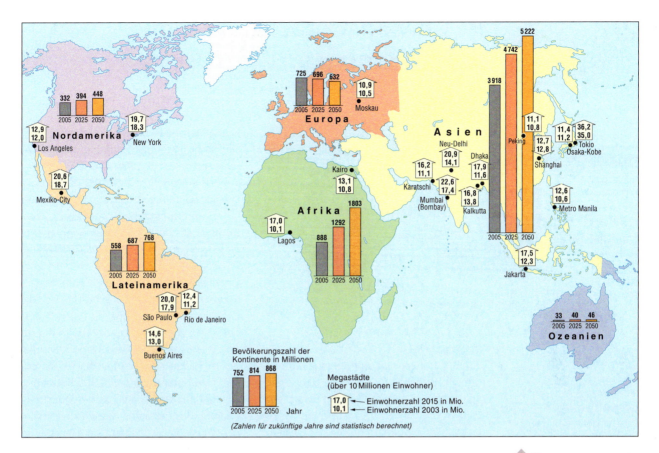

Q 1 Über das Ausmaß von Aids in Afrika berichtete „Die Zeit" 2003:

Im Süden der Sahara sind nach jüngsten Schätzungen der Vereinten Nationen 29,4 Millionen Menschen HIV-positiv – das entspricht der Einwohnerzahl von Kanada. (…) Allein in Südafrika infizierten sich pro Tag bis zu 1700 Personen mit dem HI-Virus, das sind jährlich 620 000 neue Fälle. (…) Stephen Lewis, der Sonderbeauftragte des UN-Generalsekretärs Kofi Annan für HIV/Aids in Afrika, war schockiert, als er von einer Rundreise zurückkehrte: Es fehle in Afrika nicht am politischen Willen, (…) [Aids] zu bekämpfen, sondern schlicht an den materiellen Ressourcen (…).

„Am 11. September 2001 starben 3000 Menschen durch einen furchtbaren Terrorakt, und in ein paar Tagen redete die Welt von Hunderten Milliarden Dollar für den Kampf gegen den Terror. 2001 starben 2,3 Millionen Afrikaner an Aids, und man muss bitten und betteln um ein paar hundert Millionen Dollar."

Q 2 Über die Folgen der Aids-Katastrophe in Afrika äußerte die Ethnologin Ute Luig 2004:

In den besonders betroffenen Gebieten von Ost-, Zentral- und Südafrika sind vor allem die ökonomisch und sexuell aktivsten Bevölkerungsgruppen sowie die Jugendlichen zwischen 15 und 24 Jahren infiziert, wobei die Zahl der jungen Frauen die der Männer um das Zweieinhalbfache übersteigt. Noch düsterer sieht die Zukunft aus, wenn man sich die Infektionswege genauer anschaut. Eine von fünf Müttern im südlichen Afrika trägt laut UNAIDS das HI-Virus in sich; die Zahl der Waisen steigt angesichts der hohen Mortalität [Sterblichkeitsrate] der Elterngeneration beständig. (…) Die kurz- und langfristigen Konsequenzen für Wirtschaft und Gesellschaft sind längst nicht absehbar. (…) Das Bildungswesen steht angesichts der Tatsache, dass eine ganze Generation gut ausgebildeter Beamter, Unternehmer und Akademiker Opfer der Epidemie geworden ist, vor fast unlösbaren Problemen.

D 2 Mega-Städte und Bevölkerungswachstum

1 Vergleiche das Bevölkerungswachstum der einzelnen Weltregionen. Wo findet der größte Zuwachs statt, wo der geringste? Welche Folgen können sich daraus ergeben: politisch, wirtschaftlich, gesellschaftlich (D1, D2)?

2 Warum ist Aids gerade für Afrika eine Katastrophe (Q1, Q2)?

9 Gewinner und Verlierer der Globalisierung

Q 1 *Ursachen der weltweiten Rohstoffverknappung,* Karikatur, 2004

Globalisierung
Prozess der weltweiten wirtschaftlichen, politischen und kulturellen Verflechtung

Globale Konzerne
dehnen ihre wirtschaftlichen Aktivitäten über den ganzen Globus aus. Weltweit gründen sie an kostengünstigen Standorten Niederlassungen. So wollen sie ihre Gewinne steigern.

Wachstum
Anstieg der Produktion von Gütern und Dienstleistungen in einem Land

Wachstumsfaktoren
Bedingungen, die das Wirtschaftswachstum fördern

Volkswirtschaft
alle wirtschaftlich miteinander verbundenen Haushalte und Betriebe in einem Staat

Weltkonzerne
Früher konnten sich nur wenige Könige rühmen, in ihrem Reich ginge die Sonne nie unter. Das galt im 16. Jahrhundert für Spanien, im 19. und 20. Jahrhundert für das britische Empire. Heute sind es die Lenker globaler Konzerne wie General Motors, Toyota oder Siemens, deren Fließbänder und Entwicklungsabteilungen rund um den Globus und rund um die Uhr arbeiten. So manches Weltunternehmen erzielt, in Dollar, Yen oder Euro gemessen, eine höhere Wirtschaftsleistung als manche Entwicklungsländer zusammengenommen.

Weltweite Handelsströme
Der Handel kennt kaum noch Grenzen. In den meisten Staaten haben Politiker erkannt, dass Wohlstand vor allem dort wächst, wo eine Volkswirtschaft sich nicht gegenüber dem Ausland verschließt. Deshalb wurden viele Einfuhrbeschränkungen und Zölle abgebaut. In der Folge war es für Unternehmen leichter, Waren dort zu produzieren, wo sie die günstigsten Bedingungen fanden: Einfache Textilproduktion wanderte in Billiglohnländer ab; komplizierte Maschinen und Autos der Oberklasse werden dagegen weiter in Deutschland gebaut. Doch viele Tausend Bauteile dafür werden in aller Welt zugekauft.

Selbst Dienstleistungen kennen keine Grenzen mehr. Inderinnen erledigen die Buchführung deutscher Banken, Chinesinnen digitalisieren deutsche Telefonbücher und Osteuropäerinnen beraten Kunden deutscher Unternehmen via Callcenter. Elektronisch gespeicherte Informationen sind an jedem Ort und zu jeder Zeit verfügbar.

Chancen und Risiken
In unserem täglichen Leben wirkte sich die Globalisierung zunächst angenehm aus: Textilien, elektronische Geräte und Tausende anderer Artikel aus Fernost wurden immer billiger. So gesehen haben sie unseren Wohlstand vermehrt. Bezahlt haben wir aber mit dem Verlust ganzer Industrien. In den Industriestaaten gingen viele Millionen Arbeitsplätze verloren. Vor allem gering qualifizierte Menschen wurden zu Dauerarbeitslosen.

Das wirtschaftliche Wachstum findet heute vor allem in Süd- und Ostasien statt. In diesen Staaten steht den Produzenten ein riesiges Reservoir an jungen, arbeitswilligen Menschen zur Verfügung. Billigarbeit ist vielerorts schon nicht mehr gefragt, nun zahlen sich die hohen Investitionen in die Ausbildung der Kinder und Jugendlichen aus. Alleine in Indien und China verlassen jedes Jahr Hunderttausende von Ingenieuren die Hochschulen.

Ein neues Konfliktpotenzial?
Globalisierung führt insgesamt zu mehr Wohlstand, aber nicht zu seiner gleichmäßigen Verteilung. Langfristig werden die heutigen Industriestaaten erst Wissensvorsprünge, dann Weltmarktanteile verlieren. Davon wird Afrika am wenigsten profitieren, Asien am meisten. Der Zuwachs an Wohlstand und Bevölkerung dort könnte aber einen dramatischen Wettlauf um Rohstoffe zur Folge haben.

Q2 Indien gilt für viele als ein Gewinner der Globalisierung. Die Wirtschaftszeitung „Handelsblatt" berichtete im Jahr 2005 über den Wirtschaftsaufschwung Indiens:
Indien setzt zum Sprung an die Weltspitze an: Das Land hat gerade Südkorea überrundet und sich damit zur drittgrößten Volkswirtschaft Asiens sowie zur Nummer zehn weltweit aufgeschwungen. Fachleute gehen bereits davon aus, dass Indien bis Mitte des Jahrhunderts – nach China – zur zweitgrößten Volkswirtschaft der Welt aufsteigt.
Die Deutsche Bank sieht das südasiatische Land in fünfzehn Jahren zur Nummer drei weltweit heranwachsen. Sie beziffert das durchschnittliche Wachstum Indiens in dieser Periode [Zeitraum] auf sechs Prozent pro Jahr. Ideale Demographie [Altersaufbau der Bevölkerung], Globalisierungsvorteile und weitere Reformen sollen Indien der Bank zufolge erlauben, China ab 2015 den Rang als weltweiter Wachstumsstar abzulaufen. (…)
Indiens Demographie zählt zu seinen wichtigsten Wachstumsfaktoren. Über die Hälfte der Bevölkerung ist unter 25, nur fünf Prozent im Rentenalter. Anders als in China, dem schon bald ähnliche Überalterung droht wie Europa, wird Indiens Pool von Arbeitskräften bis 2020 um 250 Millionen anschwellen. Weil sich das Land schnell in die Weltwirtschaft integriert, wird dies den globalen Wettbewerb um Jobs schüren. (…)
Rechtssicherheit, politische Stabilität, die hohe Verfügbarkeit englischsprachiger Fachkräfte und die schnell steigende Kaufkraft der Oberschicht sind weitere Faktoren, die Indiens wirtschaftlichen Aufstieg begünstigen und Investoren anlocken.
Größtes konkretes Hindernis sind die bürokratischen Hürden. So dauert die Gründung eines Unternehmens in Indien laut Weltbank im Schnitt 89 Tage. In China sind es 41. Wer seine Firma schließen will, muss in Indien zehn Jahre warten, in China nur zwei. (…)

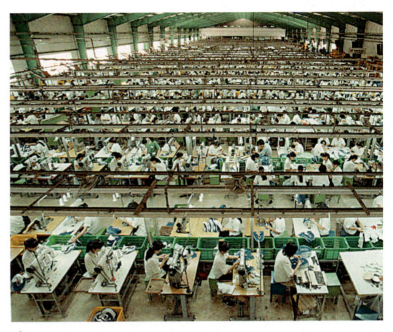

Q3 *Massenproduktion zu Niedriglöhnen:* 1000 Beschäftigte arbeiten allein in dieser Halle in Ho-Chi-Minh-Stadt in Vietnam an der Herstellung von Schuhen für einen multinationalen Konzern.

D1 *Wachstum der Weltwirtschaft*
Durchschnittliche jährliche Veränderung des Bruttoinlandsproduktes (= Summe aller Güter und Dienstleistungen, die in einem Jahr produziert werden) pro Kopf in Prozent

	1982–1991	1992–2001
Industrieländer	2,5	2,3
Afrikanische Länder	– 0,5	0,2
Asien	5,0	6,1
Lateinamerika	– 0,3	1,7

D2 *Wirtschaftswachstum in ausgewählten Staaten Asiens und Afrikas*
Durchschnittliche jährliche Veränderung des Bruttoinlandsproduktes

Länder	1980–1990	1991–1999
China	10,1	10,7
Südkorea	9,4	5,7
Singapur	6,7	8,0
Indonesien	6,1	4,7
Uganda	2,9	7,2
Nigeria	1,6	2,4
Südafrika	1,0	1,9
Kongo	1,6	-5,1

1 Worauf führt die Karikatur Q1 den starken Preisanstieg für Kohle, Eisenerze usw. zurück?
2 Liste die Wachstumsfaktoren der indischen Wirtschaft auf (Q2).
3 Mit welchem Ziel investieren zum Beispiel deutsche Unternehmen in Indien oder China (Q2)?
4 Erkläre aus D1 und D2 den Aufstieg Asiens in der Weltwirtschaft. Warum sagt die Statistik noch nichts über den Wohlstand der Nationen aus?
5 Macht euch Stichpunkte zu folgendem Thema: „Wer profitiert von der Globalisierung, wer hat Nachteile?" Führt dazu eine Diskussion.

10 Internationaler Terrorismus

1 Die brennenden Türme des World Trade Centers in New York am 11. September 2001

Al-Qaida
(arab. = „Basis") weltweites Terror-Netzwerk, bis 2011 unter Führung Osama Bin Ladens

Islamisten
Fundamentalisten, die sich auf den Islam berufen. Sie halten Religion für unvereinbar mit Werten wie Demokratie, Pluralismus und Toleranz. Sie wähnen sich im Besitz der absoluten Wahrheit und setzen diese – im Extremfall auch mit Gewalt – in die Tat um. Als islamistische Gruppierungen gelten z.B. die palästinensische Hamas oder die libanesische Hizbollah.

Anschlag auf das World Trade Center

Am 11. September 2001 geschah das Unvorstellbare: In den USA brachten Terroristen vier Flugzeuge in ihre Gewalt, jagten zwei davon in die Türme des World Trade Centers in New York und eines in das US-Verteidigungsministerium in Washington. Das vierte zerschellte vorzeitig in Pennsylvania. Am Ende gab es über 3000 Opfer, mehr als jemals zuvor bei einem Terroranschlag. Die Terrorangriffe fanden vor den Augen der Weltöffentlichkeit statt, die im Fernsehen verfolgen konnte, wie das zweite Flugzeug in den Nordturm raste. Trotz der Bilder erschien es Millionen unfassbar, dass die Weltmacht USA in ihrem Innersten so furchtbar getroffen worden war.

Genau das war das Ziel der Attentäter: Sie wollten durch die Art des Anschlags und die hohe Opferzahl ein Maximum an Aufmerksamkeit erzielen und die Verwundbarkeit der USA demonstrieren. Gleichzeitig sollten zwei herausragende Symbole der amerikanischen Macht zerstört werden: das Zentrum seiner weltumspannenden Finanzwirtschaft und das Hauptquartier seiner weltweit operierenden Streitkräfte.

Das globale Terrornetz Al-Qaida

Verantwortlich für den Terroranschlag war die Organisation „Al-Qaida". Angeführt wurde das weltweite Terrornetzwerk von dem saudi-arabischen Multimillionär Osama Bin Laden. Der Name „Al-Qaida" fiel erstmals 1988: Als die Sowjetunion ihre Besatzung in Afghanistan beendete, führte Bin Laden die Kämpfer gegen die sowjetische Besatzung in der neuen Organisation zusammen. Er wollte nun in anderen Ländern den „Heiligen Krieg" weiterführen.

Seit 1990 richtete sich der Terror von „Al-Qaida" zunächst gegen westlich eingestellte Regierungen in muslimischen Staaten, dann auch gegen Israel und die gesamte westliche Welt. Bin Ladens Netzwerk operiert seit 1998 unter dem Namen „Internationale Islamische Front für den Heiligen Krieg gegen Juden und Kreuzzügler".

Anhänger und Sympathisanten findet Al-Qaida unter radikalen Vertretern des Islamismus, deren Hass sich gegen den Westen richtet. Die meisten Muslime allerdings verurteilen Al-Qaida: Sie lehnen es ab, dass sich das Terror-Netzwerk bei seinem gewaltsamen Handeln auf die Lehren des Islam beruft.

Eine Gefahr für den Weltfrieden

Die Anschläge von Al-Qaida und anderen Terrororganisationen stellen eine völlig neuartige Bedrohung dar. Bisher führten vor allem Staaten Kriege gegeneinander, oder Militärbündnisse bedrohten sich gegenseitig. Al-Qaida dagegen besteht aus einem Netzwerk unabhängiger Gruppen in mehr als 60 Ländern. Sie kommunizieren via Internet und versorgen sich anonym über internationale Banken mit Geld. Bei Anschlägen werden einzelne Gruppen aktiviert und oft gleichzeitig gegen mehrere Ziele geführt. Die Angriffe erfolgen aus heiterem Himmel, ihre Drahtzieher bleiben im Dunkeln.

Q 2 *Über die Motive der Terroristen sagte der US-Politikwissenschaftler Benjamin Barber am 8. November 2001:*

Sie sind geprägt von einer destruktiven Ideologie religiösen Märtyrertums und Vernichtungswillen, einer Haltung, die Verhandlungen nicht zugänglich ist. Sie lehnen die Moderne und ihre Demokratie insgesamt ab und wollen sie abschaffen. Auch wenn wir die Lebensbedingungen in den Städten der Dritten Welt verbessern würden, wenn wir mehr Toleranz gegenüber dem Islam dort schaffen könnten, (…) es würde nichts ändern (…). Die Frage für mich sind nicht diese Terroristen – abgesehen davon, dass wir sie schlicht und einfach irgendwie eliminieren müssen (…), sondern die weitaus größere Gruppe, die zu ihren Sympathisanten werden, weil sie in Armut leben, in Ungerechtigkeit und in Hoffnungslosigkeit. Und weil sie diese schlimmen Lebensbedingungen mit dem System der wirtschaftlichen Globalisierung in Verbindung bringen. Mit dem Neoliberalismus [dem neuen Kapitalismus] und insofern mit den USA, die mit diesem System verbunden sind.

Q 3 *Osama Bin Laden und US-Präsident George W. Bush wurden von der indischen Schriftstellerin Arundhati Roy einem kritischen Vergleich unterzogen. Am 28. September 2001 schrieb sie in der FAZ:*

Jeder bezeichnet den anderen als „Kopf der Schlange". Beide berufen sich auf Gott und greifen gern auf die Erlösungsrhetorik von Gut und Böse zurück. (…) Beide sind gefährlich bewaffnet – der eine mit dem nuklearen Arsenal des obszön Mächtigen, der andere mit der glühenden, zerstörerischen Macht des absolut Hoffnungslosen. Feuerball und Eispickel. Keule und Axt. Man sollte nur nicht vergessen, dass der eine so wenig akzeptabel ist wie der andere. Präsident Bushs Ultimatum an die Völker der Welt – „Entweder ihr seid für uns, oder ihr seid für die Terroristen" – offenbart eine unglaubliche Arroganz. Kein Volk will diese Wahl treffen, kein Volk braucht diese Wahl zu treffen und keines sollte gezwungen werden, sie zu treffen.

D 1 *Unter anderem werden die folgenden Anschläge mit der Organisation Osama Bin Ladens in Verbindung gebracht:*

11. 9. 2001 – USA: Anschläge von New York und Washington (über 3000 Tote)
11. 4. 2002 – Tunesien: Explosion eines Tankwagens vor der ältesten Synagoge Nordafrikas in Tunesien (21 Tote)
8. 5. 2002 – Pakistan: Bombenattentat auf französische Ingenieure (14 Tote)
12. 11. 2002 – Indonesien: Bombenanschläge gegen Diskotheken auf Bali (202 Tote, vor allem australische Touristen)
30. 12. 2002 – Jemen: Ermordung von drei US-Bürgern (3 Tote)
12. 5. 2003 – Saudi-Arabien: Selbstmordanschlag auf eine Ausländersiedlung (35 Tote)
7. 6. 2003 – Afghanistan: Selbstmordanschlag auf einen Bus mit Bundeswehrsoldaten (4 Tote)
15. und 20. 11. 2003 – Türkei: vier Selbstmordattentate auf Synagogen und britische Einrichtungen in Istanbul (61 Tote)
11. 3. 2004 – Spanien: zeitgleiche Bombenanschläge auf vier Vorortzüge in Madrid (191 Tote)
8. 5. 2004 – Irak: Enthauptung des US-Bürgers Nicholas Berg vor laufender Kamera, danach weitere Geiselmorde
7. 7. 2005 – Großbritannien: Bombenanschläge auf Londoner Verkehrsbetriebe (56 Tote)

Q 4 Radikale Muslime bei einer Anti-US-Demonstration in Pakistan
Die Plakate zeigen Osama Bin Laden.

1 Erläutere, welche Motive dem Terrorismus von Al-Qaida zugrunde liegen (VT, Q2, Q3).
2 Wie beurteilt die Inderin Roy die Reaktion des US-Präsidenten Bush auf den Anschlag vom 11. September 2001 (Q3)?
3 Vom 11. September 2001 bis 2005 wurden Al-Qaida mehr als zwanzig Anschläge zugerechnet. Warum reichen die militärischen Mittel des Anti-Terror-Kampfes gegen eine solche Organisation nicht aus (VT, Q2, D1)?

11 Projekt
Über den Frieden nachdenken – für den Frieden arbeiten

Über den Frieden nachdenken ist nicht so einfach, denn Frieden ist nicht alleine dadurch gegeben, dass kein Krieg herrscht. Frieden meint aber auch keine Welt ohne Konflikte, vielleicht aber eine, in der Menschen einsehen, dass sie ihre Interessen nicht zum Schaden anderer durchsetzen können. Eine Welt also, in der zwar um wichtige Anliegen gestritten wird, in der aber am Ende Kompromisse gesucht werden.

Das Thema Frieden könnt ihr auf verschiedenen Wegen angehen:

Überlegen, was man selbst für den Frieden tun kann

Frieden ist nicht nur hohe Politik, er steckt in unserem alltäglichen Leben. Was können wir tun, um den Frieden zu fördern?
- versuchen, eigene Konflikte ohne Gewalt zu lösen
- zuhören, damit man die Einstellungen und Interessen anderer besser verstehen lernt
- Streit fair austragen, einen Streit auch beenden
- sich einmischen, wenn man ein Unrecht erkennt
- nicht dazu beitragen, dass andere ausgegrenzt werden
- Vorurteile vermeiden, gegen Vorurteile ankämpfen
- andere Meinungen und Lebenspläne akzeptieren/gelten lassen (tolerant sein)
- eigene Positionen öfter infrage stellen
- Kriegsspielzeug, Kriegsvideos ablehnen
- sich für politische Fragen interessieren und auch engagieren
- sich für sozial Schwächere engagieren, z. B. durch Unterstützung eines Entwicklungsprojektes

Karikaturen zum Thema Frieden sammeln und auswerten

Q 1 „Ich lehne Stacheln ab, sie provozieren nur!"

Texte zum Thema Frieden suchen

Q 2 *Der Philosoph und Friedensforscher Carl Friedrich von Weizsäcker schrieb während des Kalten Krieges 1967:*

Der Weltfriede ist die Lebensbedingung des technischen Zeitalters. Das technische Zeitalter, das ist unsere Zeit, unser Alltag und der Alltag unserer Kinder und
5 Enkel. Es ist die Welt, in der man zu einer Tagung (…) mit Auto, Eisenbahn oder Flugzeug anreisen kann, in der unsere Medizin die Zahl der Weltbevölkerung zur Explosion bringen kann und, wie wir
10 hoffen müssen, auch begrenzen kann, und in der Atombomben und Napalm das verfügbare, biologische Waffen vielleicht das zukünftge Kriegspotenzial andeuten.
15 Diese Welt bedarf des Friedens, wenn sie sich nicht selbst zerstören soll (…). Der Weltfriede, den wir jetzt schaffen müssen, ist nicht das goldene Zeitalter der Konfliktlosigkeit. Er ist eine neue Form
20 der Kanalisierung der Konflikte. Er ist Weltinnenpolitik (…). Der Weltfriede bedarf, um wahrhaft Friede zu werden, einer außerordentlichen moralischen Anstrengung. (…)
25 Nur ein Kriterium politischer Handlungen und Interessen sehe ich heute, das niemand (…) anzugreifen wagen darf: die Bewahrung des Weltfriedens. Das war vor 1945 noch nicht so. Hier be-
30 deutet Hiroshima den Angelpunkt einer langsam sich drehenden Tür der Weltgeschichte.

Lieder zum Thema Frieden hören

3 Nena: „99 Luftballons"

Hast Du etwas Zeit für mich
Dann singe ich ein Lied für Dich
Von 99 Luftballons
Auf ihrem Weg zum Horizont
Denkst Du vielleicht grad an mich
Dann singe ich ein Lied für Dich
Von 99 Luftballons
Und dass so was von so was kommt

99 Luftballons
Auf ihrem Weg zum Horizont
Hielt man für UFOs aus dem All
Darum schickte ein General
'Ne Fliegerstaffel hinterher
Alarm zu geben, wenn's so wär
Dabei war'n da am Horizont
Nur 99 Luftballons

99 Düsenjäger
Jeder war ein großer Krieger
Hielten sich für Captain Kirk
Das gab ein großes Feuerwerk
Die Nachbarn haben nichts gerafft
Und fühlten sich gleich angemacht
Dabei schoss man am Horizont
Auf 99 Luftballons

99 Kriegsminister
Streichholz und Benzinkanister
Hielten sich für schlaue Leute
Witterten schon fette Beute
Riefen: Krieg und wollten Macht
Mann, wer hätte das gedacht
Dass es einmal so weit kommt
Weg'n 99 Luftballons

99 Jahre Krieg
Ließen keinen Platz für Sieger
Kriegsminister gibt es nicht mehr
Und auch keine Düsenflieger
Heute zieh ich meine Runden
Seh die Welt in Trümmern liegen
Hab 'nen Luftballon gefunden
Denk an Dich und lass ihn fliegen

Carlo Karges (Text) © Edition Hate der EMI Songs Musikverlag GmbH, Hamburg

Bilder zum Thema Frieden diskutieren

4 Pablo Picasso (1881–1973): Das Gesicht des Friedens, 1951

Mit Organisationen in Kontakt treten, die sich für den Frieden einsetzen

- www.uno.de
- www.un.org
- www.volksbund.de
- www.welthungerhilfe.de
- www.amnesty.de
- www.open-the-world.de

12 Abschluss
Konflikte

Ordne jedem der Begriffe eine Erklärung zu.

Aids
Al-Qaida
UNHCR
Blauhelm-Soldaten
Billiglohnländer
Völkerbund
UN-Charta
UN-Vollversammlung
Sicherheitsrat
Schwellenländer
UN-Generalsekretär

- Gründungsurkunde der UNO
- Staaten, die sich auf dem Weg zum Industriestaat befinden
- Er leitet die Vollversammlung der UNO.
- Soldaten, die ein Mitgliedsstaat der UNO für eine Friedensmission zur Verfügung stellt
- islamistische Terrororganisation
- eine weltweite Seuche, die am schlimmsten im südlichen Afrika wütet
- Dieses Gremium kann den Einsatz von UN-Friedenstruppen beschließen.
- Hier kommen Vertreter von 191 Staaten der Erde zusammen.
- Vorgängerorganisation der UNO
- Hier können vor allem einfache Industrieprodukte billig hergestellt werden.
- internationale Organisation, die Flüchtlingen Schutz und Hilfe anbietet

Halte ein Kurzreferat zu einem Einzelaspekt des Nahost-Konfliktes.

1. Wähle ein Thema aus.
2. Besorge dir zusätzliche Informationen.
3. Gliedere dein Thema.
4. Schreibe Stichpunkte auf Karteikarten auf.
5. Trage der Klasse dein Thema in einem Kurzreferat vor.

Mögliche Themen:
- Die Geschichte Israels bis zur Vertreibung durch die Römer
- Palästina unter türkischer und britischer Herrschaft
- Die Staatsgründung Israels und die Kriege von 1948/49, 1956, 1967 und 1973
- Ein Volk wird heimatlos – das Schicksal der Palästinenser
- Ein schwieriger Weg zum Frieden – Erfolge und Misserfolge seit 1979
- Wem gehört Jerusalem?
- Der Nahost-Konflikt aktuell
- Entwurf für einen Frieden – Wie könnte ein Ausgleich zwischen Juden und Palästinensern aussehen?

… und das Streben nach Frieden

Mit dem Friedensnobelpreis werden Menschen geehrt, die sich in besonderer Weise für die friedliche Lösung von Konflikten und die Überwindung von Kriegen eingesetzt haben. Der Preis wird seit 1901 jedes Jahr am 10. Dezember durch den norwegischen König in Oslo verliehen.

Einige Friedensnobelpreisträger:

- 1978 Anwar el-Sadat (Ägypten) und Menachem Begin (Israel)
- 1981 UNO-Hochkommissar für Flüchtlinge (Genf)
- 1988 UN-Friedenstruppe
- 1992 Rigoberta Menchù Tum (Guatemala)
- 1994 Jassir Arafat (Palästina), Shimon Peres (Israel) und Jitzak Rabin (Israel)
- 1997 Internationale Kampagne zur Ächtung von Landminen (USA)
- 1999 Ärzte ohne Grenzen
- 2001 Die Vereinten Nationen und ihr Generalsekretär Kofi Annan
- 2004 Wangari Muta Maathai (Kenia)
- 2005 Die Internationale Atomenergie-Organisation und ihr Generalsekretär Mohammed el-Baradei (Ägypten)
- 2006 Mohammad Junus aus Bangladesch und die Grameen-Bank für Kleinstkredite an arme Menschen

Begebt euch zu zweit auf die Spuren der Friedensnobelpreisträger und erstellt ein Infoblatt.

1. *Entscheidet euch für eine der Personen oder Organisationen.*
2. *Recherchiert die Fakten und ordnet sie in den geschichtlichen Zusammenhang ein:*
   – *Wer wurde ausgezeichnet?*
   – *Wofür wurde der Preis vergeben?*
   – *Was wisst ihr über die jeweilige Situation?*
3. *Schreibt einen kurzen Text zu jeder Frage und sucht jeweils ein passendes Bild.*
4. *Nun könnt ihr das Infoblatt übersichtlich und ansprechend gestalten.*
5. *Stellt „euren" Friedensnobelpreisträger in der Klasse vor. Zum Schluss heftet ihr alle Infoblätter zusammen – und fertig ist euer „Buch" über den Friedensnobelpreis!*

Friedensnobelpreis 1994

Die Preisträger

Jassir Arafat
…
Simon Peres
…
Yitzhak Rabin
…

Ihre Leistungen

…

Der Hintergrund

…

So könnt ihr euer Infoblatt gestalten. Neben den Bildern ist Platz für die Kurztexte.

Methodenglossar (Band 1)

Einen Stammbaum erstellen (S. 14)

1. Zeichne auf einem DIN-A3-Blatt deinen Familienstammbaum. (Ganz vorne im Buch findest du auch eine Vorlage zum Kopieren.) Das oberste Feld ist für dich selbst, die zwei Felder darunter sind für deine Eltern gedacht.
2. Sammle folgende Angaben von jedem Familienmitglied: den Vor- und Nachnamen, das Geburts- (*) und gegebenenfalls das Todesdatum (†), den Geburtsort, die Kinderzahl und den Beruf. Die Daten kannst du erfragen oder im Familienbuch nachschlagen.
3. Trage die Angaben in die einzelnen Felder ein. Der Stammbaum wird für den Betrachter noch interessanter, wenn du Fotos deiner Verwandten oder andere Erinnerungsstücke neben das entsprechende Feld klebst.

Vom Fund zur Rekonstruktion (S. 40)

1. Beschreibe den ursprünglichen Fund. Wie viel war von dem Gegenstand oder Gebäude erhalten und in welchem Zustand war der Fund?
2. Vergleiche die Rekonstruktion mit dem Fund. Was wurde originalgetreu wiedergegeben? An welchen Stellen hat der Archäologe etwas hinzugefügt?
3. Betrachte die Rekonstruktion kritisch. Was konnte der Archäologe wissen, wo musste er dagegen Vermutungen anstellen? Hat er vielleicht auch an manchen Stellen seine Fantasie spielen lassen?

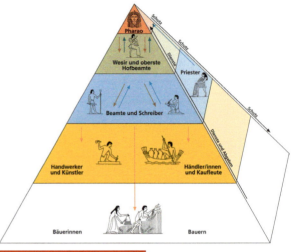

Ein Schaubild verstehen (S. 58)

1. Stelle fest, welches Thema das Schaubild behandelt. Die Legende verrät es dir.
2. Untersuche, warum einzelne Teile des Schaubildes in verschiedenen Farben dargestellt sind.
3. An welchen Stellen werden Pfeile und Linien verwendet? Was sagen sie über die Beziehungen zwischen den Personen aus?
4. Warum eignet sich die gewählte Form des Schaubildes besonders gut, um das Thema darzustellen? Kannst du dir noch eine andere Form vorstellen?

Schriftliche Quellen auswerten (S. 74)

Fragen zum Text
1. Worum geht es in dem Text? Welche Orte, Personen oder Gruppen werden genannt?
2. Gibt es Wörter oder Sätze, die du nicht verstehst? Schlage in einem Wörterbuch nach oder frage deine Lehrerin bzw. deinen Lehrer.
3. Unterteile den Text in einzelne Abschnitte und verfasse für jeden Abschnitt eine kurze Überschrift.

Fragen zum Verfasser
4. Wer hat den Text verfasst?
5. Kannst du erkennen, an wen sich der Verfasser mit seinem Text wendet?
6. Schreibt der Verfasser über Dinge, die er selbst erlebt hat, oder woher hat er seine Kenntnisse?
7. Mit welcher Absicht mag der Verfasser den Text geschrieben haben?

Geschichtskarten lesen und auswerten (S. 100)

1. Über welches Thema gibt die Karte Auskunft? Beachte dafür die Überschrift und die Legende.
2. Welcher Raum wird gezeigt? Welche Orte werden hervorgehoben? Vergleiche mit dem Geografie-Atlas, um welches heutige Gebiet es sich handelt.
3. Über welche geschichtliche Zeit informiert die Karte? Bezieht sie sich auf ein bestimmtes Jahr, auf einen kurzen oder langen Zeitabschnitt? Werden unterschiedliche Zeitstufen dargestellt?
4. Beachte die Legende. Was bedeuten die Zeichen, Farben, Linien und Pfeile in der Karte?

Schriftliche Quellen vergleichen (S. 166)

1. Stelle möglichst genau fest, was in den Quellen steht und wer sie geschrieben hat. (Du kannst das Verfahren von Seite 74 dafür anwenden.)
2. Stelle fest, womit sich die Texte/Autoren gemeinsam befassen bzw. was beide erklären wollen.
3. Liste stichwortartig auf, worin sie übereinstimmen.
4. Liste nun für jeden Text/Autor getrennt auf, was er
   a) zusätzlich und
   b) ganz anders als der andere berichtet. So erkennst du, wo sich die Berichte ergänzen und wo sie sich widersprechen.
5. Überlege bei den Widersprüchen, welcher Text/Autor dir glaubwürdiger erscheint.
6. Fasse die Ergebnisse deines Vergleichs in einem Bericht darüber zusammen, was sich damals wahrscheinlich zugetragen hat.

Bilder als Geschichtsquelle (S. 144)

1. Betrachte das Bild in Ruhe und mache dir erste Gedanken.
   – Was zeigt das Bild?
   – Was fällt dir auf?
   – Welche Teile des Bildes sind besonders interessant?
   – Was verstehst du nicht?
2. Beschreibe das Bild genau.
   – Um welche Art von Bild handelt es sich?
   – Was ist dargestellt? Welche Situation bzw. Situationen sind auf dem Bild festgehalten?
   – Welche Farben und Formen tauchen in dem Bild besonders oft auf?
3. Versuche, das Bild zu deuten. Vielleicht benötigst du hierfür zusätzliche Informationen.
   – Wer hat das Bild gemalt?
   – Was möchte der Künstler dem Betrachter mit diesem Bild mitteilen?
   – Warum hat der Maler gerade diese Personen und Ereignisse für sein Bild ausgewählt?
   – Ist die Darstellung naturgetreu?
   – Hat der Künstler in der Zeit gelebt, die er auf dem Bild dargestellt hat?

Stadtpläne erzählen aus der Geschichte (S. 178)

1. Wo liegt der älteste Siedlungskern?
2. Wie entwickelte sich die Stadt in den folgenden Jahrhunderten?
3. Welche besonderen Gebäude und Sehenswürdigkeiten erkennst du?
4. Wann wurden diese Gebäude gebaut und welche Funktion hatten sie?
5. Was sagen die Namen von Straßen, Plätzen und Vierteln über ihre (frühere) Bedeutung aus?
6. Wie verlief wohl das wirtschaftliche, kirchliche und gesellschaftliche Leben in der Stadt?

Historische Karten untersuchen (S. 210)

1. Aus welcher Zeit stammt die Karte?
2. Welche Kontinente und Länder sind dargestellt?
3. Gibt es Einzelheiten, die besonders hervorgehoben sind?
4. Über welche Kenntnisse verfügte der Zeichner, was war ihm dagegen noch nicht bekannt?
5. Zu welchem Zweck wurde die Karte angefertigt?
6. Welche geografischen, politischen oder religiösen Vorstellungen der damaligen Zeit lassen sich aus der Karte ablesen?

Herrscherbilder zum Sprechen bringen (S. 252)

1. Betrachte das Bild und notiere deinen ersten Eindruck.
2. Untersuche das Bild genau.
   – Wie ist der Herrscher auf dem Bild platziert?
   – Wie ist seine Haltung?
   – Welche Herrschaftszeichen finden sich und was bedeuten sie?
   – Welche Farben sind verwendet und wie wirken sie?
3. Finde heraus, wer das Bild gemalt hat und wer der Auftraggeber war.
4. Betrachte das Bild kritisch. Welche Wirkung soll es beim Betrachter erzielen? Wie sieht sich der dargestellte Herrscher selbst?

Eine Pro-Contra-Disskussion führen (S. 220)

1. Wählt einen Diskussionsleiter/eine Diskussionsleiterin.
2. Bildet zwei Gruppen, die jeweils entgegengesetzte Meinungen vertreten.
3. Gebt den Gruppen Zeit, um ihre Argumente zu sammeln.
4. Stimmt darüber ab, wer für die eine Meinung ist und wer für die andere. Haltet das Ergebnis fest.
5. Hört euch die Argumente der beiden Gruppen an und stellt ihnen anschließend Fragen.
6. Stimmt noch einmal zu den gegensätzlichen Meinungen ab.
7. Wertet die Diskussion aus.
   – Welche Argumente waren überzeugend, welche nicht?
   – Hat sich das Abstimmungsergebnis verändert und wenn ja, warum?

Gruppenarbeit (S. 262)

Vorbereitung in der Klasse

1. Legt genau fest, was ihr gemeinsam erarbeiten und mit welchen Schritten ihr zum Ziel kommen wollt.
2. Besprecht, wie die Ergebnisse in der Klasse präsentiert werden sollen.
3. Klärt, wie viel Zeit ihr für die Gruppenarbeit habt.
4. Teilt euch in Gruppen auf. Achtet darauf, dass nicht immer dieselben Schüler eine Gruppe bilden. Ihr könntet z. B. Zufallsgruppen auslosen.
5. Schiebt die Tische in eurem Klassenraum zu Gruppentischen zusammen, sodass alle Gruppen ungestört arbeiten können.

Durchführung in der Gruppe

6. Entscheidet zunächst, wer später als Gruppensprecher der Klasse eure Ergebnisse vorstellen soll.
7. Teilt die Arbeit dann untereinander auf. Ein schriftlicher Arbeitsplan kann hierbei hilfreich sein. Wichtig ist, dass niemand ausgeschlossen wird und jedes Gruppenmitglied eine Aufgabe übernimmt.

Präsentation der Ergebnisse

8. Die Gruppensprecher stellen die Ergebnisse vor. Wenn beim Vortrag etwas fehlt, können die anderen Gruppenmitglieder ergänzen.
9. Vergleicht die Ergebnisse der einzelnen Gruppen miteinander und fasst sie zusammen.
10. Sprecht zum Schluss darüber, wie euch die Gruppenarbeit gefallen hat. Was hat gut geklappt, was muss geändert werden? Waren alle gleichberechtigt? Müssen noch weitere Regeln vereinbart werden?

Methodenglossar (Band 2)

Ein Verfassungsschema interpretieren (S. 18)

Das Schema nach Gruppen und Personen zerlegen
1. Wie ist das Schema gegliedert? Lassen sich verschiedene Blöcke, Farben und Symbole erkennen?
2. Wie sind die Blöcke miteinander verbunden? Welche Richtung und Bedeutung haben Pfeile und Linien?
3. Gibt es Begriffe, die du im Lexikon nachschlagen musst?

Verfassungsmerkmale Machtausübung, Gesetzgebung und Rechtsprechung
4. Wer darf Gesetze vorschlagen? Wer arbeitet sie aus? Wer erlässt sie?
5. Wer sorgt dafür, dass Regierung und Bürger sich an die Gesetze halten?
6. Wer regiert den Staat, d.h. übt Macht mithilfe der Gesetze aus?
7. Wer kann durch seinen Einspruch dafür sorgen, dass ein Gesetz vorläufig nicht in Kraft treten darf? Wer darf Gesetze sogar rückgängig machen?
8. Gibt es Grundrechte, die kein neues Gesetz verletzen darf?

Verfassungsmerkmal Wahl
9. Welche Ämter werden durch Wahl besetzt, welche nicht?
10. Wer darf wählen, wer nicht? Wer darf gewählt werden?

Verfassungsmerkmale Machtverteilung und Machtkontrolle
11. Welche Macht haben die verschiedenen Personen bzw. Gruppen im Staat? Wo ist besonders viel Macht konzentriert?
12. Wo sind „Sicherungen" in der Verfassung eingebaut, damit Einzelne ihre Macht nicht missbrauchen können (z. B. um eine Diktatur zu errichten)?

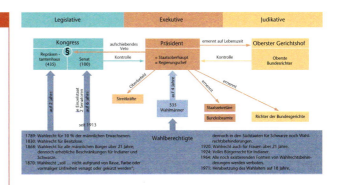

Karikaturen richtig deuten (S. 28)

1. Aus welcher Zeit stammt die Karikatur? Wer hat sie gezeichnet?
2. Welche Szene zeigt das Bild? Welche Gegenstände, Sachverhalte, Tiere oder Personen werden abgebildet?
3. Wo weicht der Künstler oder die Künstlerin von der Wirklichkeit ab? Was ist also übertrieben oder verzerrt dargestellt?
4. Welche Symbole erkennst du? Erkläre ihre Bedeutung.
5. Gegen wen richtet sich die Kritik? Wird zum Beispiel eine Person verspottet, oder werden gesellschaftliche Verhältnisse kritisiert?
6. Versuche, die Aussage der Karikatur in einem Satz zusammenzufassen.
7. Überlege, welche Wirkung der Zeichner beim Betrachter erzielen wollte: Welches Publikum sollte angesprochen werden? Ergreift der Karikaturist für eine Person oder eine Sache Partei? Wie wirkt die Karikatur auf dich?

Historienmalerei – gemalte Geschichte? (S. 42)

Fragen zur Person des Malers und zur Person des Auftraggebers
1. Wer war der Maler des Bildes? Wann hat er gelebt?
2. Wer war der Auftraggeber? Welche Position hatte er inne?

Fragen zu den dargestellten Ereignissen und Personen
3. Was ist auf dem Gemälde zu sehen? Wie sind die Personen dargestellt?
4. Welche Personen oder Handlung stellt der Maler in den Mittelpunkt?
5. Hat der Maler das Dargestellte selbst gesehen oder haben ihm andere davon berichtet?

Fragen zur Wirkung
6. Wie setzt der Maler Farben oder den Wechsel von Licht und Schatten ein, um eine bestimmte Wirkung zu erzielen?
7. Welchen Eindruck wollte der Maler oder Auftraggeber dem Betrachter vermitteln?
8. Wie wirkt das Gemälde auf dich selber?

Politische Lieder (S. 74)

1. Wann ist das Lied entstanden?
2. Wer hat den Text geschrieben?
3. Um welche Ereignisse und Personen geht es in dem Lied?
4. Was sagt der Titel des Liedes aus?
5. Wie klingt der Text – anklagend, ironisch, aufrührerisch oder spöttisch?
6. Wie wirkt das Lied insgesamt auf dich?
7. Was hat der Verfasser mit diesem Lied beabsichtigt?

Aus den „unpolitischen Liedern" von Heinrich Hoffmann von Fallersleben, 1841:
Wie ist doch die Zeitung
interessant
für unser liebes Vaterland!
Was haben wir heute nicht alles
vernommen!
Die Fürstin ist gestern niedergekommen,
und morgen wird der Herzog kommen,
hier ist der König heimgekommen,
dort ist der Kaiser durchgekommen –
bald werden sie alle zusammenkommen –
wie interessant! Wie interessant!
Gott segne das liebe Vaterland!

Statistiken auswerten (S. 88)

1. Thema erfassen:
– Um welchen Sachverhalt geht es? (Meistens steht es in der Überschrift oder in der Legende.)
– Welchen Zeitraum umfassen die Zahlenangaben?
2. Inhalt und Darstellungsform beschreiben:
– Wie wird das statistische Material dargestellt: als Tabelle oder Grafik, in absoluten Zahlen oder in Prozentangaben?
– Sind die Zahlen übersichtlich zusammengestellt und vollständig (Maßstab, Datenmenge)?
3. Statistik auswerten:
– Was sagen die angegebenen Daten genau aus?
– Lassen sich Entwicklungen ablesen?
– Gibt es Zusammenhänge mit anderen Informationen oder Materialien?
– Inwiefern hat die Statistik neue Erkenntnisse hervorgebracht?
4. Statistik kritisch betrachten:
– Beruhen die Zahlen auf Schätzungen oder auf genauen Zählungen?
– Gibt es Zweifel am Wahrheitsgehalt der Aussagen?

Fotografien als Geschichtsquellen betrachten (S. 174)

1. Betrachte das Foto genau und beschreibe die Einzelheiten.
2. Fasse zusammen, welche konkrete Situation der Fotograf auf dem Bild festgehalten hat.
3. Überlege, zu welchem Zweck das Foto aufgenommen wurde. Ist es ein Pressefoto oder eine private Aufnahme?

4. Beschreibe die Wirkung des Fotos. Welche Einzelheiten hat der Fotograf besonders hervorgehoben; welche Stimmung herrscht auf dem Bild?
5. Betrachte das Foto kritisch. Trifft der Fotograf eine bestimmte Aussage? Will er sachlich informieren oder eine bestimmte Wirkung beim Betrachter erzielen?

Kriegerdenkmäler befragen (S. 180)

1. Beschreibe das Denkmal genau. Was ist dargestellt, welche Einzelheiten fallen auf?
2. Wie wirkt das Denkmal auf dich? Zeigt es wirkliche Menschen oder Helden? Werden Gefühle wie Trauer und Schmerz sichtbar oder verkörpern die Figuren Heldenmut und Stärke?
3. Gibt es eine Inschrift und was sagt sie aus?
4. An welchem Ort ist das Denkmal aufgestellt? Hat dieser Platz eine besondere Bedeutung für die Stadt?
5. Informiere dich über die Entstehungsgeschichte des Denkmals. Aus welchem Anlass wurde es errichtet, wer hat den Auftrag dazu gegeben und wer hat es geschaffen?

6. Versuche, die Botschaft des Denkmals zu formulieren. Kannst du ihr zustimmen?

Ein „Zeitbild" untersuchen (S. 138)

1. Welche Arten von Quellen stehen für das Zeitbild zur Verfügung?
2. Untersuche jede Quelle einzeln:
– Worum geht es in dieser Quelle?
– Welche Person bzw. welche Gruppe kommt darin „zu Wort"?
– Welches ist die wesentliche Aussage der Quelle?
– Welchen Eindruck vermitteln die Quellen von der Zeit, in der sie entstanden sind?
– Was sagen die Quellen über die Gesellschaft und die herrschende Meinung dieser Zeit aus?
3. Fasse die Aussagen der Quellen zusammen und gib deinen Gesamteindruck wieder.

Verfälschte Bildaussagen interpretieren (S. 202)

1. Analysiere und deute das Bild so, wie es vor dir liegt.
2. Stelle durch Bildvergleich oder mit Hilfe der Textinformation zur Verfälschung die Art der Manipulation fest.
3. Stelle, noch ohne Informationen zu Begleitumständen und Hintergrundereignissen, Vermutungen darüber an, welche Absichten hinter der Manipulation stecken könnten.
4. Lies die Informationen zu wichtigen Begleitumständen bzw. Interessen des Fälschers und benutze sie zu einer Deutung der Manipulation.

Methodenglossar (Band 3)

Politische Plakate analysieren (S. 26)

Um Botschaft und Absicht eines politischen Plakates zu ergründen, ist es sinnvoll, dessen Wort- und Bildsprache zu analysieren:

1. Kläre die Hintergründe:
   - Von wem stammt das Plakat, an wen richtet es sich?
   - Wann und aus welchem Anlass ist es entstanden?
2. Beschreibe das Plakat genau:
   - Welche Personen, Gegenstände, Situationen sind abgebildet?
   - Wie lautet der Text des Plakates?
3. Untersuche die Gestaltungsmittel:
   - Wie sind die Personen dargestellt (Aussehen, Gesichtszüge, Körpersprache)?
   - Welche Symbole werden eingesetzt? Wofür stehen sie?
   - Welche Farben und Schriftzüge werden verwendet? Welche Wirkung wird damit erzielt?
   - Arbeitet das Plakat mit Argumenten, Gefühlen, Feindbildern?
4. Bewerte das Plakat:
   - In welcher Beziehung steht das Plakat zur damaligen politischen Situation?
   - Was will die Partei mit dem Plakat erreichen?
   - Was erfährt man durch das Plakat über die Partei und ihre Politik?

Historische Reden untersuchen (S. 76)

Ob und wie eine historische Rede als Geschichtsquelle genutzt werden kann, hängt nicht zuletzt davon ab, welches Quellenmaterial zur Verfügung steht. Liegt die Rede in schriftlicher Form vor, können folgende Aspekte untersucht werden:

- Geschichtlicher Hintergrund:
  - Wer hat die Rede wann und wo gehalten?
  - Was war der Anlass für die Rede? An wen richtet sie sich?
- Inhalt:
  - Worum geht es in der Rede?
  - Was sind die wichtigsten Aussagen?
- Sprache und Stil:
  - Wie ist die Rede gegliedert?
  - In welcher Reihenfolge werden die Argumente vorgetragen?
  - Welche sprachlichen Mittel werden verwendet? Welche Funktion haben sie?
  - Ist die Rede als Monolog oder als Dialog mit dem Publikum aufgebaut?

Liegt die Rede als Ton- bzw. Bilddokument vor, können folgende Ebenen zusätzlich in die Analyse miteinbezogen werden:

- Gestik, Mimik und Stimme des Redners
- Rhythmus des Vortrags (Tempo, Betonung, Pausen)
- Reaktionen der Zuhörer

Am Ende der Untersuchung steht die Bewertung der Rede:
- Welche Ziele verfolgt der Redner?
- Wie lässt sich die Rede in die damalige politische Situation einordnen?

Zeitzeugen befragen (S. 126)

1. Vorbereitung:
   - Überlegt, welche Person am besten geeignet ist, euch Auskunft zu dem von euch gewählten Thema zu geben.
   - Erarbeitet gemeinsam Fragen für das Interview.
2. Befragung:
   - Schafft für das Interview eine vertrauliche Atmosphäre. Denkt daran, dass die befragte Person von den Erlebnissen stark berührt sein kann und es ihr nicht immer leicht fällt, darüber zu berichten.
   - Sorgt dafür, dass die Aussagen lückenlos protokolliert werden.
3. Auswertung:
   - Wertet gemeinsam das Interview aus. Denkt daran, dass die befragte Person über ein Ereignis berichtet, das oft vor vielen Jahren stattfand. Manches kann sie vergessen, anderes erst später erfahren haben.
   - Vergesst nicht, dass auch eure Meinung zum Interview Bestandteil der Auswertung ist. Schätzt die Verlässlichkeit der Aussagen eures Zeitzeugen ein.
   - Überlegt euch, wie ihr die Ergebnisse präsentieren könnt (Wandzeitung, Bericht in der Schülerzeitung, Videofilm, …)

Fish-Bowl: Diskutieren wie Profis (S. 152)

1. In Gruppen werden Einzelthemen bearbeitet und diskutiert. Haltet die Arbeitsergebnisse stichwortartig fest und benennt einen oder zwei Gruppensprecher.
2. Legt die Sitzordnung fest:
   Die Gruppensprecher und -sprecherinnen setzen sich in einen Innenkreis. In dieser Runde nimmt ein Moderator Platz, der das Gespräch leitet. Außerdem wird ein freier Stuhl in den Kreis gestellt.
   Die übrigen Schülerinnen und Schüler setzen sich in einen Außenkreis.
3. Die Schülerinnen und Schüler im Innenkreis tragen die Diskussionsergebnisse ihrer Gruppen vor. Die Beiträge folgen in lockerer Form aufeinander und werden jeweils im Innenkreis diskutiert.
   Die Zuhörer im Außenkreis haben von ihrem Platz aus kein Rederecht. Wenn sie sich an der Diskussion beteiligen möchten, müssen sie sich auf den freien Stuhl setzen. Nach ihrem Redebeitrag gehen sie wieder auf ihren Platz im Außenkreis zurück.

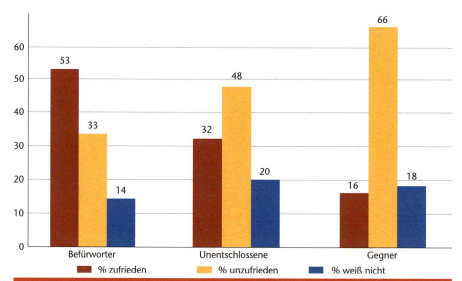

Meinungsumfragen deuten (S. 178)

1. Bestimme den Auftraggeber der Meinungsumfrage.
   (Achte auf die Legende oder den Kommentar dazu.)
2. Stelle fest, um welches Ziel/Thema es bei der Umfrage geht. (Überschrift, Legende)
3. Leite aus den Ergebnissen ab, wie viele Fragen gestellt worden sind und wie sie gelautet haben könnten. Wie viele und welche Antwortmöglichkeiten wurden dem Befragten vorgegeben?
4. Kläre mit Hilfe aller Angaben (so weit es möglich ist), wer befragt worden ist. (Größe der Stichprobe, Eigenschaften der Stichprobe)
5. Beschreibe Darstellungsform und Ergebnisse der Umfrage. (Wende dabei die Schritte unter Nr. 2 und 3 der Methodenseite „Statistiken auswerten" S. 216 an.
6. Stelle Vermutungen zu möglichen Absichten der Umfrage an.
7. Schätze die Aktualität der Ergebnisse ein.

Verzeichnis der Namen, Sachen und Begriffe

Verwendete Abkürzungen:
Abb. = Abbildung;
ägypt. = ägyptisch;
amerik. = amerikanisch;
brit. = britisch;
chin. = chinesisch;
dt. = deutsch;
evang. = evangelisch;
faschist. = faschistisch;
frz. = französisch;
irak. = irakisch;
israel. = israelisch;
ital. = italienisch;
Jh. = Jahrhundert;
jüd. = jüdisch;
kathol. = katholisch;
kommunist. = kommunistisch;
kuban. = kubanisch;
österr. = österreichisch;
paläst. = palästinensisch;
polit. = politisch;
poln. = polnisch;
preuß. = preußisch;
röm. = römisch;
serb.-jugosl. = serbisch-jugoslawisch;
sowjet. = sowjetisch;
sozialist. = sozialistisch;
span. = spanisch;
tschech. = tschechisch;
ungar. = ungarisch;
vietnam. = vietnamesisch

Hinweise:
▷ Verweis auf ein Stichwort
~ ersetzt das Stichwort bei Wiederholung
Halbfett gesetzt sind historische Grundbegriffe, die im Mini-Lexikon des Buches erläutert werden. Die halbfette Seitenzahl gibt den Fundort an.

Abbas, Mahmud (geb. 1935), Präsident d. paläst. Autonomiegebiete 197
Adenauer, Konrad (1876–1967), CDU-Politiker u. erster Bundeskanzler 104 (Abb.), 108, 109, 116 (Abb.), 164, 166 (Abb.)
Afghanistan-Konflikte 149, 168, 169
Afghanistan-Krieg (1979–1988) 149
Aids 202, 203
Alliierte 74, 82, 92, 98, 104, 162
Alliierter Kontrollrat 92
Al-Qaida 185, **206**
Altmeier, Peter (1899–1977), CDU-Politiker u. Ministerpräsident v. Rheinland-Pfalz 100
Antifaschismus 102
APO (Außerparlamentarische Opposition) 118
Appeasement-Politik 62
Arabische Liga 191 (Karte)
Arafat, Yassir (1929–2004), Palästinenserführer 191–193, 197 (Abb.), 211
Arbeitslosigkeit 22–25, 50, 51, 130, 174 (Karte)
Arier 46, **47**
Atombombenabwurf (Hiroshima/Nagasaki 1945) 138, 139, 208
Atomkriegsgefahr 137–139
Atommacht 138, **148**
Atomwaffensperrvertrag (1968) 148
Attentate auf ▷ Hitler 41, 79
Aufbau Ost 91, 130, 131
Auschwitz (KZ) 66–68, 70, 71
Aussöhnung (Osteuropa) 91, 116, 117
Autonomie 192, **196**
Axmann, Arthur (1913–1996), Reichsjugendführer 55

BDM (Bund Deutscher Mädel) 52, 53 (Abb.)
Beck, Kurt (geb. 1949), SPD-Politiker u. Ministerpräsident v. Rheinland-Pfalz 161
Beck, Ludwig (1880–1944), Mitglied des 20. Juli, Generaloberst 79
Beitrittsverhandlungen (1990) 128, 129
Bekennende Kirche 78, 79
Ben Gurion, David (1886–1973), erster israel. Ministerpräsident 184, 192
Benda, Ernst (geb. 1925), CDU-Politiker, Innenminister 84
Berlin-Blockade (1948/1949) 104, 105
Berliner Blutwoche (1919) 11
Besatzungszonen 92, 98, 102, 104
Bevölkerungswachstum 202, 203
Bewegung, faschist. 34–37, 38
Bin Laden, Osama (geb. 1957), internat. Terrorist 206, 207
Blauhelm (UNO-Soldaten) 188 (Abb.), 189
Blitzkriege, dt. 64, 65 (Karte)
Bloch, Ernst (1885–1977), dt. Philosoph 49
Boden, Wilhelm (1890–1961), CDU-Politiker u. Ministerpräsident v. Rheinland-Pfalz 100
Bodenreform (DDR) 102
Bonhoeffer, Dietrich (1906–1945), evang. Theologe 80 (Abb.)
Brandt, Willy (1913–1992), SPD-Politiker u. Bundeskanzler 93, 114, 116, 117 (Abb.)
Brecht, Bertolt (1898–1956), dt. Dichter 49
Breschnew, Leonid I. (1906–1982), sowjet. Staatsmann 146, 147

Breschnew-Doktrin 146
Briand, Aristide (1862–1932), frz. Außenminister 163
Brüning, Heinrich (1885–1970), dt. Reichskanzler 23
Bücherverbrennung (1933) 49 (Abb.)
Bundesrepublik Deutschland (Gründung) 90, 104
Bundeswehr 108, 109 (Abb.)
Bürgerkrieg (Spanien) 35–37
Bürgerkriege, nationale 184–211
Bürgerrechtsbewegung (DDR) 119, 121, 124, 128
Bush, George sen. (geb. 1925), amerik. Präsident 129, 170 (Abb.)
Bush, George W. (geb. 1946), amerik. Präsident 174, 207
Byrnes, James Francis (1879–1972), amerik. Außenminister 99

Cäsar, Gaius Julius (100–44 v. Chr.), röm. Staatsmann 160
Castro, Fidel (geb. 1927), kuban. Präsident 148
CDU (Christlich-Demokratische Union) 98, 100, 101, 114, 118, 128
Charta der Grundrechte der EU (2000) 177
Chruschtschow, Nikita S. (1894–1971), sowjet. Staatsmann 108, 147, 148 (Abb.), 170
Churchill, Winston Spencer (1874–1965), brit. Staatsmann u. Premierminister 163
Clemenceau, Georges (1841–1929), frz. Ministerpräsident 39
Clinton, Bill (geb. 1946), amerik. Präsident 197 (Abb.)
CSU (Christlich-Soziale Union) 98, 114, 118

DAP (Deutsche Arbeiterpartei) 44
DDP (Deutsche Demokratische Partei) 13, 29
DDR (Deutsche Demokratische Republik), Gründung 90, 104
Deportation 41, 94, 102
Deutsche Christen 78
Deutschlandvertrag (1952) 108
Dix, Otto (1891–1969), dt. Maler u. Grafiker 18
Djilas, Milovan (1911–1995), serb.-jugosl. Politiker 151
DNVP (Deutschnationale Volkspartei) 11, 13, 29

Döblin, Alfred (1878–1957), dt. Schriftsteller 18
Dolchstoßlegende 14, 23
Dreißigjähriger Krieg 160
DTA (Deutsche Treuhandanstalt) 130
Dubcek, Alexander (1921–1992), tschech. Politiker 146, 147
Dutschke, Rudi (1940–1979), Führer d. dt. Studentenbewegung 118, 120
DVP (Deutsche Volkspartei) 11, 13, 23, 29

Ebert, Friedrich (1871–1925), dt. Staatsmann u. Reichskanzler 10, 11
Edelweißpiraten 52, 54, 58
EG (Europäische Gemeinschaft) **166**
EGKS (Europäische Gemeinschaft f. Kohle u. Stahl) 164, 165
Eichmann, Adolf (1906–1962), SS-Obersturmbannführer 83
Einigungsvertrag (12. September 1990) 128
Einstein, Albert (1879–1955), dt. Physiker 139
Elser, Georg (1903–1945), Hitler-Attentäter 79
Enteignung (DDR) 102, 103, 110
Entnazifizierung 98, 99
Entwicklungsländer 200
Entwicklungsstandards, globale 201 (Karte)
EPZ (Europäische politische Zusammenarbeit, 1986) 165
Erhard, Ludwig (1897–1977), CDU-Politiker u. dt. Bundeskanzler 106, 107
Ermächtigungsgesetz (1933) 30–42
Erster Weltkrieg 8–34, 38, 44, 186, 190, 192
Erzberger, Matthias (1875–1921), dt. Politiker 14
EU (Europäische Union) 116, 156–165, **166**, 167–177
EURATOM/EAG (Europäische Atomgemeinschaft) 165
Euro (Währung) 157, 167
Eurobarometer 178–180
Europäische Gemeinschaft (EG) 141
Europäische Kommission für Menschenrechte 164
Europäische Konvention zum Schutz der Menschenrechte und Grundfreiheiten (1953) 164
Europäischer Gerichtshof 164, 167
Europäischer Konvent 176
Europarat 164

Euthanasie 59, 61
EWG (Europäische Wirtschaftsgemeinschaft) 165–167, 174

Falange, faschist. Bündnis in Spanien 35
Fatah, paläst. Guerillaorganisation 191
FDP (Freie Demokratische Partei) 98, 114
Flüchtlinge 92, 94, 116
Franco, Francisco (1892–1975), span. General 35 (Abb.)
Frauenbewegung, dt. 122, 129
Frauenideal, nationalsozialist. 52, 53, 56, 57
Freie Deutsche Jugend (FDJ) **119**
Fremdarbeiter 72
Freundschaftsvertrag, dt.- frz. (1963) 116
Friedensmissionen (UNO) 188, 189 (Karte)
Friedensnobelpreis(träger) 211
Friedensprozess (Naher Osten) 196–199
Friedliche Koexistenz 148
Fuchs, Klaus (1911–1988), dt.-brit. Kernphysiker 145
Führerkult 44, 45
Führerstaat (Hitlers) 42, 43

Galen, Clemens August Graf von (1878–1946), kathol. Bischof 78, 90 (Abb.)
GAP (gemeinsame Agrarpolitik der EU) 174
GASP (Gemeinsame Außen- und Sicherheitspolitik der EU) 174
Gauck, Joachim (geb. 1940), dt. Politiker 131
Gaulle, Charles de (1890–1970), frz. Staatspräsident 116 (Abb.)
Gesetz zur Gleichschaltung der Länder mit dem Reich (1933) 42
Gesetz zur Wiederherstellung des Berufsbeamtentums (1933) 42
Gestapo (Geheime Staatspolizei) 55
Glasnost 170
Globale Konzerne 204
Globalisierung 204, 205, 206
Goebbels, Joseph (1897–1945), Reichspropagandaleiter d. NSDAP 31, 44, 58, 74, 76 (Abb.), 77
Goerdeler, Carl Friedrich (1884–1945), dt. Politiker u. Widerstandskämpfer 79

Goldenen Zwanziger (Jahre) 18, 19
Golfkrieg (1991) 194, 196
Gorbatschow, Michael S. (geb. 1931), sowjet. Staats- u. Parteichef 124, 128, 170 (Abb.)
Große Koalition 22, 23, 50; ~ (1966) 118
Großstadt 18, 19, 202, 203
Grosz, Georg (1893–1959), dt. Maler 18, 32
Grotewohl, Otto (1894–1964), erster DDR-Ministerpräsident 104, 166 (Abb.)
Grundgesetz d. Bundesrepublik Deutschland 104, 105, 122
Grundlagenvertrag (21. Dezember 1972) 114, 115, 132
Grundlagenvertrag der EG 156
Grüne (Partei) 118

Haetzni, Elyakim (geb. 1926), israel. Siedlerführer 191
Hamsterfahrten 96
Havel, Vaclav (geb. 1936), tschech. Schriftsteller u. Staatspräsident 171
Heartfield, John (1891–1968), dt. Collage-Künstler 33
Heinemann, Gustav (1899–1976), Bundespräsident 120
Hermann, Liselotte (1909–1938), kommunist. Widerstandskämpferin 80 (Abb.)
Herzl, Theodor (1860–1904), österr. Journalist u. Zionist 190, 193
Herzog, Roman (geb. 1934), dt. Politiker u. Bundespräsident 83
Heuss, Theodor (1884–1963), erster Bundespräsident 104
Heydrich, Reinhard (1904–1942), Leiter der Gestapo 55
Hilfsorganisationen (UNO) 187
Himmler, Heinrich (1900–1945), stellv. Reichspropagandaleiter der NSDAP 42, 55, 69, 70, 73
Hindenburg, Paul von (1847–1934), Reichspräsident 23, 30, 42, 88
Hitler, Adolf (1889–1945), dt. Diktator 16, 23, 29, 41, 42, 44, 46–48, 50–53, 56, 59, 61, 62 (Abb.), 63–66, 73–75, 77–79, 81, 88
Hitler-Putsch (1923) 16, 17, 28, 44
Hitler-Stalin-Pakt (1939) 62, 63 (Abb.), 64
HJ (Hitler-Jugend) 52–55
Ho Chi Minh (1890–1969), vietnam. Politiker 149, 150

Holocaust 66, 67–69, 83
Honecker, Erich (1912–1994), DDR-Staatsratsvorsitzender 114, 118, 119, 124, 151 (Abb.)
Horn, Gyula (geb. 1932), ungar. Außenminister 173
Höß, Rudolf (1900–1947), Lagerkommandant v. Auschwitz 67
Hoßbach, Friedrich (1894–1980), Adjutant ▷ Hitlers 63
Hungerkatastrophen 185
Hussein, Saddam (1937–2006), irak. Diktator 194, 196

Ideologie 46
Inflation 9, **16**, 17, 23
Infrastruktur 200
Integration 164
Intifada 185, **196**
Invasion, alliierte 65 (Karte)
Irak-Krieg (ab 2003) 174
Islamisten 206
Israel 184, 190–199
Israelisch-arabische Kriege 191 (Übersicht), 193–195

Jerusalem 190 (Abb.), 191, 199
Johnson, Lyndon B. (1908–1973), amerik. Präsident 147, 150
Jom-Kippur-Krieg (1973) 191
Juden(tum) 40, 41, 46–49, 58–60, 66, 67, 72, 73, 86, 87, 190, 192–195
Jungmädelbund 52
Jungvolk 52, 53, 54

Kalter Krieg 139, 140, **141**, 142–171, 186, 208
Kamarilla, Beratergruppe ▷ Hindenburgs 23
Kampfbünde, ital. („Fascisti") 34–36
Kampfgruppen (DDR) 110
Kantor, Alfred (1923–2003), jüd. Künstler 69
Kapitulation Deutschlands (8./9. Mai 1945) 65, 74, 92
Kästner, Erich (1899–1974), dt. Schriftsteller 49
Keil, Wilhelm (1870–1968), dt. Parlamentarier 80
Kennan, G.F. (geb. 1904), amerik. Diplomat 163
Kennedy, John F. (1917–1963), amerik. Präsident 148 (Abb.), 167
Klüger, Ruth (geb. 1931), dt. Literaturwissenschaftlerin u. Autorin 67

Koenig, Pierre (1898-1970), frz. Politiker u. General 100
Kohl, Helmut (geb. 1930), CDU-Politiker u. Bundeskanzler 114, 128, 130
Konzentrationslager (KZ) 41, **47**, 49, 59, 66, 67, 68 (Karte), 69, 70, 79, 82
Kopenhagener Kriterien 172
KPD (Kommunistische Partei Deutschlands) 11, 13, 23, 26, 28–30, 98, 100, 102
Krell, Max (1887–1962), dt. Schriftsteller 17
Krenz, Egon (geb. 1937), DDR-Politiker 124
Kriegsheimkehrer 96
KSZE-Gipfel (Helsinki 1990) 170
KSZE-Schlussakte (Helsinki 1975) 149, 151
Kuba-Krise (1962) 137, 148

Landesverfassung (Rheinland-Pfalz) 100, 101
Lang, Fritz (1890–1976), österr. Filmregisseur 18
Lebensraum (NS-Ideologie) 47, 48, 62
Leber, Julius (1891–1945), Widerstandskämpfer 80 (Abb.)
Legion Condor 36, 37
Libanon (Bürgerkrieg 1982) 194
Liebknecht, Karl (1871–1919), dt. Politiker, Führer der Spartakisten 10–12
Lissabon-Strategie (2000) 176
Lloyd, David George (1863–1945), brit. Premierminister 39
Lobby 175
LPG (Landwirtschaftliche Produktionsgenossenschaft) 106
Ludendorff, Erich (1865–1937), preuß. General 14, 16
Luftbrücke, Berliner (1948/49) 104, 105
Luxemburg, Rosa (1870–1919), sozialist. Politikerin 11

Maizière, Lothar de (geb. 1940), dt. Politiker 128
Malenkow, Georgi M. (1902–1998), sowjet. Politiker 142
Mandatsgebiet 192
Mann, Heinrich (1871–1950), dt. Dichter 49
Mann, Thomas (1875–1955), dt. Dichter 49

Mao Zedong (1893–1976), chin. Staatsmann 120
Marktwirtschaft 106, 107, 130
Marshall, George C. (1880–1959), amerik. Außenminister 98, 143
Marshall-Plan 98, 99, 104, 106, 141, 143, 156, 162, 163
Massenkultur, moderne 18, 19
Matteotti, Giacomo (1885–1924), ital. Sozialist 36
Mauer(bau) (1961) 91, 110, 113 (Abb.), 114; ~fall (1989) 124–128
Menschenrechte 82, 119
Minderheiten (Verfolgung) 70–73
Ministerium für Staatssicherheit (MfS) 119, 124
Ministerium für Volksaufklärung und Propaganda 44
Mohammed (um 570–632), Stifter/ Begründer des Islam 206
Mussolini, Benito (1883–1945), ital. Diktator 8 (Abb.), 34 (Abb.), 35, 36 (Abb.), 38

Nachkriegszeit (Leben nach 1945) 82, 92–101
Nagy, Imre (1896–1958), ungar. Ministerpräsident 146
Nahost-Konflikt 190–199
Nationalsozialismus (NS) 9, 28, 32, 33, 40–89, 118
NATO 90, 108, 116, 128, 136, **140**, 141, 168, 169 (Karte)
Neonazi(s) 83, 85 (Abb.)
Neue Sachlichkeit 18
Nord-Süd-Konflikt 200, 201
Notverordnungen 11, 23, 24
Novemberrevolution in Deutschland (1918) 8, 10, 14
NPD (Nationaldemokratische Partei Deutschlands) 85
NSDAP (Nationalsozialistische Arbeiterpartei) 13, 16, 23, 24, 26, 28–30, 33, 42–44, 52, 58, 82, 98, 102
NS-Lager (Rheinland-Pfalz) 49 (Karte)
NS-Propaganda 56, 74–77
Nürnberger Gesetze (1935) 40, 58, 60, 70, 78
Nürnberger Prozesse (1946) 82, 83
NVA (Nationale Volksarmee) 150

OEEC (Organization of European Economic Cooperation, 1948) 162, 164
Ollenhauer, Erich (1901–1963), SPD-Politiker 109

Ostblock 142
Osterweiterung (EU) 157, 168, 172, 173, 176
Osttimor (Bürgerkrieg) 188, 189
Ost-West-Konflikt 136–170

Palästina 184, 190–199
Palästinenser 190, 191–199
Papen, Franz von (1879–1969), dt. Reichskanzler 9
Pariser Verträge 90, **108**, 109
Passierscheinabkommen (1963) 115
Perestroika 170
Pfälzische Erbfolgekriege 160
Picasso, Pablo (1881–1973), span. Maler 37, 209
Pieck, Wilhelm (1876–1960), erster Volkskammer-Präsident der DDR 102, 104
Planwirtschaft 106, 130, 170
PLO 192, 193, 194, 196–199
Pogromnacht (1938) 40, 58–60
Polen-Aufstand (1956) 136
Potsdamer Konferenz/Abkommen (1945) 94, 98, 116
Prager Frühling 146, 147
Präsidialregierungen (1930–1933) 25 (Übersicht)
Prien, Günther (1908–vermutl. 1941), dt. U-Boot-Kommandant 24
Propaganda 44, 46, 48, 49, 144, 145

Rabin, Yitzhak (1922–1995), israel. Ministerpräsident 196, 197 (Abb.), 211
RAF (Rote Armee Fraktion), dt. terrorist. Organisation 118
Ramos-Horta, Jose (geb. 1949), Außenminister Osttimors 189
Rassenlehre, nationalsozialist. 46–48
Räte 10, 11
Rathenau, Walther (1867–1922), Außenminister d. Weimarer Republik 14
Rechtsprechung in Deutschland (1918–1922) 15 (Übersicht)
Reichsarbeitsdienstgesetz (1935) 50
Reichstag 11–13, 23, 30
Reichstagsbrandverordnung (1933–1945) 30, 31, 47
Reichstagswahl 9, 22, 25–29
Reparationen 14, 16, 98
Ressourcen 200
RGW (Rat für gegenseitige Wirtschaftshilfe) 141, 172

Rheinland-Pfalz 49 (Karte), 86, 87, 96, 97, 100, 101, 160, 161
Röhm, Ernst (1887–1934), Leiter der SA 42
Rohstoffknappheit (weltweite) 185
Roma 46, 59, **70**, 71, 72
Römische Verträge (1957) 165
Roosevelt, Franklin Delano (1882 bis 1945), amerik. Präsident 140, 186
Rosenberg, Ethel (1915–1953) u. Julius (1918–1953), als Spione hingerichtet 145
Rote Armee 74, 94, 102, 140, 146, 147
Ruhrbesetzung (1923) 9, 16, 17 (Abb.)
Rüstungsindustrie 50, 51, 56

SA (Sturmabteilung) **30**, 42, 53, 58, 88
Sadat, Anwar as- (1918–1981), ägypt. Präsident 196, 211
Sauckel, Fritz (1894–1946), Gauleiter der NSDAP 73
SBZ (Sowjetische Besatzungszone) 102, 104
Schabowski, Günter (geb. 1929), SED-Politiker 127
Schamir, Jitzchak (geb. 1915), israel. Politiker 199
Scharon, Ariel (geb. 1928), israel. Ministerpräsident 196–198
Scheidemann, Philipp (1865–1939), dt. Politiker 10–12, 134
Schießbefehl (innerdt. Grenze) 112, 113
Schleyer, Hanns-Martin (1915–1977), Arbeitgeberpräsident, v. RAF ermordet 118
Schmidt, Helmut (geb. 1918), SPD-Politiker u. Bundeskanzler 151 (Abb.)
Scholl, Hans (1918–1943), Mitglied der Weißen Rose 79, 81
Scholl, Sophie (1921–1943), Mitglied der Weißen Rose 79, 80 (Abb.), 81
Schröder, Gerhard (geb. 1944), SPD-Politiker u. Bundeskanzler 84
Schulze-Boysen, Harro (1909–1942), dt. Widerstandskämpfer 79
Schumacher, Kurt (1895–1952), SPD-Vorsitzender 166 (Abb.)
Schuman, Robert (1886–1963), frz. Außenminister 164, 166, 167
Schuman-Plan 164, 166
Schwarzer Freitag (24. Oktober 1929), Beginn d. Weltwirtschaftskrise 9, 22
Schwarzmarkt 96
Schwellenländer 200

Sechs-Tage-Krieg (1967) 191, 194
SED (Sozialistische Einheitspartei Deutschlands) 102, 110, 119
Seghers, Anna (1900–1983), dt. Schriftstellerin 49
Selbstbestimmungsrecht der Völker 62
Shoa 66, 67–69
Sicherheitsrat 186, 187, 188
Siedlungsbau, jüdischer 197
Sinti 46, 59, **70**, 71, 72
Solidarnosc, poln. Gewerkschaft 170, 171
Souveränität 108
Spartakusbund 11
SPD (Sozialdemokratische Partei) 11–14, 23, 27, 29–43, 98, 100–102, 118
Spiegel, Paul (1937–2006), Präsident d. Zentralrats d. Juden 85
Spruchkammern (▷ Entnazifizierung) 98, 99
SS (Schutzstaffel) 42, 43, 53, 55, 64, 69
Städtepartnerschaften (Rheinland-Pfalz) 160, 161
Stalin, Jossif W. (1879–1953), sowjet. Staats- u. Parteichef 64, 94, 140, 142, 146, 147, 162
Stalingrad (Schlacht 1942/43) 74–76
Stasi ▷ Ministerium für Staatssicherheit
Stauffenberg, Claus Graf Schenk von (1907–1944), Widerstandskämpfer 41, 79, 80 (Abb.), 89 (Abb.)
Stieff, Helmuth (1901–1944), dt. Generalmajor 65
Strategische Waffen 148
Studentenbewegung (1966–1968) 118, 120, 122
Subventionen 175
Supranational 164, 165
Süskind, Patrick (geb. 1949), dt. Schriftsteller 131
Swing-Jugend 52, 55
Synagoge 58 (Abb.), **86**, 89 (Abb.)

Taliban-Regime 168
Terrorismus, internat. 168, 185, 206, 207
Thatcher, Margaret (geb. 1925), brit. Premierministerin 129
Toller, Ernst (1883–1939), dt. Politiker u. Dichter 18
Totaler Krieg 74, 76, 77
Truman, Harry S. (1884–1972), amerik. Präsident 140, 142, 144
Truman-Doktrin 141, 142

Trümmerfrauen 96, 97
Tucholsky, Kurt (1890–1935), dt. Journalist u. Schriftsteller 15

Ulbricht, Walter (1893–1973), Staatsratsvorsitzender der DDR 102, 103
UNAIDS 202
UN-Charta (1945) 187
UN-Friedensmissionen 188, 189 (Karte)
Ungarnaufstand (1956) 136, 146, 147
UN-Mission 188
UNO (Vereinte Nationen) 184, **186**, 187 (Übersicht), 188, 189, 192
UN-Teilungsprogramm für Palästina (1947) 193
USPD (Unabhängige SPD) 11, 13

VEB (Volkseigener Betrieb) 106, 130
Vereinbarungen, innerdt. polit. 114, 115
Verfassung 176
Vernichtungskrieg, nationalsozialist. 64, 65
Versailler Vertrag (1919) 8, 14, 15 (Karte), 38, 62, 160, 162
Vertrag von Maastricht (1992) 165
Vertreibung/Verschleppung 70–72, 73 (Karte), 94, 95
Vertriebene 94, 95, 116
Vietcong (komm. Widerstandsbewegung) 149
Vietnam-Krieg (1963–1975) 118, 137, 149, 150
Völkerbund 163, **186**, 192
Völkermord 41, 59, 66–70, 82
Volksaufstand in d. DDR (17. Juni 1953) 90, 110, 111
Volksdeutsche 72
Volksgemeinschaft 46–48, 58, 59
Volkssturm 74
Volkswirtschaft 204

Wachstum **204**, 205
Wachstumsfaktoren 204
Wahlen (Rheinland-Pfalz) 100, 101
Währungsreform 104
Walesa, Lech (geb. 1943), poln. Gewerkschaftsführer u. Staatspräsident 171 (Abb.)
Wannsee-Konferenz (1942) 66, 67
Warschauer Pakt 136, **140**, 141, 146, 168, 170
Warschauer Vertrag (1970) 116, 117
Wehrmacht 42, 43, 64, 65, 74, 76, 92, 94, 98

Wehrpflicht (Wiedereinführung 1935) 50, 62
Weimarer Koalitionen 11 (Abb.)
Weimarer Nationalversammlung 10, 11, 13
Weimarer Republik 9–14, 18, 23, 32, 33, 38, 50, 56
Weimarer Verfassung 11, 12, 13 (Übersicht), 25, 30
Weiße Rose (Widerstandsgruppe) 79
Weizsäcker, Carl Friedrich von (1912–2007) 139, 208
Weizsäcker, Richard von (geb. 1920), CDU-Politiker u. Bundespräsident 127 (Abb.)
Wels, Otto (1873–1939), SPD-Politiker 31
Weltbevölkerung (Entwicklung) 202 (Übersicht)
Weltkonflikte 184 (Karte)
Weltwirtschaft 204, 205
Weltwirtschaftskrise 9, **22**
Westintegration 108, 109
Westzonen ▷ Besatzungszonen
Wettrüsten, atomares 137–139
Widerstand 78, **79**, 80, 81
Widerstandskämpfer 78, 79, 80 (Abb.), 81
Wiederbewaffnung (Deutschland) 108, 109
Wiedervereinigung 90 (Karte), 91, 108, 109, 114–116, 128–131
Wiesel, Elie (geb. 1928), amerik. jüd. Schriftsteller 199
Wilhelm I. (1797–1888), dt. Kaiser 134
Wilson, Thomas Woodrow (1856 bis 1924), amerik. Präsident 39, 186
Winterhilfswerk (WHW) 46
Wirtschaftswunder 106, 107
Wuermeling, Franz Josef (1900–1986), dt. Politiker 123

Zehn-Punkte-Programm (Wiedervereinigung) 128
Zeitleiste 132, 133
Zentrum(spartei) 11, 13, 14, 27–29
Zigeuner 70
Zionismus 190, 191
Zwangsumsiedlung 72, 73 (Karte)
Zweig, Stefan (1881–1942), österr. Schriftsteller 15, 49
Zweistaatentheorie 108
Zweiter Weltkrieg 41, 44, 59, 62, 64, 65 (Karte) 66–74, 75 (Karte), 76–89, 92, 116, 137–140, 162, 168, 186

Verzeichnis der Textquellen

Die Weimarer Republik – die erste deutsche Demokratie
S. 12: Q3 Gerhard A. Ritter/Susanne Miller (Hg.), Die deutsche Revolution 1918–19, Frankfurt/M. 1983, S. 77ff.
Q4 Stenographische Berichte des Reichstages Bd. 427, S. 4728
S. 15: D2 zit. nach: Harry Pross (Hg.), Die Zerstörung der deutschen Politik, Dokumente 1871–1933, Frankfurt/M. 1983, S. 145f.
Q2 Kurt Tucholsky: Gesammelte Werke. Bd. 2, 1919–1920, Reinbek 1975, S. 205.
Q3 Herbert Michaelis/Ernst Schraepler (Hg.), Ursachen und Folgen. Vom deutschen Zusammenbruch 1918 und 1945 bis zur staatlichen Neuordnung Deutschlands in der Gegenwart, 3. Bd., Berlin o. J., S. 226f.
S. 17: Q2 Max Krell, Das alles gab es einmal, Frankfurt 1961, S. 67.
S. 19: D1 Ursula A. J. Becher, Geschichte des modernen Lebensstils. Essen–Wohnen–Freizeit, München 1990, S. 175f.
Q3 Heinrich August Winkler/Alexander Cammann (Hg.), Weimar. Ein Lesebuch zur deutschen Geschichte 1918–1933, München 1997, S. 146f.
S. 24: Q4 (4) Günther Prien, Mein Weg nach Scapa Flow, in: Christian Geißler (Hg.), Das dritte Reich mit seiner Vorgeschichte, Lesewerk zur Geschichte, Bd. 9, Ebenhausen 1961, S. 55
Q6 Zeiten und Menschen, Bd. 4, Paderborn 1983, S. 65

Q7 zit. nach: Wolfgang Michalka/Gottfried Niedhart (Hg.), Die ungeliebte Republik, Dokumentation zur Innen- und Außenpolitik Weimars 1918–1933, München 1980, S. 340ff.
S. 25: D1 Walter Göbel, Die Weimarer Republik, Stuttgart 2000, S. 39
D2 nach: Chronik Ruhrgebiet, Gütersloh 1997, S. 393
D3 nach: Martin Broszat, Das dritte Reich. Ursprünge, Ereignisse, Wirkungen, Freiburg 1983, S. 99
D4 zit. nach: Horst Möller, Weimar. Die unvollendete Demokratie, München 1985, S. 192
S. 29: D2 nach: Jürgen W. Falter, Hitlers Wähler, München 1991, S. 288
D3 nach: Jürgen W. Falter, Hitlers Wähler, München 1991, S. 297
Q2 Wolfgang Michalka u. Gottfried Niedhart (Hg.), Deutsche Geschichte 1918–1933. Dokumente zur Innen- und Außenpolitik, Frankfurt/M. 1992, S. 186
S. 31: Q2 Reichsgesetzblatt 1933, T 1, S. 83
Q3a zit. nach: Werner Conze, Der Nationalsozialismus 1919–1933, Stuttgart 1995, S. 72
Q3b Dokumente der Deutschen Politik und Geschichte von 1848 bis zur Gegenwart, IV. Band: Die Zeit der nationalsozialistischen Diktatur 1933–1945, Aufbau und Entwicklung 1933–1938, Berlin/München o. J., S. 29ff.
Q4 Reichsgesetzblatt 1933, Teil 1, S. 141

Q5 Joseph Goebbels, Wesen und Gestalt des Nationalsozialismus, Berlin 1934, S. 13
S. 33: D1 Karl Dietrich Erdmann, Die Weimarer Republik, in: Bruno Gebhardt, Handbuch der deutschen Geschichte, Bd. 4/1, Stuttgart 1973, S. 307 u. S. 330
D2 Eberhard Kolb, Die Weimarer Republik, Bd. 16, München 1993, S. 144ff.
S. 36: Q5 Benito Mussolini, Der Geist des Faschismus. Ein Quellenwerk, München 1943, S. 45.
Q6 Ernst Nolte, Der Faschismus. Von Mussolini zu Hitler, München 1968, S. 43f.
Q7 Ernst Nolte, Der Faschismus. Von Mussolini zu Hitler, München 1968, S. 261
S. 37: Q8 Hans-Christian Kirsch (Hg.), Der spanische Bürgerkrieg in Augenzeugenberichten, Düsseldorf 1967, S. 268f.

Der Nationalsozialismus
S. 43: Q3 Ernst Niekisch, Das Reich der niederen Dämonen, Hamburg 1953, S. 131ff.
Q4 Klaus-Jörg Ruhl, Brauner Alltag. 1933–1939 in Deutschland, Düsseldorf 1990, S. 35
Q5 Erich Matthias/Rudolf Morsey, Das Ende der Parteien 1933, Droste, Düsseldorf 1960, S. 241
S. 45: Q2a + b Guido Knopp, Hitler – eine Bilanz, München 2005, S. 62f.
Q3 Hans-Ulrich Thamer, Beseitigung des Rechtsstaats, in: Informationen zur politischen Bildung, Heft 266/2004, Bonn 2004, S. 6f.

S. 48: Q5 Adolf Hitler, Mein Kampf 1925/ 1927, München 1933, S. 420ff.
Q6 Adolf Hitler, Mein Kampf 1925/1927, München 1933, S. 420ff.
Q7 Adolf Hitler, Mein Kampf 1925/1927, München 1933, S. 739ff.
Q8 Hessisches Hauptstaatsarchiv Wiesbaden, Abt. 483 Nr. 01073, Bl. 160
S. 51: D3 Sebastian Haffner, Anmerkungen zu Hitler, Kindler, München 1987, S. 31
D4 Werner Bührer, Wirtschaft; in: Wolfgang Benz/Hermann Graml/ Hermann Weiß (Hg.), Enzyklopädie des Nationalsozialismus, Stuttgart 1997, S. 121
Q2 Fritz Blaich (Hg.), Wirtschaft und Rüstung im „Dritten Reich", Düsseldorf 1987, S. 65
S. 53: Q2 Adolf Hitler, Rede in Reichenberg, 2. Dezember 1938, in: Völkischer Beobachter, 4. Dezember 1938
Q3 zit. nach: Erika Martin in: „Glauben und rein sein ..." – Mädchen im BDM, WDR-Schulfernsehen, Okt. 1994
S. 54: Q7 Aus der Familienchronik von W. Brölsch, Mülheim 2003, o. S.
Q8 Karl-Heinz Schnibbe, Jugendliche unter Hitler, Die Hellmuth Hübener Gruppe in Hamburg 1940/41, Berg am See 1991, S. 22f.
Q9 Arno Klönne, Jugend im Dritten Reich. Die HJ und ihre Gegner, Köln 1982, S. 258f.
S. 55: Q10 M. Hepp: Vorhof zur Hölle, in: Angelika Ebbinghaus (Hg.), Opfer und Täterinnen. Frauenbiographien des Nationalsozialismus, Hamburg 1987, S. 202
Q11 aus: Geschichte und Geschehen A4, Leipzig 2005, S. 137
S. 57: Q2 Adolf Hitler, Mein Kampf, München 1932, S. 459f.
Q3 Mitschrift des Verfassers bei einer Veranstaltung: „Frauen unter dem Hakenkreuz", Hamburg 1980
Q4 zit. nach: Der deutschen Frauen Leid und Glück, Paris 1939, S. 47
Q5 zit. nach: Wolfgang Hug (Hg.), Geschichtliche Weltkunde. Quellenbuch, Bd. 3, Frankfurt 1983, S. 151
Q6 „Völkischer Beobachter" vom 12. 8. 1934
S. 60: Q5 Reichsgesetzblatt Teil I, von 1935, S. 1146
Q6 Nationalsozialismus in Essen und Umgebung. Texte aus gesammelten Akten 1935/1936, Stadtarchiv Essen, o. S.
Q7 zit. nach: Inge Marßolek/René Ott, Bremen im Dritten Reich. Anpassung–Widerstand–Verfolgung, Bremen 1986, S. 175
Q8 Rheinisch-Westfälische Zeitung, 10. November 1938
Q9 Deutschland-Berichte der Sozialdemokratischen Partei Deutschlands (Sopade) 1934–1940, hg. von Klaus Behnken, Frankfurt a. M. 1980, Bd. 5 (1938), S. 1204f., S. 1209
S. 61: Q10 zit. nach: Inge Marßolek/ René Ott, Bremen im Dritten Reich. Anpassung–Widerstand–Verfolgung, Bremen 1986, S. 175
Q11 Reichsgesetzblatt, Teil I, Nr. 86 von 1933, S. 529
Q13 www.lpb.bwue.de/publikat/ euthana/euthana32.htm, hier aus: „Euthanasie" im NS-Staat: Grafeneck im Jahr 1940, Landeszentrale für politische Bildung Baden-Württemberg (Hg.), Stuttgart 2000
S. 63: Q2 zit. nach: Günter Schönbrunn, Weltkriege und Revolutionen 1914–1945, Geschichte in Quellen, Bd. V, München 1961, S. 349f.
Q3 zit. nach: Erhard Klöss (Hg.), Reden des Führers, München 1967, S. 104ff.
S. 65: Q3 Wolfgang Michalka (Hg.), Deutsche Geschichte 1933–1945, Frankfurt/M 1993, S. 235
Q4 Hannes Heer (Hg.), „Stets zu erschiessen sind Frauen, die in der Roten Armee dienen". Geständnisse deutscher Kriegsgefangener über ihren Einsatz an der Ostfront, Hamburg 1995, S. 10
S. 67: Q2 Wolfgang Benz, Der Holocaust, München 1995, S. 10
Q3 Ruth Klüger, Weiter leben. Eine Jugend. Göttingen 1992, S. 107
Q4 Geschichte in Quellen, Band 6, München 1970, S. 521f.
S. 69: Q6 zit. nach: Internationaler Militärgerichtshof, Bd. XXIX, S. 145
Q7 Wolfgang Benz, Der Holocaust, München 1995, S. 117
S. 71: Q2/Q3 Aus Niedersachsen nach Auschwitz. Die Verfolgung der Sinti und Roma in der NS-Zeit, Katalog zur Ausstellung des Niedersächsischen Verbandes Deutscher Sinti e.V., Bielefeld 2004, S. 47 und 80
S. 79: Q2 zit. in: Wolfgang Michalka (Hg.), Deutsche Geschichte 1933 bis 1945. Dokumente zur Innen- u. Außenpolitik, Frankfurt/M. 1994, S. 225f.
Q3 Jochen August u.a., Herrenmenschen und Arbeitsvölker. Ausländische Arbeiter und Deutsche 1939–1945,
Berlin 1986, S. 109, in: Praxis Geschichte, Heft 3/1994, Braunschweig 1994, S. 31
Q4 zit. nach: Das Geheimnis der Versöhnung heißt Erinnerung – Zwangsarbeiter und Kriegsgefangene im Dritten Reich, Hamburg 1989, S. 10
S. 75: Q2 zit. nach: Walter Kempowski, Das Echolot, Bd. 1, Knaus, München 1993, S. 34ff.
Q3 zit. nach: Geschichte in Quellen, Bd. 6, München 1970, S. 542f.
S. 77: Q2 Iring Fetscher, Joseph Goebbels im Berliner Sportpalast 1943: „Wollt ihr den totalen Krieg?", Hamburg 1998, S. 94ff.
S. 80: Q4 Jürgen Mittag, Wilhelm Keil (1870–1968). Sozialdemokratischer Parlamentarier zwischen Kaiserreich und Bundesrepublik, Düsseldorf 2001, S. 349.
Q5 Prof. Dr. Peter Steinbach/Dr. J. Tuchel/K. Bästlein, Der 20. Juli 1944 – Vermächtnis und Erinnerung. Katalog zur Sonderausstellung der Gedenkstätte Deutscher Widerstand Berlin, Berlin 2004, Material 19.1, 6/98/2
S. 81: Q6 Begleitmaterialien zur Ausstellung „Widerstand gegen den Nationalsozialismus", Gedenkstätte Deutscher Widerstand Berlin

Q7 Ursachen und Folgen. Eine Urkunden- und Dokumentensammlung zur Zeitgeschichte, hg. v. Herbert Michaelis, Bd. 19, Berlin 1973, S. 527
Q8 G. Ritter (Hg.), Geschichte der deutschen Arbeiterbewegung, Band 5, Berlin 1991, S. 476.
S. 84: Q4 zit. nach: Verjährung nationalsozialistischer Verbrechen, Teil 1, Bonn 1980, S. 165f.
Q5 Interviews in: Müssen wir uns heute noch schuldig fühlen?, stern Nr. 5/ 27. 1. 2005, S. 44
S. 85: Q6 Hajo Funke, Rechtsextremismus heute; in: Johannes Gienger u. a. (Hg.), Nationalsozialismus, Simmozheim 2003, o. S.
Q7 Was bleibt von der Vergangenheit? Die junge Generation im Dialog über den Holocaust/Stiftung für die Rechte Zukünftiger Generationen (Hg.), Berlin 1999
S. 87: D1 Paula Petry, Beiträge zur jüdischen Geschichte in Rheinland-Pfalz, Heft 1, Bad Kreuznach 1992, S. 50

Deutschland nach 1945 – besetzt, geteilt und wieder vereint

S. 93: Q2 Stephen Spencer, Deutschland in Ruinen. Ein Bericht, Frankfurt/Main 1998, S. 36–39, Rechts. mod.
Q3 Helmut Dubiel, Niemand ist frei von der Geschichte, München 1999, S. 135f.
S. 95: Q3 Alois Harasko, Die Vertreibung der Sudetendeutschen; aus: Wolfgang Benz (Hg.), Die Vertreibung der Deutschen aus dem Osten, Frankfurt/M. 1985, S. 138
Q4 Landkreis Ludwigsburg (Hg.), Die Eingliederung der Vertriebenen im Landkreis Ludwigsburg, Ludwigsburg 1986, S. 89
S. 97: Q2 Sibylle Meyer/Eva Schulze, Wie wir das alles geschafft haben, München 1988, S. 122f.
Q3 Walter Buller, Die zerbombten Ruinen waren unser Zuhause. In: Rheinischer Merkur/Christ und Welt vom 13. März 1989
S. 99: Q3 Geschichte in Quellen, Die Welt seit 1945, bsv, München 1980, S. 93ff.
Q4 Hoegner, Wilhelm, Der schwierige Außenseiter, München 1959, S. 237
S. 101: Q4 Zit. nach: Rheinland-Pfalz. Unser Land. Eine kleine politische Landeskunde, hrsg. von der Landeszentrale für politische Bildung, Mainz 1986, S. 8
S. 103: Q2 Wolfgang Leonhard, Die Revolution entlässt ihre Kinder, Kiepenheuer u. Witsch, Köln/ Berlin 1955, S. 363ff.
Q3 Hanno Müller (Hg.), Recht oder Rache? Buchenwald 1945-1950. Betroffene erinnern sich, Frankfurt/M. 1991, S. 61f.
S. 105: Q2 Michael Stürmer, Die Sieger von 1945 und die deutsche Frage; in: Damals. Das Magazin für Geschichte und Kultur, Heft 5, Leinfelden-Echterdingen 1985, S. 443f.
S. 107: D1 zit. nach: Zahlenspiegel, Bonn 1986, S. 75ff.
Q2 Ludwig Erhard, Wohlstand für alle, Econ, Düsseldorf 1957, 6. Aufl., S. 247
S. 109: Q2/Q3 Verhandlungen des deutschen Bundestages, 2. Wahlperiode 1953–1957, Band 22, 3135ff.
S. 1161: Q2a Fritz Schenk, Im Vorzimmer der Diktatur – Zwölf Jahre Pankow, Kiepenheuer & Witsch, Köln, 1962, S. 220ff.
Q2b Neues Deutschland, Ost-Berlin, 28. Juni 1953
Q3 „Das Volk" vom 19. Juni 1953
Q4 Ilse Spittman-Rühle/Karl Wilhelm Fricke, 17. Juni 1953, Köln 1982, S. 15
S. 112: D1 Johannes Ebert/Andreas Schmid, Das Jahrhundertbuch, München 1999, S. 774
Q6 zit. nach: „Volksarmee" Nr. 41/1963, Berlin, S. 217
Q7 Jürgen Rühle/Gunter Holzweißig, 13. August 1961. Die Mauer von Berlin, Köln 1988, S. 152.
S. 113: Q9 Aufgezeichnet von Frank Schirrmeister, Klaus W. und die britische Schokolade, in: PZ intern, Nr. 97, März 1999, Bonn 1999, S. 26.
S. 115: D1 vom Autor zusammengestellt
Q2 Ingo von Münch (Hg.), Dokumente des geteilten Deutschland. Bd. II, Stuttgart 1974, S. 301ff.
S. 117: Q2 Texte zur Deutschlandpolitik, Bd. VI, Bonn 1972, S. 214ff.
S. 120: Q5 „Der Spiegel" Nr. 17/1968, Hamburg, S. 25ff.
Q6 Bulletin des Presse- und Informationsamtes der Bundesregierung, 17. April 1968, S. 393
S. 121: Q7 Matthias Bothe, Die Acht-Stunden-Ideologie. In: Gerhard Finn/Lisclotte Julius (Hg.), Von Deutschland nach Deutschland, Köln 1988, S. 62
Q8 Ulrich Schacht, Hohenecker Protokolle. Aussagen zur Geschichte der politischen Verfolgung von Frauen in der DDR, Zürich 1984, S. 219
S. 123: Q2a zit. nach: Angela Delille/ Andrea Grohn, Blick zurück aufs Glück. Frauenleben und Familienpolitik in den 50er-Jahren, Berlin 1985, S. 67f.
Q2b Frauen in Deutschland, hg. von Gisela Helwig/Hildegard Maria Nickel, Berlin 1993, S. 11
S. 125: Q2 Armin Mitter/Stefan Wolle (Hg.), Ich liebe euch doch alle. Befehle und Lageberichte des MfS, Berlin 1990, S. 141ff.
Q3 Neue Westfälische vom 13. November 1989
S. 127: Q2 DDR Intern. Geschichte und Geschichten. Nr. 97/99. Bonn 1999, S. 44
S. 129: Q2a Aufruf „Für unser Land", in: Neues Deutschland, 29. 11. 1989
Q3 zit. nach: Gerhart Maier (Hg.), Die Wende in der DDR, Bonn 1991, S. 53ff.
Q3 Margret Thatcher, Downing Street Nr. 10. Die Erinnerungen, Düsseldorf 1993, 1095f.
Q4 New York Times vom 25. 10. 1989.
S. 131: Q2 Patrick Süskind, Deutschland – eine Midlife-Crisis, in: Ulrich Wickert (Hg.), Angst vor Deutschland, Hamburg 1990, S. 111ff.
Q3 Joachim Gauck, Rede im Bundestag am 9. November anlässlich der Sondersitzung zum 10. Jahrestag des Falls der Mauer

Die Entstehung einer bipolaren Welt

S. 139: Q4 Zit. nach: H. Melcher, Albert Einstein wider Vorurteile und Denkgewohnheiten, Berlin 1979, S. 298
Q5 Carl Friedrich von Weizsäcker, Erste, Zweite und Dritte Welt, Stuttgart 1974, S. 102

S. 142: D2 Vom Autor zusammengestellt
Q3 Milan Djilas, Gespräche mit Stalin, Frankfurt/Main 1962, S. 116
Q4 Boris Meisner (Hg.), Das Ostpaktsystem, Dokumentensammlung, Bd. XV Frankfurt/Berlin 1955, S. 87f.
Q5 Europa-Archiv 2, Oberursel 1947, S. 820f.

S. 143: D3 William A. Williams, Die Tragödie der amerikanischen Diplomatie, Frankfurt 1973, S. 261ff.
D4 John Lukacs, Konflikte der Weltpolitik nach 1945, München 1970, S. 17f.
Q6 Klaus-Jörg Ruhl (Hg.), Neubeginn und Restauration. Dokumente zur Vorgeschichte der Bundesrepublik Deutschland 1945-1949, München 1982, S. 368ff.

S. 145: D1 Guido Knopp, Top Spione Verräter im Geheimen Krieg, München 1997, S. 122

S. 147: Q2 zit. nach: Politische Weltkunde. Die Sowjetunion, Stuttgart 1985, S. 122
Q3 zit. nach: Alexander Fischer (Hg.), Sowjetische Außenpolitik seit 1945, Stuttgart 1985, S. 92f.

S. 150: D1 vom Autor zusammengestellt
Q4 Zit. in: Boris Meissner, Das Parteiprogramm der KPdSU 1903-1961, Köln 1962, S. 118ff.
Q5 Hans Ulrich Luther, Der Vietnamkonflikt, Berlin 1969, S. 138f.
Q6 Lyndon B. Johnson, Meine Jahre im Weißen Haus, München 1972, S. 481

S. 151: Q8 Zit. in: Auswärtiges Amt (Hg.) KSZE – CSCE. Phraseologie der Schlussakte von Helsinki 1975
Q10 Der Spiegel vom 4.8.1975

Europa – ein Kontinent wächst zusammen

S. 159: Q2 vom Autor zusammengestellt

S. 161: Q4 – Q6 Pressemitteilung der Staatskanzlei der Regierung in Mainz. Staatskanzlei. Pressestelle, Mainz 2006

S. 163: Q2 Forschungsinstitut der Deutschen Gesellschaft für Auswärtige Politik (Hg.), Europa. Dokumente zur Frage der europäischen Einigung, Bd. 1, München 1962, S. 28
Q3 Forschungsinstitut der Deutschen Gesellschaft für Auswärtige Politik (Hg.), Europa. Dokumente zur Frage der europäischen Einigung, Bd. 1, München 1962, S. 113ff.
Q4 George F. Kennan, Memoiren eines Diplomaten, München 1970, S. 340f.

S. 166: Q3 Pascal Fontaine, Ein neues Konzept für Europa. Die Erklärung von Robert Schumann – 1950 bis 2000, Luxemburg 2000, S. 36f.
Q4 BGB1. 1957 II, S. 770ff.

S. 167: Q5 Ernst-Otto Czempiel/Carl Christoph Schweitzer, Welpolitik der USA nach 1945. Einführung und Dokumente, Bd. 210, Opladen 1984, S. 288, S. 289, S. 291

S. 169: Q2a – Q2c Presseerklärung zum Gipfeltreffen der Staats- und Regierungschefs der NATO 2006 in Riga vom 29. November 2006

S. 171: Q2 Europa-Archiv, 45. Jahrgang (1990), S. D171 ff. , zit. in: Materialien zur Zeitgeschichte, bearb. v. Johann W. Robl und Klaus D. Hein-Mooren, Bamberg 1992, S. 68
Q3 Osteuropa-Archiv, 31. Jg. (1981), Alf., zit. in: Materialien zur Zeitgeschichte, bearb. v. Johann W. Robl und Klaus D. Hein-Mooren, Bamberg 1992, S. 65 f.
Q4 Gregor Schöllgen, Geschichte der Weltpolitik von Hitler bis Gorbatschow 1941-1991, München 1966, S. 476

S. 173: Q2 Stiftung Internationaler Karlspreis zu Aachen 2001/V.i.S.d.P. Bernd Vincken (Hg.), Als der Eiserne Vorhang fiel. Gesprächsrunde am 23. Mai 2001 in Aachen, in: Dialog für Europa, Heft 3/2001, S. 12f.
Q3 Stiftung Internationaler Karlspreis zu Aachen 2001/V.i.S.d.P. Bernd Vincken (Hg.), Als der Eiserne Vorhang fiel. Gesprächsrunde am 23. Mai 2001 in Aachen, in: Dialog für Europa, Heft 3/2001, S. 14

S. 175: Q1a Siemgar Schmidt, Aktuelle Aspekte der EU-Entwicklungspolitik. Aufbruch zu neuen Ufern?, in: Aus Politik und Zeitgeschichte. Beilage zu „Das Parlament" vom 10. Mai 2002, S. 35
Q1b Harald Schumann, Die wahren Globalisierungsgegner oder: Die politische Ökonomie des Terrorismus, in: Aus Politik und Zeitgeschichte. Beilage zu „Das Parlament" vom 24. März 2003, Berlin, S. 27

S. 177: Q2 Daniel-Erasmus Khan (Hg.), Europäischer Unionsvertrag mit sämtlichen Protokollen und Erklärungen, München 2001, S. 402f.
Q3 Pascal Fontaine, Ein neues Konzept für Europa. Die Erklärung von Robert Schumann – 1950–2000, Luxemburg 2000, S. 35

Auf der Suche nach einer besseren Welt

S. 187: D1 dtv Jahrbuch 2005, München, S. 99
Q2 zit. nach: Günther Unser, Die UNO, München 1986, S. 206, 214ff.

S. 189: Q2 http://www.uni-kassel.de/fb5/frieden/regionen/Osttimor/ramos.html; dort: „Die UNO reagiert häufig zu spät", Osttimors Außenminister José Ramos-Horta verlangt eine Frühwarnkommission der Weltorganisation zur Konfliktverhütung – Interview; aus: Neues Deutschland, 8. November 2004, Berlin

S. 191: D1 vom Autor zusammengestellt
Q2 Harald Neifeind, Der Nahostkonflikt, Schwalbach/Ts. 1999, S. 228
Q3 Harald Neifeind, Der Nahostkonflikt, Schwalbach/Ts. 1999, S. 208

S. 193: Q1 zit. nach: Susann Heenen-Wolff, Erez Palästina. Juden und Palästinenser im

Konflikt um ein Land, Frankfurt/M. 1990, S. 52ff./S. 72
Q2 zit. nach: Susann Heenen-Wolff, Erez Palästina. Juden und Palästinenser im Konflikt um ein Land, Frankfurt/M. 1990, S. 52ff.

S. 195: D1 Helmut Hubel, Die Rolle der Supermächte, Der Nahe und der Mittlere Osten im Ost-West-Konflikt, in: Gert Krell/Bernd W. Kubbig (Hg.), Krieg und Frieden am Golf, Ursachen und Perspektiven, Frankfurt/M. 1991, S. 53f.
Q2 Gisela Dachs, Eifrige Suche nach Massengräbern, in: Die Zeit, Nr. 25, 13. Juni 2002

S. 198: Q5 Roswitha von Benda, ... dann werden die Steine schreien. Die Kinder der Intifada, München 1990, S. 153ff.
Q6 zit. nach: J. Bremer, Vereinzelt, unpolitisch, einander fremd, in: Praxis Geschichte, Heft3/1998, Braunschweig 1998, S. 43
Q8 Hanan Ashrawi, Ich bin in Palästina geboren, München 1997, S. 346

S. 199: D1 vom Autor zusammengestellt

Q9a Elie Wiesel „Jerusalem, mein Herz", Übersetzung: Ruth Keen, in: Die Welt vom 9. April 2001, zit. nach: Informationen zur politischen Bildung, Hft 278/2003 „Israel", Bonn 2003, S. 64
Q9b Israel Schamir, „Jerusalem,unser aller Herz", Übersetzung: Ruth Keen, in: Die Welt vom 9. April 2001, zit. nach: Informationen zur politischen Bildung, Heft 278/2003 „Israel", Bonn 2003, S. 64

S. 201: Q3 Axel Harneit-Sievers, Der fluch des Schwarzen Goldes, in: Das Parlament, 01.04.2004

S. 203: Q1 Bartholomäus Grill, Die vergessene Epidemie, in: Die Zeit Nr. 20, 8. 5. 2003, zit. nach: Informationen zur politischen Bildung, Heft 280, Bonn 2003, S. 35
Q2 Ute Luig, AIDS. Krankheit oder Strafe Gottes?, in: Das Parlament, Nr. 10/01. 03. 2004, Berlin, S. 10

S. 205: D1 Internationaler Währungsfonds, World Economic Outlook, Oktober 2000, zit. in: Informationen zur politischen Bildung, Heft 280, Bonn 2003, S. 34

D2 Weltbank, Development Report, 2000/2001, zit. in: Informationen zur politischen Bildung, Heft 280, Bonn 2003, S. 34
Q2 Handelsblatt Nr. 174 vom 08. 09. 2005, S. 6

S. 207: D1 vom Autor zusammengestellt
Q2 Rüdiger Suchsland, „Sei vernünftig, denkt utopisch!", Ein Gespräch mit dem US-Politikwissenschaftler Benjamin Barber, in: Die Zeit, 8.11.2001, zit. nach: Informationen zur politischen Bildung, Heft 274/2002, Bonn 2002
Q3 Arundhati Roy, Wut ist der Schlüssel, in: Frankfurter Allgemeine Zeitung", 28. September 2001, S. 25ff., zit. nach: Unterrichtsmagazine Spiegel@Klett „Terrorismus", Hamburg und Leipzig 2004, S. 28

S. 208: Q2 Carl Friedrich von Weizsäcker, Der bedrohte Friede – heute, Hanser, München 1994, S. 78

S. 209: Q3 Carlo Karges (Text), © Edition Hate der EMI Songs Musikverlag GmbH, Hamburg

Verzeichnis der Bildquellen

Cover Picture-Alliance (Kai-Uwe Wärner), Frankfurt/M
S. 8, **1918** BPK, Berlin
1922 AKG, Berlin
S. 9, **Wahllokal** AKG, Berlin
1923 ullstein bild, Berlin
1929 BPK, Berlin
S. 10, Q1 AKG, Berlin
S. 11, D1 Klett-Archiv, Stuttgart
Q1 BPK, Berlin
S. 12, Q5 Archiv der sozialen Demokratie der Friedrich-Ebert-Stiftung, Bonn
S. 13, Q6 Süddeutscher Verlag (Scherl), München
S. 14, Q1 AKG, Berlin
S. 16, Q1 Bundesarchiv, Koblenz
S. 17, Q3 AKG, Berlin
Q4 ullstein bild, Berlin
Q5 AKG, Berlin
Q6 ullstein bild, Berlin (Archiv Gerstenberg)
Q7 Süddeutscher Verlag, München
S. 18, Q1 AKG (VG Bild-Kunst Bonn 2006), Berlin
S. 19, Q2 Die Deutsche Bibliothek, Leipzig
Q4 BPK, Berlin
Q5 DHM, Berlin
S. 20, Q1 BPK, Berlin
Q2 BPK, Berlin
Q3 BPK, Berlin
S. 21, Q4 DHM, Berlin
Q5 Arbeiterfotografie (Ernst Thormann/Vereinigung der Arbeiterfotografen Deutschlands), Köln
Q6 BPK, Berlin
Q7 DHM, Berlin
S. 22, Q1 BPK, Berlin
S. 23, Q3 BPK, Berlin
S. 24, Q5 BPK, Berlin

S. 26, Q1 Bundesarchiv, Koblenz
Q2 BPK, Berlin
S. 27, Q3 Stefanie Lux-Althoff, Die Plakatpropaganda der Weimarer Parteien zu den Wahlen und Volksabstimmungen von 1924 bis 1933, Lemgo 2000, S. 44
Q4 Langewiesche-Brandt Verlag, Ebenhausen
S. 28, Q1 Archiv der Sozialen Demokratie der Friedrich-Ebert-Stiftung, Bonn
S. 29, D1 Klett-Archiv, Stuttgart
S. 30, Q1 AKG, Berlin
S. 31, Q6 Süddeutscher Verlag, München
S. 32, Q1 VG Bild Kunst Bonn
S. 33, Q2 Stiftung Archiv der Akademie der Künste, Berlin
S. 34, Q1 ullstein bild, Berlin
S. 35, Q2 AP, Frankfurt/M (Denis Doyle)
S. 36, Q3 AKG, Berlin
S. 37, Q9 AKG Berlin, © Succession Picasso, VG Bild-Kunst, Bonn 2003
S. 38 1 AKG, © Berlin/VG Bild-Kunst, Bonn 2004
S. 39 2 BPK, © Berlin/VG Bild-Kunst, Bonn 2003
3 BPK, Berlin, VG Bild-Kunst 2005, Bonn 2005
4 Süddeutscher Verlag, München
S. 40, **1933** AKG, Berlin
1935 Süddeutscher Verlag, München
1938 Stadtbildstelle, Essen
S. 41, **Familie** Corbis, Düsseldorf
ab 1941 aus: Gerhard Schoenberner, Der gelbe Stern, München 1978, TB-Ausgabe, Frankfurt/M
1944 ullstein bild, Berlin

1945 AKG, Berlin
S. 42, Q1 DHM, Berlin
Q2 DHM, Berlin
S. 43, D1 Klett-Archiv, Stuttgart
S. 44, Q1 aus: Deutschland erwacht. Werden, Kampf und Sieg der NSDAP, hg. v. Cigar
S. 45, Q4 BPK, Berlin
Q5 Süddeutscher Verlag, München
S. 46, Q1 ullstein bild, Berlin
S. 47, Q2 Archiv Förderverein KZ Osthofen, Osthofen
S. 48, Q3 Volkswagen AG, Wolfsburg
Q4 Katholisches Bistumsblatt, Hildesheim, 29. März 1936
S. 49, Q10 BPK, Berlin (Joseph Shorer)
S. 50, Q1 BPK, Berlin
S. 51, D3 Klett-Archiv, Stuttgart
S. 52, Q1 DHM, Berlin
S. 53, Q4 DHM, Berlin
Q5 ullstein bild, Berlin
S. 54, Q6 Süddeutscher Verlag, München
S. 55, Q12 aus: Matthias von Hellfeld u. a., Piraten Swings und Junge Garde. Jugendwiderstand im Nationalsozialismus, Dietz, Bonn 1991
S. 56, Q1 **links** ullstein bild, Berlin
Q1 **rechts** Verlag für Regionalgeschichte, Gütersloh
S. 57, Q7 Bundesarchiv, Koblenz
Q8 BPK, Berlin
S. 58, Q1 Stadtarchiv Landau in der Pfalz, Landau in der Pfalz
S. 59, Q2 BPK, Berlin
Q3 Süddeutscher Verlag, München
S. 60, Q4 AKG, Berlin

S. 61, **Q12** Bibliothek Münsterklinik, Zwiefalten
S. 62, **Q1** BPK, Berlin
S. 63, **Q4** Herb Block Foundation/Library of Congress, Washington
Q5 AKG, Berlin
S. 64, **Q1** Bundesarchiv, Koblenz
S. 65, **Q2** Jüdisches Museum, Belgrad
S. 66, **Q1** Schoenberner, Gerhard, Der gelbe Stern, München 1978, TB-Ausgabe, Frankfurt/M
S. 67, **Q5** BPK, Berlin
S. 69, **Q8** aus: Das Buch des Alfred Kantor, Jüdischer Verlag bei Athenäum, Frankfurt/M
S. 70, **Q1** Bundesarchiv, Koblenz
S. 71, **Q4** Niedersächsischen Landesarchiv-Staatsarchiv, Osnabrück
S. 72, **Q1** ullstein bild (Archiv Gerstenberg), Berlin
S. 73, **Q5** Bundesarchiv (Holtfreter), Koblenz
S. 74, **Q1** DHM, Berlin
S. 75, **Q5** ullstein bild, Berlin
S. 76, **Q1** ullstein bild (AKG Pressebild), Berlin
S. 77, **Q3** AKG, Berlin
S. 78, **Q1** Süddeutscher Verlag, München
S. 79, **Q2** Kirchner, Hannes, Duisburg
S. 80, **Q3 v. Stauffenberg** AKG, Berlin
Scholl ullstein bild, Berlin
Herrmann Gedenkstätte Deutscher Widerstand, Berlin
Leber ullstein bild, Berlin
Bonhoeffer ullstein bild, Berlin
v. Galen ullstein bild, Berlin
S. 81, **Q9** Reichart Stefan, Meersburg
S. 82, **Q1** Getty Images, München (Margaret Bourke-White)
S. 83, **Q2** AKG, Berlin
S. 84, **Q3** Picture-Alliance, Frankfurt/M (Stephanie Pilick)
S. 85, **Q8** DPA, Hamburg (Markus Wächter)
S. 86, **Q1** Ziemer, Hans-Werner (Marlene Obladen, Bad Kreuznach), Hennweiler
Q2 und **Q3** Ziemer, Hans-Werner, Hennweiler
S. 87, **Q4** Hans-Werner Ziemer, Kreisverwaltung Bad Kreuznach Kreismedienzentrum, aus: Jüdische Grabstätten im Landkreis Bad Kreuznach
Q5 und **Q6** Ziemer, Hans-Werner, Hennweiler
S. 88, **Brandenburger Tor** ullstein bild, Berlin
Plakat Süddeutscher Verlag, München
„**Rassenschande**" Süddeutscher Verlag, München
S. 89, **Köln** Süddeutscher Verlag, München
Siemens BPK, Berlin
v. Stauffenberg AKG, Berlin
Synagoge Keystone, Hamburg
Plakat DHM, Berlin
S. 90, **1945** Süddeutscher Verlag, München
1949 und **1953** ullstein bild, Berlin
1954/55 Wissen Media Verlag, Gütersloh
S. 91, **Brandenburger Tor** ullstein bild, Berlin
1961 und **1970** Corbis, Düsseldorf (Bettmann)
1990 ullstein bild, Berlin (Paul Langrock)
2003 Dirk Laubner, Berlin
S. 92, **Q1** BPK, Berlin (Fritz Paul)
S. 93, **Q4** AKG, Berlin
Q5 Süddeutscher Verlag, München
S. 94, **Q1** ek pictures, Warschau
Q2 AKG, Berlin
S. 96, **Q1** AP, Frankfurt/M
S. 97, **Q4** AKG, Berlin
Q5 Getty Images (Time Life Pictures), München
S. 98, **Q1** ullstein bild, Berlin
S. 99, **Q2** AKG, Berlin
Q5 links Friedrich-Ebert-Stiftung, Bonn
Q5 Mitte Konrad-Adenauer-Stiftung e. V., Archiv für Christlich-Demokratische Politik, Plakatsammlung
Q5 rechts Stadt Bochum, Presseamt, Friedrich-Ebert-Stiftung, Bochum
S. 100, **Q1** Landeshauptarchiv Koblenz, Koblenz
Q3 Konrad-Adenauer-Stiftung e. V., Sankt Augustin
S. 102, **Q1 links** DHM, Berlin
Q1 rechts DHM, Berlin
S. 103, **Q4** AKG, Berlin
S. 104, **Q1** ullstein bild, Berlin
S. 105, **Q4** Haus der Geschichte der Bundesrepublik, Bonn
Q5 Getty Images, München (Time Life Pictures/Walter Sanders)
S. 106, **Q1** ullstein bild (dpa), Berlin
S. 107, **Q3** Picture-Alliance, Frankfurt/M (dpa)
Q4 Jürgens Photo, Berlin
S. 108, **Q1** Wissen Media Verlag, Gütersloh
S. 109, **Q4** Berliner Verlag, Berlin
Q5 oben Münchner Stadtmuseum, München
Q5 unten AKG, Berlin
S. 110, **Q1** ullstein bild, Berlin
S. 111, **Q4** Stiftung Haus der Geschichte (Zeitgeschichtliches Forum Leipzig/Paul Bernharend)
S. 113, **Q8** CCC/www.c5.net, Pfaffenhofen a. d. Ilm (Oskar)
Q10 Corbis (Bettmann), Düsseldorf
S. 114, **Q1** Landesarchiv, Berlin
S. 115, **Q3** Jutta Munz/Eckart Munz, Stuttgart
Q4 H. E. Köhler, Wilhelm-Busch-Gesellschaft e. V., Hannover
S. 116, **Q1** Picture-Alliance, Frankfurt/M
S. 117, **Q3** Corbis, Düsseldorf (Bettmann)
Q4 CCC/www.c5.net, Pfaffenhofen a. d. Ilm (Blaumeiser)
S. 118, **Q1** Picture Press, Hamburg (Cornelius Meffert/stern)
S. 119, **Q2** Stiftung Haus der Geschichte (Zeitgeschichtliches Forum Leipzig/Hans-Jürgen Röder)
S. 120, **Q3** BPK, Berlin (Günter Zint)
Q4 AKG, Berlin
S. 121, **Q9** Ostkreuz, Berlin (Harald Hauswald)
Q10 Jürgens Photo, Berlin
S. 122, **Q1** FrauenMediaTurm (Bernhard Schaub), Köln
S. 123, **Q3** Christoph Sandig, Leipzig
Q4 BPK, Berlin
Q5 Martin Naumann, Großpösna
S. 124, **Q1** CCC/www.c5.net, Pfaffenhofen a. d. Ilm (Haitzinger)
S. 125, **Q4** AKG, Berlin
Q5 Picture-Alliance, Frankfurt/M (dpa/Wolfgang Kluge)

S. 126, **Q1** Klett-Archiv, Stuttgart (Henry Zeidler, Leipzig)
S. 127, **Q3** AP, Frankfurt/M
S. 128, **Q1** ullstein bild, Berlin (Paul Langrock)
S. 129, **Q5** CCC/www.c5.net, Pfaffenhofen a. d. Ilm (Haitzinger)
Q6 Bulls Press, Frankfurt
S. 130, **Q1** Dirk Laubner, Berlin
S. 131, **Q4** Picture-Alliance, Frankfurt/M (dpa/Wolfgang Kumm)
Q5 CCC/www.c5.net, Pfaffenhofen a. d. Ilm (Schoenfeld)
S. 134 ullstein bild, Berlin (Rudi Meisel)
S. 136, 1956 Ladislav und Peter Bielik, Bratislava
S. 137 **oben** ullstein bild, Berlin
1962 Daily Mail, London 1962
1963–1973 AP, Frankfurt/M
S. 138, **Q1** Süddeutscher Verlag, München
S. 139, **Q2** Imperial War Museum, London
Q3 Deutsches Museum, München
S. 140, **Q1** Picture-Alliance (dpa/Fritz Reiss), Frankfurt/M
S. 145, **Q2** DHM, Berlin
Q4 Deutscher Fernsehdienst (defd), Hamburg
S. 146, **Q1** AKG, Berlin
S. 147, **Q4** Focus, Josef Koudelka/Magnum, Hamburg
Q5 AKG, Berlin
S. 148, **Q1** Daily Mail, London 1962
S. 149, **Q2** Corbis (Bettmann), Düsseldorf
S. 150, **Q3** AP, Frankfurt/M
Q9 laif (Gamma/Salhani), Köln
Q11 Presse- und Informationsdienst, Berlin
S. 152, **Q1** Corbis, Düsseldorf
S. 153, **Q2** Klett-Archiv, Stuttgart (Klaus Leinen, Beilingen)
S. 154, 1 AP, Frankfurt/M
3 Bielik, Bratislava
S. 155, 1 Daily Mail, London 1962
3 AKG, Berlin
4 Deutsches Museum, München
S. 156, 1947 BPK, Berlin
1951/1957 AKG, Berlin
S. 157, **Collage** Kultusministerkonferenz, Bonn, gemalt von den Schülerinnen und Schülern der Freiherr-vom Stein-Realschule Coesfeld
2003 Eine Verfassung für Europa, Amt für amtliche Veröffentlichungen der Europäischen Gemeinschaften, Luxemburg 2004, Titelblatt, © Europäische Gemeinschaften 2004
2004 Peter Bensch, Köln
S. 158, **Q1** Corbis, Düsseldorf (Katarina Stoltz/Reuters)
S. 159, **Q3** CCC/www.c5.net, Pfaffenhofen a. d. Ilm (Mester)
S. 160, **Q1** AKG (Schuetze/Rodemann), Berlin
S. 161, **Q2** Landesmedienzentrum/Regierungskasse, Koblenz
S. 162, **Q1** BPK, Berlin
S. 163, **Q5** aus: Wolfgang Marienfeld, Die Geschichte des Deutschlandproblems im Spiegel der politischen Karikatur, Niedersächsische Landeszentrale für politische Bildung, 2. Aufl., Hannover 1991, S. 41
S. 164, **Q1** AKG, Berlin
S. 166, **Q2** Hamburger Abendblatt, Hamburg (Beuth)
S. 167, **D2** nach: Spiegel-Almanach 2002)
S. 168, **Q1** Picture-Alliance (epa/Syed Jan Sabawoon), Frankfurt/M
S. 170, **Q1** AP, Frankfurt/M
S. 171, **Q5** STUDIO X, Limours (Bulka)
S. 172, **Q1** Peter Bensch, Köln
S. 175, **Q2** Mauritius, Mittenwald
S. 176, **Q1** European Parliament, Brüssel
S. 180, **Q1** nach: http://europa.eu.int/comm/public_opinion/index_en.htm
S. 184, 1948 Comstock (RF), Luxemburg
1987 Corbis (Patrick Robert), Düsseldorf
S. 185, **Demonstration** Corbis, Düsseldorf
11. September 2001 AP, Frankfurt/M
seit 2003 Picture-Alliance (dpa/Bildfunk), Frankfurt/M
seit 2004 Horsch, Wolfgang, Niedernhall
S. 186, **Q1** PIZ Sanitätsdienst, (Walter-Hubert Schmidt), München
S. 187, **D1/D2** Klett-Archiv, Stuttgart
S. 188, **Q1** United Nations, New York
S. 189, **D1** nach: Der Fischer Weltalmanach 2005, S. Fischer Verlag GmbH, Frankfurt/M, S. 550
S. 190, **Q1** Corbis, Düsseldorf (Annie Griffiths Belt)
S. 192, **D1** Klett-Archiv, Stuttgart
S. 194, **Q1** Picture-Alliance, Frankfurt/M (dpa/Sauerstrom)
S. 196, **Q1** Picture-Alliance, Frankfurt/M
S. 197, **Q2** Picture-Alliance, Frankfurt/M (dpa/epa/afp)
Q3 CCC/www.c5.net, Pfaffenhofen a. d. Ilm (Schoenfeld)
S. 198, **Q4** Picture-Alliance, Frankfurt/M (dpa/cpa/Nackstrand)
Q7 Corbis, Düsseldorf (Reuters)
S. 199, **Q10** Picture-Alliance, Frankfurt/M (dap/epa/Hollander)
S. 200, **Q1** Argus, Hamburg (Giling)
Q2 Picture-Alliance, Frankfurt/M (Gero Breloer)
S. 202, **D1 unten rechts** S. Fischer Verlag GmbH, Frankfurt/M
S. 203, **D2** nach: Der Fischer Weltalmanach 2005, S. Fischer Verlag GmbH, Frankfurt/Main, S. 700/701
S. 204, **Q1** Wolfgang Horsch, Niedernhall
S. 205, **Q3** AP, Frankfurt/M (Paul Kitagaki)
S. 206, **Q1** AP, Frankfurt/M
S. 207, **Q4** AP, Frankfurt/M (K. M. Chaudary)
S. 208, **Q1** Haus der Geschichte, Bonn
S. 209, **Q4** Picture-Alliance (dpa/Stephanie Pilick), Frankfurt/M
unten Volksbund Deutscher Kriegsgräberfür, Kassel
S. 211, **oben** Picture-Alliance (dpa/epa/Israeli), Frankfurt/M
Mitte Corbis, Düsseldorf
unten Corbis, Düsseldorf
S. 212, **Grafik** Klett-Archiv, Stuttgart
Hochzeit Klett-Archiv (Heimbach, Helmut), Stuttgart
S. 213, **Buchmalerei** AKG, Berlin
Karte Klett-Archiv, Stuttgart
Kirche aus: Jones, Terry/Ereira, Alan: Die Kreuzzüge, München 1995, S. 58

S. 214, **Schüler** Klett-Archiv (Klaus-Ulrich Meier), Stuttgart
alte Karte AKG, Berlin
Ludwig Bridgeman Giraudon, Paris
S. 215, **Kaiserkrönung** Bridgeman Giraudon, Paris
Karikatur Bridgeman Art Library, Berlin
S. 216, **Krieg** VG Bild-Kunst, Bonn
Lenin Interfoto (Archiv Friedrich), München
Postkarte Wilhelm Stöckle, Filderstadt
S. 217, **Rede** ullstein bild (AKG Pressebild), Berlin
Plakat Langewiesche-Brandt Verlag, Ebenhausen
Zeitzeuge Klett-Archiv (Henry Zeidler), Stuttgart;
S. 218, **Fischglas** Corbis, Düsseldorf

Nicht in allen Fällen war es uns möglich, den Rechteinhaber der Abbildungen ausfindig zu machen. Berechtigte Ansprüche werden selbstverständlich im Rahmen der üblichen Vereinbarungen abgegolten.